KB069803

학교기반
자살·폭력위기
예방과 개입

Suicide, Self-Injury and Violence in the Schools

Supported by the ICT R&D Program of MSIP[I0114-14-1016, Big data use In at-risk youth Counseling at Seoul National University] and the Creative Vitamin Project.

학교기반
자살·폭력위기
예방과 개입

Gerald A. Juhnke · Darcy Haag Granello · Paul F. Granello 공저

김동일 역

학지사

자 서문

　최근 우리 사회에서는 지역적 · 사회적 재난 위기와 대인 간 갈등 위기를 겪는 과정에서 자살 및 자해 등 극단적인 문제 행동이 드러나고 있습니다. 이러한 상황으로 이에 대한 후속조치와 재발 방지 및 예방에 대한 국민적 관심이 높아지고 있고, 이런 사회적 · 지역적 요구에 더하여 사전 예방 활동으로서 아동과 청소년의 자살과 자해 행동 취약성에 대한 교육 및 상담에 더욱 관심을 기울이고 적극적인 행동이 요구되고 있습니다.

　아동과 청소년의 위기 행동 예방 및 상담 프로그램을 제대로 수행할 만한 매우 적합한 장소는 학교라고 생각합니다. 교사와 학교 교직원은 학생의 자살 위험 요소, 자살 행동 촉발 조건, 위험신호, 보호 요소에 대한 폭넓은 관심과 함께 깊이 이해를 하고 있어야 합니다. 그러나 자살이나 자해, 폭력 행동은 우리나라의 학교에서 드러내놓고 이야기하기에는 사실 껄끄러운 주제입니다. 게다가 효과적인 지침과 자료집이 학교별로 준비되어 있지 않은 실정이어서 학교기반의 체계적인 자료가 시급하게 마련되어야 할 것입니다.

　이 책은 단위학교에서 자살, 자해, 폭력 등을 다루는 데 참고할 만한 실용적 접근을 제공하고 있습니다. 이와 같은 학교기반 중재, 후속조치, 사전 예방, 법적 · 윤리적 고려사항을 포괄하는 '교과서'는 교사와 교직원이 학생의 매우 심각한 위기 문제에 대하여 열린 마음, 기꺼이 함께하겠다는 마음으로 다가가는 데 의미 있는 나침반이 될 것입니다. 학교에서 이루어지는 교육과 상담활동으로 학생들이 점차 자신의 어려움을 보다 건강하고 건전한 방법으로 다루어 나가는 데 이 책이 쓰이길 진심으로 바랍니다.

이 책은 많은 분의 참여와 노력으로 세상에 나오게 되었습니다. 미래창조과학부의 연구지원과 이 책을 같이 읽고 아동·청소년 자살 및 위기 상담에 대하여 연구와 학술 발표를 같이 해 온 한국아동청소년상담학회 및 서울대학교 아동청소년상담연구실 상담전공 연구원들에게 깊은 감사를 드립니다. 또한 어려운 가운데 이 책의 출간을 맡아 준 학지사 임직원 여러분께 감사 인사를 드립니다.

무엇보다도 '아동·청소년 자살과 위기 행동'을 주제로 준비한 '한국상담학회 연차대회 아동청소년 기획워크숍'에 참석하여, 귀 기울여 세심하게 듣고 많은 관심을 보여 준 수많은 교사와 상담사 여러분께 다시 한 번 고마움을 전합니다. 여러분의 충정어린 의견과 다양한 피드백에 힘입어 이 책을 무사히 출판하게 되었습니다.

"고맙습니다. 이 책을 여러분께 바칩니다."

2015년 관악산 연구실에서
오름 김동일 BIC@SNU

저자 서문

환영합니다! 여러분이 이 책을 읽게 되어 영광입니다. 여러분과 마찬가지로 우리도 첫 페이지를 빠르게 살펴보고는 책을 읽을 것인지를 결정합니다. 우리는 당신이 이 책을 유익하고 좋은 책이라고 생각하기를 바랍니다. 진심으로 당신과 함께하게 되어 기쁩니다.

이 책의 목적은 간단합니다. 우리는 학교 상담사와 교육 전문가들이 자살과 폭력 위기에 처한 학생에게 최고의 예방, 중재, 후속조치를 제공할 수 있도록 돕고 싶습니다. 또한 학교 자살 및 폭력을 경험한 학생에게 중재와 후속조치를 제공할 수 있도록 도울 것입니다. 누구도 여러분만큼 학생들을 이해할 수 없습니다. 여러분은 이미 학교와 학생들에게는 전문가입니다. 여러분은 효과적인 방법을 알고 있습니다. 또한 학생들의 구체적인 필요를 이해하고 있습니다. 우리의 목표는 여러분의 임상적 판단과 지식을 가리려는 것이 아닙니다. 여러분이 해야 하는 것을 지시하려는 것도 아닙니다. 다만, 여러분이 적절하고 유용한 학교 자살 및 폭력 방지, 중재, 후속조치 전략을 개발하는 과정에 함께하고 싶은 마음입니다. 이러한 전략들이 여러분의 학생들, 학교, 지역사회에 힘을 북돋아줄 수 있기를 바랍니다.

이 책에서는 다른 곳에서 찾아볼 수 있는 일상적이고 세세한 내용은 생략합니다. 대신에 우리는 학교 자살 및 폭력과 관련된 가장 중요한 정보를 제공합니다. 이 책은 크게 세 부분으로 나누어집니다. 1부는 자살과 자해를 구체적으로 다루며, 불명확하게 제시하는 미사여구가 아니라 실제로 효과적인 것에 초점을 맞추고 있습니다. 이 부분에서 Dr. Darcy Granello와 Dr. Paul Granello는 아동과 청소년의 자살 및 자살 전조 행동, 자해와 관련된 중요한 정보를 알려 줍니다. Granello 박사 부부는 국내는 물론 국제적으로 자살에 대해 다루는 명성 있는 자살 권위자입니다. 이들은 중·고등학교 카운슬러들을 위한 핵심 중재 방법과 스크리닝 주제를 설명한 다음 자살 중재 및 사후 중재를 설명합니다. 이들의 자료는 효과적 중재에 필요한 자신감과 지식을 증진시키는 데 도움이 될 것입니다. 마지막으로, Granello 박사 부부는 비자살적인 자해 행동과 관련된 이슈들을 논의합니다. 이들의 이야기는 합당하면서도 간단명료합니다. 만약 여러분이 학교 카운슬러 또는 학교나 학령기의 아동 및 청소년과 일하는 정신건강 전문가라면, 이러한 정보와 조언은 매우 유용할 것입니다.

2부 저자는 Dr. Gerald Juhnke이며 폭력에 초점을 맞추고 있습니다. 그는 상담 분야에서 전국적으로 알려진 전문가로서 자살, 가족, 알코올, 약물 행동, 폭력과 관련된 다양한 자료를 집필했습니다. 그는 독자들로 하여금 효과적인 면 대 면 임상 인터뷰를 진행하며 전문지식을 나누고, 폭력 및 폭력 위험 학생과 학부모에게 학교 폭력 척도(Violent Student Scale)를 사용할 수 있도록 도움을 줍니다. 학교 폭력 평가를 이해하는 데는 다양한 사례를 들어 활용합니다. 다음으로 Dr. Juhnke는 상담에 보호체계(Systems of Care)와 정리(wrap around)의 역동을 포함시키는 방법에 대해 설명합니다. 이는 폭력의 재발이나 새로운 폭력의 가능성을 줄이는 상담을 함께 디자인함으로써 학생과 학부모의 힘을 북돋는 것이 목표입니다. 또한 심리적 응급처치(Psychological First Aid)와 디브리핑 수정모델(Adapted Debriefing Model)을 폭력 생존자에게 적용하는 방법을 설명합니다.

이 책의 마지막 부분은 학교 카운슬러와 교육 전문가가 알고 있어야 하는 긴급한 이슈들을 다루고 있습니다. 여기에는 학교 자살 및 폭력 문제 상황에서 고려해야 할 윤리적·법적 문제가 포함됩니다. 구체적으로, 윤리적 및 법적 문제를 다루는 장에서는 학교 카운슬러와 정신건강 전문가가 중재가 이루어지기 전에 고려해 볼 만한 윤리적 의사 결정 모델을 설명합니다. 또한 학교 자살 및 폭력 상황과 관련된 소송의 가능성을 고려하여 전문적인 책임 보험과 법률적 자문의 중요성을 설명합니다. 마지막 장은 학교 자살 및 폭력에 대한 준비성의 중요성을 논의하면서 마무리합니다. 학교 카운슬러를 위한 일반적인 지침과 증거기반 중재 방법도 제시되어 있습니다.

　다시 한 번, 우리는 당신과 함께하게 되어 고맙습니다. 우리는 학생들과 미래 지도자를 돕는 여러분의 전문적인 노력을 응원합니다.

GERALD 'JERRY' JUHNKE
DARCY HAAG GRANELLO
PAUL F. GRANELLO

⚠ 경고

자살 및 폭력 위험 평가, 방지 프로그래밍, 중재는 위험한 과정입니다. 폭력적으로 행동하거나 자살할 사람들을 예측하는 것은 말 그대로 불가능합니다. 따라서 이 책에서 소개하는 자살 및 폭력 평가와 면 대 면 임상 인터뷰는 자살 및 폭력 위험을 평가하는 데 일방적으로 사용되어서는 안 됩니다. 이러한 평가 및 인터뷰는 단순히 '상황(스냅샷)'을 제공할 뿐이며 위험 수준 평가는 숙련된 정신건강 팀이 지속적으로 재평가해야 합니다. 또한 이 책에서 제안하고 설명한 자살 및 폭력 방지, 중재, 치료 방법들은 학교안전팀(숙련된 전문 상담사, 상담 슈퍼바이저, 변호사, 학생 행정가)에서 진행하는 구조화되고 엄격한 예방 및 중재 과정의 한 부분으로 인식되어야 합니다. 꼭 기억하세요. 당신의 평가와 중재가 모두에게 안전을 제공한다는 것을 확인하기 위하여 상담 슈퍼바이저, 변호사, 보험 및 위험관리 전문가, 학교 전문가들과 상의하기 바랍니다.

감사의 글

삶에는 수많은 축복과 몇 번의 도전이 있습니다. 글을 쓰는 과정에서 우리는 많은 멋지고 지지적인 가족, 친구, 동료들로부터 축복을 받았습니다. 특히 Deborah, Bryce, Brenna, Gerald, Babe Juhnke, Doug, Terri, Kevin, Kim, Christian, Brian, Lauren Hagg, Alanna, Victor, Heather, Laura, Matthew, Jodi, Andrew Granello에게 감사를 표하고 싶습니다. 그들의 지지와 격려가 없었더라면 이 책은 결코 완성되지 못했을 것입니다. 그들은 우리가 열심히 일하는 동안의 부재를 이해해 주었습니다. 또한 우리는 그들에 대한 기억과 삶을 통하여 글에 영감을 제공한 Meryl Hagg, Leon J. Granello, Leon V. Granello, Nicholas Vacc에게 감사드립니다.

우리의 많은 멘토, 전문가 동료, 친구, 도움을 준 사람들에게도 감사를 표합니다.

Mr. Peter Acosta

Dr. Rick Balkin

Dr. Jeanne Bleuer

Ms. Lisa Bratt

Dr. Brian Canfield

Dr. Kenneth Coll

Ms. Deborah Copeland

Mr. Jerry Mitchell

Dr. Joe Olds

Dr. Paul Peluso

Dr. Kathryn Plank

Dr. William Purkey

Dr. Norma Simmmermacher

Mr. Robert Staufert

Dr. Dan Cruikshanks

Dr. Colette Dollarhide

Dr. Louise Douce

Dr. Rochelle Dunn

Dr. David Fenell

Drs. Phyllis and Jim Gloystein

Dr. Alan Hovestadt

Mr. John Kimmons

Dr. Dana Levitt

Dr. David Lundberg

Dr. Michael Sunich

Dr. Garry Walz

Dr. Richard Watts

Dr. Joe Wheaton

Ms. Wendy Winger

Dr. J. Melvin Witmer

Dr. Mark Young

Ms. Fangzhou Yu

Dr. Peter Zafirides

그뿐만 아니라 이 책이 세상의 빛을 볼 수 있도록 도와준 Isabel Pratt과 훌륭한 편집 팀에게 진심 어린 감사를 표합니다.

마지막으로, 위기와 가슴 아픈 시간 속에서 상담을 허락해 준 분들에게 감사드립니다. 자살, 자해로 인한 상처와 폭력은 엄청난 혼란이고, 위기이며, 정서적인 동요입니다. 당신은 우리가 당신의 세계에 들어갈 수 있도록 허용해 주었고, 당신의 트라우마와 어려움으로부터 배울 수 있도록 도와주었습니다. 당신의 세계를 드러냄으로써 우리가 책을 저술할 수 있었고, 전문 카운슬러의 훈련 및 슈퍼비전의 기반을 마련할 수 있었습니다. 이를 바탕으로 삼아 슈퍼바이지, 학생, 전문가 동료들에게 존경, 공손함, 지식, 치료적 지혜를 제공하여 내담자의 빠른 회복을 도울 수 있길 바랍니다.

차례

PART 1 자살과 자해 행동

CHAPTER 01 아동 · 청소년 자살 위기 _ 19

CHAPTER 02 학교기반 자살 예방 프로그램 _ 39

PART 2 폭력 평가, 대응, 후속조치

PART 3 윤리적 및 법적인 문제와 위기 대응

자살과 자해 행동

PART
1

CHAPTER **01** 아동 · 청소년 자살 위기

1. 아동 · 청소년의 자살 문제

아동 · 청소년 시기는 자살충동을 느끼고 행동으로 옮기는 것에 가장 민감한 때다. 그들은 성숙한 관점이나 경험이 부족하며, 아직 삶에서 도전적인 문제를 많이 다루어 보지 못하였다. 오늘날 청소년들은 종종 발달단계상으로 봤을 때 그들이 이해할 수 있는 수준을 넘어선 정보에 노출되거나 그런 상황에 직면한다. 어른들은 아동의 자살 위험을 과소평가하기 쉬우며, 아동기는 걱정과 책임이 별로 없고 속 편하게 사는 시기라고 쉽게 가정한다. 실제로 아동이나 청소년기는 극단적으로 다르고, 다루기 힘든 여러 정서나 생각이 드는 혼동의 시기다. 아동 · 청소년은 집이나 학교에서 자신이 처해 있는 상황을 통제할 수 있는 경우가 거의 없으며, 도움이 절실한 시기에 도움을 구하는 것과 관련된 지식이나 상황을 극복하는 기술 등을 가지고 있지 않을 수도 있다. 이 장에서 우리는 자살 위험이나 자해 행동의 위험이 있는 아동 · 청소년을 선별하는 방법 및 아동 · 청소년의 자살과 관련된 가장 중요한 몇 가지 주제를 논의하고자 한다.

전 세대에서 자살은 2009년 미국에서의 사망원인 중 열한 번째로 높았다. 10~24세만을 보면 사망원인 중 세 번째로 높아, 거의 4,500명 정도가 매년 자살을 한다. 하루에 12명 혹은 2시간마다 1명이 자살하는 것과 마찬가지다. 미국에서 매해 자살하는 사람은 전체 사망인구의 1.3%로 집계되지만, 15~24세까지는 12.3%나 된다. 이것은 나이가 든 사람들의 사망확률이 높은 것이 일반적이지만 젊은 사람들이 스스로 자기 목숨을 끊는 자살을 훨씬 더 많이 한다는 의미이기도 하다.

10~24세까지의 집단은 넓은 발달적 연속선상에 있기 때문에 자살 성공률, 시도 그리고 방법에서 매우 다양할 수 있다. 예를 들어, 15~19세 집단에서의 자살률(10만 명당 8.2명)은 10~14세 집단에서의 자살률(10만 명당 1.3명)보다 6배 더 높다. 20~ 24세의 자살률은 심지어 더 높다(10만 명당 12.5명). 더욱이 연령대가 높은 청소년들은 총기(46%), 질식(39%), 음독(8%) 자살로 죽는 경우가 많으며, 아동은 질식으로 더 많이 죽는다(자살률의 66%).

그러나 자살은 자살충동에 대한 생각과 행동의 연속선상에 있는 극단적인 마무리 중 하나일 뿐이다. 10~24세 집단에서는 자살 시도가 실제 자살로 이어지는 경우가 다른 연령대에 비해서 높다. 젊은 사람들 중에 무려 100~200명이 자살을 하고, 매년 90만 명이 자살 시도를 한다. 대부분의 자살 시도는 치명적이지 않으며, 많은 사람들이 자살에 따른 치료를 요하지는 않는다. 그럼에도 미국 전역에서 매년 약 14만 9,000명의 젊은이가 응급실에서 자해(self-inflicted injuries)에 대한 치료를 빋는다(National Center for Injury Prevention and Control, NCIPC, 2008).

고등학교 학생의 국가적 설문조사에서는 높은 수준의 자살 사고와 행동이 지속적으로 나타남을 발견하였다. 매년 약 17%의 고등학생이 심각하게 자살을 고려하고, 13%가 자살 계획을 세우며, 7%는 자살 시도를 한다(Center for Disease Control, CDC, 2008; NCIPC, 2008). 또 다른 조사에서는 고등학생의 연간 자살 시도율이 10%에 가깝다고 보고하였다(Aseltine & DeMartino, 2004). 어떤 조사를 더 신뢰할 수 있는지를 떠나, 현실에서 자살 사고와 자살 행동은 미 전역에 있는 젊은이들의 건강 문제가 매우 심각하다는 것을 보여 준다.

아마 다른 연령대의 집단에 비해 젊은 사람들의 자살은 받아들이기 어려운 잠재적인 손실일 것이다. 사실, 미국 정부의 통계에서 나타난 자살에 대한 표현 방법 중하나는 '연간 잠재적 생명 손실(Years of Potential Life Lost)'이다. 매년 미국에서는 27만 명의 아동 · 청소년의 자살로 잠재적 생명을 잃는다. 젊은이들이 자살로 사망할 때, 그들의 모든 잠재적 가능성, 모든 미래, 그리고 이루지 못한 가능성을 생각하지 않을 수 없다. 분명, 이러한 잠재성의 손실에 대한 고려는 아동 · 청소년 자살예방 노력에 자극이 된다. 실제로 자살률(인구 10만 명당 자살자의 수)은 다른 연령대집단이 훨씬 더 높다. 예를 들어, 65세 이상의 백인 남성은 10만 명 중 31명이 자살을 한다. (그리고 85세 이상의 백인 남성은 10만 명당 48명이 자살을 한다.) 그럼에도 대부분의 자살 예방에 대한 노력은 아동과 청소년을 돕는 것을 목표로 한다.

자살이 모든 청소년의 사회 문제이지만, 10~24세까지의 집단 내에서도 특정 집단의 자살률이 높다. 남자아이는 여자아이보다 4배나 더 많이 자살을 한다. 이러한성별에 따른 비율은 미국 인구의 모든 연령대에서 뚜렷이 일관성을 보인다. 그러나비록 남성이 자살로 사망하는 경우가 더 많지만, 자살을 시도하는 비율은 여성이 2~3배 정도 더 높다(CDC, 2007). 이러한 차이는 일차적으로 자살 시도를 할 때 사용하는 방법의 치명성에 따라 생겨난다. 남성은 총기와 같이 치명적인 수단을 더 많이선택하는 경향이 있는 반면, 여성은 알약이나 독극물을 더 선호한다.

일반적으로 백인 남성은 모든 연령 집단 중에서 자살 성공이 가장 많은데, 전체자살률 중 74%를 차지한다. 그러나 아동 · 청소년의 자살 위험과 관련해서는 약간의 문화적 변인이 있다. 예를 들어, 자살 성공률은 인디언과 알래스카 원주민이 더높다. 히스패닉 아동과 청소년은 백인보다 상대적으로 높은 자살 시도율을 보인다.예비 조사에서는 젊은 층의 게이, 레즈비언, 양성애자 그리고 성전환자(gay, lesbian, bisexual, and transgender, GLBT)의 주된 사망원인이 자살이라고 보고되었다. 그리고이들의 자살률은 양성애자에 비해 현저히 높았다. 사실 GLBT 청소년들이 자살로사망할 확률은 2~3배 정도 더 높으며, 전체 청소년 자살의 30%가량을 차지하는 것으로 여겨진다(McWhirter, McWhirter, McWhirter, & McWhirter, 2007).

자살률에 대한 이러한 통계치는 그 자체로도 문제가 될 만한 수준인데 아마도 실제 자살률은 이보다 더 높을 것이다. 많은 자살 사건이 사고사로 처리되거나 보고되지 않는다. 때로 이러한 사고는 자살의 위험 요소인 무모함 혹은 알코올 사용 등과 관련되어 있다. 예를 들어, 약물남용은 흔히 사고사로 기록되고, 자살로 인식되지 않는다. 어떠한 연구자는 자살률이 50%가량 과소보고되었을 가능성이 있다고 주장한 바 있다.

학교 교원들과 다른 자살 전문가들과 함께 연구를 하면서 빠르게 찾았던 자료와 통계치에 우리들은 압도되었다. 당신들 역시 이러한 경악감을 느낄지도 모른다. 안타까운 사실은 젊은 층의 자살률이 증가한다는 것이다. 10~14세의 자살률은 지난 20년 내에 50%까지 증가해 왔다. 청소년의 자살률은 1950년대의 자살률에 2배가 되었다. 이 정도 수치면 놀라는 반응을 나타내기보다는 자연적으로 무력감을 느낄 수 있다. 우리 주위에 있는 아동 · 청소년 자살 관련 주제에 대한 좌절과 두려움은 오늘날 청소년들이 직면한 거대한 사회적 문제와 연관된 우리의 관심일 수 있다. 그리고 그러한 정보가 압도적이라 해도, 그 문제에 대해 시간을 들이고 우리 모두(상담사, 교육자, 가족 구성원, 친구)에게 주는 함의를 숙고해 보는 것이 중요하다. 우리 각각은 자살 예방을 돕기 위해 무언가를 할 수 있다. 교육을 받아 정보를 습득하고, 또 다른 사람들을 기꺼이 가르치고, 필요할 때 개입하며, 적절할 때 도움을 찾는다면 우리는 달라질 수 있다.

2. 아동 · 청소년 자살에 관한 미신(오해)

D. H. Granello와 P. F. Granello(2007)는 아동기 자살에 관하여 다음과 같은 여러 가지 미신(오해)을 제시하였다.

- 아동기는 인생에서 상대적으로 걱정할 것이 없는 시기다.—아동이 경험하는 많은 정서적 스트레스 요인이 어른에게는 특별한 기술이나 경험 없이 맞서 다룰 수 있는 것들이지만, 아동에게는 사실 어려운 시간일 수 있다. 오늘날 아동들은 흔히 그들의 발달단계상의 능력을 넘어선 내용이나 결정에 노출되기도 한다.

- 아동은 죽음이 끝임을 이해하지 못한다.—모든 아동이 이해를 한다거나 하지 못한다고 말하기는 어렵지만 분명한 것은 많은 초등학생들이 죽음이 마지막임을 이해하고 있다는 것이다. 우리는 자살을 시도해 왔던 아주 어린 아동들이 죽으려는 의도가 다분했다는 것을 연구를 통해 보아 왔다.
- 아동은 자살에 성공하지 못한다.—실제 여러 연구에서, 아동이 자살이라는 생각에 대한 개념을 가지고 있다는 것을 보여 주었고, 사고로 처리된 많은 죽음이 사실은 자살일 수도 있다는 것을 보고하였다.

청소년 자살과 관련해서도 많은 미신(오해)이 있다.

- 자살에 대해 얘기하는 것은 자살 위험을 증가시킨다.—이것은 특히나 위험한 오해이며, 연구를 통해 신빙성이 완전히 없어진 주장이다. 이런 오해의 문제점은 자살, 정신건강, 혹은 믿을 만한 어른들로부터 들은 죽음에 대해서 청소년들이 자기 생각을 논의하는 것을 가로막는다는 점이다. 청소년은 어른보다 자신의 자살 사고를 친구들에게 이야기할 가능성이 높기 때문에 학생들에게 자살과 적절한 도움 추구 행동에 대해 교육하는 것은 자살을 방지할 수 있다.
- 자살을 시도하는 청소년들은 대부분 죽기를 원한다.—자살로 죽는 사람들은 사실 혼란스럽다. 그들은 죽기를 원한다기보다는 그냥 자신의 고통이 끝나기를 바라는 게 더 크다. 그러나 대개 청소년들은 현 상태에서 벗어날 수 있는 다른 방법을 찾지 못한다.
- 청소년들은 '자살'이라는 단어를 관심을 끌기 위해서만 사용한다.—'자살'이라는 단어는 항상 심각하게 받아들여져야 한다. 만약 청소년이 관심을 끌기 위해 그 용어를 사용했다는 것이 밝혀지더라도 자살에 대해 이야기한다는 것은 도움을 요청하는 것이며 자살 시도와 그에 따른 죽음으로 이어질 수 있는 매우 중요한 위험 요소다.
- 자살을 하는 모든 청소년은 우울하다.—자살을 하는 사람들 중 90% 가까이는 자살 당시 정신건강 문제를 가지고 있지만 그것은 우울증이 아닐 수도 있다.

유감스럽게도 그들의 정신질환은 대부분 진단되지 않았거나 치료되지 않은 경우가 많다. 연구결과 우울증을 앓고 있는 청소년 중 오직 20% 정도만이 어떠한 개입을 받고 있는 것으로 나타났고, 자살을 한 청소년 중 1% 정도만이 정신건강 치료를 받고 있었던 것으로 보고되었다. 청소년의 우울은 분노와 짜증으로 표현되는 경우가 있어 어른들은 우울증을 앓고 있는 청소년을 못 알아볼 수도 있다.

- 현존하는 예방 프로그램들은 십대의 자살을 방지하는 데에 충분하다.─연구 결과 현존하는 예방 프로그램들은 십대 자살률을 감소시키는 데에 큰 영향을 미치지 못하였다. 학교에서 자살 예방 프로그램을 실시하는 것을 요구하는 주(state)가 많지 않고, 대부분의 학교에는 이런 프로그램이 정착되어 있지 않았다. 그래도 희망적인 점은 학교에서의 예방 프로그램은 긍정적인 효과가 있다는 결과가 많이 보고되고 있다는 것이다.

위에서 언급한 내용 중 당신이 들어보았던 것은 무엇이고, 이에 추가할 만한 것이 더 있는가? 이러한 자살에 대한 오해는 아이들과 청소년을 대하는 교직원들에게 어떤 시사점을 주고 있는가?

3. 자살로 이어지는 위험 요소

자살은 매우 복합적인 현상이다. 어린 사람이 자살로 죽으면 많은 사람들은 원인을 쉽게 생각하려는 위험한 오류를 범한다. 어쩌면 이해하기 힘든 그 무엇을 이해해 보고자 하는 경향은 우리에게 내재되어 있는 욕구일 수 있지만 자살 현상을 이해하는 것은 결코 단순한 문제가 아니다.

자살 예방 분야에서 일을 하면서 우리는 자살을 한 자녀나 학생을 둔 많은 사람들을 만날 수 있었다. 그중 자신의 야구팀에서 활동하던 한 학생이 자살을 했다는 어느 고등학교 야구팀 감독이 기억난다. 그 학생은 야구 연습 도중 학교 규율을 무시한 채 담배를 물고 있었다는 이유로 집에 강제로 보내졌다. 대낮에 집에 도착한 학생은 아버지의 총으로 자살을 하였다. 또 동네 고등학교의 한 교사가 대학 합격자 발표일에 학교에서 자살을 한 고등학교 3학년 학생에 대해 이야기해 준 것이 기억난다. 그 학생은 자신이 원하는 대학에 합격하지 못하였다. 또 자신의 딸을 자살로 잃은 자살 예방 프로그램 봉사자도 기억한다. 딸은 대학교 신입생이었고, 그날 집에 전화해서 피자를 시켜 먹고 싶다며 부모님의 신용카드를 쓸 수 있냐고 물었었다. 그녀의 어머니는 이미 학교 급식 서비스에 돈을 내지 않았냐며 학교 식당에 가서 먹으라고 하였다. 그날 밤 여학생은 스스로 목숨을 끊었다.

이런 이야기들은 끔찍한 비극이다. 하지만 만약 이런 사건들을 표면적으로만 이해한다면 우리는 의미를 잘못 받아들일 수 있다. 야구 연습 도중 집으로 보내지고, 원하는 대학에 붙지 못했을 때 친구들의 시선을 마주하기 힘들고, 먹고 싶은 피자를 먹지 못하는 상황들은 자살의 원인이 아니다. 이것들은 촉진 사건으로 그저 마지막 퍼즐 조각일 뿐이다. 속담에서 말하는 '낙타의 등을 부러뜨린 지푸라기(the straw that broke the camel's back)'[1]인 것이다. 이야기 속의 청소년들은 각자 매우 다른 이유로 자살 위기 상황에 처해졌는데, 그들의 촉진 사건에 대해서만 이야기한다면 우리는 요점을 놓치게 된다.

자살 위험은 매우 복잡하고, 자살 위기로 이어지는 경로는 매우 다양하다. 자살 위험 요소들은 자살충동을 느끼는 사람들이 대부분 공유하는 주요 관심사를 이해하는 데 도움을 주지만, 일반적으로 자살 문제를 이해하는 정도까지만 유용하다. 어떤 집단에서 자살 위험이 가장 높은지 아는 것은 교직원들이 예방 프로그램이나 개입 방안에 대한 결정을 내리는 데에 도움이 되지만, 개인 수준에서의 위험 요소들을 이해하는 데에는 별 도움이 되지 않는다. 위험 요소들은 총합적 자료(aggregate data)에 기반을 둔다. 즉, 연구자는 특정 연령집단에서의 자살을 검토하여 어떤 공통점이 존재하는지 이해하고자 한다. 그런 정보는 매우 유용하다 해도 적절하게 사용해야 한다.

---

1) 역자 주: 너무 많은 짐을 실은 낙타가 마지막에 올린 지푸라기 때문에 등이 부러졌다는 뜻이다.

문헌 연구에 따르면 75개 이상의 아동 · 청소년 위험 요소가 발견되었고(Granello, in press b), 이런 결과는 자살 위험의 복잡성을 강조한다. 너무나 많은 아동 · 청소년 위험 요소가 존재하기 때문에 이를 모두 이해하는 것은 매우 어렵다. 따라서 여기에서는 가장 일반적이고 연구가 많이 된 위험 요소들만 소개할 것이다. 여기에서 말하는 '위험 요소'는 자살 사고나 행동의 확률을 증가시키는 한 개인의 측면(생물학적이나 환경적)을 의미한다. 아이들과 청소년은 이런 요소를 나타내더라도 자살충동이 없을 수도 있다. 반대로, 여기에서 언급되지 않은 요소를 보이면서 자살 사고를 일으킬 수도 있다. 중요한 점은 이런 위험 요소와 가능한 자원을 알고 있는 상태에서 위험에 처한 아이나 청소년과 열린 대화를 할 수 있어야 한다는 것이다.

1) 생물학적 위험 요소

가족력은 자살 시도의 일반적인 위험 요소다. 가족 구성원 중 과거에 자살을 한 사람이 있는 아이나 청소년은 자살을 시도할 가능성이 더욱 높다. 이런 위험은 그 자살 사건이 최근의 일일수록 높아지고, 1년 안에 일어난 일이라면 더욱 그렇다(Kiriakidis, 2008). 물론 이런 연관성이 생물학적 연관 때문에 그러한지 아니면 모델링의 효과인지는 쉽게 알 수 없다. 예를 들어, 우리는 어떠한 형태(학교, 친구, 연예인, 언론정보)로든 자살에 노출된 청소년들이 모방 자살의 위험을 갖고 있다는 것을 알고 있다. 특히 자살의 여파가 잘 다루어지지 않았다면 더욱 그렇다. 하지만 유전적 측면 또한 자살 사고나 시도의 위험 요소로 밝혀졌다. 예를 들어, 쌍둥이 연구에서 일란성 쌍둥이가 이란성 쌍둥이보다 약물남용, 우울증, 공격성과 같은 자살 위험 요소에서 상관이 높을 가능성이 있다고 보고되었다(Cho, Guo, Iritani, & Hallfors, 2006). 사실 특정 정신질환(예: 우울증, 조울증, 불안 장애, 정신분열증)은 집안 내력이라는 증거가 많이 있고, 자살로 죽은 사람 중 90%가 어떤 근원적인 정신질환을 가지고 있었다. 어떤 연구에서는 환경적 위험 요소가 성별에 따라 달리 나타난다고 주장하였다. 자살로 죽은 여자아이는 남자아이보다 대인관계적 스트레스 요인을 보고한 경우가 더욱 많은 것으로 나타났다(Ang, Chia, & Fung, 2006).

2) 정서적 위험 요소

일반적으로 자살 위험에 처한 아동·청소년들은 심리적 고통이 크다. 어떤 청소년들에게는 자살 시도와 자해가 극심한 정서적 고통을 표현하는 하나의 방법이다. 일반적으로 정신질환을 진단받은 아동·청소년은 그렇지 않은 아이들보다 자살충동 사고와 행동을 훨씬 많이 한다. 구체적으로 조울증이나 우울 증상을 보이는 정신질환, 정신분열증, 약물남용 장애, 그리고 품행 장애가 있는 청소년은 일반적인 정신건강 문제를 가지고 있는 이들보다 훨씬 더 위험하다. 이미 언급했듯이 청소년의 이런 정신질환은 대부분 진단되지 않거나 치료받지 못한 채 지속된다. 그러므로 적절한 정신건강 서비스는 자살 예방의 중요한 요소로 강조되어야 할 것이다.

절망감은 자살의 중요한 공통적 위험 요소이며 우울증과 절망감의 조합은 특히 위험하다. 심한 우울증을 겪고 있는 사람 중 나아질 희망이 없다고 믿는 이들은 더욱 큰 위험 상황에 있다. 죽음이 자살의 핵심이 아니라는 것을 명심해야 한다. 자살충동을 느끼는 사람들은 상당한 심리적 고통 속에 있다. 자살학(suicidology)의 아버지로 불리는 Edwin S. Shneidman은 이런 고통을 '극통(psychache)'이라고 부르며 고통의 심각성을 강조하였다. 절망감에 시달리는 사람들은 항상 이렇게 괴로울 것이라고 믿으면서, 평생 이런 고통 속에서 사는 끔찍한 모습을 상상할 수는 없다고 말한다.

충동성은 어른에게서와는 다른 양상으로 나타나는 정서적 위험 요소다. 아이들은 어른보다 충동적인 자살을 할 가능성이 많고, 일반적으로 자살 시도를 계획하는 데에 시간을 보낼 가능성이 적다. 충동성이 높은 아동은 스트레스 상황에 대처하는 데에 어려움을 느끼고, 공격적이며, 뇌손상이나 ADHD 진단을 받았을 수 있다. 이런 진단을 받은 아이일수록 자살 시도를 더 많이 하는 것으로 밝혀진 바 있다(Stillon & McDowell, 1996). 청소년집단에서도 충동성은 자살의 중요한 위험 요소다. 2001년 연구를 통해 젊은 사람들(13~34세)의 심각한 자살 시도 중 4분의 1(24%) 정도가 자살을 결심한 후 5분 이내에 수행한 것으로 나타났다(Simon et al., 2001). 아마도 청소년 자살의 50% 정도는 충동적 자살로 분류될 수 있을 것이다(O'Donnell, Farmer, &

Catalan, 1996). 이런 청소년들에게는 자살이 죽고 싶다는 우울한 바람이 아니라 위기와 갈등을 해결하는 방법으로 보인다.

3) 인지적 위험 요소

대처 기술과 문제해결 능력이 뛰어나지 않은 아동과 청소년은 자살 위험이 더 높다. 일반적으로, 아동과 청소년은 어른보다 흑백논리에 더 빠질 가능성이 있다. 심리적으로 어려움을 겪고 있고 그것이 지속되는 것을 원치 않을 때, 그들은 자살을 고통을 완화하는 하나의 방법으로 생각할 수 있다. 이렇게 자살을 '해결책'으로 보기 시작하면, 문제를 해결할 다른 방법을 찾지 않는다. 물론 이러한 '인지적 방해 요인(cognitive blinders)'은 어떤 연령에게든 발생할 수 있으며, 임상적 우울의 한 가지 증상은 강박적인 사고양식이다. 그렇다면 우울한 아동은 우울한 어른보다 대처 기술과 문제해결 능력이 더 낮은 경향이 있다는 것은 당연하다.

아동과 청소년에게 나타나는 두 번째 중요한 인지적 위험 요소는 완벽주의다. 아마도 당신은 모든 것을 가진 것만 같은 아이들을 접한 적이 있을 것이다. 그들은 모범생이고, 인기도 많으며, 미래지향적이다. 그러나 그들은 위기에 봉착했을 때 제대로 대처하지 못한다. 완벽주의 성향이 강한 아동과 청소년은 자살의 위험이 높다. 적절한 목표를 지향할 때 적응적인 완벽주의는 목표가 너무 높고 이를 성취하지 못할 경우 극도로 부적응적이다. 완벽주의 학생들은 자신이 스스로의 기대를 충족시키지 못할 때 어떻게 대처해야 하는지에 대한 기술을 개발하지 못한 것이다. 이런 일이 발생하면, 자살은 유일한 해결책인 것처럼 보인다. 우리는 학생의 상황에 대한 편견을 버리고, 그들이 자살 사고를 하지 않을 것이라고 단정 짓지 않는 것이 중요하다.

4) 행동적 위험 요소

아동과 청소년의 충동적인 행동과 약물남용은 심각한 부상이나 죽음까지 야기할 수 있는 무모하거나 아주 위험한 행동과 관련된다. 위험한 행동의 예는 익스트림 스포츠부터 음주운전, 도박, 불안전한 성관계, 길거리 경주(street racing)에 이른다. 위험한 행동을 예측하는 요소는 낮은 자존감, 부모 감독의 부재, 학업 실패 등이 있다. 연구에서는 특히 어린 남자 청소년들 사이에서 러시안 룰렛(회전식 권총 탄창에 총알을 한 방만 넣고 여러 사람이 돌아가면서 머리에 방아쇠를 당기는, 목숨을 건 게임)으로 죽음을 맞는 일이 여전히 발생하는 것으로 나타났다(Shields, Hunsaker, & Stewart, 2008). 또 다른 위험한 행동은 성도착증의 하나로 무호흡 쾌감(autoerotic asphixiation, 숨을 참아 흥분을 느끼는 것)인데, 성적 쾌감을 높이기 위해 의도적으로 뇌에 산소 공급을 차단하는 것이다. 산소를 통제하기 위해 머리에 비닐봉지를 쓰거나, 목을 조르거나, 가스 혹은 용제(solvents) 등 여러 가지 방법을 사용한다. 이런 행동을 하는 대부분의 사람들이 자살을 원하는 것은 아니지만 결국 심각한 부상이나 죽음에 이를 수 있다. 실제로 미국에서는 무호흡 쾌감으로 매년 약 1,000명이 사망하는 것으로 추정되는데, 이들은 주로 어린 남성이다(Downs, 2005). '질식놀이(choking game)'에서도 뇌에 산소 공급을 차단시켜서 황홀감 또는 쾌락적인 기분을 느끼고자 하는데, 이는 무호흡 쾌감과는 다르다. 이것은 주로 사람 손이나 벨트, 넥타이 등의 도구로 압력을 가한다. 또 다른 방법으로는 한 사람이 숨을 깊이 들이마시고 참고 있으면, 다른 사람이 그가 어지러워서 기절할 때까지 뒤에서 안은 채로 잡고 있는 것이다. 무호흡 쾌감보다는 질식놀이를 할 때 죽을 확률이 낮다. 미국 오리건 주에서 8학년을 대상으로 한 연구에서는 36%가 질식놀이에 대해 들어본 적이 있고, 30%는 질식놀이를 한 사람들에 대해 들어본 적이 있으며, 6%는 자신이 직접 해 보았다고 응답하였다. 지방에 사는 아동(7%)은 도시에 사는 아동(5%)보다 질식놀이에 참여할 가능성이 약간 높게 나타났다. 정신적 문제를 가지고 있거나 약물남용을 하는 아동의 경우는 그렇지 않은 아동에 비해 질식놀이에 참여할 가능성이 9배나 높았다(CDC, 2010).

Warner(2009)는 다음과 같은 것이 질식놀이에 대한 위험신호라고 보았다.

- 목 근처에 이상한 멍이나 빨간 자국이 있는 경우
- 눈이 충혈된 경우
- 이불 시트, 벨트, 티셔츠, 넥타이, 로프가 일반적이지 않은 장소에서 발견되거나 이상하게 묶여 있는 경우
- 무호흡 쾌감이나 질식놀이를 언급하는 웹사이트 또는 채팅방을 방문하는 경우
- 무호흡 쾌감에 대한 호기심("기분이 어때?"라든지 "만약 ~한다면 어떨까?"와 같은 질문을 함)을 보이는 경우
- 혼자 시간을 보낸 후, 방향감각을 잃어버리거나 정신이 혼미한 상태로 보이는 경우
- 침실이나 화장실에서 문을 잠그고 있거나 뭔가로 막아두고 있는 경우
- 잦고 극심한 두통을 호소하는 경우
- 태도의 변화로, 예전보다 공격적으로 변하는 경우
- 가구에 흠집이 생긴 경우

이 외에 자살 위험과 높은 관련이 있는 특정 행동의 위험 요소로는 아주 위험한 성행위(여러 명의 성 파트너, 위험한 성행위)와 폭음, 폭력 등이다. 특히 비행청소년 단기 수용소(juvenile detention center)에 있었던 이들은 더 취약하다. 마지막으로, 자살은 아니지만 자해(피부를 베어 버리거나 화상을 입는 것과 같은)를 하는 경우도 자살 위험과 높은 연관성이 있다. 자해 행동의 위험은 4장에 제시하였다.

5) 환경적 위험 요소

환경적 위험 요소는 아동과 청소년의 자살에 중요한 역할을 할 수 있다. 구체적으로, 수치심이나 난처함은 이들에게 중요한 역할을 한다. 청소년은 소속감의 욕구가 큰 시기다. 이들은 특히 또래 압력에 취약하며, 타인에게 수용받고 싶은 욕구가 강하고, 또래집단에 소속되고 싶은 마음이 크다. 또래 앞에서 수치심을 느끼거나 난처해지는 상황에 직면했을 때, 이들은 결과에 대처할 준비가 되어 있지 않을 뿐더러

대처할 의지조차 없을 수 있다. 우리는 종종 사귀던 사람으로부터 실연당한 후, 또는 게이·레즈비언·양성애자·성전환자로 '퇴출'된 후, 또는 다른 사람들에게 비웃음을 당한 후(또는 그들이 비웃음을 당했다고 지각한 후)에 자살 시도를 하거나 자살을 해 버린 경우에 대해 듣는다.

고립과 철회는 모든 연령에 해당되는 자살 위험 요소이지만 아이들에게는 특히 심각하다. 청소년에게 소속감의 욕구와 어울림(fitting in)에 대한 욕구는 매우 중요하기 때문에 사회적 고립은 이들에게 큰 타격을 줄 수 있다. 어떤 식으로든 사회적 관계로부터 철회하는 모습을 보이는 아동의 경우(특히 이전에 강한 사회적 관계를 맺었던 경우)라면 자살 위험이 있을 수 있다는 것을 기억해야 한다.

아동과 청소년에 대한 중요한 환경적 위험 요소 중 다른 두 가지는 학대에 대한 과거력과 역기능 가족(family dysfunction)을 가진 경우다. 신체적·성적·정서적 학대는 자살 사고 및 행동과 밀접하게 관련이 있다. 학대받은 경험이 있는 아동은 그렇지 않은 아동에 비해 우울과 무망감을 느낄 확률이 높으며, 자살의 위험도 증가한다. 역기능적인 가족은 구성원들이 약물남용 문제, 심각한 갈등 또는 의학적 혹은 정서적 건강에 대한 필요성이 높을 가능성이 있다. 이러한 요소의 모든 것이 정신적 건강에 대해 큰 함의를 지닌다. 명백하게도, 이 모든 요소는 상호 연관되어 있으며, 대개 위험 요소가 많을수록 자살 위험성도 높아진다.

마지막으로, 수입이 낮은 부류에 속할수록 스트레스 수준이 더 높고 지원받는 수준이 더 낮으며, 이러한 것들은 자살 위험을 높인다. 연구에서도 시골에 사는 사람들이 도시에 사는 사람들보다 자살에 대한 위험이 더 높다고 밝혀졌는데, 이는 약물이나 알코올 문제, 정서적 건강을 위한 자원의 부족, 사회경제적 지위 등의 기타 변수의 영향 때문이라는 것에 주목해야 한다.

6) 촉발기제(Trigger)

촉발기제는 아이들의 자살 위험을 높이는 개인적 또는 환경적 스트레스 요소들이다. 여기에 직접적으로 언급되지 않더라도 아이들이 생활 속에서 받는 중요한 스트레스 유발 요소는 자살 촉발기제다. '중요한 스트레스 인자'는 개인에 따라 다르다는 것을 기억해야 한다. 어른이 보기에는 별로 심각하지 않아도 아이들 입장에서는 마치 세상의 끝처럼 보일 수 있다. 청소년의 자살에 대해 전문가와 이야기할 때면 흔히 그들이 10대였을 때를 되돌아보게 한다. "모든 것이 얼마나 심각해 보였는지 기억하나요? 어떻게 친구들의 반응이 전부인 것 같았을까요? 어떻게 한 사람의 일상적인 인사나 시선이(그리고 반대로, 그 사람의 무시나 거절이) 최악이 될 수 있나요?" 어른들은 아이들보다 자신의 관점이 뚜렷하고, 도움을 청하는 것에 대한 경험이 있으며(more experiences to draw on), 일반적으로 행동에 감정이 영향을 덜 미친다. 그래서 선의를 가진 어른이 청소년에게 "세상에는 다른 좋은 사람들이 더 많아."라고 이야기하는 것이다. 어른들은 열세 살에 느끼는 '사랑의 느낌'이 유일한 감정이 아니라는 것을 안다. 그러나 그러한 말이 10대에게는 별로 도움이 안 된다. 실제로, 그들은 문제를 축소시키거나 대수롭지 않게 여긴다고 느껴 상황을 더 안 좋게 받아들일 수 있다(예를 들면, "내가 좋아하는 사람이 나를 무시한 것뿐만 아니라, 친구들과 가족은 내가 얼마나 속상한지 이해해 주지도 않아! 나는 정말로 외톨이고, 아무도 나에게 신경 쓰지 않아!").

여러 문헌에서(예: Capuzzi & Gross, 2004; McEvoy & McEvoy, 1994) 자살의 촉발기제로 작용하는 여러 가지 다양한 요소를 정리해 두었는데, 예를 들면 다음과 같다.

- 힘든 전환기(예: 부모의 이혼, 로맨틱한 관계에서 헤어짐, 전학, 졸업)
- 의미 있는 사회적 궁핍(significant social embarrassment) 혹은 실패
- 왕따 혹은 다른 피해
- 사회적 고립
- 친구, 가족, 교직원 또는 법과의 심각한 갈등
- 자신 혹은 가족 구성원이 심각한 병에 걸리는 것
- 심각한 알코올 남용 혹은 약물남용
- 또래나 연예인의 자살
- 심각한 트라우마나 고통스러운 사건의 기념일

- 원치 않은 임신의 확인
- 성정체성에 관한 갈등
- 정서적 자원과 기술이 부족한데 중요한 책임에 대한 압박을 느끼는 경우

7) 위험 징후

위험 징후란 자살 가능성이 높은 사람이 드러내는 눈에 띄는 행동을 말한다. 자살에 영향을 미치는 위험 요인(예: 우울, 무망감, 약물남용)을 지닌 개인이 보이는 전형적인 경로에는 하나 혹은 그 이상의 촉발기제(예: 이혼이나 결별, 법적 문제)가 포함될 수 있는데, 이것은 자살 위험이 높아졌음을 알리는 위험 징후가 된다. 물론 자살을 시도하는 사람들 모두가 이러한 경로를 보인다고 할 수는 없으나 교직원들이 자살 위기 청소년을 식별하는 데 유용한 정보가 될 수 있다. 아동 · 청소년의 자살에 관한 위험 징후는 다양한데(Lazear, Roggenbaum, & Blase, 2003), 빈번하게 발생하는 것들은 다음과 같다.

- 자해나 자살에 대한 암시 혹은 위협(청소년의 80%는 자신에 대한 의도나 계획을 주변에 알린다고 한다.)
- 총기, 약물 등과 같이 자살 수단을 찾는다.
- 죽음 또는 자살에 대한 이야기나 글
- 가족과 관계 단절
- 현저한 성격 변화 내지는 심각한 변덕(severe mood swing)
- 폭력, 반항, 회피 등의 충동적 행동
- 집중력 저하
- 학교생활 문제(학업 거부, 흥미 상실)
- 도움에 대한 거부
- 격분, 화 또는 복수의 감정
- 덫에 빠진 듯한 무력감

- 불안, 불면증, 수면증
- 아끼는 물건 남에게 주기
- 작별을 고하는 글이나 말
- 삶의 목적이나 살아야 할 이유를 잃어버린 모습

8) 보호 요인

보호 요인은 자살 위험을 감소시키는데, 회복력을 향상시키고 위험 요인을 낮추는 역할을 한다. 보호 요인은 단순히 위험 요인의 반대말이 아닌 심각한 자살 위험에 있을 때에도 자살을 줄이는 데 예방적 역할을 하는 환경을 말한다. 위험 요인만큼 광범위하게 연구되지 않은 까닭에 보호 요인의 역할은 아직까지 확실하지 않지만 자살과 관련한 사고와 행동에 대한 완충장치 역할을 하는 것으로 보인다. 국가자살예방전략(2001)에 따르면 아동·청소년의 보호 요인은 다음과 같다.

- 심리, 신체 및 약물남용 장애에 대한 효과적인 임상적 개입
- 임상적 도움이나 개입이 쉬운 환경
- 위험한 자살 수단에 대한 접근이 어려운 환경
- 가족과 소속된 공동체의 지원
- 지속적인 의약 및 정신건강 돌봄 관계
- 문제해결, 갈등 조절, 논란해결을 위한 비폭력적 기술
- 자살을 막고 자기보호를 지지하는 문화적·종교적 신념

교직원은 학생들이 이러한 요인을 개발하는 데에 도움을 주어 자살 위험을 줄일 수 있을 것이다. 몇몇의 논문은 이러한 주장을 뒷받침하고 있다. 자아존중감과 가족 지원 등은 자살 감소와 유의한 관계가 있기 때문에 자존감을 향상시키고 가족의 지원을 촉진하는 전략은 유용하다고 볼 수 있다(Sharaf, Thompson, & Walsh, 2009).

4. 괴롭힘, 사이버폭력과 인터넷

괴롭힘(bullying)은 피해자들로 하여금 우울을 느끼고 자살에 이르게 하는 심각한 학교 문제다. 이에 더해 최근에는 아동·청소년의 인터넷 사용 증가로 사이버폭력 (cyberbullying)이 늘어나는 추세에 있다. 괴롭힘, 사이버폭력은 학생들의 안녕감에 심각한 타격을 줄 수 있고 자살에 대한 주요 위험 요인이 되고 있다.

1) 괴롭힘

괴롭힘에 연루된 아동·청소년은 자살 행동을 할 위험이 더 높다는 연구 결과가 있다(Kim & Leventhal, 2008; Kim, Leventhal, Koh, & Boyce, 2009). '괴롭힘'이라는 용어에는 학생들이 학교 안과 밖에서 겪는 신체적·정서적 학대가 포함되어 있다. 다른 학생들과 다르거나 친구가 거의 없는 학생들이 괴롭힘의 대상이 된다. 게이나 레즈비언과 같은 학생들이 대표적인 예라 할 수 있다. 이들은 자살 사고 및 행동에서 높은 비율을 보였고, 대부분 괴롭힘에서 촉발되었음을 알 수 있다.

괴롭힘은 매우 흔한 현상이다. 미국 자료 기준으로 6~10학년의 16%가 괴롭힘을 당했다고 보고하였고, 13%의 학생은 괴롭힘을 했다고 보고하였다(미국립보건원, 2001). 불행히도 괴롭힘의 장기적 피해는 심각하다. 피해자들은 우울과 낮은 자존감으로 고통을 받는다. 가해자들은 나중에 범죄 행동에 가담할 가능성이 크다. 어른들은 이러한 일을 간과한 채 일종의 통과의례로 여기는 경향이 있다. 학교에서 일어나는 괴롭힘 문제의 심각성을 알지 못하는데, 최근의 연구를 보면 괴롭힘은 자살 위험과 관계가 있다. 초국가적으로 진행된 괴롭힘과 자살 간의 관계 연구를 살펴보면, 괴롭힘 피해 경험이 있는 학생이 그렇지 않은 학생보다 2~5배나 더 많이 자살충동을 느꼈으며, 자살시도를 하였음이 드러났다. 중요한 점은 괴롭힘 가해자 중에서도 특히 남학생이 자살에 대한 높은 위험을 나타냈다는 것이다(Nock, 2009).

2) 사이버폭력

사이버폭력은 학대, 명예훼손, 명의 도용, 사기 행동, 사회적 배제 행동 등 온라인에서 이루어지는 공격적인 행동을 의미한다. 또한 사이버상에서의 협박(cyberthreats)이란 피해자를 심리적으로 괴롭히는 직접적인 협박이나 고통을 주는 일(distressing material)을 말한다(Willard, 2007). 사이버폭력과 관련하여 언론에 널리 알려진 사건으로는 13세 여학생의 자살로 끝나버린 이야기가 있다. 유명한 소셜네트워크인 마이스페이스에서 학급친구의 어머니는 소녀에게 관심을 가진 16세 소년으로 속였다. '소년'은 소녀를 공격하면서 "너만 없다면 세상은 좀 더 좋아질 거야."라는 메시지를 보냈다. 소녀는 그 직후 자기 집에서 벨트로 목을 맨 채 자살을 하였다(Cable News Network, 2009). 이 사건은 인터넷상에서 이루어지는 폭력의 심각성과 파괴적인 결과를 보여 주는 사례다.

사이버폭력의 희생자들은 낮은 자존감과 중대한 심리적 문제를 나타낸다(Campfield, 2009). 슬프게도 희생자들은 도움의 손길을 찾지 않는다. 한 연구조사에 따르면, 25%의 아동이 자기가 당한 사이버폭력에 대해 이야기하지 않으며, 47%의 응답자들은 친구에게는 이야기하였으나 교직원에게는 보고하지 않았다. 그 이유는 가해자의 보복, 부모의 인터넷 사용 제한 등과 같은 부정적 결과에 대한 두려움 또는 교직원이 문제를 해결할 수 없을 것이라고 생각했기 때문이다(Cassidy, Jackson, & Brown, 2009).

아동 · 청소년은 사이버폭력이 심각한 문제라고 지각하고 있었는데, 그 이유는 (익명성이 실제로 보장되든 그렇지 않든 간에) 인터넷에서 지각된 익명성(perceived anonymity)에 있다고 보았다(Mishna, Saini, & Solomon, 2009). 이러한 사실은 청소년들이 자신의 신상명세가 완전히 공개되었을 때에도 왜 인터넷상의 상호작용을 익명성이 보장된 것으로 지각하는지 의문을 남긴다. 그렇게 지각하는 이유는 아마도 상호작용의 장소가 실제적인 접촉이 없이 자기 집안에서 이루어지기 때문으로 보인다.

사이버폭력에 관한 연구결과는 다양하게 나타나고 있다. 국립범죄예방협의회(National Crime Prevention Council)의 연구에 따르면, 최소한 한 번 이상 사이버폭력을 경험한 아동 · 청소년이 43%에 이른다(2007). 또 다른 연구에서는 최소한 69%의 학생이 몇 가지 형태로 사이버폭력 피해를 입었다고 보고하고 있다(Campfield, 2009). 실제 연구결과와 별개로 사이버폭력은 아동 · 청소년의 안녕감에 중요한 영향을 미치는 요인으로 자리잡고 있는 것이 명확해 보인다. 사전 연구에 따르면, 학교에서 괴롭힘 피해를 입은 학생이 인터넷상에서도 폭력을 경험할 가능성이 더 높다고 보고되었다(Katzer, Fechenhauer, & Belschak, 2009).

3) 인터넷과 자살 행동

2008년 11월, 수많은 사람들이 온라인을 통해 지켜보고 있는 가운데 한 청소년이 자살을 감행하였다. 어떠한 공식적인 제재나 경고 메시지는 없었다. 이러한 드라마 같은 광경이 펼쳐지는 동안 누군가는 자살 행동을 감행하도록 부추기기도 하였다. 온라인에는 자살을 부추기거나 자살 방법을 이야기하고 자살에 대해 정리하는 노트를 적는 팁을 제공하는 사이트가 있다. 자살 시도자들은 이와 같은 자살을 옹호하는 웹사이트를 찾고 채팅방이나 포럼 등을 통해서 자신의 자살 의도를 지지받기도 하지만, 동시에 많은 고위험군 자살 시도자들은 온라인을 통해 지지받고 있다는 느낌, 연결감과 소속감, 자살 위험을 줄이는 데 도움이 되는 정보를 찾는다(Harris, McLean, & Sheffield, 2009).

자살 위험과 자살 예방에 인터넷의 역할은 잘 이해되지 않는다. 하지만 실제로는 자살을 시도하는 많은 청소년이 온라인을 통해서 자살 사고를 이야기하고 있다. 우리는 온라인 토론이나 게시판 글을 통해서 또래가 하고 있는 자살 사고나 행동을 배웠다고 말하는 학생들을 종종 만난다. 인터넷 대화를 모니터링하는 것은 학교에서 부모에게 강조할 수 있는 자살 예방과 개입의 한 방법이다. 또한 사이버 폭력에 대해서 아동과 청소년에게 교육을 해야 하고 이러한 교육에는 온라인에서 따돌림을 당했을 때의 행동 방법에 대한 내용이 포함되어야 한다(Willard, 2007).

5. 요 약

지난 50년 동안 청소년과 아동의 자살 위험은 증가해 왔다. 학교의 교직원은 자살 위험 요소, 자살 행동의 촉발기제, 위험 징후, 보호 요인을 잘 알고 있어야 한다. 청소년과 아동은 특히 자살에 취약한데, 아직 경험이 부족하고, 시야가 협소하며, 대처 방법이 미숙하고, 자신이 경험하는 것에 대해 격정적으로 반응하며, 스트레스가 심하기 때문이다. 자살을 줄이려면 무엇보다 예방이 중요하다. 학교는 자살 예방 및 교육 프로그램을 실시하기에 적합한 장소로서, 다음 장은 여기에 초점을 맞추고 있다.

CHAPTER **02** 학교기반 자살 예방 프로그램

전국적으로 학교는 청소년 자살 예방에 핵심적 역할을 수행하고 있다. 학교기반 자살 예방 프로그램을 통해 자살 시도 위험이 있는 학생의 생명을 구할 뿐만 아니라 평생을 통해 지속되는 도움 추구 행동이나 친사회적 행동을 가르칠 수 있다. 긍정적이고 활기찬 학교 환경을 통해 위기 학생들의 위험 신호를 감지하고 개입하며, 또한 학생들의 개인적·사회적·정서적 필요에 반응하는 프로그램과 자원을 제공함으로써 청소년과 아동을 자기파괴 행위로부터 안전하게 지킬 수 있다. 학교에서 학생들은 정신건강의 영역에서 낙인의 역할, 건강한 도움 추구 행동, 위험에 처한 친구 때문에 공포로 질려 있을 때의 개입 방법, 위험을 최소화하는 보호 기술 등을 배울 수 있다. 위험에 처해 있는 학생들은 다양한 사람들과 즉각적으로 연락하여 도움을 받을 수 있다. 교사, 상담사, 코치, 교직원, 친구들이 이러한 역할을 담당하는데 잠재적으로 이들 모두가 개입을 할 수 있다. 자살 예방 프로그램이 학생들의 정신건강을 증진시키는 보다 커다란 노력의 일부일 때 그 결과는 드라마틱할 수 있다(예: Aseltine & DeMartino, 2004). 자살 예방 프로그램과 교육이 없다면 학교는 학생들이 자살과 관련하여 비밀을 지키는 장소가 될 수 있고, 교사들은 학생들의 문제 행동을

보아도 무슨 말을 해야 할지 불확실하며, 자살에 대한 잘못된 믿음이 일반적인 기준이 되어 버리는 수가 있다.

D. H. Granello와 P. F. Granello(2007)는 학교 시스템 안에 존재하고 있는 오해(myths)에 대해서 다음과 같이 구분하였다.

[**오해**] 학교는 자살 예방을 하는 곳이 아니다.

[**진실**] 분명히 학교는 지역사회 및 가정과 함께 자살 시도 청소년을 식별하고 아동과 가족에게 정보를 제공하는 곳이다. '1999 Surgeon General's Call', '2001 National Strategy for Suicide Prevention', '2003 New Freedom Commission on Mental Health'와 같은 프로그램은 학교가 청소년 정신건강 유지에 적극적인 역할을 할 수 있도록 권한을 부여하였다. 학교가 청소년 자살 개입의 주요 장소임은 다음과 같은 이유로 정리할 수 있다.

- 가정이나 지역사회와 비교할 때 학업, 또래관계 등 학생들의 문제가 학교에서 더 명확하게 드러난다.
- 자살 위험 신호가 가정보다 학교에서 더 빈번하게 나타나는 것 같다.
- 학교에서 학생들은 자신에게 도움을 줄 수 있는 사람들, 즉 교사, 상담사, 보건교사, 친구와 가장 잘 접촉할 수 있다.
- 학교와 연결되어 있다고 생각하는 학생들(예를 들어, 교사가 자신을 좋아하고 관심을 기울인다고 믿거나 다른 학생들과 가깝다고 느끼고 학교의 일원이라 생각하는 학생들은)은 자살 행동에 덜 관여한다.
- 많은 연구에서 학교가 1차 및 2차 예방 행동을 위한 이상적인 장소라고 보고하였다.

[**오해**] 자살에 대해 이야기하는 것이 자살 원인이 된다.

[**진실**] 이는 부분적으로는 위험한 오해다. 이러한 믿음이 퍼져나가는 것은 무책임할 뿐만 아니라 실제로 학생들과 학교의 자살 방지 노력에 대해 해로운 역할을 한

다. 자살에 대해 이야기하고 자살과 관련된 느낌을 이야기하는 것은 자살 시도자의 괴로움을 크게 줄일 수 있다. 자살에 대해 이야기하는 것은 우리가 그들을 돌보고 있고 혼자가 아님을 느끼게 한다. 2,000명 이상의 10대 청소년을 대상으로 한 연구에서, 과거 자살 시도 경험이 있는 우울한 청소년들이 학급 내에서 자살에 대한 주제를 접했을 때 프로그램 이후 자살에 대해 더욱 고려하게 되었다는 보고는 없었다. 게다가 이러한 논의 이후 화가 줄었고 자살에 대해서 덜 생각하게 되었다고 보고하였다 (Gould et al., 2005).

덧붙여, 30년 이상의 생명의 전화(hotline) 경험과 20년 이상의 학교기반 자살 예방 프로그램 운영 경험에 비추어 볼 때, 자살에 대한 논의가 자살 행동을 부추겼다는 경우는 단 한 사례도 없었다(Kalafat, 2003). 사실은 이 주제를 가져온다고 해서 역기능적이거나 병적인 생각을 사람들에게 주입하는 것은 아니라는 것이다. 실제로 많은 사람들이 살아가면서 인생의 어느 시점에서는 자살에 대해서 생각한다. 이때, 자신의 감정을 이야기할 수 있도록 도와주고 자살이 아닌 다른 해결책을 찾게 하는 것이 큰 도움이 된다. 물론 자살의 방법에 대해 이야기하고 자살의 노하우를 알려주는 웹사이트를 소개하는 등의 이야기는 자살 고위험군의 사람에게는 위험한 행위다. 당연히 우리가 1차 예방 프로그램을 통해서 증진시키고자 하는 것은 이러한 종류의 논의가 아니다.

[**오해**] 학교가 자살 예방 프로그램을 시행하면 소송당할 수 있다.

[**진실**] 실제로는 그 반대가 맞는 말이다. 학교가 만일 학생들의 생명과 관련된 주요한 요소를 무시한다면 소송당할 수 있다. 자살 예방과 관련된 학교의 역할과 관련하여 두 사례의 법정소송이 진행된 사실이 있다. Kelson v. The City of Springfield, Oregon(1985)의 사례에서 재판관은 학교 직원의 부적절한 대처가 14세 학생의 죽음을 초래하였다고 판결하였다. 이 사례는 학생의 자살이 학교기반 자살 예방 프로그램의 부재에 따른 것이라면 자살을 감행한 학생의 부모가 학교를 소송할 수 있다는 선례를 만들었다. 더 나아가서 이 사례가 시사하는 바는 교사나 학교 운영자뿐만 아니라 학교의 모든 직원이 학생 보호에 책임이 있다는 점이다. 두 번째 사례는 Wyke

v. Polk County Schol Board(1997)인데, 법정은 학교가 자살 예방 방침을 만들지 않아서 13세 학생의 자살 시도를 적당한 때 부모에게 알리지 못했다고 판결하였다. 이 사례에서 판결은 학교의 운영자(administrators)와 교사가 자살 위험이 있는 학생을 식별하고 보고하는 데 책임이 있음을 명확히 하였고, 자살 위험에 대한 교직원 훈련의 필요성을 확실하게 강조하였다.

[**오해**] 자살 예방 프로그램은 전염성이 있고 모방 자살을 이끈다.

[**진실**] 모방 자살은 발생한다. 자살에 대한 취약성이 있던 사람들, 가령 우울하거나, 자살 위험 신호를 보내는 사람, 이전에 자살 시도 경험이 있는 사람들은 학교 안에서 자살이 일어나면 자극을 받을 수 있다. 하지만 모방 자살을 이끄는 것은 1차 예방 프로그램이 아니라 학교나 지역사회의 다른 자살 성공자의 존재다. 따라서 가장 기본적인 예방 프로그램은 학교에서 이미 존재하고 있는 모방 자살에 대한 위험을 경감시키는 것이다.

이러한 오해들은 학교에 심각한 부정적인 결과를 가져올 수 있다. 그리고 좀 더 건강한 환경을 만들고자 하는 학교기반 자살 예방 프로그램의 중요성을 절감시킨다. 자살 예방 프로그램은 모든 학생, 부모, 교사, 교직원을 대상으로 스크리닝, 교육, 기술에 기초하여 훈련시킨다. 이러한 전반적인(broad-based) 접근은 예방을 세 단계—일반적 개입, 위험군을 위한 개입, 고위험군을 위한 개별 개입—로 구분하는 새롭게 발전된 정신건강 개념에 뿌리를 두고 있다.

학교 차원에서의 예방은 세 가지 단계가 있다.

1 일반적 개입(universal interventions)은 학교 학생 전체를 대상으로 한다. 이러한 개입에는 다음 내용이 포함될 수 있다.
- (자살에 대한) 위험 신호, 위험 요소, 도움을 구하는 방법, 잠재적 자살 위험을 가지고 있는 학생이나 동료에의 대응 방법 등이 포함된 자살에 대한 교육과 훈련을 학생, 학부모, 교직원, 교사 등 학교 전체를 대상으로 실시

- 자살에 대한 낙인을 줄이고 학교 내 도움 추구 행동과 협력적인 반응(supportive responses)을 이끌어 내기 위한 노력
- 포괄적인 대처 기술(generic coping skills)과 보호 요인에 대한 교육
- 소속감(sense of connection)과 구성원의 학교 커뮤니티 참여를 강화하는 방법
- 자살 위험을 가졌거나 정신건강 문제가 우려되는 사람들을 스크리닝하는 것

2 위험군을 위한 개입(selective interventions)은 특정 위험 요소를 가지고 있는 일부 집단을 대상으로 한다. 전환기에 있는 학생들, 부적절한 대처 기술을 가지고 있는 학생들, 자살에 노출된 적이 있는 학생들이 이러한 집단의 예다. 이러한 개입에는 다음 내용이 포함될 수 있다.
- 대처 기술을 강화하기 위한 심리교육집단
- 회복력과 도움 추구 행동을 증가시키는 프로그램
- 자살 위험에 대한 평가와 스크리닝
- 지역사회 자원과의 연계

3 고위험군을 위한 개별 개입(indicated intervention)은 스크리닝 절차에서 자살 위험을 가진 것으로 확인된 사람을 대상으로 한다. 이러한 개입에는 다음 내용이 포함될 수 있다.
- 포괄적이며 계속적인(ongoing) 자살 위험 평가
- 지역사회 자원과의 연계나 리퍼
- 개인, 부모, 정신건강 제공자(mental health providers)와의 지속적이고 열린 대화
- 일과 중 위기를 모니터링할 수 있는 프로토콜과 확대를 막기 위한(managing escalation) 절차 확립

이번 장에서 논의되는 전략들은 일반적 개입에 해당한다. 즉, 위기 정도에 상관없이 학교의 모든 학생을 대상으로 한다. 일반적인 접근은 교육과 훈련을 제공하고, 학생 전원에 대한 스크리닝을 실시하며, 정신건강의 증진을 추구한다. 구체적 자살

예방 프로그램은 발달과 긍정적인 사회적·심리적 기술, 대처를 강화하는 데 초점을 둔 정신건강 교육 프로그램에 포함된다. 일반적인 접근은 다음과 같은 이유들 때문에 특히 중요하다.

- 자살을 하려는 대부분의 청소년은 어른보다는 자기 친구들에게 더 많이 털어놓는다.
- 교육이나 훈련이 없는 상태에서는 몇몇 청소년, 특히 남자 청소년들은 어려움에 처한 친구에게 공감적으로 대하지 못하며, 적절한 도움을 주지 못할 수 있다.
- 자살을 하려는 친구가 있다는 사실을 주변의 어른들에게 말하는 학생은 약 25% 정도에 불과하다.
- 청소년들이 개인적 고민이 있을 때, 교직원은 의논 대상 리스트에서 가장 마지막에 위치한다.
- 도움이 될 만한 어른에게 다가가기 어려워하고 꺼리는 청소년의 특성은 파국적인 결과를 낳는 위험 요소로 여겨진다.
- 반대로, 도움을 줄 만한 어른과 지속적으로 관계를 유지하는(contact with) 것은 어려움에 처한 청소년들에게 보호 요인이 된다는 사실이 연구를 통해 밝혀졌다.
- 도움을 주는 것(providing help)이 청소년들에게 유익하다는 증거가 있다. 또래 간 상호 협력을 경험한 참여자들은 친사회적인 행동을 했으며, 문제 행동이 줄어들었다(Granello & Granello, 2007).

학교는 자살 예방에 대한 일반적인 접근 방법을 제공하기에 자연스러운 장소다. 학교는 지역사회 내의 기관으로 청소년의 교육과 사회화에 대한 책임이 있다. 학교는 가족 붕괴, 약물남용, 폭력, 위험한 성적 행동 등으로부터 학생들을 보호해야 할 책임이 점점 더 커지는데 이러한 요인들은 모두 자살 위험의 증가와 관련된 요소다 (Kalafat, 2003). 학교에는 도움이 필요한 많은 청소년이 있다. 따라서 학교 상담사와 학교 심리학자들은 이전의 개인적 서비스 모델에서 학교 내 전체 학생을 대상으로 하는 공중 보건적 접근(public health approach)으로의 전환이 필요하다고 강조한다

(Doll & Cummings, 2008). 공중 보건 모델의 가장 큰 특징은 예방을 중시한다는 것인데, 이는 곧 자살 예방에 대한 일반적 접근과 맥락을 같이 한다. 학교 차원의 자살 예방에 공중 보건적 접근을 적용하는 것은 국가적으로 고려해야 할 사안으로 2001년 자살 예방을 위한 국가적 계획(2001 National Strategy for Suicide Prevention, NSSP)의 주요 골조에는 학교에서의 일반적 접근에 대한 가이드라인이 포함되었다. 이는 학교에 ① 자살 예방에 대한 인식과 교육 프로그램의 시행, ② 위기 청소년을 알아보고 이들에게 적절한 서비스를 제공할 수 있도록 학생, 교직원, 부모 대상 교육, ③ 학교 기반의 효과적인 자살 스크리닝 프로그램의 시행 등을 요청한다. 이 필수적인 세 가지 요소는 학교기반의 일반적 예방 프로그램의 전반적인 토대가 된다.

학교가 자살 예방 프로그램을 시행하기에 자연스러운 공간이지만, 많은 학교에서는 이러한 서비스를 학생이나 직원들에게 제공하지 않고 있다. 질병관리센터(CDC)의 학교건강 정책 및 프로그램에 대한 2000년도 보고서에 따르면, 최소 한 학년에게 자살 예방 교육을 실시하도록 안내한 지역/주(states)는 절반도 되지 않는다. 이에 더해, 국가적으로 교육과 훈련 프로그램이 개발되고 있지만 어떻게 실시할 것인지, 심지어 이러한 교육의 시행 여부에 대해서도 열띤 논쟁이 있다.

반대 입장에서는 정신건강의 문제가 학교의 영역에 적절하지 않으며, 자살 예방은 비용이 많이 들고, 이러한 노력이 학생과 가족의 권리와 프라이버시를 침해할 수 있으며, 학교는 기본적인 교육에 집중해야 한다고 주장하고 있다. 학교기반의 자살 예방 노력을 지지하는 사람들은, 이러한 프로그램이 생명을 살리고 고통을 경감시키며, 모든 활동에 대한 참여는 자발적이고 스크리닝 과정에서 부모의 동의를 구하는 것이 필수적이기 때문에 부모의 권한을 침범하지 않고, 도움 추구에 관한 기술을 제공하는 것은 참여자의 전 생애에 걸쳐 이익이 된다고 주장한다. 그럼에도 불구하고 논쟁은 계속되고 있다. 자살 예방 활동에 참여하고 있는 학교 교직원은 이러한 비판에 경험적 자료를 기반으로 대응할 준비를 해야 한다.

일반적인 예방 활동의 세 가지 종류—자살 예방에 대한 인식 및 교육, 위기 청소년의 식별 및 리퍼에 대한 기술 훈련, 자살 및 정신건강 위험 여부를 확인하기 위한 스크리닝 프로그램—각각은 학교기반 자살 예방의 중요한 구성 요소다. 이제 우리는 각각의 전략을 학교에서 일반적 예방 활동을 하면서 접했던 사례와 함께 좀 더 심도 있게 다룰 것이다.

1. 자살 예방에 대한 인식 및 교육

2001년 시행된 한 연구(Washington Country Department of Public Health & Environ-ment, 2001)에서, 청소년에게 학교기반 자살 예방 프로그램에서 무엇을 기대하는지 물어보았다. 청소년이 원하는 교육 프로그램은 다음과 같았다.

우울은 치료 가능한 질병의 하나임을 알려 주기	65%
우울이 얼마나 흔한지 정보 제공해 주기	56%
누군가 정말로 우울한 것인지, 아니면 단지 지금 기분이 별로인 것인지 구별하는 방법 알려 주기	68%
자신 혹은 다른 사람의 우울을 어떻게 알 수 있는지 알려 주기	74%
자신 혹은 친구가 우울하거나 자살을 하고 싶을 때 어디로 도움을 요청하면 되는지 정보 주기	73%
우울하거나 자살을 생각하는 친구에게 어떻게 이야기할지에 대해 알려 주기	81%

이 연구에서 청소년들은 이러한 정보를 외부 전문가와 같은 초빙강사(guest speakers)에게 듣기를 가장 원했다(초빙강사를 3순위 안에 넣은 학생이 93%였다). 그 밖에 텔레비전을 통해(60%), 도움이 될 만한 어른을 통해(54%), 또래 교육을 통해(53%)였다. 도움을 주기 위해 어른들이 무엇을 할 수 있는가라는 질문에 압도적인 대답은 복잡하거나 비용이 많이 드는 것이 아니었다. 단연코, 가장 흔한 대답은 '청소년의 이야기를 잘 들어 주고, 제대로 대화하는 것'이었다.

학생들은 자살, 우울 그리고 정신건강에 대한 정보를 원하였다. 많은 학생을 대상으로 한 대규모 연구에서 자살 사고, 자살 행동, 우울은 꾸준히 높은 수준으로 나타났다. 6학년 학생의 18%는 최근 1년 사이 자살을 생각한 적이 있으며(Whalen et al.,

2005), 고등학생의 경우 이 비율은 더 높았다. 2007년 1만 5,000명의 고등학생을 대상으로 한 국가 차원의 조사에서, 지난해에 28%가 우울증에 해당되었고, 17%는 심각하게 자살을 고민하였으며, 13%는 자살 계획을 세웠고, 7%는 자살을 시도하였다는 결과가 나타났다(Cneters for Disease Control and Prevention, 2008). Aseltine과 DeMartino(2004)는 청소년의 자살 시도율이 매년 10%가량 증가한다고 밝혔다. 바꾸어 말하면, 매년 일반적인 고등학교의 한 학급 33명 내외 학생 중에서 남학생 1명과 여학생 2명이 자살 시도를 하는 것이라 할 수 있다.

높은 수준의 우울, 자살 사고, 자살 관념, 자살 행동에도 불구하고, 대부분의 아동 · 청소년이 적절한 정신건강상의 도움을 구하지 않는다는 사실은 명백하다. 실제로, 우울한 청소년들 중 하나 이상의 중재를 받고 있는 경우는 20%에 불과하다(American Academy of Child & Adolescents Psychiatry, 2005). 가장 흔한 상황은 문제를 겪고 있는 아동끼리 도움을 구하기 위해 서로 의지하는 것이다. 자율성 대 독립이라는 발달적 요구를 지닌 청소년들은 특히 어른에게 도움을 구하는 것을 꺼리는 경향이 있다. 다양한 연구에서 자살 위기 아동 · 청소년이 어른보다는 또래 친구들에게 좀 더 비밀을 털어 놓는 경향이 있다고 밝히고 있다. 자살 시도 경험이 없는 학생들 중 38%가 정신적인 고통을 겪을 때에 어른의 도움을 구했던 데에 비하여, 자살 시도 경험이 있는 학생들은 도움이 필요했을 때, 오직 18%만이 어른에게 도움을 구하였다(Wyman et al., 2008). 가장 위험하다고 판단되는 것은 '친구들이 자살 위기에 처해 있을 때에 어른에게 말한다'고 이야기하는 10대가 25%에 불과하다고 연구에서 지속적으로 밝히고 있는 부분이다(Kalafat, 2003).

학교 내 현존하는 우울, 자살 사고, 자살 관념, 자살 행동 수준과 함께 아동이 어른에게 도움을 구하는 것을 꺼려 하는 상황을 볼 때, 학생들이 적절한 도움을 구하도록 교육과 훈련을 받아야 한다는 것이 명백해 보인다. 학교에서의 자살 예방을 둘러싼 가장 위험한 오해 중 하나는 자살에 대해 이야기하는 것이 누군가의 머릿속에 자살 생각을 심어 준다는 것이다. 이렇게 생각하는 교직원들은 점차 교육 프로그램 참여를 막아 버렸다. 그러나 이러한 오해는 사실이 아니며, 학생들이 계속 이런 오해를 하는 것은 해롭다. 연구결과도 확실하다. 학생들은 정신건강, 우울 그리고 자살에 관하여 생각하고 동시에 이야기한다. 또한 이들은 분명 더 많은 정보를 원한다. 1,500명 이상의 고등학생을 대상으로 한 연구에서, 87%가 우울과 자살 사고, 자살 시도가 10대 사이에서 문제라고 언급했으며, 73%가 우울하거나 자살에 대해 느낄 때 도움을 구하려면 어디에 요청해야 하는지에 대해 정보를 요구하였다(Washington County Department of Public Health & Environment, 2001).

아이들은 정확한 정보가 없기 때문에 자신이 찾을 수 있는 곳이면 어디서든 정보를 구한다. 또래 친구와 상담하고, 스스로 답을 구하기 위해서 애쓰거나, 혹은 더 많은 사례와 정보를 구하기 위해 인터넷을 검색한다. 자살에 대한 정보는 웹을 통해서 쉽게 접근할 수 있고, 같은 생각을 하는 사람들끼리 논의하기 위해 특별히 만들어 놓은 채팅방이 있다. 대부분의 방문객은 자살 행동을 모방하려는 자살 고위험군의 청소년과 초기 성인이다. 이러한 채팅방은 자살을 시도하거나 자살 노트를 기록하는 데 조언이 되는 명확한 방법을 가르쳐 주는 등 자세한 정보를 제공한다. 10대의 자살 시도가 이러한 채팅방이나 인터넷 포럼 등을 방문한 후에 보고된다는 이야기가 있다(Becker & Schmidt, 2005).

아동을 위해 교실에서 일어나는 학생 학급 활동, 혹은 학급 내 생활지도 활동은 자살 예방 교육에서 대표적인 적합 모델이다. 전형적으로, 이런 세션은 정신건강, 문제해결, 결정하기, 갈등 조정, 도움 구하기 등 큰 틀의 단위로 되어 있다. 이런 형태의 프로그램은 대개 학교 자원과 문화에 맞추어져 있는데, 임상적이 아닌 교육적 성격에 초점을 두고 또한 학교 환경에서 교사나 상담사가 가르치고, 구조화된 교육 과정 내에 존재하기 때문이다.

초등학생과 같은 아동들은 자살 위험과 위험 징후에 맞추어진 특정한 논의보다 건강한 행동을 위한 기초를 다질 수 있기 때문에, 교실에서 일어나는 지도 활동에서 가장 이점을 가질 수 있다. 다루기 기술, 감정 조절 그리고 돌봄을 제공하는 어른에 닿는 것과 같은 안전한 요소에 초점을 맞춘 발달적으로 적합한 교육에 유용할 수 있다. 아동에게 학교, 가족 및 사회와 연결되어 있다는 느낌을 갖도록 도와주는, 그리고 기회를 제공하고 참여하도록 만들어 주는 프로그램은 강력한 보호 요인을 발달시키는 데에 중요하다. 그러나 이러한 유형의 훈련은 단순히 하나로는 자살 행동을 완화시킬 수 없다. 보호 요인 내에서 도움이 되는 환경과 교육은 정신병리학의 발달을 약화시키는 데 도움을 줄 수 있지만, 현실은 현저하게 정신건강이 염려되는 많은 아동이 학교 내에서 탐색되지 않는다(Kalafat, 2003). 자살 사고가 있는 아동은 교내의 훈련받은 어른이 구분해 내야만 하며, 이에 더해 행동 건강 중재(behavioral health intervention)를 찾아야 한다.

8~12학년의 교실 활동은 자살, 우울 그리고 정신건강에 대해 더 직접적인 교육을 포함해야 한다. 이러한 세션은 여러 수업 시수를 거쳐 진행되는데, 보건 교육과정 내에 포함될 때가 가장 흔하다. 이러한 유형의 교실 활동은 여러 직종 교직원들의 시간을 들이지 않으면서도 많은 학생에게 의사소통하는 가치 있는 방법이다. 자살 예방 수업 활동은 자살 위험 요인과 위험 징후, 자살에 대한 오해 떨치기, 다른 사람으로부터 위험 징후 인지하기, 도움을 구하려는 곳에 대한 정보, 문제를 겪고 있는 친구를 대하는 방법 등의 정보가 포함될 수 있다. 종종 수업은 미디어 자극을 활용하기도 하고, 또래-주도의 토론이나 역할극을 하기도 한다. 청소년을 위한 학급 내 생활지도 활동의 주요 초점은 도움을 찾는 것과 관련된 오명을 줄이는 것과 동시에 학교 상담사와 간호사 혹은 행정가와 함께 걱정되는 친구들에 대해 논의하는 것의 중요성을 강조하는 것이다(Kalafat & Elias, 1995). 게다가 학생들이 자살 사고와 감정을 우울이나 양극성과 같은 정신적인 질병의 일부로 바라볼 수 있도록 도와야 한다. 정신질환을 성격적 약점의 신호가 아니라 치료가 필요한 질병으로 이해하도록 청소년들을 돕는 것이 매우 중요하다. 이에 따라 청소년은 슬픔을 느끼거나 자살 생각이 지나가는 것이 정상적이라는 것을 이해해야 한다(그리고 자살에 대해 생각하는 것이 정신질환을 가지고 있지 않다는 것을 의미한다.). 그렇지만 자살 사고를 실행에 옮기는 것은 괜찮지 않다. 바꾸어 말하면, 요점은 많은 사람들이 좌절을 느끼고 억눌리지만 그렇다고 해서 그들이 스스로 죽음을 택하지는 않는다는 점을 강조하는 것이다.

일반적으로, 수업 활동에서는 자신이나 친구를 위해서 어른에게 도움을 구하는 것을 억누르지 말라고 한다. 청소년은 친구의 자살의도를 비밀로 두는 것이 '옳은 것'이라고 믿으면서, 친구들에게 충성심을 표현한다. 고등학교 남학생집단을 대상으로 하는 훈련에서는 친구가 자살 위기에 놓여 있다고 생각하면 어른에게 말을 하도록 강화한다. 이러한 훈련과정에서 학생들은 손을 들고 질문한다. "선생님! 제가 이해하기로는 친구를 잃는 것보다 우정을 잃는 것이 낫다는 말씀이시지요?"

자살 교육 교육과정은 자살의 복잡성에 대한 강조에 주의를 기울여야 한다. 자살을 이해하는 쉬운 답은 없으며, 간단한 설명도 학생들에게 잘못된 메시지로 전달될 수 있다. 잘못하면 자살이 삶에 대한 문제의 '해결책'으로 들릴 수도 있다. 교육 프로그램은 또한 학생들에게 친구의 자살 위기를 판단할 때에 어른에게 이야기하는 것이 중요하다는 것을 강조할지라도, 그들이 다른 사람의 안전에 책임감을 느끼도록 한다거나 혹은 살아있는 누군가에게 책임감을 갖도록 해서는 안 된다. 많은 학생이 시도를 하거나 혹은 자살을 한 누군가를 알게 될 수 있지만, 그들이 그때 자살한 사람의 결정에 책임감을 느껴서는 절대로 안 된다. 항상 위기 중재 목록과 함께 위기 상담 직통번호를 모든 훈련에 포함시켜야 한다. 훈련 이후 그들이 어른과 함께 실질적으로 진행해야 하는 경우라면 개별 학생과 함께 누가 언제라도 이야기할 수 있다는 것을 알려 준다. 연구결과들이 모방 자살의 가능성이 증가한다고 논증하듯이, 피하는 데에 중요한 특별한 과정적 선택지가 존재한다. 자살이 스트레스에 대한 반응이라고 절대 말하지 마라. 자살이 고통을 끝내는 방법이라고 절대 말하지 마라. 만일 학생이 어떤 사람이나 혹은 행동을 과하게 동일시하여 자살 시도 경험이 있거나 또는 자살 행동을 미디어에서 보고 따라한 학생이 있다면 (개인적으로나 혹은 미디어를 통해서나) 교육 시 이에 대해 가르치거나 이야기해서는 안 된다.

당연하게도, 세상 어른들이 그 정보를 가지고 무엇을 해야 할지 모른다면 친구가 자살 위기에 처했다고 생각하는 학생에게 그 사실을 어른에게 말해야 한다고 교육하는 것은 어불성설이다. 이런 이유로, 학교 체계 내 모든 어른은 학생들에 대한 교육 이전에 자살 예방 교육을 받아야 한다. 학생들이 자살 예방을 위한 정보를 받으면 친구들이 위험에 처했음을 알았을 때 어른에게 도움을 요청한다. 만약 교직원이 이러한 학생들의 우려에 답하도록 훈련되어 있지 않다면, 중재가 부적합하거나 혹은 위험을 실제로 증가시킬 뿐이다. 또한 학교 건물 내 모든 어른을 대상으로 교육이 이루어져야 한다. 수위, 버스기사, 급식소 직원 등은 이러한 훈련에서 간과되기 쉬우나 어떤 학생들에게는 이들이 생명줄이다. 덧붙여, 부모 역시 정보 및 교육이 필요하다. 훈련이 학부모 면담과 같이 면 대 면으로 일어나든 혹은 뉴스레터나 학부모 소식지에 실려서 일어나든 간에, 아이가 자기 자신 혹은 다른 학생의 자살 사고와 자살 행동을 이야기할 때 학부모가 대처 방법을 알고 있는 것은 중요하다.

자살 예방 교육과 학교에서 일어나는 작업에서, 우리는 다음의 교육 세션에서 논의된 모델을 사용한다.

1) 교직원 교육(연수)

학기가 시작되기 전에, 우리는 자살 위험과 위험 징후, 자살 오해, 우울과 정신건강, 보호 요인 그리고 자살 위기 학생에게 닿는 방법에 대해 모든 교직원을 오후 시간에 교육 세션에서 훈련시켰다. 해당 교육 세션 정보는 2절에서 논의할 자살 문지기 훈련(suicide gatekeeper training)을 포함한다.

우리는 모든 교직원이 자살 예방에 최소의 역량을 가져야 했지만 이러한 역할에서 모든 교직원이 편안하지 않다는 것을 알았다. 학생들이 고민이 있을 때 교내에 있는 어떤 어른에게도 도움을 요청할 수 있어야 하므로, 그 안에서 실제로 이러한 훈련에 응답하는 사람들이 있었고, 그들은 도와줄 수 있고 기꺼이 그렇게 하겠다며 학생들과 의사소통할 수 있기를 원하였다.

이를 인식하여, 우리는 교직원 교육 마지막 시간에 모든 참가자가 자기 사무실이나 교실에 배치해 놓을 수 있도록 이수증을 배부하였다. 우리는 사전에 대비하는 성향이 있고 학생들에게 자신이 접근 가능하다는 것을 알려 주고 싶어 하는 사람들이 이수증을 바로 내건다는 것을 발견할 수 있었다. 그렇기 때문에 이수증은 이 어른이 어려운 대화에 기꺼이 참여하고자 한다는 것을 학생들에게 알려 주는 방식으로 쓰이는 것이 중요하다. "○○ 씨가 위기 학생 발견과 관련하여 3시간의 교육을 수료하였음을 증명합니다."와 같은 이수증은 중요한 부분을 놓치고 있다. 우리의 경험에 비추어 보았을 때, 소규모의 교수진과 관리자들이 (그리고 아마 학생도) 그 학교의 문화에 맞게, 학생에게 의미를 줄 수 있는 이수증을 만드는 것이 훨씬 더 적절하다. 우리는 "나에게 말해 주세요." "나는 당신을 돕기 위해 왔어요." 혹은 "나는 어려운 대화를 나누는 것을 전문으로 하고 있어요.”와 같은 증서를 봐 왔다. 중요한 점은, 학생들의 마음을 움직이는 (그리고 학생들이 그들의 자살 예방 교육 프로그램을 언제 받는지 알 수 있게 하는) 메시지를 찾아야 한다는 것이다.

2) 부모 교육

우리는 무척 드문 일이고 모든 학부모를 대상으로 할 수 없다는 한계가 있지만, 몇몇 학교에서 면 대 면 만남을 통해 학부모들과 만났다. 그 외 다른 학교들에서는 뉴스레터나 웹사이트를 통해 학부모들에게 접근하였다. 우리는 학부모들에게 주기적으로, 그리고 가능한 한 다양한 형태로 정보를 제공해야 한다는 것을 발견하였다. 면 대 면 교육은 형태와 형식 면에서 직원 교육 및 훈련과 비슷하며, 이에 더해 가정용품의 제한(예: 총에 잠금장치 해 두기, 약물이나 기타 잠재적으로 죽음을 초래할 수 있는 방법에의 접근 제한하기)을 강조한다. 뉴스레터와 웹사이트의 정보는 강렬하면서도 짧고 읽기 쉬운 간결한 형태로 제시되어야 한다. 몇몇 학교는 모든 뉴스레터에 학생 정신건강에 대한 칼럼을 제공한다. 어떤 학교는 주기적으로 정보만 제공하기도 한다. 우리는 학교가 뉴스레터나 혹은 시험 기간, 대학 합격 통지서가 전해지는 때, 졸업 전과 같이 학생들에게 강한 스트레스를 줄 수 있는 상황에서 학교 측이 제공할 수 있는 다른 의사소통 매체에 정신건강과 자살 예방에 대한 정보를 포함시킬 것을 권고하고 있다. 학교 웹사이트는 정신건강에 대한 활성화된 온라인 자료실을 운영해야 한다. 부모는 자녀의 자살 위험, 정신건강, 보호 요인 등에 대한 믿을 수 있고 정확한 정보를 형식을 불문하고 제공받아야 한다.

부모는 특히 자살에 대한 오해, 자녀에게 문제가 있을 때 무엇을 할 수 있을지, 의뢰할 수 있는 기관이나 전문가, 그리고 어떤 도움이 유용한지 등의 정보를 알고 싶어 한다. 직원이나 학생 교육에서와 마찬가지로, 부모에게도 그들이 할 수 있는 가장 중요한 일은 질문하기, 그리고 나서 그에 대한 대답을 듣기라는 것을 상기시켜 주어야 한다.

학교와 함께 문제를 다루다 보면, 우리는 종종 학교 교직원들로부터 이러한 정보를 작성할 시간이 없다는 말을 듣는다. 그런데 다행스럽게도, 인터넷에는 이용이 가능할 뿐만 아니라 믿을 만한 출처의 훌륭한 정보가 아주 많다. 이 장(chapter)의 끝 부분에 학부모 뉴스레터나 학교 웹사이트에 쉽게 차용할 수 있는 자살 예방 정보가 담긴 웹사이트 목록을 제시해 두었다.

일단 부모에게 정보가 주어지면 자녀가 자살 예방 교육을 받기 바로 전에 각성되어 있는 상태일 것이다. 우리는 자녀가 교육 후에 이에 대한 질문이나 걱정을 안고 집에 오거나, 위험에 처해 있다고 여겨지는 반 친구에 대해 부모와 이야기를 나누고 싶어 하기 전에 부모에게 살짝 귀띔을 해 주는 것이다. 물론, 자녀가 이러한 주제에 노출될 것이라고 부모에게 자살 예방 교육 동의에 대한 공지를 미리 띄울 것이다. 전반적으로, 이 일의 목표는 의사소통에 대한 모든 경로를 열어 놓는 것이다.

3) 학생 교육

고등학생 교육에 대한 우리의 일반적인 접근법은 학교 혹은 해당 연령대의 특수한 요구에 맞추어 간단하고 빠르게 조정될 수 있다. 먼저, 일반적인 접근법에서는 모든 학생을 교육하는 것이 중요하다는 것을 강조한다. 따라서 모든 학생을 포함할 수 있는 교실이나 시간을 찾는 것이 필수적이다. 그렇다고 해서 자살 교육 훈련이 전교 학생회의와 같은 맥락에서 이루어져서는 절대로 안 된다. 학생들은 이 어려운 주제를 처리할 만한 시간과 공간이 있어야 하기 때문에 작은 교실 환경(settings)이 훨씬 더 적합하다. 우리는 전체 학년이 일주일 코스로 교육받는 것을 권장하고 있다. 보통 8학년이나 9학년의 경우에는 초기 교육을 받고, 그다음 학년부터는 좀 더 짧은 추수 회기(booster session)를 갖는다. 예를 들어, 한 학교에서 9학년생 전체가 보건시간에 일련의 교육 회기를 통해 훈련받기로 결정했다면, 같은 주에(혹은 학교 연간행사 예정표상의 비슷한 지점에) 모든 10학년, 11학년, 12학년생도 (9학년생에 비해) 짧은 훈련시간을 갖는다.

두 번째로, 우리는 '한 번으로 끝나는' 훈련에 참여하지 않는다. 한 회기만으로는 학생들이 성찰하거나 질문을 할 수가 없다. 그들이 불안과 미해결된 질문을 가진 상태라면, 후속 작업을 위한 시간을 가질 수가 없다. 우리는 자살 예방 교육 프로그램이 보건 수업이나 정신건강에 대한 토론이 포함된 커리큘럼상에서 다루어졌을 때 가장 효과가 있다는 것을 발견하였다. 일반적인 훈련은 월요일/수요일 혹은 화요일/목요일 커리큘럼이다. 이처럼 두 번씩 진행하는 방식은 학생들이 첫 날 배운 정보를 가지고 집에 가서 무엇을 배웠는지 곰곰이 생각해 보고 두 번째 날에는 자신의 의문에 답을 얻을 수 있게끔 해 준다. 또한 이렇게 하면 금요일에 자살과 관련된 주제로 교육을 한 후 주말 동안 학생들이 궁금증을 품고 집에서 계속 기다려야 하는 상황을 방지할 수 있다.

세 번째로, 우리는 교육 회기 내에서 다양한 접근법을 가지는 것과 정신건강의 맥락 안에서 자살 위험에 대한 정보를 제시하는 것이 중요하다고 본다. 예를 들어, 모든 교육 회기에서 토론, 미디어, 역할놀이 등을 활용한다. 이와 더불어 학생들이 우울증을 비롯한 정신질환이 자살 위험에 어떠한 역할을 하는지 인식하도록 도와준다. 우리는 학생들이 우울과 슬픔을 구별할 수 있도록 돕는 것이 특히 중요하다는 것을 발견하였다. 미국에서는 실제 '슬프다'라는 것을 표현할 때 '우울하다'라는 단어를 흔히 사용한다. 예를 들어, 어떤 학생이 "나 시험 망쳤어. 진짜 우울해."라고 말하는 것을 들어 보았을 것이다. 하지만 당연히 임상적인 수준의 우울은 상당한 정신질환에 속하고, 슬픔을 느끼는 것과는 다르다. 우리의 경험에 비추어 보면 학생들은 종종 이러한 구분을 이해하지 못하고, 이는 그들이 자살에서 우울증의 역할에 대해 이해하는 것을 방해한다. 따라서 학생들이 두 개념을 구분할 수 있도록 돕는 것이 훈련의 중요한 요소다.

마지막으로, 우리는 자살 예방 교육 커리큘럼이 자살충동이나 자살 행동을 직접적으로 소개하려는 것은 아니라는 점을 분명히 하고 있다. 오히려 커리큘럼의 회기에서는 도움을 구하는 방법이나 자원을 강조하고 있고, 정신적으로 고통스러워하는 친구들과 만나게 되는 학생들을 위해 고안되었다. 교육을 실시하는 교실 내에도 정신적인 고통을 겪고 있는 학생이 있을 것이라고 인식하는데, 그들에게 활용할 수 있는 자원이나 전문가를 소개하는 것에 매우 조심스럽다. 하지만 우리는 훈련 중에 (그들과) 상담을 하지는 않는다.

(1) 첫째 날(1시간)

- 주제에 대한 소개
- 자살에 대한 오해, 위험 요인
- 간략한 통계 자료 소개, 그들의 연령대에 대한 일반적인 정보
- 보호 요인에 대한 토론
    - 역할놀이: 슬픔과 우울에는 어떤 차이가 있을까?
    - 유인물: 집에서 부모와 공유할 수 있는 정보 제공

(2) 둘째 날(1시간)

- 다음과 같은 질문이 포함된 유인물 제공
    - 지난 회기에 당신이 배운 한 가지는 무엇입니까?
    - 당신이 배운 것 중 당신을 놀라게 했던 한 가지는 무엇입니까?
    - 당신이 배운 것 중 당신이 이미 알고 있었던 한 가지는 무엇입니까?
    - 당신이 여전히 지니고 있는 궁금증이나 걱정이 있다면 무엇입니까?
        (우리는 이 유인물을 회수한 후 진행자 중 한 사람은 유인물에 적힌 내용을 읽고, 다른 한 사람이 프로그램을 진행하는 것이 큰 도움이 된다는 것을 발견하였다. 유인물에 적힌 모든 걱정은 회기가 끝나기 전에 다루어져야 한다.)
- 이전 회기에서 다룬 내용의 복습, 헷갈리거나 걱정되는 부분에 대해 말끔히 설명
- 토론(가능하다면 비디오 자료 활용)
    - 우울증
    - 분노와 스트레스
- 역할놀이: 친구에게 손을 내미는 방법
- 심화 역할놀이(More role-plays): 친구를 돕는 방법(이번에는 짝을 지어서)
- 목록 만들기(Generate list): 만일 당신이나 당신의 친구가 자살충동을 느낀다면 어떤 어른에게 말할 수 있을까요?
    - 학교와 지역사회 내 특정 인물의 이름을 대도록 한다.

─학교가 이러한 어려운 이야기를 나눌 수 있는 어른에 대한 특별한 구호나 상징을 가지고 있다면, 바로 이때가 학생들에게 이러한 대화를 촉진하는 교사나 직원 사무실 벽의 "나에게 말해 주세요."(혹은 학교 특색에 맞는 어떤 구호라도)와 같은 구호를 찾아보라고 말해 줄 시간이다.

─학생들이 교실을 떠나기 전에 모든 질문에 대해 반드시 답을 해 주어야 한다.

─모든 학생에게 지역 자살 구조 및 상담 연락처를 알려 주어야 한다. 전국 전화번호(national number)가 적힌 명함은 자살예방지원센터(SPRC.org)를 통해 구할 수 있고, 지역 전화번호(local number)는 프린터로 직접 인쇄하면 된다. 회기 중에 모든 학생에게 이러한 명함을 지갑 속에 넣어두라고 말하는 것이 특히 도움이 된다. 그렇게 함으로써 명함을 지갑에 보관하는 행동이 유달리 특별한 것은 아니라는 메시지를 전달할 수 있다.

학교에서 자살 문제에 대해 다루면서, 우리는 학생들이 이러한 프로그램에 잘 참여한다는 것을 알게 되었다. 프로그램이 끝난 후 평가도 일관되게 긍정적이다. 참여자들의 의견은 다음과 같다.

① 이틀에 걸친 프로그램에서 당신이 얻은 중요한 메시지는 무엇입니까?

• 자살은 절대 답이 될 수 없다.
• 우리는 친구가 자살의 징후를 보이면 실제로 무엇인가를 해야 하고, 그것을 숨기면 안 된다.
• 자살은 다른 사람들에게 매우 심각한 영향을 미친다.
• 가까운 사람이 힘들어하거나, 평소와 다르게 행동하면 그들과 대화를 나누어야 한다.
• 내 기분에 대해 다른 사람들에게 이야기하라.
• 자살은 큰 문제이지만 나는 도울 힘을 가지고 있다.
• 항상 기댈 사람이 있다는 점, 나는 늘 도움을 받을 수 있다.
• 자살은 일시적인 문제에 대한 되돌릴 수 없는 풀이법이다.

- 어떤 것이든 간에, 어른들과 함께 이야기해야 한다.
- 자살은 무의미하다. 나는 항상 도움을 받을 수 있다.
- 필요하다면 나 자신을 위해 도움을 받아라.
- 강한 사람이어야만 자살을 생각하는 친구를 도울 수 있다.
- 자살 예방의 핵심은 바로 의사소통이다.

② 당신은 프로그램에 참여한 후, 자살/우울 또는 자살 문제나 우울증을 경험하는 사람을 보는 시각이 달라졌나요? 어떻게 달라졌나요?

- 네, 저는 주변 사람이 자살할 것이라 말을 하면, 재빨리 관여하여 그의 한 마디 한 마디를 진지하게 받아들일 것입니다.
- 네, 저는 이러한 통계에 대해 알게 된 후, 그들을 좀 더 나은 방향으로 변화시키고 싶어졌습니다.
- 아니요, 저는 늘 이러한 문제를 다루고 있는 사람들을 기꺼이 도우려고 했고, 저 자신도 조울증으로 진단받았습니다.
- 네, 왜냐하면 자살을 생각하는 사람을 도울 때는 서둘러야 한다는 것을 알기 때문입니다. 저는 그것을 비밀로 하지 않아야 한다는 것을 압니다.
- 저는 더 이상 그러한 사람들이 이상하다고 생각하지 않습니다. 그들은 정상적인 아이들입니다. 이것은 누구에게나 일어날 수 있습니다.
- 네, 저는 예전에는 그 사람들이 미쳤고, 사실상 죽기를 바란다고 생각했습니다. 하지만 지금은 그들이 단지 도움을 원한다고 알고 있습니다. 저는 그들을 도와야 합니다. 이제 저는 방법을 압니다.
- 네, 저는 위험 징후를 찾아본다면 자살이 예방 가능하다는 것을 알게 되었습니다.
- 네, 저는 우울증이 회복 가능한 병이라는 것을 배웠습니다.
- 네, 저는 이 주제에 대해 터놓고 다루는 것이 매우 중요하다는 것을 압니다.
- 네, 자살은 옳은 해결책이 아닙니다.

그렇지만 지금까지 자살 예방 교육 프로그램의 효과에 대해 제대로 된 평가가 이루어지지 않았다는 점을 알아둘 필요가 있다. 실제로 최고의 프로그램으로 인정받는 몇몇 프로그램이 존재함에도 불구하고, 보편적 자살 예방 교육 프로그램(universal suicide education)에 대해서는 경험적 타당화가 충분히 되어 있지 않다. Signs of Suicide(SOS)와 생명의 전화는 자살예방지원센터(SPRC) 추천목록에 포함된 교육 프로그램이다. SOS는 학생들에게 그들 스스로뿐만 아니라 다른 사람들의 우울증과 자살 징후에 대해 가르치는 자살 예방 프로그램이다. 학생들은 SOS를 통해 자살 징후에 대해 이해한 후, 'ACT'에 따라 행동하도록 배운다. A: 자살의 징후를 인지한다(acknowledge). C: 자살하려는 사람을 돌보고(care), 도움을 제공한다. T: 책임 있는 어른에게 말한다(tell). 2004년에 5개의 학교에서 2,100명의 학생을 대상으로 SOS를 실시한 후 행해진 평가에서, 개입집단(interventions group: 중재, 교육에 참여한) 학생들의 자살 시도율이 크게 낮아졌고, 우울증과 자살에 대한 지식이 증가하였으며, 태도가 긍정적으로 변화했음을 발견하였다. 이러한 사실을 볼 때, SOS는 프로그램 실시 후 자살 시도에 대한 학생들의 자기보고가 매우 감소하였음이 입증된 최초이자 유일한 학교기반 자살 예방 프로그램이다(Aseltine & DeMartino, 2004).

2. 자살 문지기 훈련: 위기 청소년을 의뢰하는 기술 훈련

아동과 청소년의 자살 시도 중 상당수는 정신질환이나 약물남용에 따른 문제를 제때 알아차리지 못했거나 혹은 제대로 치료하지 않아 발생한 결과다. 그러므로 자살 예방의 중요한 열쇠는 가능한 한 초기 단계에서 정신적 혹은 정서적 고통의 징후를 보이는 사람을 발견하여 치료하는 능력을 키우고, 그들이 도움을 받도록 조처를 하는 것이다. 이것이 자살 예방 문지기 훈련의 목표다. 문지기 훈련은 특정한 그룹의 사람들에게 자살 위험이 높은 사람을 알아내고, 도움을 받도록 의뢰하는 것을 가르친다. 학교에서의 문지기 훈련은 자살 위험에 처한 많은 학생이 스스로 손을 뻗어 적절한 도움을 구하지 않는다는 전제를 기초로 한다. 학교에서는 교사, 상담사, 코치 등 학생들과 직접적인 교류가 있는 교직원을 대상으로 훈련한다. 문지기 훈련에는 일반적인 자살 예방 교육 프로그램에 있는 내용이 모두 포함되지만, 특히 잠재적으로 자살 가능성이 있는 개인에 대한 개입 방안에 초점을 맞추고 있다. 지금까지 자살 문지기 훈련은 학교에 재학 중인 모든 학생에게 이루어지기보다는 주로 어른 (교사나 교직원)들과 학생대표에게 시행하고 있다.

대부분의 자살을 생각하는 청소년들은 자살 시도 전에 명백한 위험 징후를 보인다. 80% 이상의 청소년이 자살을 시도하기 전 그 주에 누군가에게 말하고, 90% 이상의 자살을 생각하는 청소년은 확실한 위험 징후를 나타낸다(Granello & Granello, 2007). 사실상, 청소년 자살에서 비극적인 점은 그들이 명백한 위험 징후를 보임에도 불구하고 자살이 일어난다는 것이다. 자살 문지기 훈련은 학생들이 자살에 관해 이야기하거나 자살 징후를 보이는 것을 교사나 교직원이 찾아내도록 고안되어 있다.

학교에서 문지기 훈련을 하는 데는 약 90분이 소요된다. 후속 훈련의 필요성에 관한 연구는 없지만, Kalafat(2003)은 추수 모임을 대략 2년마다 할 것을 권하였다. 이는 우리가 문지기 훈련을 해 본 경험과 일치하는 내용이다. 학생들과의 의사소통이 어려운 상황에 관한 역할놀이가 특히 도움된다는 것을 발견하였다. 문지기들이 문제가 있는 학생과 활동을 같이 할 때는 끈기를 가지고 다정하게 다가갈 것을 장려한다. 즉, 문지기가 학생에게 다가가 괜찮은지, 혹은 이야기를 나누고 싶은지 물었을 때 "아니요."나 "전 괜찮아요."라는 말을 하더라도 이를 그대로 받아들이지 않아야 한다. 부드럽게 대화를 이어가고 학생이 도움을 청할 수 있도록 격려해야 하는 것이다. 많은 수의 교직원은 학생을 불편하게 하지 않으면서 대화를 이어나가는 것을 어려워한다. 그러므로 역할놀이와 연습은 문지기 훈련에서 필수적인 요소다.

최근 연구에 따르면, 학교 문지기 훈련은 자살 예방에 관련된 교직원의 기량과 지식, 태도, 적절한 의뢰를 향상하는 데 효과가 있음이 입증되기 시작하였다. 학술지에 게재된 두 편의 논문에는 초·중등학교에서의 자살 문지기 훈련 프로그램의 효과에 관해 연구한 내용이 담겨 있다. 두 편의 논문 모두 자살 문지기로서 훈련받은 학교 교사와 상담사가 자살 위험 요소에 대해 상당한 지식을 가지게 되었고, 자살을 생각하는 학생의 문제를 다루는 것에 자신감이 증가했으며, 훈련을 받지 않은 사람들보다 자살 학생에게 더 많이 개입하였음을 보고하였다. 쉽게 예상할 수 있는 바와 같이, 자살 문제 관련 지식이 부족했던 교직원들의 지식수준이 가장 많이 증가하였다. 모든 교직원은 잠재적으로 자살할 가능성이 있는 학생에게 개입하는 데 자신감과 헌신 모두 향상된 것으로 보인다. 그러나 두 편의 연구에 따르면, 몇 달 후 추수 훈련에서 교직원이 실제로 행한 학생 의뢰가 매우 다양하다는 것이 드러났다. 이는 곧 문지기 훈련이 교직원의 적절한 의뢰 기술을 증진하는 데 좀 더 초점이 맞춰져야 함을 의미한다.

3. 자살과 정신건강 선별 프로그램

학교에서의 자살 예방을 위한 전략 중 세 번째이자 마지막 전략은 정신건강 선별 인데, 이것은 모든 학생의 자살이나 다른 정신건강 문제가 발생할 위험을 평가하는 것이다. 이 선별의 목표는 위험에 처한 학생을 초기에 발견하여 문제가 더 심각해지기 전에 적절한 개입을 하도록 하는 것이다. 고위험군 학생을 발견하는 것 이외에도, 자살 선별 프로그램은 학생들의 도움-요청 행동을 증가시킬 수 있다. 학교기반 선별의 가장 큰 잠재적인 이득이라면 학교 전문가들이 아직 알려지지 않은 위험 학생을 찾아낼 수 있다는 점일 것이다.

다양한 일을 해야 하는 교직원들의 상황을 고려해 볼 때, 정신건강과 관련하여 도와야 하는 학생들을 모두 찾아내는 것은 불가능할 것이다. 주변 친구들과 문지기가 다른 사람들의 위험 징후를 알아차린다면 자살 예방 교육과 문지기 훈련이 효과적이라 할 수 있지만, 모든 위험 학생의 위험 징후를 다 알아차릴 수는 없다. 생명을 구할 수 있다는 면에서, 학교에서의 자살 선별은 미국 정신건강 대통령위원회(2003)와 아동정신건강 선별과 예방법(2003)에서 요구되어 온 것이다. 이러한 종류의 선별은 청소년에게 특히 유용한데, 그들이 면 대 면 인터뷰에서와는 반대로 자가 진단도구에서 낙인 효과(stigmatizing behaviors)를 보고하는 경향이 더 많고(Scott et al., 2009), 질문지를 받았을 때 자살 생각이나 행동에 대해 정직하게 대답하는 경향이 있다

(Miller & DuPaul, 1996)는 것이 연구에서 나타나기 때문이다.

일반적으로 자살 선별 프로그램들은 잠재적으로 자살 가능성이 있는 청소년을 알아내기 위해 교실 단위나 학교 단위로 이루어지며, 점수가 높아 위험 범위에 속하는 이들에 대해서는 더 정확한 평가를 위해 개별적으로 인터뷰를 한다. 자살에 대한 생각, 자살 시도 경험, (슬픔, 사회적 단절, 불안, 짜증, 약물남용 등의) 심각한 정서적 문제 혹은 이상의 영역들에 대해 도움이 필요하다는 스스로의 인식 등은 일반적으로 자살 위험을 높이는 요인이다(Scott et al., 2009). 추가적인 지원이나 개입이 있어야 하는 학생의 부모는 적절한 지역기관에 의뢰되어야 한다. 물론 고위험군 학생을 다루기 위한 적절한 프로토콜이 마련되고 의뢰할 만한 적절한 지역기관이 섭외될 때까지는 선별이 행해져서는 안 된다.

자살 선별은 논쟁적인 주제다. 자살 선별을 반대하는 사람들은 정신건강에 대한 선별이 비용이 많이 든다는 주장을 펼치는데, 특히 학교가 예산을 감축해야 할 때 더욱 그러하다. 더 나아가, 선별이 학생과 가족의 프라이버시를 침해하기에 학교는 학생들의 정신건강에 관여해서는 안 된다는 우려도 있다. 또한 선별 프로그램이 도움이 필요한 아동과 청소년의 숫자를 과대평가함으로써, 교직원의 역량과 시간을 소모한다고 주장한다.

자살 선별 프로그램을 시행하는 학교에서는 자살 선별을 반대하는 자들의 주장에 대해 알고 있어야 하며 연구와 자료를 통해 이에 대해 반박할 준비가 되어 있어야 한다. 아마도 이들의 주장에 대응할 수 있는 가장 좋은 방법은 경험적으로 검증된 선별 프로그램을 사용하는 것이다. 컬럼비아 틴스크린(TeenScreen)은 자살예방센터의 증거기반 프로그램 목록 중 경험적으로 검증된 선별 프로그램의 한 예다. 틴스크린 프로그램은 자살 위험과 정신건강에 대한 자기보고식 질문지로, 11문항으로 이루어져 있다(Schaffer et al., 2004). 각 문항에 대해 문제의 소지가 있는 응답을 하면 문제의 심각성, 도움을 구하고자 하는 의지, 도움을 구하기 위한 현재의 행동 등을 평가하는 후속 질문이 제시된다. 틴스크린은 현재 전국적으로 450곳이 넘는 학교에서 행해지고 있으며, 정신건강에 대한 부시 대통령의 신자유위원회(Presidents Bush's New Freedom Commission on Mental Health)로부터 자살 예방을 위한 초기 개입의 모델로 인정받았다(Hinawi, 2005). 틴스크린은 자살 위기 청소년을 파악하는 데에 탁월한 실적을 보이고 있다. Schaffer와 동료들(2004)은 9~12학년을 대상으로 한 연구에서, 자살 위기 기준을 충족하는 청소년의 100%가 틴스크린을 통해 파악되었음을 밝혔다.

앞서 말했듯, 자살 선별의 주요 목적은 이전까지 교직원의 관심 밖에 있었던 위기 청소년을 파악하는 데에 있다. 초기 연구는 고무적이다. Scott과 동료들(2009)은 틴스크린을 이용하여 1,729명의 고등학생을 선별했는데, 위험군으로 분류된 학생들 (students who screened positive) 중 상당수가 이전에는 자살 위기 학생으로 파악되지 않았음을 밝혀냈다. 자살 위험이 높은 학생(예를 들어, 현재 자살 사고를 보인다거나 기분, 불안 장애 및 약물남용의 문제를 지니고 있는 학생들) 중에서, 틴스크린은 교직원이 파악하지 못한 37%의 추가적인 학생을 분류해 내었다. 다시 말해서 선별이 없었더라면, 고위험군에 속하는 학생 중 1/3이 적절한 관심을 받지 못했을 것이라는 이야기다.

자살 선별 프로그램을 시행하기 전에, 학교는 기본적인 실행 계획상의 문제를 고려해야 한다. 예를 들면 다음과 같은 문제들이다. 학교 전체를 대상으로 선별이 이루어져야 하는가? 어떤 선별도구가 사용될 것인가? 그리고 검사도구는 발달적·문화적으로 학생들에게 적절한가? 검사도구는 적절한 민감도(sensitivity) 및 특이도(specificity)와 같은 충분한 심리측정적 성질을 확보하고 있는가? 위험군을 분류하는 점수상의 기준은 무엇인가? 선별 및 후속 면담을 위해서 어떠한 행정적 지원이 필요한가? 위험군 청소년들을 위해 어떠한 의뢰를 제공할 수 있는가? 선별 프로그램이 프로토콜을 준수하고 있는지 어떻게 감독할 수 있을까? 고지에 입각한 동의(informed consent)를 부모로부터 어떻게 얻을 것인가? (선별 프로그램을 시작하기 전에 고려해야 할 문제에 대한 보다 포괄적인 목록은 Joe와 Bryant(2007)를 참고하라.)

우리는 연구를 위해 다음에 기술한 자살 선별 프로그램을 이용하여 중·고등학교에서 광범위한 선별을 시행하였다.

1) 오하이오에서의 자살 선별 프로그램

오하이오의 청소년 정신건강 선별 프로그램(Ohio's Adolescent Mental Health Screening Program)은 오하이오의 중·고등학생을 선별하기 위해 실시되었으며, Substance Abuse Mental Health Services Administration(SAMHSA)에서 지원을 받았다. 3년 동안 1만 4,000명에 가까운 학생들이 컬럼비아 틴스크린(Columbia's TeenScreen) 검사를 통해 선별되었다.

(1) 1단계: 부모의 적극적인 동의

부모의 동의 및 프라이버시와 관련된 문제를 해결하기 위해, 우리는 적극적인 동의(active consent) 절차를 택하기로 하였다. 즉, 선별을 하려면 부모나 보호자(guardians)가 자녀의 선별을 승인한다는 서명이 담긴 동의서를 제출하여 적극적으로 선별에 동의해야 한다는 뜻이다. 모든 자살 선별이 이러한 방법을 쓰지는 않는다. Scott과 동료들(2009)은 소극적 동의(passive consent) 절차를 택했는데, 이는 선별에 대해 설명하는 편지를 학생의 집에 부치거나 학생을 통해 집으로 보내는 것이다. 자녀가 선별에 참여하지 않기를 바라는 부모는 참여하지 않는다는 의사표시를 해야 하고, 그러한 의사표시가 없다면 참여에 동의하는 것으로 간주된다. 부모로부터 적극적인 동의를 받건, 소극적인 동의를 받건 간에 모든 선별 프로그램은 학생들의 승인이 반드시 필요하다. 다시 말해서, 학생들을 효과적으로 선별하기 위해서는 학생들 스스로가 참여 동의를 해야 한다.

적극적인 동의 절차를 거쳐서, 우리는 프로젝트의 첫 3년 동안 (100군데가 넘는 곳에서) 1만 3,964명의 학생을 선별할 수 있었다. 수치를 보면 선별을 제의받은 학생 중에 약 33%가 실제로 참여한 것이다. 이는 소극적 동의 절차를 이용한 Scott 등(2009)의 연구보다 낮은 참여율이다. 그들은 처음 자살 선별 제의를 제시한 학생 중 67%를 실제로 선별할 수 있었는데, 이는 소극적 동의가 적극적 동의보다 두 배의 참여율을 이끌어 냄을 의미한다. 하지만 선별의 논쟁적인 속성을 고려해 볼 때, 비록 낮은 참여율을 이끌어 내었다고 할지라도 우리는 적극적 동의를 선택하기로 하였다.

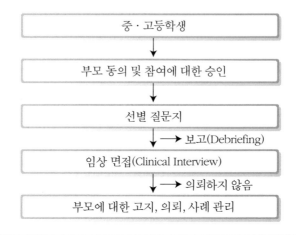

[그림 2-1] 오하이오 정신건강 검진 선별 절차

(2) 2단계: 틴스크린 질문지 시행

부모의 동의를 받고서 검사에 참여하기로 한 학생들은 틴스크린 질문지를 받았는데, 이 질문지는 컴퓨터와 지필 두 방식 모두 작성이 가능하였다. 위험군에 속하지 않는 학생들은 그들이 원할 경우 정신건강 전문가와 만나서 이야기할 수 있으며, 정신건강 서비스와 의뢰 기관에 대한 정보가 담긴 유인물을 건네받는다.

(3) 3단계: 임상 면접

검사에서 위험군에 속하는 점수를 받은 학생의 경우, 보다 정확한 평가를 위해 정신건강 전문가와 30분간 면담을 한다. 이는 임상적 진단을 내리기 위한 것이 아니라, 더 집중적이고 포괄적인 임상 평가가 도움이 되는지 결정하기 위해서다. 우리의 프로젝트에서, 대략 24%에 해당하는 학생들이 위험군에 속했다(2,900명 정도). 이는 틴스크린을 이용한 다른 연구와도 일치하는 결과로, 위험군으로 진단되는 학생의 비율은 23~28% 정도였다.

(4) 4단계: 부모에 대한 고지와 의뢰

물론, 임상 면접을 받은 모든 학생이 추가적인 개입이 필요한 것은 아니다. 사실,

모든 자살 선별 검사도구에 대한 비판 중 하나는 위험하지 않은데도 고위험군에 분류되는 학생(검사결과 위험하다고 분류되었지만, 실제로는 자살이나 다른 정신적 문제의 위험이 높지 않은 학생)의 비율이 높다는 점이다. 우리 연구에서는 임상 면접을 받은 학생 중 59%가 추가적인 개입이 필요하였다. 이 단계에서 부모는 염려되는 사항에 대해 고지받고, 선별결과를 담당하는 교직원과 만나도록 권장되며, 보다 집중적인 평가와 필요한 개입을 논의하기 위해 정신건강 전문가와 추가로 약속을 잡는다.

(5) 5단계: 치료

이 단계에서 교직원들은 더 이상 이 과정에 참여하지 않는다. 부모는 자녀에게 필요한 도움을 얻을 수 있도록 의뢰 기관이 정하는 바에 따라야 한다. 유감스럽게도, 우리의 연구에 따르면 단지 49%의 학생만이 치료를 받는다고 나타났다. 이는 다른 모든 연구와 일치하는 결과다. 부모가 자녀의 선별에 동의하고 자녀가 고위험군으로 분류되거나 정신건강상의 다른 문제가 있는 것으로 판명되어 교직원들이 외부에 의뢰를 하더라도, 단지 절반 정도의 청소년만 그들이 필요로 하는 보살핌을 받는다는 것이다.

2) 오하이오 정신건강 검진 선별 절차

학교에서의 자살 예방 선별에 대한 연구가 보여 주는 증거들은 이와 같은 보편적인 예방적 개입에 대한 명확한 함의를 지닌다. 가장 중요한 것은, 자살 선별이 없었을 경우 발견되고 치료받지 못했을 위기 청소년을 판별해 내는 잠재력을 지녔다는 점이다. 포괄적인 자살 선별 프로그램이 아니었더라면 자살 위험이 높은 학생 중 1/3 정도가 교직원들의 관심의 대상이 되지 못했을 것이다. 그러나 선별과정 이후 정신건강 전문가와의 추후 인터뷰 과정을 거치고 이러한 상태가 확실한 것으로 확인될 때에야 위험군에 있다고 진단되며, 그들의 요구에 따라 과반수 정도만 치료를 받는다. 자살과 정신건강을 둘러싼 낙인을 줄이는 것에 대해서는 해야 할 일이 훨씬 더 많다.

4. 요 약

학교는 자살 예방 영역에서 중요한 역할을 해야 한다. 보편적인 예방 모델은 보건 위생 접근법(public health approach)에 기초를 두고 있다. 그들은 낙인을 줄이고, 도움을 추구하는 활동을 증가시키며 그러한 위험에 처한 사람들에게 다가서는 전략을 향상시켜 주고자 한다. 가장 많이 사용되는 세 가지 보편적인 접근은 자살 예방교육, 문지기 훈련, 그리고 학교를 기반으로 하는 정신건강 선별이다. 이 같은 프로그램에 관련된 연구는 비록 초기 단계에 있지만, 세 가지 중재는 학교에서의 자살을 줄이는 방법으로서 경험적인 지지를 받고 있다.

참고자료

1. 학교기반 보편 중재를 위한 증거기반 프로그램

[보편적 자살 예방: 교육 프로그램]

• SOS: Sign of Suicide

SOS는 선별과정과 교육을 포함한 프로그램으로 2일 동안 부가적으로 받을 수 있는 학교 프로그램이다. 학생들은 우울증, 자살 위험의 두 분류로 선별되어 안내된 전문가에게 의뢰된다. 그리고 우울증의 초기 암시와 자살에 대해 인지할 수 있도록 도움을 주는 비디오를 시청한다.

우울증과 자살 위험에 대한 암시에 올바른 대응책이라면 그것을 인지하고 돌봐줄 수 있는 사람들에게 알리고, 책임감 있는 어른(그 사람과 함께하거나 그 사람들 대신할 수 있는 사람)에게 이야기하는 것이다. 학생들은 또한 자살과 우울증에 관련하여 안내된 교내 토론 수업에 참여하게 된다. 중재는 자살 시도를 예방하고 자살과 우울증에 관한 지식을 쌓으며 자살과 우울증에 맞서 올바른 태도를 배우고, 도움 추구 행동을 증가시키는 시도를 한다.

　－웹사이트: www.mentalhealthscreening.org/highschool/index.aspx

　－SPRC 분류: 유망함(promising)

　－대상 연령: 14~18세

　－성별: 남, 여

　－민족/인종: 다양함

　－중재 등급: 보편적임

• Lifelines(생명의 전화)

Lifelines은 중학생과 고등학생을 위한 학교의 포괄적인 자살 예방 프로그램이다. Lifelines의 목적은 돌봄을 증가시키고, 도움 추구 행동을 하는 학교 공동체를 격려하고 모델화하는 것이다. 그리고 자살 시도 행동(suicidal behavior)을 비밀리에 두지 않도록 인식시키는 것이다. Lifelines은 학교 직원들과 학생들이 자살충동을 느끼는 사람과 마주했을 때 그들에게 올바른 초기 대응책을 강구하고, 도움을 얻거나 조치를 취할 수 있는 가능성을 높이고자 한다.

Lifelines은 사회적 발달(Social development) 모형과 역할극을 포함하며 상호작용 교수법이 담긴 45분 강의 4개와 90분 강의 2개로 구성되어 있다. 보건교사들과 (혹은) 생활지도교사들은 정규적인 학교의 보건 교육과정 내에서 수업을 진행한다. Lifelines의 교육과정은 중학교 2학년(grade 8)부터 고등학교 1학년(grade 10)까지에 맞게 개발되었지만, 고등학교 3학년(grade 12)까지 사용될 수 있다.

－웹사이트: www.hazelden.org/web/go/lifelines
－SPRC 분류: 유망함
－대상 연령: 12~17세
－성별: 남, 여
－민족/인종: 다양함
－중재 등급: 보편적임

[보편적 자살 예방: 자살 문지기 훈련]

최근에는 자살 예방을 위한 증거기반 내용에 자살 예방 문지기 훈련 프로그램을 포함하지 않는다.

[보편적 자살 예방: 자살에 대한 선별]

• 컬럼비아 대학 틴스크린(TeenScreen)

컬럼비아 대학 틴스크린 프로그램은 중학교와 고등학교에 다니는 학생들은 자살에 대한 위험률과 잠재적인 정신질환 때문에 정신건강 검진이 필요하다고 확인해 준다. 프로그램의 주된 목적은 전문가들이 모르고 지나칠 수 있는 문제를 초기에 찾아 도와주는 것이다.

틴스크린은 학교, 클리닉, 병원, 청소년 사법 환경(Juvenile justice settings), 쉼터(요양소)나 청소년들이 있는 장소 어디에서든 사용할 수 있다. 일반적으로 '대상 연령대'에 속하는 모든 청소년이 참여할 수 있도록 초청을 한다.

　-웹사이트: www.teenscreen.org

　-대상 연령: 13~17세

　-성별: 남, 여

　-민족/인종: 다양함

　-중재 등급: 보편적임

2. 기타 학교기반 보편 중재 프로그램

[보편적인 자살 예방: 교육 프로그램]

• 학교 내 청소년 자살 예방 가이드

이 웹사이트는 학교에서 필요한 정확하고 친근한 정보를 무료로 제공하고 있다. 이 가이드는 프로그램이 아닌 하나의 도구로서 학교가 사용하고 있거나 제안받은 자살 예방 활동을 점검할 수 있는 프레임(Frame work)이 되고, (일련의 체크리스트를 통해) 또한 학교 관계자들이 기존에 가지고 있는 프로그램을 발전시키거나 보충할 수 있도록 자료와 정보를 무료로 제시해 준다. 이러한 안내 자료는 학교에게 지역사회 자원(Community resource) 그리고 가족과 함께 일할 수 있는 구조(Frame work) 개발을 도와주기 위한 정보를 제공해 준다.

　-웹사이트: http://theguide.fmhi.usf.edu

• 노란 리본 자살 예방 관심 캠페인

세계적인 교육 캠페인은 정신치료를 받는 것에 대한 오명을 없애고, 자살 예방에 대한 관심을 독려하기 위해서 만들어졌다. 자료는 학교 교과과정에 포함되어 있으며, 캠페인의 핵심 메시지는 "4명에게 도움 요청을 하는 것이 좋다(It is OK to ask 4 help)!"이다. 미국 50개의 모든 주에서 20만 명이 넘는 사람들이 이 과정으로 교육을 받아 왔다. 노란 리본은 부모를 위한 과정도 시행되고 있다. 이 프로그램은 SPRC 등급이 정해지지 않은 상태다.

－웹사이트: www.yellowribbon.org

[보편적인 자살 예방: 문지기 훈련 프로그램]

• 질문하고(Question)－설득하고(Persuade)－의뢰하라(Refer)

질문－설득－의뢰(QPR)는 60~90분 정도의 자살 문지기 훈련 프로그램으로, 문지기(gatekeepers)가 자살 위험이 있는 사람에게 희망을 전해 주고 자살 위험 징후를 인식하도록 도와주고 자살 위험에 놓인 사람을 알맞은 자원에 의뢰하는 기술 중심의 교육과정으로 되어 있다. 이 프로그램은 SPRC 등급이 정해지지 않은 상태이지만, 최근 자료는 문지기들이 자살에 대한 지식을 함양하는 것과 자살을 중재할 수 있다는 능력에 대한 자신감을 향상시키는 것에 지지를 보내고 있다.

－웹사이트: www.qprinstitute.com

• ASIST

ASIST는 자살의 직접적인 위험을 예방하는 데 좀 더 자연스럽고, 자신감 있으며, 능숙해지길 원하는 사람들을 위한 워크숍이다. 75만 명 이상의 돌보미(caregivers)가 매우 상호적이며, 실용적이고 실천적인 2일 코스의 워크숍에 참여해 오고 있다. 이 프로그램은 SPRC 등급이 정해지지 않은 상태다.

－웹사이트: www.livingworks.net

3. 아동, 청소년 자살에 대한 정보 제공 웹사이트

• 학교기반 예방 가이드: http//theguide.fmhi.usf.edu
  좋은 자료, 무료 체크리스트, 프로그램, 학교를 위한 자료
• 미국자살학(Suicidology)협회: www.suicidology.org
  최근까지의 정보, 전문가 콘퍼런스, 자살에 관한 정보(suicide resource)
• 자살 예방 자료 센터: www.sprc.org
  자료, 자석으로 된 자료, 포스터, 자료 도표, 기타 정보

- 미국자살예방재단: www.afsp.org

  자료, 정책 자료(Policy promote), 기분 장애 그리고 자살에 관한 교육

- www.Notmykid.org(미국자살학협회에서 지원받음)

  부모를 위한 정보, 가족을 위한 자료

- 국립정신건강연구원(NIMH): www.nimh.nih.org

  자료, 전문적 정보

- 자살 예방 옹호 네트워크: www.spanusa.org

  국립 상담전화, 대중 정책

- 약물남용/정신건강: www.samhsa.org

  기회를 얻고, 최고의 실용적 가이드라인, 자료 보급

4. 국립 자살 예방 기구

- 미국자살학협회(AAS)

  자살 예방과 이해에 중점을 둔 비영리 단체

  −웹사이트: www.suicidology.org

- 자살예방미국재단(AFSP)

  자살에 대한 지식을 높이고, 예방하는 능력을 키우는 데 중점을 둔 단체

  −웹사이트: www.afsp.org

- Jason Foundation(제이슨 재단)

  10대 청소년의 자살 인식과 예방에 중점을 둔 단체

  −웹사이트: www.jedfoundation.org

- 생명구조원 훈련

  또래 지원 위기 예방 프로그램은 청년들이 또래와 관계하며 배려심 있는 경청자가 되도록 훈련하는 데 초점을 맞추었다. 이 훈련은 10대가 마약, 음주, 친구−가족 간의 관계, 성(Sexual), 학업, 죽음, 슬픔, 공격성, 걱정 그리고 자살 문제에 건전하고 안전하게 대응하도록 도움을 주는 팀 접근법을 포함하고 있다.

−웹사이트: http://thelifesavers.net

• 자살 예방을 위한 Link's 국립자료센터

　Link의 프로그램은 상담, 정신치료, 위기에 놓인 아이들, 슬픔에 잠겨 있는 아
　이들, 자살 예방, 사후 지도(aftercare), 지역사회 교육, 훈련 그리고 슈퍼비전
　(supervision) 등이 있다.

　−웹사이트: www.thelink.org

• 생활, 일 교육

　자살 개입 기술 ASIST, SuicideTALK, safeTALK 그리고 suicideCARE 같은 훈련과
　정을 통해서 지역사회 수준에서 자살 중재 능력을 강화하는 데 초점을 두었다.

　−웹사이트: www.livingworks.net

• National Center for Injury Prevention and Control(NCIPC)

　질병률, 장애율, 사망률, 질병과 관련된 비용을 줄이기 위해 조직된 질병 억제
　및 개입 센터의 지부

　−웹사이트: www.cdc.gov/injury/index.html

• National Center for Suicide Prevention Training(NCSPT)

　교육 자원을 제공하여 공무원, 서비스 제공자, 지역사회의 연합기관이 효과적
　인 자살 개입 프로그램과 정책을 개발하는 데 도움을 준다.

　−웹사이트: http://training.sprc.org

• National Organization for People of Color Against Suicide(NOPCAS)

　501(C)(3) 조직은 소수자 커뮤니티를 대상으로 자살과 우울을 인식하도록 하기
　위해 설립되었다.

　−웹사이트: http://nopcas.com

• National Suicide Prevention Lifeline: 1-800-273-TALK(8255)

　자살 위기에 놓인 사람들에게 24시간 무료 전화 자살 예방 서비스 제공

　−웹사이트: www.suicideprevntionlifeline.org

• Prevention Suicide Network

　연방 자살 예방 웹사이트는 iTelehealth,Inc.에서 개발되었고 National Institute

of Mental Health의 지원을 받는다. 자살 예방과 관련하여 스스로 혹은 다른 사람에게 알리는 데 기술의 힘을 극대화하는 것이 목표다.

　－웹사이트: www.preventingsuicide.com

• QPR Institute

　종합 훈련조직으로 핵심 목적은 자살 예방 교육 서비스를 제공하고 전문가나 대중에게 자료를 제공하는 것이다.

　－웹사이트: www.qprinstitute.com

• Samaritans

　연합조직으로 핵심 목적은 우울하고, 위기에 있고, 자살의도가 있는 사람의 친구가 되는 것이다.

　－웹사이트: www.samaritansnyc.org

• Stop a Suicide Today!

　하버드 대학의 정신과의사 Douglas Jacobs가 개발한 프로그램이다. 가족 구성원, 친구, 직장 동료의 자살 신호를 어떻게 인지할 수 있는지 가르치고, 사랑하는 사람의 삶을 바꿔 놓을 수 있도록 힘을 주는 법을 알려 준다.

　－웹사이트: www.stopasuicide.org

• Suicide Awareness/Voices of Education(SA/VE)

　자살에 대해서 교육하고 자살 생존자에 대해서 이야기한다.

　－웹사이트: www.save.org

• The Suicide Support Forum

　자살 관련 이슈에 대한 토론, 자살의 영향을 받고 있는 사람들이 자신의 이야기를 나누는 안전한 장소

　－웹사이트: www.suicidegrief.com

• Suicide Prevention Resource Center(SPRC)

　자살 예방 네트워크를 강화하고 National Stratege for Suicide Prevention을 발전시키기 위해 기술적인 도움, 훈련, 정보를 제공하는 연방 자원 센터

　－웹사이트: www.sprc.org

• The Suicide Reference Library

자살 교육, 인식, 지지, 예방 활동과 관련된 사람들이 사용하는 자료 제공 장소

−웹사이트: www.suicidereferencelibrary.com

• Yellow Ribbon Suicide Prevention Program

지역사회기반 청소년 자살 예방 프로그램

−웹사이트: www.yellowribbon.org

CHAPTER 03 학교 내 자살 시도 청소년 다루기
-평가와 개입

학교는 자살 위기 학생에게 특별히 주목해야 한다. 이들에게는 학교 내 많은 자원과 교직원의 시간 투자가 필요하기 때문에 학교 안에서 다루기에는 다소 어려울 수 있다. 몇몇 학교의 교직원들은 이러한 대상을 다루는 데 불편을 느낄 수도 있고, 어떤 학교에서는 학교가 개입할 사안이 아니라고 생각하기도 한다. 그러나 현재 학교 교육을 받고 있는 미국 학생의 20%가 자살 시도를 하거나 자살에 대해서 진지하게 생각하고 있다는 점에서, 자살 관련 문제를 가진 학생을 다루는 것이 일손과 비용이 많이 들어 학교가 관리를 할 것인가의 여부를 고민하는 것은 이미 선택할 수 있는 문제가 아니다. 자살 위기 학생들은 학교 안에 있고, 우리의 도움을 필요로 하고 있다.

학교에서 자살 위기 학생을 다루는 것이 중요하다고 인지한다 해도 그 책임의 심각성이나 필요성의 수준을 생각하면 약간 주저되는 것이 사실이다. 자살 위기에 있는 사람들은 집중적이고 광범위한 보살핌이 필요하다. 자살 위기에 대한 종합적인 평가는 높은 수준의 임상 기술과 많은 경험이 있어야 가능하며, 자살 위기 수준이 높은 사람을 다루는 것은 도전적인 일임에 분명하다. 확실히 학교에서 자살 위기에 있는 학생들에게 제공해 줄 수 있는 정신건강 서비스의 종류와 양은 근본적인 한계가 있다. 예를 들어, 대부분의 학교는 교내에 훈련된 정신건강 전문가의 수가 충분하지 않을 것이다. 미국학교상담사협회(ASCA)에서는 250:1의 비율로 학교 상담사의 배치를 추천하고 있지만, 전국의 평균이 지역마다 다른 것을 감안해도 실제로 460:1에 불과하다(National Center for Education Statistics, 2009). 게다가 학교 심리학자는 더 부족하다. 전국학교심리학자협회(NASP)는 1,000:1의 비율로 학교 심리학자의 비율을 추천하고 있지만 실제로 전국 평균은 학령기 1,600명당 한 명이다(NASP, 2006). 학교 내 다른 정신행동 건강돌봄 전문가, 즉 보건교사나 학교 복지사는 학생들이 전혀 접촉할 수 없는 경우도 있다. 50% 이하의 공립학교에 전일제로 등록된 보건교사가 있고, No Child Left Behind 법률(NCLB, 2001)에서 권장되는 800명당 한 명의 사회복지사 비율의 기준을 맞추는 학교는 거의 없다. 많은 교사가 자살 위기 학생들에 대해 개입하고자 하지만 대부분은 자살 고위험 학생들에게 개입하기에는 정신건강이나 위기 개입과 관련한 경험과 훈련이 부족하다. 결과적으로 많은 학교는 이러한 추가적인 지지나 돌봄을 요구하는 대상을 관리하기에 턱없이 부족한 상황에 있다.

하지만 이러한 어려움에도 학교는 청소년의 자살 예방에 접근성으로 보면 최적의 장소다. 5,200만 청소년이 11만 개의 학교를 다니고 있으며 6백만 명 이상의 성인이 학교에 재직하고 있고 미국 인구의 5분의 1이 13년의 기간 동안에 유치원부터 고등학교까지 다닌다(President's New Freedom Commission on Mental Health, 2003). 학교는 전통적인 정신건강 돌봄을 구하는 데 많은 장벽, 예를 들어 교통, 아동 돌봄, 보험의 부족을 줄이거나 제거할 수 있다(Weist, 1999). 덧붙여, 학교 환경은 지역사회 정신건강 돌봄 제공자들에게 골칫거리였던 아예 약속장소에 나타나지도 않는 문제를 줄일 수 있다. 만일 특정 학생이 약속한 시간에 올 수 없다 해도 도움이 필요한 다른 학생으로 그 시간을 채울 수 있다. 하지만 가장 중요한 것은, 학교는 정신건강과 관련해서 도움을 구하는 것에 대한 낙인을 줄일 수 있고 복지와 지지 자원을 구하는 건강한 접근 방식을 증진시킬 수 있다(Stephan, Weist, Katalka, Adelsheim, & Mills, 2007).

지난 장에서 우리는 학교기반 자살 예방과 개입에 대한 모델이 보편적 수준, 하위집단에 대한 선택적 수준, 표적 개입의 세 수준으로 이루어진 것에 대해서 논의하였다. 기억해 보면, 예방에 대한 일반적인 접근은 모든 학생, 교직원, 교사, 학부모에 대해 직접적으로 작용하는 것이고 자살과 정신건강 스크리닝뿐만 아니라 훈련과 교육이 포함되어 있다. 이전 장의 핵심은 일반적인 개입이었고, 이 장에서는 선택적·표적 자살 예방과 개입을 다룰 것이다. 선택적 개입은 특정 위험 요소로 특징지어지는 하위집단을 대상으로 한다. 즉, 전환기에 있는 학생, 대처 능력이 낮은 학생, 자살에 노출되어 있는 학생 등이다. 이러한 학생들은 자살 위기가 높아져 있으며 추가적인 지지나 돌봄이 필요하다. 표적 개입은 특정 검증과정을 거쳐서 자살 위기에 있는 것으로 구별된 사람을 위한 접근 방식이다. 이들은 특정한 임상적 돌봄이 필수적인 상황의 사람들이다(선택적 개입의 사례에서처럼 어떤 집단이 아니다.). 확실히 선택적 또는 표적 개입이 필요한 학생들은 학교 환경 안에서 다루는 데는 어려움이 있고 책임감을 필요로 한다.

1. 선택적 개입

　선택적 개입은 선별된 개입(targeted interventions)이라고도 불리는데, 선별된 집단의 학생들에게 서비스를 제공한다. 일반적으로 이러한 서비스는 현존하는 위험 요소를 드러내 보호 요소를 만드는 것인데, 행동적 또는 정신건강 문제는 있지만 즉각적인 자살 위험은 없는 학생집단을 대상으로 한다. 이러한 하위집단은 학교의 일반적인 예방 프로그램에도 노출되어 있지만 그 같은 프로그램에서의 정보는 권리가 박탈되었거나 우울한 학생과 같은 특정 취약집단에게 효과를 발휘하기에는 충분하지 않다. 따라서 선택적 개입은 이러한 특정 하위집단에게 추가적인 정보, 훈련, 지지를 제공하는 것이다.

　학교의 선택적 개입 전략은 학생들의 사회적·정서적 역량을 증가시키는 것과 관련되어 있는데, 이것은 학업 향상과 연결되어 있다(Franklin, Harris, & Allen-Meares, 2006). 선택적 개입 프로그램들이 자살 예방을 돕기 위한 것이지만 실제적으로는 초기 개입 전략으로 생각될 수 있다. 이 집단의 학생들은 전형적인 학교 자살 예방 서비스보다는 좀 더 강화된 추가 도움을 받는다. 목표는 고위험 상태에서 학교 안의 전형적인 또는 보통의 학생들 수준으로 돌아가는 것이다.

선택적 개입은 어떤 집단이 위험이 상승된 상태에 있는지, 또한 이러한 학생들이 고위험집단으로 떨어지게 만드는 매커니즘을 이해하는 것이다. 우리는 자살 행동이 고위험집단과 연관되었다는 것을 알기 때문에 선택적 개입 전략에서는 이러한 청소년을 찾아내고 그들에게 추가적인 서비스와 돌봄을 사전에 제공하고자 한다.

일반적으로 이러한 전략은 자살 행동 단계상 고위험에 속하는 25~30% 정도의 청소년에게 영향을 준다고 생각된다. 특히 학교 교직원 및 학부모들이 자살에 대해 언급한 적이 있는 위기 청소년을 구별해 낼 수 있도록 교육받았다면, 몇몇 학생은 이러한 접근법을 통해 이미 드러났을 수 있다. 이전 장에 기술된 학교 자살 예방 문지기 훈련은 선택적 개입 프로그램에 참여함으로써 장점을 가질 수 있는 청소년을 구별해 내는 데 도움이 된다. 또한 교사는 교실에서 문제 행동을 보이는 학생을 구별해 내야 하는 경우가 있는데, 자살 위기와 연관되어 있는 특정 행동(예: 충동성, 희망이 없는 상태, 단절 상태)은 의뢰에 근거가 될 수 있다.

우리는 학교에서 활동하면서 학교 상담사, 심리학자, 사회복지사, 보건교사의 선택적 개입을 통한 긍정적인 중재가 정신건강을 증진시킬 수 있다는 것을 알게 되었다. 학습장애 아동, 신체적·성적으로 학대받는 아동, 약물남용 아동, 동성애 및 양성애 혹은 성전환 아동, 분노 조절에 어려움을 겪고 있는 아동, 사회적 기술이 낮은 아동은 선택적 개입을 통해 도움을 받을 수 있는 학생의 예다. 이들을 위한 프로그램은 프로그램 참여자의 자살 위험을 낮출 가능성이 있다. 예를 들어, 친구가 없는 초등학생이 심리교육적 집단에 참여하도록 선발되었을 때, 프로그램은 자살 위기로부터의 완충물로 기능하여 보호 요인이 될 수 있다.

분노와 화에 문제를 가지고 있는 중학교 특수교육 대상 아동이 화를 급격하게 분출하는 것을 누르고 더 적합한 방법을 가질 수 있도록 행동 조절을 유도하는 것은 선택적 개입을 통해 가능하다. 사회적으로 고립되어 있는 고등학교 남학생에게 자살상담을 제공하는 지역 직통번호가 적힌 명함카드를 주는 것 역시 선택적 개입의 한 형태다. 바꾸어 말하면, 어떤 학생이 정신건강 문제를 가지고 있는 일원 중 하나로 구별 혹은 중재되는 노력이 이루어진 모든 경우가 선택적 개입이라고 할 수 있다.

자살 위험을 방지하기 위한 활동 중에서 이와 같이 넓은 범위의 선택적 개입의 의미를 차용함으로써 학교에서 일어나는 많은 프로그램과 활동이 선택적 개입이라는 용어에 포함될 수 있다. 한편, 많은 프로그램이 중재에 포함되면 그 효과성에 대한 측정도 이루어지는데, 특히 자살 위기와 관련하여 그 효과성을 평가하는 일은 무척 중요하다. 그렇지만 더 중요한 것은 교직원이 학생의 행동 문제는 감소하되 기능은 증진시키기 위해, 이에 더해 도움 추구에 따른 낙인이 찍히는 것을 방지하기 위해 프로그램의 효과성을 측정하는 전략을 구사하는 것이다. 이 모든 것은 자살 위기를 줄이는 것이 목적이다.

2. 표적 개입

표적 개입은 스크리닝 프로그램이나 교직원, 또래, 학부모를 통해 자살 위기에 처해 있는 학생이라고 구별된 특정 학생을 표적으로 한다. 이 프로그램의 목적은 자살과 관련된 위험 징후를 보이는 학생들에게서 발생할 수 있는 자살 행동을 감소시키는 것이다. 표적 개입에서는 기본적인 자살 위기 평가를 통해 위기 학생을 선별해 낼 수 있는 훈련된 전문가가 필요하며, 일단 학생이 위기 상황에 있다고 판단하면 표적 프로그램이나 중재를 제공한다. 중재는 대개 지역사회 정신건강 센터 및 학교와 연관된 서비스가 포함되고, 항상 부모 혹은 보호자를 포함한다. 건강한 행동이 무엇인지에 대해 교육을 받은 교직원(예: 학교 상담사, 학교 심리학자, 보건교사, 학교 사회복지사)은 필요한 중재를 제공할 뿐만 아니라 적절한 도움을 주기 위해 자살 위기를 측정하고, 교내 자살 위기 학생의 관리에 대해서도 특별히 따로 훈련받아야 한다. 자살 위기 가능성을 가진 학생과 작업할 때에 필요한 몇 가지 기본적인 기술은 자문 구하기, 상담(위기 상담 및 계속 진행되는 상담), 위기 평가와 위탁이다.

3. 협력하기, 정보 모으기, 자문 구하기

자살 위기 학생과 작업할 때에 학교 구성원은 상담사, 심리학자, 사회복지사, 혹은 보건교사와 협력하고, 함께 확인하며, 자문을 구할 준비가 되어 있어야 한다(Granello, in press a). '협력하기'는 자살 위기 청소년을 돕는 데에 다른 학교 교직원, 학부모, 지역사회 자원, 또래, 가족 구성원 그리고 또 도움을 제공할 수 있는 사람이면 누구라도 함께 작업하는 것을 의미한다. 핵심은 정보가 도움을 줄 수 있는 사람들 사이에 자유롭게 흐르고 공유되는 것이 누군가를 가장 안전하게 만드는 작업 방식이라는 것을 상담사가 인지하는 것이다. 또한 학생의 안전에 대한 고려가 비밀보장의 원칙보다 우선한다는 것을 아는 것이 중요하다. 사실, '자해'는 비밀보장 원칙의 주요 예외 중 하나다. 그렇다고 자살 가능성이 있는 학생을 마주했을 때에, 일반적으로 상담사가 교사와 다른 직원들에게 그것을 알린다는 것을 의미하지는 않는다. 또한 학생의 안전에 직접적인 영향을 끼칠 수 있고, 학생의 안전을 지키는 데에 도움되는 구체적인 정보를 가지고 있으며, 학생이 편안함을 느끼는 학교 구성원에게 자문을 구하는 것이 무척 중요하다. 학교에서의 작업 중 우리는 교직원과 상담사가 이 균형을 찾는 데에 어려움을 겪고 있다는 것을 발견하였다. 초보 학교 전문가들은 경험이 많은 학교 구성원으로부터 슈퍼비전과 지도를 받는 것이 매우 중요한 일임을 알게 될 것이다.

협력하기는 학부모에게 알리는 것도 포함된다. 학부모는 자신의 자녀가 자살 위험에 있다는 것을 알아야 한다. 가끔, 자신이 자살 위기에 있다고 말하는 청소년은 이를 아무에게도 말하지 말 것을 부탁한다. 그러나 그 요청은 들어줄 수 없다. 만약 학생이 위기 상황에 있다면 재빨리 학부모에게 알려 학교와 부모가 함께 학생을 돕도록 해야 한다.

부모에게 알리는 것은 학교에서의 자살 예방에 결정적인 영향을 미친다. 학부모는 정보를 제공받아야 하며, 자기 자녀의 안녕에 관한 모든 결정에 함께해야 한다. 만약 그 자녀의 자살 위험도가 낮은 수준으로 평가되어도, 학교는 일반적으로 학부모에게 관련된 모든 정보가 수록된 문서에 서명을 받아 학생을 자살 위기로부터 항상 관찰할 수 있도록 해야 한다. 더하여, 학부모는 종종 정신건강 이력, 가족 역동, 최근 외상 경험, 그리고 이전의 자살 행동 등과 같은 위험에 대한 적절한 평가를 내리는 데에 결정적인 정보를 가지고 있는 경우가 많다(NASP, n.d.).

가끔 학부모는 자신의 자녀가 자살 위기에 있다고 말하는 학교 직원을 믿지 않는다. 그들은 학교에 오는 것을 거부할 수도 있고, 또 학교에서 연락을 취하거나 방문하는 것도 거부할 수 있다. 또한 학생 중재에 함께하자는 학교의 요구에 단호하게 대응할 수도 있다. 우리는 이러한 사건들이 학교가 학부모 자신의 부적절함을 짚어내고 자신을 '나쁜 양육자'라고 비난하고 있다고 여긴 학부모의 방어적인 반응에서 기인한다고 생각한다. 전화 대화는 양쪽 모두에게 화를 불러일으켜 상황을 급격하게 악화시킬 수 있으므로 절대로 생산적이지 않다. 학교 교직원이 '우리는 학생들을 보호하는 데에 같은 편에 있다'고 학부모에게 인지시킬수록, 우리 생활은 더 나아질 것이다. 만일 문제를 다음의 틀에 맞춘다면 어떨까?— "분명히, 상담사인 저와 어머님은 ○○학생에게 가장 좋은 것을 원하고 있어요. 어머님과 저는 여기에서 한편이되어서 사회복지사, 심리학자를 포함하여 모두의 기술과 전문성을 활용하는 것이 필요해요. 그중에서도 진정으로 이 팀에 어머님의 전문성이 필요해요. 왜냐하면 어머님이 당신의 자녀인 ○○학생을 누구보다도 잘 알기 때문이에요."—그러면 우리는 위에 언급한 학부모의 방어벽을 조금은 무너뜨릴 수 있을지도 모른다. 학부모가 그래도 단호하게 자살 위기의 학생에 대한 도움을 거절한다면, 그때는 위기의 수준을 고려하여 행동해야 한다. 어쩌면 학부모의 거절에도 앞으로 나아가는 것이 필요할지도 모른다. 몇몇 학교 전문가는 이러한 상황에서 법적 책임에 대해 걱정하기도하지만 그 문제는 청소년이 학교를 떠나 추수적인 도움을 제공받지 못하는 경우에더 심각해진다. 교직원들이 법적 책임 문제를 완벽하게 이해할 수 있도록 법적 조언을 줄 수 있는 사람과 상의하는 것이 좋다. 그것이 더 나은 중재를 이끌 수 있다고 확신한다(Capuzzi, 1994).

'정보 모으기'는 잠재적으로 자살 가능성이 있는 청소년과 작업할 때에 교직원에게 필수적인 기술이다. 예를 들어, 자살 위기 학생으로 선별된 학생이 있는데, 그 이유가 자살 위기 학생의 친구들이 상담사에게 그 학생에 대한 이야기를 해 주었거나 교사가 그 학생에 대한 걱정을 토로했기 때문이라고 해 보자. 이 경우 학생, 부모 그리고 구체적인 정보를 지닌 학교 안의 다른 사람들의 이야기를 최대한 다양하게 듣는 것이 중요하다. 상담사가 많은 정보를 알고 있을수록 더 적절한 위기 평가가 가능하다.

'자문 구하기'는 도움을 찾는 것과 함께, 다른 사람으로부터 도움을 받는 것을 포함한다. 자살 위기 학생과 함께 작업해야 하는 교직원은 일반적으로 자신이 갖추고 있지 않다고 생각되는 임상 기술로 그렇게 행동하기를 요구받을 때에 스트레스를 받고 위축되어 버린다. 다른 전문가와 진행되는 자문은 단계에 따라 그리고 슈퍼비전을 구하며 이루어지는데, 이 모든 것이 학교 상황에서 자살 위기 학생을 다루는 데에 중요한 구성 요소다. 자살 위기 학생의 평가와 중재에 한정된 경험을 가진 교직원은 확신의 부족으로 자기 자신의 임상적 판단에 기댈 수 없기 때문에 다른 사람에게 자문을 구해야 한다(Granello, in press b). 심지어 몇 년간의 임상 경험이 있는 정신건강 전문가도 자살 위기에 놓인 내담자의 자살 위기 평가와 조절에는 자문을 구한다. 이러한 어려운 부분에서 함께 작업할 수 있도록 도움을 구하는 것은 절대로 창피한 일이 아니다.

4. 상 담

일단 학생이 자살 위험을 가지고 있다고 확인이 되면, 그 학생은 학교로부터 특정한 개입을 받아야 한다. 당장이라도 자살할 것 같은 학생에게는 위기 상담이 필요하고, 현재 진행 중이면서 낮은 수준의 자살 위험을 가지고 있는 학생에게는 스스로를 관리할 수 있도록 지지적인 상담이 필요하다.

높은 자살 위험을 가지고 있는 학생에 대한 즉각적인 개입의 목표는 위기 개입 상담 모델(Granello, [그림 3-1] 참조)을 기반으로 한다. 이 모델은 높은 자살 위험을 가지고 있는 학생과 상담하는 상담사를 돕기 위해 만들어졌다. 이것은 숙련된 임상가가 결정한 평가와 개입 전략을 대신한다기보다는, 교직원이 학교 상황에서 자살 위험을 가진 학생과 상호작용하는 것, 그리고 부모와 지역사회 정신건강 전문가에게 자문을 구하는 데에 도움을 주려는 것이다. 각 단계는 하나의 지침으로, 학생 개개인의 요구는 다양할 수 있다. 예를 들어, 특정 발달단계, 다문화, 인지적 한계 등은 전략의 다양한 형태를 만들어 낼 수 있다.

STEP 1: 심각성 평가
STEP 2: 라포 형성
STEP 3: 경청
STEP 4: 감정 다루기
STEP 5: 대안 탐색
STEP 6: 행동 전략 사용
STEP 7: 추수 작업

[그림 3-1] 자살 위험을 안고 있는 학생에 대한 위기 상담

1) STEP 1: 심각성 평가

가장 중요한 첫 단계는 자살 위험 학생들에 대한 정확한 평가를 내리는 것이다. 이러한 평가는 단번에 내리기는 힘들고, 충분한 논의가 필요하다. 학생의 배경 정보가 종합되면 많은 정보가 더욱 명확해지는 것은 분명하지만 즉각적인 위험의 정도에 대한 이해는 전체 과정을 안내하는 데 중요한 정보가 된다. 교직원은 반드시 학생의 즉각적인 안전을 보장해야 한다. 만약 학생이 급박한 자살 위기(suicidal emergency, 예: 처음으로 자살 시도를 하려고 함)에 처해 있다면 그들은 학생을 잠시라도 홀로 두지 않는 것이 중요하다.

분명히 이 지점에서 부모에게 알려야 하고, 종합적인 자살 위험 평가를 위해 학생을 병원에 의뢰해야 한다. 학교는 높은 자살 위험이 있는 학생이 학교를 영영 떠나려는 시도를 하기 전에 한 발 앞서 나가야 한다.

2) STEP 2: 라포 형성

자살 위험을 평가하고 개입의 성공을 예측하는 데 가장 중요한 요소는 상담사와의 치료적 관계에서의 질이라는 사실을 모든 연구에서 꾸준히 보여 주고 있다(Bongar, 2002). 자살 위기 청소년은 치료적 관계가 치료에 가장 중요한 측면이라고 언급하였다. 기본적인 상담 기술과 Rogerian의 핵심 개념인 따뜻함, 공감, 진정성 그리고 무조건적인 긍정적 존중은 진심어린 마음, 관심 그리고 비판단적인 치료적 입장을 잘 전달해 준다(Chiles & Strosahl, 2005).

자살 행동을 일반화하는 것이 아니라, 자살이라는 주제에 대해 충분히 이야기할 수 있다는 것을 학생들에게 이해시키는 것이 중요하다. 사실, 자살 사고는 청소년들 사이에서는 꽤 일반적인 것이다. 그러나 이러한 생각은 청소년들 사이에서만 공유되고 어른들 앞에서는 말하지 않는다는 점 때문에 자신의 생각이 이상한 것이 아니라는 정확한 정보를 알지 못하고 이해도 못한다. 그 결과 그들은 자기 혼자만 이런 방식으로 느낀다고 생각하며, 이에 따라 결국 '미쳐버릴' 것이 분명하다고 생각한다. 자살에 대한 생각이 무조건 자살 행동으로 몰아넣는 것은 아님을 이해하고, 이러한 감정의 과정을 도와줄 수 있는 차분하고 배려 깊은 어른이 무척이나 도움이 된다.

자살 위험을 가진 학생과의 대화에서는 우선 자살 생각이나 시도에 대해 이야기하는 것이 괜찮은 일이라고 학생을 차분하게 안심시키는 것이 먼저다. 우리는 다음과 같은 말로 학생들을 편안하게 해 준다. "괜찮다. 나는 그것이 말하기 어렵다는 걸 알아. 천천히 하자. 네 생각과 느낌을 네가 가장 편한 단어를 사용해서 뭐든 얘기해 주면 된다." 심지어 우리가 우리 스스로의 상담 기법에 대해 불안해하거나, 그들의 이야기에 압도당한다고 해도 차분한 접근과 담담한 말투로 학생들에게 우리가 도움을 줄 수 있다고 안심시켜야 한다. 위기 상황에서 기댈 수 있게 힘 있고 자신감 있는 어른은 청소년에게 안심이 되는 존재다.

가능할 때마다, 자신의 문제에 대해 이야기하려는 학생들의 의지를 알아주어야 한다. 진정성 있는 자세로 그들이 도움을 향해 나아가는 어떤 단계든 인정해 준다. 자신이 죽고 싶은 느낌이 든다는 것을 인정하는 것은 학생들에게—사실 그 누구에게도—무척이나 어려운 일이다. 분명, 그것은 어느 누구에게도 가장 어려운 대화다. 연락을 취하려는(혹은 연락된 사람과 대화를 하려는 의지) 용기를 알아주는 것은 중요하다. "나는 네가 이러한 감정에 대해 나와 이야기를 해 주어 매우 기쁘다. 나는 네가 이것을 말하기 위해 용기를 냈다는 것을 알고 있다." 혹은 "너는 혼자가 아니다. 네가 이야기를 해 주었으니 우리는 너에게 필요한 도움을 줄 수 있을 것이다."라고 말하는 것이 좋다. 이러한 지지는 반드시 진심어린 마음에서 우러나와야 한다. 만일 칭찬이나 감정적 지지가 거짓말처럼 들리면 학생들은 결코 자신의 이야기를 꺼내려 하지 않을 것이다.

상담 전공 대학원생들과 함께한 작업에서 우리는 이러한 침착함을 제대로 전달할 수 있도록 몇몇 구체적 기법을 세심하게 가르쳤다. 그들에게 간단한 평서문을 사용하고 문장의 끝에서 톤을 낮추어 말하도록 하였다. 위기 상황에 있는 사람들은 복잡하거나 긴 문장을 따라올 수 없다. 흥분을 하거나 산만해진 상태라면 이해하기 쉬운 짧고 간결한 문장이 필요하다. 문장의 끝에서 목소리 톤을 내리면 서술적인 문장이 되고, 반면에 문장의 끝에서 목소리 톤을 올리면 질문을 함축하고 있는 불명확함이나 망설임을 드러내는 것으로 들린다. 대학원생들 중 많은 수는, 특히 여성들은 스스로 자신의 목소리가 문장 마지막에 올라간다는 사실을 발견했는데, 이는 불안한 내담자를 더욱 힘들게 할 수 있다. 이러한 차이를 발견하기 위해 자신 혹은 동료의 목소리 패턴을 확인해 본다. 문장의 끝에서 목소리 톤 내리기, 짧은 문장 그리고 천천히 말하는 것은 안전하고 조절이 되며 차분한 의사소통을 가능하게 해 준다.

마지막으로, 자살 위기 청소년과 라포를 형성하기 위해서는 역전이를 잘 다루어야 한다. 자살 위험 청소년은 타인에게서 분노나 유쾌하지 않은 감정을 불러일으킨다. 그들은 (상담사를) 다치게 할 수 있고, 때로는 공격적이다. 자살 위기 청소년은 우리에게 두려움, 긴장, 분노, 방어적인 태도를 느끼게 만들기도 한다. 이는 우리에게 전혀 도움이 되지 않는 감정이다. 이러한 감정을 잘 다룰 수 있는 방법을 찾아 자살 위기 학생을 명확히 바라보는 것이 매우 중요하다.

3) STEP 3: 경청

학생들은 자살 사고에 대해 어른들과 이야기하려고 하면 흔히 차단되어 버린다고 이야기하였다. 좋은 의도에도 불구하고 어른들은 종종 그들의 이야기를 잘라 버린다. 그들은 "그것 참 터무니없구나." "그렇게 말하지 마라." 혹은 "이성 친구는 가치가 없다."라는 이야기를 들었다. 자살하고 싶은 마음에 대해 이야기했을 때 또 다른 일반적인 반응은 침묵이나 화제 바꾸기다. 그 결과 약 80%의 청소년이 자살하기 약 1주일 전후로 자살에 대해 누군가에게 이야기함에도 대부분의 경우 그들의 이야기나 감정을 충분히 나누어 보지 못한다.

그들 자신의 이야기를 하는 것은 그 자체로 치료적이다. 이는 상담과정의 기본이다. 자신의 이야기를 정말 잘 들어 주는 누군가와 이야기하는 것은 앞으로 나아가기 위한 첫 번째 단계다. 물론 그것이 전부는 아니고, 그 누구도 자살 위기 청소년에게 오직 무조건 들어 주는 인간 중심 접근만을 해야 한다고 생각하지는 않는다. 하지만 이는 라포를 형성하고 학생이 자신의 이야기가 경청된다고 느끼는 데에 초석이 된다. 우리는 "내가 질문을 하는 이유는 너를 돕고 싶기 때문이다. 나는 (기본적으로) 듣기를 원한다. 너의 마음속에 있는 것을 이야기해 보렴."이라고 말할 수 있다.

우리가 할 수 있는 것 중 가장 중요한 것은 학생들에게 그들의 이야기를 할 시간과 여유를 주는 것이다. 학교에서는 어려운 일이기는 하다. 빨리 움직이고, 한 학생에게 너무 오랜 시간을 쓰지 말아야 한다는 압박이 있기 때문이다. 그럼에도 불구하고 자살 위기 청소년의 경우라면 그들이 자신의 이야기를 할 수 있도록 충분한 관심을 주어야 한다. 작업을 하면서 우리는 자살 위기 청소년들이 우리가 자신의 이야기를 충분히 들어줄 것이라 생각하지 않고는 흔히 이야기를 황급히 끝내 버리려 하는 것을 발견할 수 있었다. 그때 "괜찮아. 이야기를 서둘러 할 필요는 없어. 나는 너의 이야기를 들을 거야. 그러니까 충분히 시간을 가져. 숨을 크게 쉬고 내가 들었으면 하는 이야기를 해 보겠니?"와 같이 말할 수 있다. 우리는 시범을 보이려고 몇몇 긴 호흡을 쉴 수도 있다. 그 후 편안히 앉아서 눈을 맞추고 이야기를 듣는다.

교직원들은 모든 자살 위험과 행동을 심각하게 받아들여야 한다. 그들은 학생들의 이야기나 상황의 심각함에 대한 자신의 판단을 너무 가볍게 생각하지 않도록 신경을 써야 한다. 자살을 하겠다고 위협하는 모든 학생은 자살 위기 평가를 받아야 한다. 우리는 교직원들에게 자살 위기 상황에서 학생이 자살하겠다고 위협하거나 정서적으로 고조되어 있을 때, 학생에게 '나는 네가 주목을 끌고 싶어 하는 걸로밖에는 보이지 않는구나.'라고 말하는 것은 적절하지 않다고 이야기하였다. 자살 위기 상황이 사그라졌을 때 그 학생들은 자신이 원하는 도움을 얻기 위해 '다음번에는' 위협적인 행동을 한층 더 강화시켜야겠다는 것만 배우게 될 것이다. 교직원들이 "하지만 그들은 단지 관심을 얻기 위해 자살 위협을 하는 거라고요!"라고 말한다면, 우리의 대답은 "어른들이 자신들을 심각하게 생각하도록 만드는 유일한 방법이 이것이라고 배운 그 아이들이 얼마나 안쓰러운가."다. 자살 위험 평가를 시행하라. 그리고 학생들이 자살 위기나 위협에 있지 않을 때, 당신이 관심을 보인다는 사실을 보다 적절한 방법으로 가르쳐라. 그리고 (이것은 매우 어려운 부분이다) 그들이 우리의 관심을 얻기 위해 적합한 것을 하면, 우리는 이를 따라가야 하며 그들에게 관심을 가져야 한다.

이러한 것이 힘들다는 것은 알고 있다. 최근에 우리는 화가 날 때마다 자살하겠다고 주변 사람들을 협박하는 초등학생 여자아이를 만났다. 물론, 오래지 않아 주변의 모든 어른이 아이의 협박을 무시하기 시작하였다. 그러자 아이의 행동은 점점 악화되었고, 결국 계단 위에서 몸을 던졌다. 우리는 관심 받고 싶어 하는 이 아이의 마음을 다루는 다른 방법이 필요하며, 그렇지 않을 경우 상황이 더욱 악화될 것이라는 사실을 부모와 교직원에게 인식시키고자 하였다. 그들은 아이가 위기 상황이 아닐 때 이야기를 나누었고, 아이가 언제 화가 나고 통제할 수 없게 되는지 그들이 이해할 수 있도록 원하는 것을 이야기해야 한다고 가르쳐 주었다. 그들은 아이가 말할 몇몇 핵심 메시지 단어를 결정하였고, 아이가 적절한 때에 도움을 요청하면 그들도 적절하게 반응하기로 동의하였다. 이것은 아이의 자살 위협과 자살 시도 행동을 감소시키기 위한 중요한 첫 번째 단계다.

4) Step 4: 감정 다루기

자살 위기에 있는 대부분의 사람들이 죽고 싶어 하는 것은 아니다. 그들은 고통이 끝나기를 바랄 뿐이다. 그들은 심리학적으로 엄청난 양의 고통을 경험하고, 그 고통과 함께 또 다른 나날을 살아간다는 것은 상상할 수 없는 일이라고 생각한다. 위기 상황에서 종종 발생하는 이러한 애매모호함(죽고 싶지는 않지만 고통은 끝내고 싶은) 때문에, 많은 다양한 감정이 동시에 발생하는 것은 흔한 일이다. 그리고 자살 위기에 있는 개인은 이러한 감정에 압도되기도 한다. 학생들이 자신의 감정을 표현할 수 있도록 돕는 것은 치유과정에서 중요한 부분이다. 그들에게 울고, 화내고 혹은 두려움을 느낄 수 있는 공간(여유)을 제공함으로써 감정은 인간생활에 한 부분을 차지하며, 그것을 덮어 버릴 필요는 없다는 것을 가르쳐 줄 수 있다. 우리의 목표가 감정의 확대나 상승은 아니라는 것을 분명하게 알아야 한다. 그리고 우리는 감정을 표현하도록 '불꽃에 기름을 붓는' 것을 원하지도 않는다. 다만, "압도되는 듯한 느낌이 든다는 것을 알아요. 여기서는 당신이 그런 것들에 대해서 마음 놓고 이야기해 보면 좋겠어요."와 같은 말이 도움이 될 수 있다.

5) Step 5: 대안 탐색

자살 위기에 있는 개인은 문제를 해결하는 기술이 떨어지고 대안을 생성해 내는 능력이 줄어든 상태다. 어린 학생들은 발달적 한계상 문제해결에 어려움을 보이는데, 자살 위험이 높아지는 시기에 여러 가지 위험 요소가 혼합되기도 한다. 자살 위기에 있는 사람들은 대개 자신이 살아야 할 이유나 자신의 현재 상황에 대한 대안을 생각해 내는 데 어려움을 보인다. 가능하다면, 살아야 할 이유를 강화하라(fortify). 자살 위기에 놓인 개인은 양가감정을 지니는 경향이 있는데, 이들에게도 살고 싶어 하는 적어도 몇 가지 이유가 있다는 것을 나타낸다. 이는 왜 그들이 살아있기를 원하는지 최소한의 이유가 있다는 의미다.

대안을 탐색하는 것은 조언이나 답을 제공하는 것과는 다른 일이라고 할 수 있다.

조언이나 해답 제시는 위기에 처한 사람들을 더욱 무시하거나 가치를 떨어뜨리는 것일 수 있고, 그보다는 문제해결 전략을 발전시키기 위해 학생이 학교 교직원과 함께 작업을 하는 것이 생산적일 수 있다. 효과적인 문제해결에는 ① 문제 인식하기, ② 대안적 해결책이나 전략 인식하기, ③ 대안적 전략으로 발생할 수 있는 결과 평가하기, ④ 특정 문제해결 기술에 대한 선택과 계획 생성하기, ⑤ 전략의 실행과 효과성 평가하기(Chiles & Strosahl, 2005) 등이 포함된다.

대안을 탐색하는 것은 매우 중요하지만 이 활동이 너무 빨리 이루어져서는 안 된다는 점 또한 무척 중요하다. 다시 말하면, 관계가 완전히 형성되지 않은 상태에서 학생이 자기 감정을 표현하기 전에 이 단계에 빨리 이르도록 요구받으면, 그들은 위축되어 버리거나 지나치게 서둔다는 느낌을 받을 수 있으며, 문제해결에 참여하는 것에 준비되지 않은 상태일 수도 있다. 결국, 타이밍이 중요하다.

학생들이 문제 중심적 사고(problem focus)—자살 사고에서 빠져나오지 못하게 하는—에서 보다 긍정적인 사고방식(positive mind set)—대안을 생성할 수 있도록 도와주는—으로 변화할 수 있도록, 우리는 다음의 두 가지 특정 전략을 제시한다.

① 학생이 'Plan B(계획 B)'를 발견하기

학생들이 자살에 대해 이야기할 때, 자살이 과연 '좋은' 생각인지 그들과 논박하는 것은 오히려 역효과를 불러일으키는 일이다. 자살 위기에 놓인 학생과 함께 대안을 탐색하고자 하면 대부분 실제로 자살을 예방하는 말을 이끌어 낼 수 있다. 예를 들어, 우리가 학생에게 "나는 네가 자살하지 않으면 좋겠어."라고 말하면 그 학생은 "내가 죽어야만 하는 이유가 있는데요."라고 말하게 될 것이다. 그런데 "우리가 함께 대안을 생각해 보자."라고 말하면 그 학생은 필연적으로 "저도 많은 것을 생각해 봤지만 자살 말고는 답이 없어요."라고 말할 것이다. 다시 말해서, 대화의 역동성 때문에 한 사람이 어떤 이슈에 대해 특정 입장을 취하면(예를 들어, 자살에 반대하는 입장) 다른 한 사람은 필연적으로 그 반대의 입장(자살에 찬성하는 입장)을 취할 가능성이 있다는 것이다. 이는 자살에 대해 확신이 없고 양가감정을 지니고 있었던 사람을 자살이 유일하게 타당한 선택이라고 믿어 버리게 만든다. 우리는 자살 위기를 다루는 작업을 통해, 대안을 생성하는 데 사용할 만한 간단한 언어적 전략을 생각해 냈다. 우리는 "나는 자살이라는 방법이 네가 할 수 있는 하나의 선택이라는 점은 이해해. 하지만 이것이 현재 위기 상황에서 취할 수 있는 최선의 결과라는 점에는 동의하지 않아. 그렇지만 가능한 모든 선택 중에서 하나의 선택지임은 분명하니 그 자살이라는 선택지를 이 테이블 위에 올려두고 계획 A라고 불러 보자. 이건 테이블 위에 있어. 자, 그럼 이제 계획 B나 계획 C를 생각해 보자."라고 하였다. 만약 학생이 자살을 옹호하려고 하면 "맞아. 그건 선택사항 중 하나야. 그래서 계획 A라는 이름으로 테이블 위에 이미 올려져 있지. 이제 계획 B에 대해 다뤄보자."라고 말할 수 있다. 학생이 더 이상 자살을 옹호할 필요가 없어지면 다른 대안에 대해 상담사와 자유롭게 이야기할 수 있을 것이라는 점이 핵심이다. 간단한 언어적 변화(linguistic shift)를 통해 상담사와 학생은 문제에 대한 '반대 입장'에서 함께 협력할 수 있는 '같은 입장'으로 이동하고, 자살은 '반대의 것'이 된다. 분명히 이 전략은 어느 정도 수완이 필요하고, 학생의 발달적 수준과 추상적 추론 능력에 크게 좌우된다. 그럼에도 불구하고 적절히 사용되는 경우에는 매우 유용하다는 것을 발견할 수 있다(Granello, in press b).

② 희망을 실제화하기

자살 경향의 중심에는 흔히 절망감이 있다. 희망을 되찾을 수 있는 방법을 알아내는 것은 자살 위기에 놓인 학생에게 행하는 개입에서 필수적인 요소다. 중요한 점은, 학생이 처한 위기 상황을 가볍게 여기지 않으면서 희망을 되찾는 것이다. 자살 위기에 있는 어린 학생들은 지나치게 희망적인 어른을 진실하지 않고, 공감적이지도 않으며, 말만 잘하는 사람으로 인식할 가능성이 있다. 사실, "너에게는 살아야 할 이유가 있어."나 "남자친구/여자친구는 그렇게 중요한 게 아니란다."와 같은 말은 무의식적으로 학생이 자살로 죽음을 맞으려는 결심을 부추길 수 있다. 희망이 스며들 수 있도록 하는 말은 오히려 다음과 같다. "나는 네가 지금 무척 절망적이라는 걸 이해한다. 내 입장에서 너에게 할 수 있는 말은, 그 상황 자체가 절망적인 건 아니라는 거야." "나는 자살 말고 다른 방법이 있을 거라는 점에서 희망적이라고 봐. 우리가 함께 힘을 합치면 그 방법을 찾아낼 수 있을 거야." 혹은 "함께 문제를 다루는 한,

나는 기꺼이 너의 곁에 있을 거야." 이러한 말은 학생의 문제를 인정해 주면서 동시에 침착하고 낙관적인 감정을 전달할 수 있다.

우리는 이 문제를 다루는 데에 '희망 보관자(holder of hope)'가 되는 전략을 사용한다. "네가 지금 당장은 희망이 보이지 않는다는 것을 이해해. 괜찮아. 다만, 내가 우리 둘에게 충분한 희망을 가지고 있다는 것을 알아주었으면 좋겠구나. 사실 내가 너의 '희망 보관자'가 될 거야. 네가 준비가 되면 알려 주렴. 그러면 내가 너의 희망을 되돌려 줄게." 이 전략은 학생에게 희망적인 척할 것을 강요하지 않는다. 역설적이게도, 희망적인 척하지 않아도 된다는 안도감은 실제로 희망을 키운다. 위기의 한복판에서, 학생들은 추상적인 개념을 이해하기 어려워한다. 희망과 같은 추상적 개념을 구체적이고 실제적인 무언가로 만드는 것이 좋다. '희망에 가까이 다가가서 잡기' 그리고 '희망을 안전하게 보관하기 위해 서랍에 넣어 두기'와 같이 손동작을 사용하면 학생들을 상당히 안심시킬 수 있다. 실제로 작업을 하다 보면, 학생들이 나중에 돌아와서 "나는 내 희망을 돌려받을 준비가 되었어요."와 같은 비유를 사용하는 경우가 많다. 그러면 우리는 학생에게 희망을 돌려주기 위해 '서랍으로 가는데', 이러한 상징적인 제스처는 그들에게 커다란 의미를 준다(Granello, in press b).

6) Step 6: 행동 전략 사용

단기 긍정적 행동 전략의 사용을 고려해 본다. 이 전략에서는 학생과 학교 교직원 (그리고 적합한 다른 사람들)이 함께 학생이 보다 긍정적인 방향으로 나아갈 수 있도록 구체적이고 자세한 계획을 세운다. 이 행동 전략에서의 목표는 엄청난 변화를 일으키거나 학생의 모든 문제를 해결하려 하기보다는 학생의 삶의 질에 커다란 영향을 끼칠 수 있는 작은 단계를 만들어 나가는 데 있다. 이때 전략에 포함된 단계는 해당 학생이 할 수 있을 만한 것이어야 한다는 점이 무척 중요한데, 그렇지 않을 경우 행동 계획을 완수하지 못했다는 무능력감은 그 학생의 인생에 또 하나의 실패로 남는다. 학령기의 아이들과 함께 작업을 할 때에는 임상 정신건강 전문가의 도움을 받아 계획을 세우는 것도 좋다. 이 경우에, 학교 교직원의 역할은 학생이 긍정적인 행동 계획을 실행할 때 자원을 제공하고 지지해 주는 것이다.

자살 방지 계약서 대신 안전 계획(Safety plan)을 고려해 본다(Chiles & Strosahl, 2005). 많은 학교 전문가는 학생들로부터 일정 기간을 정해 놓고는 자살하지 않겠다는 약속을 이끌어 내는 자살 방지 계약서를 사용하도록 배워 왔다. 이러한 계약서가 이미 널리 사용되고 있고 해를 끼친다는 증거는 없지만, 그렇다고 해서 이 계약서가 실제로 자살 시도를 줄인다는 증거도 없고 학생의 안전을 보장해 주지도 않는다. 최근 이러한 계약이 잠재적으로 자살 위기에 놓인 학생들에 대한 학교의 법적 책임을 증가시킨다는 우려가 있다. 하지만 안전 계획은 학생들이 자살을 생각하고 자살 위험이 높아진다고 느낄 때 무엇을 해야 할지 알려 줄 수 있다. 안전 계획에서는 학생들이 자살 생각을 할 때 사용할 수 있는 구체적인 전략을 제시해 준다. 대부분의 안전 계획에서는 학생과 정신건강 전문가가 함께 만들어 나갈 수 있는 개별적인 단계적 과정을 담고 있다.

안전 계획은 입원 병동의 바깥에 있는 모든 잠재적 자살 위험군에게 필수적이다. 단기 긍정적 행동 전략에서와 마찬가지로, 학생의 안전 계획에 학교의 역할은 학생과 그 학생의 외부 상담 전문가에 따라 결정될 수 있다.

7) Step 7: 추수 작업

학교 상황에서 추수 작업은 사회에서의 치료적인 환경과 꽤 다르다. 교직원은 아이들과 청소년이 더 집중적인 정신건강 보호를 받아야 하는 경우 학생 및 부모와 연락을 유지하고자 한다. 적합한 기관으로 의뢰하는 것이 중요한데, 학교는 이러한 의뢰 약속이 지켜졌는지 확인하는 추수 작업을 해야 한다. 만약 청소년이 자살 위기 때문에 학교 환경에서 벗어나야 한다면, 학교에의 재적응은 뒤에 제시되어 있는 보살핌의 중요한 요소다. 마지막으로 모든 위기 상황에서 그러하듯, 교직원은 앞으로 일어날 일에 대비하여 변경이나 변화를 줄 때 적용되는 개입 전략을 평가할 기회가 많이 있다.

5. 자살 위험 평가

자살 위험 평가는 지식, 훈련, 경험이 요구되는 기술의 복잡한 과정이다. 일반적으로 자살 위험의 결정은 위험을 감소시키도록 하는 보호 요소의 신중한 평가뿐만 아니라 개인의 위험 요소와 위험 징후를 종합적으로 평가하는 것에 기반을 두고 있다. 자살 위험 평가에 관여하고 있는 교직원은 첫 번째 단계로 그 같은 결정을 하는데, 그들은 종합적인 위험 평가를 훈련받은 치료사들이 학교에서 일반적으로 하는 것보다 더 복잡한 선별을 해야 한다는 것을 인지하고 있다. 학교는 자살 위험이 있는 학생을 발견하고, 자살 위험의 초기 평가를 하는 데에 중요한 역할을 한다. 때로는 교직원이 학생들을 잘 알고 위험에 놓인 개인을 장기적으로 이해한 이점이 있기 때문에, 더 종합적인 위험 평가를 시행하는 정신건강 담당자에게 그들의 위험 평가는 유용하다. 교직원은 학생의 행동이나 기분의 변화를 잘 알아챌 수 있고 이는 위험 평가를 위해 개인 인터뷰가 필요한 학생을 파악하는 데 도움이 된다. 그러나 학교가 종합적인 임상적 위험 평가를 위한 장소는 아니다. 학교 환경의 본질적인 한계(예: 환경, 근무시간 후의 응급치료 부족, 도움이 필요한 많은 학생들, 직원의 시간적 한계, 종합적인 자살 위험 평가를 위한 훈련 부족)는 학교가 종합적인 자살 위험을 제대로 다룰 수 없게 만든다. 학생의 자살 위험을 최종적으로 판단하기보다는 이상적으로 자살 위험의 포괄적 평가의 한 층(중요함에도 불구하고)이 되어야 한다.

학교에서의 적절한 자살 위험 평가는 학생이 위험에 처할 수 있다는 것을 알아차리는 것과 개인적인 평가를 위해 다가가는 것이 기본이다. 학교 환경에서 개인의 자살 위험을 평가하고 더 자세한 위험 평가가 필요한지 결정하는 데에는 중요한 몇 단계가 있다. 이 전략은 주요한 두 유형으로 나눌 수 있는데, 비공식적인(구조화되지 않은) 인터뷰와 체크리스트 그리고 공식적인(구조화된) 평가다.

① 위험 평가 인터뷰
모든 교직원에게 자살 위험 평가를 위해 최소한 비공식적이거나 구조화되지 않은 인터뷰를 사용하도록 해야 한다. 자살 평가의 처음이자 가장 중요한 요소는 자살에 관한 질문을 직접적으로 하는 것이다. 교직원과 같이 일을 하면서, 우리는 한 가지 사실에 매우 놀랐다. 그들 대부분은 학생들이 위험에 처해 있을지도 모른다고 생각하면서도 자살에 대해 묻지 않았다. 얼마 전에 자살 위험이 우려되는 학생에게 다가가서 이야기를 나누는 적절한 방법에 관해 교직원을 훈련시켰다. 훈련 90분 후, 우리는 몇몇 교직원에게 역할놀이를 하도록 하였다. 5분이 지나도 자살 위험에 처한 학생을 연기하는 사람에게 교직원을 연기하는 사람이 여전히 자살에 관해 이야기하지 않아 역할놀이를 멈추고 물어보았다. "언제 자살에 관해 물을 건가요?" 그 교직원은 답하였다. "아, 저는 실제로는 절대로 자살에 대해 묻지 않을 거예요!" 모든 훈련이 끝난 후에도 그 사람은 여전히 자살에 관한 질문을 하는 것의 중요성에 대해 연관 짓지 못하였다. 안타깝지만 너무나 흔한 반응이다. 자살 위험 평가를 위해 해야 할 가장 중요한 것은 **자살 질문을 하는 것**이지만, 그럼에도 연구결과는 다른 사람에게 다가가 자살 생각을 하고 있는지 묻는 사람이 거의 없다고 나타났다. 아마도 자살에 대해 말하는 것이 '다른 사람에게 자살에 대한 생각을 심어 주는 것'이라고 생각하기 때문일 것이다. 그것은 오해다. 기존 연구에 따르면 적절하지 않은 방법으로 자살에 대해 이야기하는 것도 위험을 감소시킨다는 것을 보여 준다. 사람들은 학생이 그렇다고 대답할 때 어떻게 해야 할지 걱정이 되어 그렇게 할지도 모른다. 그 두려움은 이해하지만 그것이 아무런 행동을 하지 않는 것에 대한 변명은 될 수 없다. 우리는 자살을 생각하고 있는 대부분의 청소년이 죽음에 앞서 자신이 자살을 생각하고 있다는 것을 몇 주 동안 누군가에게 이야기한다는 것을 알고 있다. 슬프게도, 그들이 사실을 밝힐 때 다른 사람에게 받는 가장 흔한 반응은 침묵이다. 용납하기 어려운 현실이다.

② 자살 관련 질문을 하라

'자살'이라는 단어를 사용한다. 여러 가지 방법으로 질문한다. 특정 질문을 하는 '올바른 방법'을 외우는 것에 관한 게 아니라, 학생들이 가지고 있는 어려움에 대해 당신과 이야기하는 것을 편안하게 느낄 수 있도록 하는 것에 관한 것이다. 예를 들어, "사람들은 가끔씩 매우 큰 고통에 처하면 자살에 대해 생각해요. 자살을 생각해 본 적 있으세요?"처럼 말하는 것이 적절할 수 있다. 또한 '그렇다/아니다'라고만 하기보다 학생들이 감정의 복잡함을 풀어놓을 수 있도록 질문의 틀을 짜는 것이 좋다. "사는 것 VS. 죽는 것에 관해 가지고 있는 생각을 저와 이야기할 수 있겠어요?" 어떤 사람들은 묻는다. "당신은 스스로를 아프게 하는 것에 대해 생각 중인가요?" 그러나 우리는 자살을 생각했더라도 그 질문에 아니라고 대답하는 사람을 만난다. 그들의 논리는, 고통이 없고 자신이 다치지 않는 방식으로 자살할 방법을 찾을 계획인 것이다. 중요한 것은, 여러 가지 다양한 방식으로 질문하고, 대화하며, '자살'이란 단어를 사용하고, 이야기를 풀어놓을 주제를 확장하는 것이다. 우리가 절대로 권하지 않는 질문이라면, "당신은 자살을 생각하고 있지 않아요, 그렇죠?" 또는 "당신의 자살 이야기는 단지 농담이죠, 맞죠?" 등이다. 명백하게, 이 같은 질문은 소통의 창구를 닫아버린다.

1) 평가를 위한 영역

일반적으로 자살 위험의 결정은 보호 요소의 신중한 평가뿐만 아니라 개인의 위험 요소와 위험 징후를 종합적으로 평가하는 것에 기반을 두고 있다. 다음 제시한 영역은 자살 위험 평가라면 모두 포함되어야 하는 것들이다.

(1) 자살 계획

학생들이 가지고 있는 자살 계획을 이해하면 위험 평가에 더욱 도움이 될 수 있다. 예를 들어, 우리는 학생들에게 자살 계획에 대한 질문에 이야기를 하도록 하였다. "몰라요. 저는 아마 약이나 그런 것을 먹거나 도로로 뛰어들 거예요." 이렇게 말한 학생도 있었다. "저는 집에 3시 30분에 도착해요. 부모님은 6시까지 집에 오지 않아요. 저는 엄마에게 학교에서 집까지 안전하게 도착했다고 전화할 거예요. 그렇지 않으면 엄마가 확인할 수 있거든요. 저는 아빠의 총을 가지고 올 거예요. 아빠는 문을 잠가 놓지만, 저는 열쇠가 어디에 있는지 알고 있어요. 총알을 장전하는 법도 알아요. 저는 침실로 가서 문을 잠그고 제 입에 총을 넣고 쏠 거예요." 두 번째 학생의 계획이 분명 더 심하고 긴급한 위험에 있다는 것을 보여 준다. 대개 자살 계획을 평가할 때, 우리는 다섯 가지 이슈를 고려한다.

① 계획의 세부항목(세부항목이 많을수록 더 위험이 높다.)
② 의지(일반적으로, 죽을 의지가 큰 학생은 양가감정이 더 많은 사람들보다 더 심각한 위험에 놓여 있다.)
③ 수단(더 치명적인 수단은 더 높은 위험과 관련된다.)
④ 수단에의 접근성(더 쉬운 접근은 더 높은 위험과 같다.)
⑤ 도움의 근접성(누군가가 개입할 가능성이 적을수록 위험이 더 높다.)

여러 자들은 잘 알리지 않으며 그들이 말하는 것보다 더 많은 것(준비를 더 했다, 더 강한 생각을 했다)을 해 왔다고 보는 것이 가장 좋다는 것을 기억해야 한다. 실수를 하더라도 미리 조심하는 것이 언제나 더 낫다.

(2) 자살 생각이나 행동의 이력

과거의 자살 시도는 미래의 시도에 가장 좋은 예언자다. 그러나 자살로 죽은 사람들의 40%만이 자살을 시도한 경험이 있었다. 다시 말해, 가장 좋은 예언자이기는 해도 자살자의 죽음에서 반 이상과도 관련이 없다는 것이다. 과거의 자살 시도를 평가하는 것은 중요하지만, 자살 시도가 없었다는 것이 학생이 위험에 있지 않다는 의미는 아니라는 것을 확실히 기억해야 한다. 가족 내의 자살 관련 행동을 평가하는 것도 중요한데, 청소년들이 가족 구성원의 행동을 모방할 수 있기 때문이다. 그들은 '이것이 우리 가족의 스트레스 대처 방식이구나.'라고 생각할지도 모른다.

우리는 학생들에게 자살에 관한 생각을 말해 달라고 한다. 자주 일어나는가? 점점 빈번해지는가? 이런 생각이 처음 들었을 때가 언제인가? 무엇이 그런 생각을 불러일으켰는가(예: 대인관계에서나 개인 내적인 선행 사건)? 그 생각과 관련된 행동을 실행에 옮긴 적은 몇 번인가? 앞으로 그런 생각에 대한 행동을 할 가능성은 어느 정도인가? 등이다.

(3) 정신건강 상태/기분의 안정성

자살로 죽은 사람들의 90% 이상이 정신적인 질병을 가지고 있었고, 가장 흔한 것이 우울증이나 조울증이었다. 그러나 우울증이나 조울증이 있는 대부분의 사람이 자살을 하는 것은 아니다. 분명, 정신적 문제를 평가하는 것이 중요하기는 해도 충분하지는 않다. 평가의 또 다른 기분 상태로는 희망 없음, 충동성, 동요, 스트레스, 가치 없음, 자기혐오 등이 있다.

학생이 현재 정신건강 문제에 대해 행동치료적인 의료 서비스(behavioral health care)를 받고 있는가도 중요하다.

(4) 심리적 고통

자살학의 아버지라 불리는 Edwin S. Shneidman은 자살충동을 느끼는 사람들의 극심한 심리적 고통을 묘사하기 위해 극통(psychache)이라는 신조어를 만들었다(2005). 자살 위기에 대한 기본적인 공식은 "[그 사람이 느끼기에] 참아낼 수 없고, 피할 수 없으며, 끝없이 계속되는 정서적 혹은 육체적 고통"이다(Chiles & Strosahl, 2005, p. 63). 학생의 상황에 대한 우리의 평가가 중요한 문제가 아님을 기억해야 한다. 중요한 것은 이러한 고통에 대한 학생의 지각이고, 위기 평가는 단지 고통을 피하기 위해 학생이 (죽음을 포함해서) 어떠한 조치를 취할지 알아보려는 것이어야 한다. 극통을 평가할 때에는 학생이 느끼는 정서적 절망과 견딜 수 없는 감정을 이해하고 인정해야 한다. 자신의 고통을 깎아내리고 인정하려 들지 않는다고 느끼면 그 학생의 자살 위험은 증가할 것이다. 고통을 알아주지 않는다고 느끼면, "당신은 내 기분이 얼마나 더러운지 모르지? 내가 보여 주겠어."라고 생각할지도 모른다.

(5) 위험 징후, 촉발기제 그리고 위험 요소

앞서 위험 징후(예: 사회적 철회, 자살하겠다는 언어적 위협, 죽음에 대한 언급, 충동성, 자신의 소중한 물건을 다른 사람에게 선물하는 것, 자살 수단을 찾음, 도움을 거부하는 것)에 대해 논의했는데, 자살 위기에 대한 평가를 제대로 하면 수집할 수 있는 정보다. 촉발기제(예: 망신, 집단 따돌림, 갈등, 약물남용, 기분이나 행동의 변화, 어렵고 불가피한 변화 및 환경) 역시 자살 위기에 처한 학생들의 마음을 통찰해 준다. 마지막으로 모든 위험 요소는 전체 인구를 대상으로 한 위험을 기반으로 하고 개인에게 적용하면 적합하지 않을 수 있지만, 위험 요소(예: 성, 인종, 인지적 · 정서적 위험 요소)를 평가하는 것은 중요하다.

(6) 보호 요인

자살 위기를 평가할 때는 보호 요인도 고려해야 한다. 현재 환경에서 학생들의 안전을 지켜주는 것은 무엇인가? 그들은 가족이나 친구로부터 지지를 받고 있는가? 그들이 현재 치료를 받고 있거나 과거에 치료받은 경험이 있다면, 진행 중인 개입(물론, 여기에는 부모에 대한 개입까지 포함된다)을 위해 그들의 치료사와 접촉할 수 있는가? 그들은 위기 상황에서 무슨 도움이 되는 자원을 찾을 수 있는가? 학생들이 알 수 있는 강점은 무엇인가? 마지막으로 모든 자살 위기 평가에는 삶의 이유에 대한 평가가 있어야 한다. 단지 "무엇이 널 계속 살도록 하니?"라고 묻는 것만으로도 자살 위기에 있는 학생의 마음에 풍부한 통찰을 주고 위험 수준을 알 수 있는 중요한 단서가 된다.

(7) 평가 면접에서 줄임말(acronym) 사용

때때로 줄임말의 사용은 면접관이 다루어야 할 중요한 영역을 상기시킴으로써, 평가 면접을 도울 수 있다. 하지만 줄임말은 평가를 위한 체크리스트가 아니라 단지 평가해야 할 영역을 상기시키는 수단이기 때문에 유의하여 사용해야 한다. 이러한 접근을 원하는 사람들을 위해 미국자살학협회(American Association of Suicidology)는 기억하기 쉬운 'IS PATH WARM?'이라는 약어를 추천하였다. 각각의 글자는 중요한 자살 위험 요소를 나타낸다(그림 3-2] 참조). 자살 평가를 위한 다른 줄임말도 있지만 'IS PATH WARM?'은 공인된 말이다.

구체적으로 위험 징후는 다음과 같이 연결되어 있다.

I: 자살이나 죽음에 대한 글이나 말을 포함한, 자살에 대한 생각(Ideation)

S: 술이나 약물과 같은 물질(Substance) 남용, 특히 그 빈도의 증가

P: 무의미함(Purposelessmess), 살아야 할 이유도 삶의 의미도 없음

A: 불안(Anxiety), 짜증, 불면(혹은 과다 수면), 안절부절못함, 극심한 심리적 동요

T: 갇혔다는 느낌(Trapped), 현재 상황에서 벗어날 방법이 없고 극심한 심리적 고
　통 속에서 사는 것과 죽음 이외에는 다른 선택지가 없음

H: 자신과 타인, 미래에 대한 부정적인 관점을 포함한, 절망(Hopelessness)과 무기력

W: 이전에는 즐거움을 주었던 친구, 가족, 사회 혹은 활동으로부터의 단절
　(Withdrawal)

A: 화(Anger), 분노, 통제할 수 없는 격분, 복수하고자 함

R: 무모한(Reckless) 행동, 아무런 생각 없이 위험한 행동에 참여함

M: 극적이고 변덕스러운 기분의 변화(Mood changes)

2) 자살 평가 체크리스트

　자살 위험에 대해 질문하는 것을 도와주는 많은 체크리스트가 있다. 하지만 'IS PATH WARM?'의 경우와 마찬가지로 이러한 체크리스트도 단지 평가 면접을 돕는 것이지, 그 자체로 완벽한 자살 위험 평가는 아니다. 그것들은 우리가 다루어야 할 중요한 영역을 쉽게 기억하도록 도와주는 정도에서 유용하다. 우리는 가끔 잠재적 자살 위험이 있는 학생들과 이야기하는 중에 다루어야 할 중요한 영역에 대해 잊어 버릴까 걱정하는 교직원을 만난다. 그들은 자신의 불안이 방해가 될까 걱정한다. 이러한 경우에 체크리스트는 유용하지만, 단지 그 과정을 도와준다는 점에서만 그렇고 다음 두 가지 사항을 주의해야 한다.

① 당신이 그저 표준적인 체크리스트를 따라 읽을 뿐이라고 학생이 느낀다면, 이
　는 라포를 형성하는 데에 부정적인 영향을 미칠 것이다. 자살 위험 평가 면접
　을 할 때에 부자연스럽고 틀에 박힌 접근을 하지 않도록 유의하라.

② 자살 위험 체크리스트 중에는 '객관적인' 점수 체계를 제시하여 자살 위험 수

I	Ideation
S	Substance Abuse
P	Purposelessness
A	Anxiety
T	Trapped
H	Hoplessness
W	Withdrawal
A	Anger
R	Recklessness
M	Mood Change

[그림 3-2] IS PATH WARM?

출처: American Association of Suicidology. 'Warning Signs for Suicide.' 2006, www.suicidology.org/web/guest/stats-and-tools/warning-signs.

준 점수를 산출하게끔 하는 것이 있다. 이러한 점수 체계는 지극히 위험하며 부적절한 사용을 조장할 수 있다. 사용하는 체크리스트에서 모든 점수 산출을 중단하고 일반적인 지침으로서만 질문과 주제를 다루어라.

자살 평가 체크리스트에 실리는 전형적인 질문은 다음과 같다(단, 이것에 국한되지는 않는다.).

- 그 학생은 자살을 얼마나 자주 생각하고 있습니까?
- 자살에 대한 이와 같은 생각이 불쑥 떠오른다고(intrusive) 느끼거나 이를 통제할 수 없다고 봅니까?
- 그 학생은 과거에 자살 시도를 한 경험이 있습니까?
- 그 학생은 구체적인 자살 계획을 가지고 있습니까?
- 그 학생은 자살 계획을 실행에 옮길 만한 수단이 있습니까?

- 그 학생은 자살 계획을 실행에 옮기기 위한 준비를 한 적이 있습니까?
- 그 학생은 죽음이나 사후세계에 대해 환상을 가지고 있습니까?
- 그 학생은 이러한 자살 사고에 따라 자신이 행동할 것이라고 믿고 있습니까?
- 그 학생은 자살 사고에 대해 다른 누군가에게 말해 본 적이 있습니까?
- 그 학생은 심각한 심리적 괴로움을 겪고 있습니까?
- 그 학생이 무력감을 느끼고 있습니까?
- 그 학생이 기분의 변화를 보이고 있습니까?
- 그 학생이 행동의 변화를 보이고 있습니까?
- 그 학생은 현재 약물을 남용하고 있습니까?
- 최근에 그 학생에게 심각한 스트레스를 유발할 만한 일이 있었습니까?
- 가정폭력의 이력이 있습니까?
- 그 학생이 고립되거나 위축되었습니까?
- 그 학생을 도와줄 수 있는 강한 지지 체계가 있습니까?
- 자살 사고에 대해 이야기할 만한 신뢰받는 성인이 그 학생에게 있습니까?
- 그 학생은 스스로 살아야 할 이유를 알고 있습니까?
- 그 학생이 인지적인 경직성이나 문제해결력에 결함을 보이고 있습니까?
- 그 학생은 충동 조절에 어려움을 느낍니까?

체크리스트의 활용은 교직원이 포함되어야 하는 주요한 영역을 다루는 데에 도움을 주고, 그들에게 중요한 주제에 대해 더 이야기하고 탐색할 수 있는 발판을 제공해 준다.

3) 공식적인(표준화된) 평가

수십 종류의 표준화된 자살 위험 평가가 출판되었고, 이용 가능한 수백 종류의 미출간된 질문지와 평가지가 있다. 하지만 이러한 평가들의 질적 수준에는 상당한 차이가 있으며, 출판된 도구 중 일부는 매우 낮은 신뢰도와 타당도를 보이고 있다. 표준화된 평가는 상황에 대한 보다 명확한 그림을 보여 주는 부가적인 정보를 제공한다는 점에서 유용하지만, 자살 예방에 대한 일반적인 접근에서 사용되는 자살 선별 도구를 제외하고는(2장에서 포함된 것과 마찬가지로) 학교 현장에서 거의 사용되지 않는다.

6. 의 뢰

학생의 정신건강에 대한 책임은 대부분 학교의 몫이 되어 버린다. 하지만 자살 위험이 있는 학생들을 관리하는 경우, 학교는 지역사회의 자원과 의뢰 기관의 도움 없이는 제대로 기능할 수 없다. 연구결과, 포괄적인 학교기반의 자살 예방 프로그램의 핵심 요소 중 하나는 학교와 지역사회 자원 간의 관계와 연결고리를 수립하는 것이다(Lazear, Roggenbaum, & Blase, 2003). 학교가 자살하려는 학생의 지속적인 상담을 홀로 감당하기에는 어려우므로 이런 의뢰과정이 중요하다. 이때 핵심은 이런 자원과 관계가 이미 형성되어 있어서 학생들이 학교와 지역사회 안에서 빈틈없는 보살핌을 받을 수 있어야 한다는 점이다.

학생이 자살을 시도할 가능성이 있다고 판단되어 교직원이 초기 평가를 실시했을 때, 더 집중적인 개입이 필요한 학생은 부모나 보호자를 통해 지역사회 정신건강 자원으로 의뢰되어야 한다. Kalafat과 Underwood(1989)는 교직원이 지역사회에서 정신건강 의뢰를 할 때 필요한 몇 가지 제안을 하였다.

① 학생과 학생의 문제에 대해 충분히 이해하고 있는지 점검하라. 부적절하거나 미흡한 의뢰는 시간과 비용을 낭비하며, 학생들로 하여금 어른들은 자신의 문제를 도무지 이해하지 못한다는 신념을 갖게 하여 결국 그들이 향후에도 정신건강 도움을 원하지 않게 만들 수 있다.
② 그들이 지역사회에 있는 정신건강 전문가와의 만남을 주저하거나 두려워하는 것에 대해 이야기할 수 있도록 하라. 이 과정을 통해 교직원은 학생들의 우려

를 진정시키거나, 의뢰과정을 완수하는 것이 학생들에게 더 호의적으로 느껴
질 수 있는 다른 방법을 찾아볼 수 있다.

③ 의뢰과정에 부모를 개입시켜라. 학생과 학생의 가정 배경(예: 문화, 언어, 종교, 지불 방법, 교통수단)에 적합한 의뢰를 해야 한다.

④ 공식적인 의뢰 횟수를 한 번 혹은 두 번으로 제한하라. 너무 많은 정보는 학생과 그의 가족이 감당하기 어려울 수 있다.

⑤ 의뢰과정에 대해 최대한 많은 정보를 가족에게 제공하라. 연락할 수 있는 사람의 이름, 전화번호, 찾아가는 길, 비용 정보, 보험 적용 범위를 모두 전달하는 것은 신비성을 없애고 학생들이 도움을 좀 더 쉽게 받을 수 있도록 한다.

⑥ 의뢰기관과 가정에 대해 사후 관리를 계속하라. 기관에서는 허가서(release form) 없이는 학생이 상담약속(appointment)을 지켰는지 알려 줄 수가 없다. 부모에게 이런 허가서를 쓰도록 하면 가정, 학교, 지역사회 기관 간에 열린 소통이 가능해진다.

학교가 부모에게 자녀의 자살 위험에 대해 알리고 의뢰 정보를 제공한 후에는 학생이 정신건강 도움을 받게 하는 책임이 부모에게 주어진다. 부모는 다음 사항에 주의한다.

① 모든 경고(threats)를 끝까지 진지하게 받아들여라. 자녀가 진정하거나 자살을 '정말 하려고 한 게 아니다'라고 말하더라도 의뢰과정을 완수하는 것이 매우 중요하다.

② 학교의 도움을 받아라. 만약 부모가 의뢰과정을 완수하는 데에 불편을 느낀다면, 교직원에게 그 임무 수행 권한을 위임하여 교직원이 의뢰기관에 연락을 하고, 의뢰 정보를 제공하며, 사후 관리를 하도록 할 수 있다. 가능하다면 부모와 자녀가 의뢰기관에 갈 수 있도록 학교가 교통편을 제공할 수도 있다.

③ 학교와 계속 소통하라. 이런 개입을 한 후, 학교는 후속 지원을 제공해 줄 것이다. 부모와 학교 사이의 열린 소통으로 학교가 위험에 처한 학생에게 가장 안

전하고 편한 장소가 될 수 있다는 확신을 주는 것이 중요하다(NASP, n.d.).

7. 자살 위험 학생과 학교 복귀 프로그램

자살 시도 후나 정신병원 입원, 다른 정신건강상의 위기로 장기간 학교를 결석한 학생이 다시 학교로 돌아왔을 경우에 학교의 올바른 대처는 매우 중요하면서 어려운 일이다. 대개는 비밀로 하려고 모두가 노력해도 보통 다른 학생들이 그 사건에 대해 이미 상세히 알고 있는 경우가 많다(확인되지 않은 소문 또한 자자하다.). 결국, 학교로 돌아온 학생은 친구들로부터 비웃음, 조롱, 따돌림을 당하거나 어떤 경우에는 불편할 정도의 과도한 관심이나 경외심까지 받을 수 있다. 이런 모든 것은 학생이 아직 정서적으로 매우 취약하여 언제 또 다른 위기가 발생할지 모르는 상황에서 일어난다.

안타깝게도 학교 복귀를 위한 효과적인 방안에 대한 연구는 많이 없다. 그러나 질환이나 외상성 뇌손상과 같은 다른 이유로 장기간 학교를 결석한 학생들에 대한 학교 복귀 연구에서 유용한 정보를 얻을 수 있을 것이다.

학교로 복귀하는 것은 각 학생별로 개별적 방안이 필요한 복잡하고 다단계적인 과정이다. 이에 대한 연구는 일반적으로 학생의 학교 복귀를 촉진하고 학교로 최대한 매끄럽게 전환되도록 하기 위해 학교, 가정, 관련 기관이나 병원이 모두 협력할 때 학생에게 가장 이득이 있음을 밝혔다(Kaffenberger, 2006). 학생의 학교 복귀에서 가장 흔하게 나타나는 방해물에 선제적으로 대처하는 것이 바람직하다.

1) 성공적인 복귀를 방해하는 요소

(1) 원활한 의사소통의 부재

학교, 가정, 지역사회의 임상의와 병원 간 의사소통의 부재는 학생이 학교로 순조롭게 돌아오는 데에 매우 큰 장애물이다. 위기 상황에서 가족은 종종 자녀에게 너무 집중하여 다른 이들과 연락하거나 접촉하는 것을 제한한다. 그들은 자녀의 학업이 더 이상 우선시 될 필요가 없다고 잘못 생각하여 학교와의 연락을 늦출 수 있다. 가족들은 자녀의 자살 시도를 수치스럽게 여기거나, 교직원과 이야기하기를 꺼리거나, 이런 힘든 대화를 나눌 만한 교직원을 찾기 어려워할 수 있다. 결국 정보가 없는 교직원들은 어떤 식으로 일을 진행하여 학생과 가정을 가장 잘 도울 수 있을지 모르는 상황이 된다.

부모는 가정, 학교 그리고 담당 임상의들 간에 의사소통이 원활하게 이루어질 수 있도록 정보공개 허가서(releases of information)를 작성해야 한다. 이런 허가서 없이는 교직원이 학생의 복귀를 돕는 데 필요한 중요한 정보를 얻지 못하는 상황이 발생할 수 있다. 자녀의 정보가 모두에게 공개되는 것을 두려워하는 부모를 안심시키기 위해 특정 교직원만 허가서에 포함시킬 수도 있다.

(2) 부족한 정보와 훈련

두 번째 장애물로는 교칙(school policy), 법적 윤리적 기대, 전환에 대한 적절한 지침 정보나 교직원의 훈련이 부족한 상황이다. 학교와 일을 하다 보면 학교로 돌아오는 학생을 위해 대체로 '옳은 일'을 하고 싶어 하는 교직원을 만날 수 있다. 반면에 교직원이 소문이나 험담에 가세하거나, 다른 학생에게 부적절한 정보공개를 하거나, 당사자 학생에게 과도한 질문 또는 관심을 보여 학생이 도움받기를 꺼리게 만드는 경우도 있었다.

많은 경우 교사들은 학교로 돌아온 학생을 어떻게 대해야 하고, 다른 학생들이 그 학생을 놀리거나 부적절하게 대할 때 어떻게 대처해야 하는지 궁금해한다. 교사나 교직원은 어떤 상황에서든지 그 학생에 대한 비밀보장을 지키고 학생이 따돌림이나 놀림을 받지 않도록 보호해야 한다. 이런 상황에 대한 교육이나 훈련은 특정 학생의 상황에서 급박하게 만들 것이 아니라, 미리 마련해 두어 상시 준비되어 있어야 효과적이다.

(3) 도움이 되지 않거나 비협조적인 교칙

가끔 학교 규칙과 절차는 특정 사건의 결과로 수립된 후 다시 제대로 검토되지 않는 경우가 있다. 더 이상 최근 연구나 경향이 반영되지 않은 오래전부터 전해 내려온 자살 위험과 관련된 교칙을 갖고 있는 학교를 보면, 기존 교칙에 수정이나 변화가 필요하지는 않은지 꼼꼼히 검토하도록 교직원에게 권한다.

2) 학교 복귀를 위한 지침

자살 시도 후, 학교로 돌아온 학생들은 적응 기간에 정서적으로 특히 더 취약하다. 연구결과, 자살 시도 후 첫 3개월에서 1년은 또 다른 자살 시도의 위험이 높은 기간으로 나타났다. 적절한 학교 복귀 프로그램은 이런 추가적인 자살 시도의 위험을 감소시킬 수 있다. 다음에 제시한 지침은 전반적인 계획 수립만을 위한 것으로서, 여러 주(예: 메인 주, 위스콘신 주)의 학교 복귀 모형에 기반을 두고 있다. 하지만 모든 복귀 관련 교칙은 특정 학생의 요구에 맞는 개별 방안을 수립할 수 있도록 융통성을 갖추고 있어야 한다는 것을 명심해야 한다.

① 위기에 대해 알게 되는 순간 부모에게 최대한 빨리 연락을 취하라. 학생이 다시 학교로 돌아올 준비가 되기 전이라도 직접 부모와의 면담을 요청한다. 가족에게 도움이 될 만한 정보나 조언을 제공하며, 학생이 수업에 뒤처지지 않도록 학업과제를 모아 학생에게 전달해 줄 방법을 이야기한다. 학생들이 학교로 복귀하는 것에 대비하여 계획을 마련한다. 학생들이 학교를 떠나 있는 동안에도 계속 소통하여 그들이 복귀 후 학교생활에 쉽게 적응할 수 있도록 한다.

② 학생들이 학교로 복귀하기 전에, 그들이 학교로 돌아와도 좋다는 정신건강 전문가의 승인을 요구할 것인지 고려하라. 모든 학교에서 이 과정이 필요한 것은 아니며 이에 대해서는 논쟁도 있다. 어떤 사람들은 이러한 과정이 다른 학생들을 보호하고 학교의 관리 범위를 넘는 위험한 수준에 있는 학생의 관찰을 요청받지 않았다는 것을 확인하는 데 도움을 줄 것이라고 믿는다. 또 어떤 사람들

은 이러한 요청사항이 학생에게 낙인이 되고 재입학하는 데 다른 장벽이 될 것이라고 믿는다. 어쨌든, 학생들의 위기사항이 발생하기 전에 이러한 절차가 학교 재입학 정책의 일부가 될 것인지 결정을 해야 한다.

③ 학교와 부모 그리고 치료기관 사이에서 연락을 담당할 사람을 지정하라. 이 사람은 원활한 의사소통과정을 위해 모든 정보 내용을 공개적으로 확인할 수 있어야 한다. 학교 상담사가 연락 담당자로 선정될 수도 있지만 중요한 것은 선정할 때 학생의 요구가 유의미하게 반영되어야 한다. 만약에 학생이 연락책과 대화를 하는 것에 불편함을 느낀다면, 최상의 절차와 프로토콜이 있어도 비효과적일 것이다. 연락책은 교사, 관리직 또는 신뢰할 만한 직원이 될 수도 있으며, 다음과 같은 일을 담당한다.

• 학생의 비공개 건강기록의 일부가 되는 서류 자료를 살펴보고 정리한다.

• 학생에 대한 사례 담당자 역할을 한다. 자살 시도에 빠져들게 한 것은 무엇인지, 또 다른 시도에 빠져들게 만드는 신호가 무엇인지 이해해야 한다. 사례에 대한 실제적인 측면, 예를 들어 약물 및 학업량에 대한 추천(전일제로 공부할 것인지 시간제로 공부할 것인지) 등에 대해 숙지한다.

• 학생의 복귀 절차에 도움을 준다. 복귀과정을 모니터링하고, 위험 징후가 다시 나타날 때 주의를 기울여야 하는 다른 직원에게 연락을 취하여 도움을 준다.

• 부모나 돌봐주는 사람(양육자)과 연락을 한다. 부모/양육자에게서 받은 서면 허가서를 가지고, 학생의 외현적인 또는 정신적인 건강 서비스를 돕는 학교 연락책이 된다.

• 학생의 복귀 이전에, 가능한 서비스 절차를 논의하고 개별적인 복귀 계획을 세우는 적절한 토론과정을 진행할 모임을 잡는다. 학생이 병원에서 퇴원하기 전에 연락 담당자가 가족을 만나보는 것이 좋을 것이다.

④ 학생의 전반적인 발달 정도와 함께 학생이 전일제 또는 시간제로 학업을 진행할 수 있는지 담임교사에게 알려 준다. 담임교사는 임상적인 정보나 구체적인 치료경과가 아니라 필요한 경우에 어떻게 협력하거나 고쳐 나갈 수 있는지에 대한 특정한 정보를 원한다. 해당 사례에 대해서 그 또는 그녀의 치료와 지원

요구에 관련하여 학생을 직접적으로 지원하는 데 연관된 교직원과 함께 논의한다. 다른 직원과 함께 학생에 대해 이야기를 나눌 때는 반드시 알아야만 하는 사안 또는 학생과 함께 일하는 데 교직원이 꼭 알아야 하는 내용에 대해서만 엄격하게 다룬다.

⑤ 학교 복귀에서 학생들의 요구를 이해하기 위해 그들과 이야기를 나눈다. 학생들은 각기 다른 수준의 지원을 원하고, 개별적인 차이가 존중되어야 한다(안전이 보장되는 범위 내에서). 학생들은 학교로 복귀하는 때에 학교 상담사와의 상담을 요청할 수 있다.

⑥ 매일 매일 학생들과 함께 점검한다. 학교와 함께하는 일의 범위 내에서, 연락책과 학생이 최소한 하루에 한 번 간단한 확인 작업(단지 1~2분이면 된다)을 해야한다고 본다. 이러한 활동은 의사소통을 원활하게 하고, 학교에서의 적응을 돕는 의견 대변자(an advocate)가 있다는 것을 학생에게 상기시켜 줄 수 있다.

⑦ 형제자매의 요구를 이해하기 위해 가족과 함께 작업한다. 학교에 재적응하고 있는 학생의 형제자매는 이러한 가족의 위기 기간에 또 다른 지원 그리고 보살핌이 필요하다. 자살 위기를 겪고 있는 자녀의 부모는 때로 다른 자녀의 감정적인 요구를 이해하는 데 어려움을 겪기 때문에, 교직원들은 이들에게 특별히더 관심을 보여야 한다.

⑧ 필요한 만큼 학생들을 모니터한다. 학생의 기능, 감정 또는 행동에 변화가 일어나면 부모에게 즉각적으로 알린다. 교직원들은 학생들이 일상적으로 기능하기까지 점진적이고 안정적인 복귀를 위해 도움의 손길을 점차 줄여 나가는 (tapering-off) 접근(예를 들어, 한 달 동안은 매일 연락을 취하고, 또 한 달은 한 주에 3번, 그리고 또 한 달은 한 주에 한 번씩 연락한다) 방식을 원할 것이다.

우리는 학교에 복귀하려고 하는 학생들과 함께하면서, 가장 커다란 문제는 다른 사람으로부터의 손가락질에 대한 학생들의 두려움이라는 것을 알게 되었다. 바꾸어 말하면, 학급 친구들이 나타낼 수 있는 반응에 대한 인식은 실제 학급 친구들의 반응보다 더 압도감을 주는 것이다. 우리는 학교에 복귀하는 친구들이 갇혀 있는 듯한 느낌으로 두려워하는 것을 매번 보고 들었다. 그들은 만약에 내가 화가 났는데 학급에서 떠날 수 없는 상황이 되면 어떻게 할까? 다른 학생들이 나에게 손가락질을 하면 어떻게 하지? 그리고 달아날 곳이 없다면?이라며 혼란스러워한다. 물론 '갇혀 있는 듯한 느낌'은 그 안에서 그리고 그 자체로 자살에 대한 중요한 위험 요소다. 학교 밖에서 이루어지는 임상적인 치료 상황에서 이들이 자신의 감정에 대한 통제감을 갖고, 생각과 감정이 통제를 넘어서서 점진적으로 확대되는 때를 인식하는 것 그리고 위험한 상황에서 스스로 벗어나는 것에 대해 도움을 주고자 상담사 및 의사와 함께 작업을 한다. 그리고 나서 학교로 돌아오면 자신을 돌보는데, 이러한 긍정적인 접근을 제공하지 않는 환경에 들어가도록 한다.

학생들이 두려움에 직면하고 스스로를 긍정적으로 돌볼 수 있도록 강화시키기 위해 우리는 자살 위기를 넘어 학교에 복귀하는 학생들과 함께하는 교직원들에게 두 가지를 제안한다.

• 마음챙김 기술(Mindfullness Skills)을 가르쳐 보아라.
  마음챙김은 사람들이 억눌리지 않고 스트레스 상황에 머무를 수 있도록 하는 중요한 심리적인 기법으로 주목을 받고 있다. 이완 기술과 명상은 마음챙김의 핵심 요소다. 자살을 시도하는 사람에게 그들을 판단하지 않고 또는 이러한 사실에 대한 경험을 동일시하지 않고 경험에 집중하도록 가르치는 것은 인지적인 왜곡과 불안의 감정을 줄이는 데 도움이 된다고 나타났다(Williams, Duggan, Crane, & Fennell, 2006). 마음챙김 기술은 학생들이 자기세계에 대해 통제감을 갖는 데 도움을 준다.

• 학생들에게 통제감을 주도록 하라.
  어느 날, 복귀과정에 있는 자살 시도 학생과 함께하면서 우리 중 한 사람인 Dr. D. Granello가 집에 있는 Monopoly게임에서 '감옥에서 해방되기(Get out of jail free!)' 카드를 가져왔다. 나는 그녀의 학교 복귀에 대해 고려하고 있었고 특별히 예민한 상황이라는 것을 알았기에 그녀가 또 다른 자살 시도를 할 위험이 있다고 여겼다. 다음 날 아침 그녀를 만났을 때 나는 그 카드를 건네주었다. 그리고 그녀에게 "네가 만약 스트레스를 받아 압도된다고 느낄 때 그리고 또 다른 순간 네가 있는 곳에 도저히 머물 수 없을 때, 이 카드를 사용할 수 있고 사무실로 찾아올 수 있다. 나는 아무런 질문도 하지 않겠다."라고 하였다. 그녀는 쉽게 믿지 못하였다. 그리고 "아무 때나 언제든지라는 말씀이세요?"라고 물었다. "그럼, 언제든지."라고 대답하였다. 나는 그녀에게 내가 그녀의 개인적인 정신건강 상태를 신뢰한다고 설명해 주었다. 그녀는 많은 일을 겪었고, 또한 그녀가 원하는 것이 무엇인지 우리 중 어느 누구보다 더 잘 알고 있었다.

한 명의 학생에게 단순한 전략을 시작한 것은 많은 학교 상담사들이 학생들의 복귀를 돕는 데 사용할 수 있는 한 가지 이상의 도구가 되었다. 나는 그녀가 휴식을 원할 때 교사에게 설명을 해야 하는 상황을 원하지 않았다. 나는 그녀가 손을 들고 자신을 돌보는 데 허락을 구해야 하는 것도 원하지 않았다. 내가 그 카드를 주었을 때 나는 그녀를 믿는다는 것을 보여 주었고, 그녀가 책임감이 있다고 생각한다는 것을 보여 주었다.

물론, 그녀에게 카드를 주기 이전에 모든 교사에게 정보를 주고 관리자에게 명확하게 해두었다. 몇몇 교사는 걱정을 표현하였다. 예를 들어, 만약에 그녀가 카드를 사용하여 시험 상황에서 벗어나면 어떻게 하지요? 만약에 중요한 수업에서 빠지면 어떻게 하나요? 물론 닥칠 수 있는 위험 상황이지만, 한 학생이 죽을지도 모른다는 위험에 놓여 있는 것이 현실이다. 카드를 주고 수업을 건너뛰는 것, 또는 시험을 보지 않는 것은 그리 중요하지 않아 보인다.

그 학생은 내가 영원히 기억할 중요한 교훈을 알려 주었다. 그녀는 그 카드를 잘못 사용하지 않았다. 그녀는 닳고 낡을 때까지 매일 그 카드를 가지고 다녔다. 결국 나는 그녀에게 주기 위해 Monopoly게임에서 다른 카드를 꺼내왔다. 이번에는 내가 카드를 얇은 판 모양으로 잘랐다. 그녀는 카드를 몇 달 동안 가지고 다녔지만 오직 한 차례만 사용하였다. 그녀는 교사에게 카드를 보여 주고 사무실로 찾아왔다. 나는 그녀에게 앉을 곳을 제공하면서, 내가 이야기를 하거나 그녀가 단지 조용히 앉아 있을 수 있다고 말해 주었다. 그녀는 잠시 앉아 있다가 이야기하였다. "수업에 다시 돌아갈 준비가 되었어요." 그녀는 아무 것도 원하지 않았다. 단지 그 시스템을 시험하고 싶었던 것이다. 그 시스템은 작동했고 그녀는 만족하였다. 그리고 다시는 그 카드를 사용하지 않았다. 그러나 그녀는 자신만의 안전망의 방법으로 그 카드를 매일 가지고 다녔다. 그녀는 필요할 때 어려운 상황을 벗어날 수 있다는 것을 알았다. 단지 알고 있다는 것이 그녀가 필요한 전부였다.

요점은 만약 우리가 학생들이 그들 스스로의 정신건강에 대해 책임감을 갖기 원한다면, 그들을 도와주어야 한다는 것이다. 확실히 이러한 중재는 모든 학생에게 적절하지는 않다. 특정한 경우에는 그러한 특권을 오용하는 학생이 있다. '통과(pass)'는 학생들이 집에 가거나 낮잠을 자거나 재미있는 일을 하는 것을 허락하지 않는다. 단지 매우 스트레스적인 상황에서 벗어나 그들이 다시 집단에 들어가고 학급에 들어가는 것을 준비하는 조용한 장소로 가는 것이다. 최소한 몇몇 학생에게는 학교에의 복귀를 돕는 중요한 전략이다.

8. 요 약

자살의 위험에 있는 학생들은 학교에서 특별한 관심이 필요하다. 위험군을 위한 개입은 수정이나 지지가 필요한 특정 위험 요소를 가진 학생이 목표다. 이러한 개입의 대부분은 긍정적인 사회적 · 감정적 기술을 발전시키는 데 초점을 둔다. 고위험군을 위한 개입은 자살 고위험군으로 식별된 학생을 위한 것이다. 즉각적이고 정확한 평가가 지역사회기반의 임상적 개입이 필요한지를 결정하는 데 필수적이다. 학교 안 자살 위기에 있는 학생들을 다루기 위해서는 고도화된 훈련과 슈퍼비전, 경험을 갖춘 일련의 특화된 임상적 기술이 반드시 필요하다. 자살 위기 이후에 학교로 복귀한 학생들은 학교 적응을 도울 수 있는 특별한 도움이 필요하다. 학교 교직원, 부모, 학생들, 지역사회기반의 임상적 지원이 모여서 학교 내 자살 위기 학생을 다루기 위한 통합적이고 원활한 접근을 제공할 수 있다.

CHAPTER 04 자살의도가 없는 자해(NSSI) 학생 다루기

사라는 현재 중학교에 다니고 있는 13세 소녀다. 사라는 조용하고 성적은 중간쯤이며, 규율 준수에 문제를 보이지 않는다. 현재 그녀는 할머니와 함께 살고 있으며 어머니는 약물 의존 때문에 입원치료를 받고 있다. 부모는 이혼했으며 사라는 지난 몇 년간 아버지를 만나지 못하였다. 최근 점심시간에 한 교사는 사라가 친구에게 셔츠의 소매를 걷어서 팔뚝을 보여 주는 것을 목격했는데, 사라의 팔에는 수많은 커터칼 자해 자국이 있었다. 이 중 몇몇은 최근에 자해한 것으로 보였다. 걱정이 된 교사는 사라를 학교 간호사에게 보내서 그 자국에 밴드를 붙이고, 사라와 좀 더 깊은 대화를 하도록 부탁하였다. 사라와 이야기하면서 사라의 행동에 대해 논의하고 자해의 동기를 평가하기 위함이었다. 사라는 자살의도가 있나? 얼마나 오랫동안 자신에게 이런 짓을 했을까? 무슨 일이 일어나고 있는 것인지? 즉, 우울한 것인지, 불안한 것인지, 성격 장애가 있는 것인지? 사라는 과거에는 자살에 대해 생각했지만 지금은 자살의도가 없고, 단지 기분 전환을 위해 팔목을 긋는다고 말하였다. "이렇게 팔목을 그으면 내 마음 속에 쌓여 가던 모든 것으로부터 해방되는 기분이에요."라고 이야기하였다.

미국 내 교사, 상담사, 행정가, 또 학교 전문가들과 작업을 하면서 우리는 사라의 경우와 비슷한 이야기가 점차 증가하고 있음을 알았다. 전국적으로 학교 교직원들은 아동과 청소년의 자해 행동 빈도에 대하여 더 우려하고 있음을 보고한다. 교사와 고등학교 상담사는 자신들이 자해 청소년에게 강한 부정적 감정 반응을 하고 있고, 이것은 이런 학생들과의 작업을 더 어렵게 만든다고 보고 있다. 많은 사람들이 학생들의 자살의도가 없는 자해(Nonsuicidal Self-inflicted Injury: NSSI) 행동을 다루는 데 좀 더 많은 정보와 실질적인 지침을 원한다(Heath, Toste, & Beettam, 2006). 국내와 해외에서 자살과 관련하여 일하는 동안 우리는 자살의도가 없는 자해(NSSI) 행동과 자살과의 관계에 대해 점점 더 많은 질문을 받는다. 연구결과에 따르면 자살의도가 없는 자해(NSSI)는 그 기원과 심각성을 볼 때 유전적·심리적·사회적 변인과 관계가 있는 복잡한 행동이다. 이러한 학생을 다루는 데 손쉬운 방법이 있는 것은 아니며 각각의 경우는 그 자체의 독특한 맥락에서 평가되어야 한다. 하지만 운좋게도 자살의도가 없는 자해(NSSI) 연구는 꾸준히 증가하고 있고, 학교 내 자살의도가 없는 자해(NSSI) 문제를 가진 학생을 다루는 전문가를 위한 기초적인 정보가 있다. 따라서 이 장에서는 학교 환경에서 자살의도가 없는 자해(NSSI)의 원인, 평가, 의뢰, 치료에 대한 것에 초점을 맞출 것이다.

미국 인구의 약 4%가 의도적인 자해를 하고 있는데, 나이에 따라서 자해 행동에는 분명한 차이가 있다. 비율은 청소년이 훨씬 높게 나타난다. 약 14%의 대학생이 자살의도가 없는 자해(NSSI) 행동을 한다는 연구결과가 있다(Klonsky, 2007). 어떤 연구에서는 18~20세의 참여자 중 14%가 살아오면서 언젠가 자해를 한 적이 있으며 7%는 현재에도 자해를 하고 있다고 보고하였다(Young, Van Beinum, Sweeting, & West, 2007). 고등학생의 경우는 25%라는 높은 비율이 보고되었는데(Brausch & Gutierrez, 2010), 이런 행동의 유병률이 중학교나 초등학교보다 고등학교에서 더 높다는 증거가 있다. 자해를 하는 사람의 대부분은 14세경에 시작하였고 심각성은 20대 중반까지 증가하고 있다(Austin & Kortum, 2004). 자살의도가 없는 자해(NSSI) 행동은 청소년에게는 아주 흔한 것이라는 점이 중요하다. 학교에서 일하는 사람들은 누구라도 적지 않은 수의 학생들이 과거 또는 현재에 자해 행동을 했거나 할 수 있다고 이해하고 있어야 한다.

① 자해는 청소년 사이에서 증가하는가?

연구 관점에서 이 질문에 대답하는 것은 어렵다. 명확한 점은 학교에서 나타나는 자살의도가 없는 자해(NSSI) 사례의 수가 점차 증가하고 있다는 것이다. 하지만 이것이 실제 이러한 행동의 유병률이 높아져서 증가하는 것인지, 인식이 확대되어 증가하는 것인지 알 수가 없다. 1980년 이래, 최근까지 사회적으로 자살의도가 없는 자해(NSSI)에 대한 인식 수준은 급격히 증가하였다. TV, 영화, 인터넷에서 점점 더 많이 자살의도가 없는 자해(NSSI) 모습이 묘사되고 있다. 예를 들어, 2009년 연구에서는 영화 속 자살의도가 없는 자해(NSSI) 묘사가 뚜렷이 증가됨을 보여 주는데, 1966~1980년까지(15년 동안)는 오직 3회가 나타나는 데 비해 2001~2005년까지(5년 동안)는 25회가 묘사되었다. 더욱이 청소년 자살의도가 없는 자해(NSSI) 행동이 묘사되는 수백 개의 웹사이트와 유튜브 비디오 영상이 있다(Whitlock, Lader, & Conterio, 2007). 청소년의 우상인 Johnny Depp, Angelina Jolie, Marilyn Manson, Diana비는 대중에게 자신의 자해 행동과의 고난한 싸움을 공공연하게 이야기해 왔다. 청소년의 자해 사례가 실제로 증가하는 것이 아니라 해도, 분명히 청소년과 학교 내 전문가 사이의 인식의 증가는 이러한 사례를 더 잘 식별하게 한다. 그럼에도 청소년 인구의 자살의도가 없는 자해(NSSI) 실제 비율의 증가 여부를 논하는 것은 문제가 안 될지 모른다. 현실에서는 점점 더 많은 청소년의 자살의도가 없는 자해(NSSI) 행동 문제가 학교에서 감지되고 있으며, 학교는 적합하게 대응해야 한다. 학교 환경에서 나타나는 자살의도가 없는 자해(NSSI) 행동 수준은 상당히 심각하기 때문에 학교 교직원을 훈련시켜서 자해 청소년을 구별해 내고, 평가하고, 의뢰하고 관리할 수 있도록 해야 한다(Toste & Heath, 2009).

② 정의

청소년 자해와 관련한 연구는 정의와 방법적인 면 양측에서 비일관적인 것 투성이다. 문헌에서는 다양한 용어로 자살의도가 없는 자해(NSSI)를 정의하고 있다. 가장 흔하게 사용되는 용어는 자살극(parasuicide), 고의적인 자해(deliberate self-harm), 의도적인 자해(intentional self-harm), 칼로 긋기(self-cutting)다. 이는 연구들 사이의 비교를 어렵게 하는데, 용어마다 자해의 현상을 약간씩 다르게 정의하기 때문이다. 예를 들어, 어떤 용어는 죽고 싶다는 욕구를 포함하고 있는 반면에 그렇지 않은 용어도 있다. 이러한 정의에 따라 연구자들은 자해 행동 유병률을 산정할 때 자살의도가 없는 과다 약물복용과 같은 행동은 포함하지 않는 반면, 자살 시도와 같은 특정 행동은 포함할 수도 있다. 따라서 자해 행동의 유병률에 대한 상당히 다른 예측이 있을 수 있다. 이 장에서는 다음과 같은 정의를 사용할 것이다.

- 자살의도가 없는 자해(NSSI)는 의도적이고, 자신에게 영향을 주며, 사회적으로 부적합한 방식으로 자신의 신체에 가벼운 해를 가하고, 심리적 불편감을 줄이기 위해 행해진다(Walsh, 2006).
- 자살 시도는 심각한 치명성을 가지고 스스로에게 해를 가하는 것이며, 죽음으로써 심리적인 불편감을 끝내려는 고의적인 의도가 있다.

③ 자살의도가 없는 자해(NSSI)와 자살의 구분

자살은 미국 내 청소년 사망의 세 번째 원인으로 꼽히며, 학교 내에는 높은 비율의 자살 생각과 시도가 있다. 따라서 모든 청소년을 대상으로 일반적인 선별과정을 통한(더 많은 정보는 2장 참조) 자살 경향성 평가를 반드시 시행해야 한다. 하지만 자살의도가 없는 자해(NSSI)를 행하는 청소년의 일부는 자살의도가 없음을 분명히 이해해야 한다(Walsh, 2006). 자살의도가 없는 자해(NSSI)는 청소년의 자살 경향성과 확실하게 정적 상관을 보이지만 자살의도가 없는 자해(NSSI)가 청소년 자살의 원인이 된다는 증거는 없다(Muehlenkamp & Gutierrez, 2004).

④ 자살의도가 없는 자해(NSSI)와 자살의도와의 관계

대부분 자살의도가 없는 자해(NSSI)를 하는 학생들은 강렬한 부정적 감정을 다루거나, 긍정적 정서 상태를 일반화하거나, 혹은 사회적 접촉을 피하거나 참여하기 위

〈표 4-1〉 선택된 변수에서의 자살의도가 없는 자해(NSSI)와 자살 행동 간의 차이점

변수	자살의도가 없는 자해(NSSI)	자살
의도	정서적 대처	고통을 끝내기 위함
치명성	주로 낮은 수준	대부분 높음
빈도	만성적임	드묾
방법	다양함	하나 또는 둘
인지	삶의 흥미있음	희망 없음, 무기력함
정서	부정적 정서로부터 피함	지속적인 불편감과 좌절감

한 목적으로 그러한 행동을 한다(Nixon & Heath, 2009). 따라서 자살 평가를 자해 청소년을 다루는 과정의 일부로 보는 한편, 많은 자해 청소년이 자살 시도와 같은 위험에 임박해 있는 것은 아님을 잘 알아두어야 한다. 자살의도가 없는 자해(NSSI)와 자살 시도를 구별하는 데에는 의도가 중요한 변수가 된다. 다른 말로, 자살의도가 없는 자해(NSSI)를 하는 학생은 자살 시도 학생과는 다른데, 이것은 의도에서 그들이 행동을 통해 이루고자 하는 것이 다르기 때문이다. 몇 가지 다른 변수(〈표 4-1〉 참조)도 자살의도가 없는 자해(NSSI)와 자살 행동을 구별하게 해 준다(Muehlenkamp & Kerr, 2009).

이들 변수 각각은 좀 더 설명이 필요하다. 첫째, 의도가 이해되어야 한다. 자살의도가 없는 자해(NSSI) 행동을 하는 학생은 기분을 더 좋게 하기 위해서 부정적 정서를 피하거나 긍정적 정서를 일반화하려고 한다. 자살을 하려는 학생은 고통을 끝내기 위한 하나의 방법으로 자살을 생각한다. 두 번째 변수인 치명성은 자살의도가 없는 자해(NSSI)와 자살 사이의 뚜렷한 특징으로 보기에는 다소 어려움이 있다. 일반적으로, 깊지 않게 손목을 긋거나 심하게 긁거나 혹은 화상 입히기와 같은 위협적이지 않은 자살의도가 없는 자해(NSSI) 방법과, 이와 달리 총기를 사용하거나 목을 매는 등의 매우 위험한 자살 방법이 있다. 물론, 많은 자살의도가 없는 자해(NSSI) 행동이 처음의 의도와 다르게 목숨을 위협할 수 있다는 것을 안다. 한 예로, 이전에 정신적 고통을 경감시키기 위해 손목을 그었던 여성이 팔에 깊은 상해를 입고 많은 피를 흘려서 병원에 오랫동안 입원해야 했으며 피부 이식 수술까지 받아야 하였다. 결국 팔

의 신경이 심하게 손상되어 예전처럼 손이나 팔의 감각을 느끼거나 제 기능을 완벽하게 할 수 없다는 판정을 받았다. 요약하면, 자살의도가 없는 자해(NSSI)의 치명성(lethality)이 다소 낮은 수준이더라도 영구적인 손상이나 죽음을 야기할 수 있다는 말이다. 얼마나 자주 발생하는지, 즉 빈도(Frequency)는 자살의도가 없는 자해(NSSI)를 자살과 구분해 내는 데 사용할 수 있는 세 번째 기술이다. 자살의도가 없는 자해(NSSI)는 대개 만성적으로 일어난다. 자살을 시도하는 사람의 경우는 빈도가 드물게 일어나는 반면, 스스로에게 상처를 입히는 경우(self-injurers)는 100번 혹은 그 이상 그 행동이 반복적으로 일어난다는 것을 확인할 수 있다. 네 번째 구분할 수 있는 변인 역시 두 집단의 차이에서 나타나는데, 상대적으로 자살의도가 없는 자해(NSSI) 청소년은 자신을 상처 입히는 다양한 방법을 발견해서 사용하는 반면, 자살 시도 청소년은 한 가지 특정한 방법을 선택하여(예를 들면 독약 구하기) 계속적으로 시도한다. 마지막으로 자살의도가 없는 자해(NSSI)와 연관된 인지적·정서적 상태가 자살 청소년과는 다를 수 있다는 점이 특징이다. 정서적인 측면에서, 자살의도가 없는 자해(NSSI)는 부정적인 정서(affect)를 경감시키며, 자신의 삶을 살 만한 상태로 만들기 위해 고통에 잘 대처하고 있다고 믿는 인지적인 상태를 반영한다. 이는 자살 위기 청소년의 정서적 상태와 크게 다른데, 이들은 이러한 고통을 다루는 것이 아니라 심리적 고통과 희망이 없음으로부터 삶을 끝내고 싶은 강렬한 감정을 느끼기 때문이다. 자살 위기 청소년은 인지적으로 자신이 삶을 지속할 수 없을 것이라고 믿으며, 미래에 직면할 힘이 없다고 믿고 있다.

　자해를 하는 청소년 중 많은 수는 정신 장애와 정서 장애(mental & emotional disorders)가 공존하는 경우에 속한다. 청소년기에 흔한 진단은 아니지만, 경계선 성격 장애와 같은 성격 장애는 자살의도가 없는 자해(NSSI)와 높은 상관 관계를 가지고 있다(Muehlenkamp & Gutierrez, 2004). 흥미롭게도 경계선 성격 장애는 DSM-IV 개정판의 진단 기준 중에서 자기손상을 제시하는 유일한 장애다. 사실 1980년대에 임상 장면에서 실습을 시작했을 때, 경계선 성격 장애 환자의 특징은 자기손상이었고, 따라서 자살의도가 없는 자해(NSSI) 행동을 나타내는 모든 내담자가 경계선 성격 장애를 가질 것이라고 생각하였다. 그러나 현재 상황에서 보면 더 이상 옳지 않다. 현재 자살의도가 없는 자해(NSSI)는 다양한 진단에서 공통적으로 발견되는데, 자살의도가 없는 자해(NSSI)와 관련이 있는 몇몇 다른 진단은 다음과 같다.

- 알코올 남용
- 거식증
- 반사회적 인격 장애
- 불안 장애
- 자폐
- 폭식증
- 우울증
- 발달 장애
- 분열형 성격 장애
- 레슈-니한 증후군(Lesch-Nyhan 신드롬)[2]
- 외상 후 스트레스 장애

학생들의(에게서) 자살의도가 없는 자해(NSSI) 행동을 복합적으로 이해하려면 자살 시도와 다른 정신건강 진단에 대한 공존질환(Comorbidity)을 살펴야 한다. 대략 55~85%의 자기손상 환자가 최소한 1회 이상의 자살 시도 경험을 가지고 있었다(Jacobson & Gould, 2007). 자살의도가 없는 자해(NSSI)와 함께 과거 자살 시도 경험을 가지고 있는 청소년은 자살의도가 없는 자해(NSSI)만 가지고 있는 학생보다 우울, 충동성 그리고 무기력에서 더 높은 수준을 나타낸다(Dougherty et al., 2009). 이는 어떤 자살의도가 없는 자해(NSSI) 청소년을 마주하였을 때, 자살 시도와 자살 사고 그리고 공존 정신병리에 대한 과거 병력과 현재 상태를 점검하는 것이 중요하며, 이것이 자살에 대한 위험을 측정하는 기초 자료가 될 수 있다는 것을 시사한다. 이는 도

---

2) 미국의 소아과 의사 Michael Lesch와 William L. Nyhan이 명명하였다. 퓨린(purine)의 유전적인 대사 이상으로 정신지체, 손가락이나 입술을 깨무는 자해 행위, 신기능 장애, 비정상적인 신체 성장 등이 특징이며, 성염색체가 열성(반성 열성)으로 유전된다.

전적이고 어려운 일이며, 추가적인 선별과정, 평가, 중재가 필요한 학생들이 다수 존재한다는 복잡한 정신건강 문제다.

자살의도가 없는 자해(NSSI) 행동과 자살 사고 또는 자살 시도가 같은 대상에게 발생한다는 것은 명확하지만 이번 장에서는 자살 위기 청소년이 아닌 자살의도가 없는 자해(NSSI)를 사용하는 청소년에게 초점을 맞추었다. 자살 위기 청소년(그들이 자살의도가 없는 자해(NSSI) 행동을 하든 안 하든 간에)과 관련된 내용은 앞서 3장에서 다루었다. 따라서 이번 장의 초점은 학교 전문가가 학생들의 자살의도가 없는 자해(NSSI) 행동이 그들 자신을 다루는 데 도움이 된다고 믿는 학생들과의 작업을 위한 것이다.

1. 자살의도가 없는 자해(NSSI)에 관한 기본적인 사실

현재 자살의도가 없는 자해(NSSI)에 관한 연구의 방법론과 개념적 정의의 어려움에도 인구통계학적 경향성을 고려하는 중요한 시사점이 몇 가지 존재한다. 연구결과가 모든 것을 말하는 것은 아니지만 이러한 시사점은 지지를 얻고 있다.

- 현재 15~20%의 고등학생은 적어도 1회 이상 자살의도가 없는 자해(NSSI) 행동을 한 적이 있다.
- 대부분의 청소년은 자살의도가 없는 자해(NSSI) 행동을 13~15세에 시작한다.
- 전반적으로, 자살의도가 없는 자해(NSSI) 유병률(손목 긋기, 스스로 때리기, 화상 입히기)에는 성차가 존재하지 않는다. 연구별로 차이가 있어서 몇 가지 연구에서는 여성의 유병률이 남성보다 높은 수준을 차지하기도 한다.
- 여성은 남성보다 손목을 긋는 방법을 사용하는 경향이 높으며, 남성은 여성보다 스스로 때리고 멍들게 하는 것을 선호하는 경향이 있다.
- 백인은 아프리카계 미국인보다 자살의도가 없는 자해(NSSI) 행동을 더 하는 경향이 있다.

- 자신의 성적 정체성에 갈등을 겪는 성소수자 청소년의 경우, 자살의도가 없는 자해(NSSI) 행동의 위험성이 높아질 확률이 있지만 명확히 보고된 것은 아니다.
- 학교 위치(대도시/중소도시/농어촌)에 따른 자살의도가 없는 자해(NSSI) 유병률의 차이는 없는 것으로 보인다.

1) 자살의도가 없는 자해(NSSI)의 흔한 방법

미국의 청소년에게 가장 흔한 자살의도가 없는 자해(NSSI) 방법은 다음과 같다. 가장 빈번한 순서대로 제시하였다(Walsh, 2006).

- 손목 긋기, 심하게 긁기, 새기기
- 상처 벗기기(딱지 떼기)
- 때리기
- 화상 입히기
- 머리 박기
- 스스로 문신 새기기
- 그 외(예: 물기, 조각 삼키기, 물건 넣기, 스스로 피어싱하기, 머리카락 잡아당기기)

자살의도가 없는 자해(NSSI) 청소년이 자살 시도 청소년과 다른 방법을 사용하는 것에 주목해 보면 꽤 흥미롭다. 자살 시도 청소년은 더욱 빈번하게 치명적인 방법을 사용한다. 예를 들어, 화기(총기류), 질식 그리고 독극물을 사용하곤 한다(Granello & Granello, 2007). 이러한 차이는 자살의도가 없는 자해(NSSI) 청소년이 죽을 의도가 없는 것으로 보인다는 가설을 뒷받침해 준다. 따라서 어떤 방법을 선택하는지 관찰하는 것은 자살 시도 청소년과 자살의도가 없는 자해(NSSI) 청소년의 차이를 가늠하는 하나의 척도가 될 수 있다.

2) 자살의도가 없는 자해(NSSI)에 대한 위험 요인과 보호 요인

자살의도가 없는 자해(NSSI)의 경우, 위험 요인은 특정 행동과 관련이 있어 보인다. 이러한 현상은 자살의도가 없는 자해(NSSI)의 직접적인 원인은 아니지만 그런 경험이나 현상을 보이는 청소년이 그렇지 않은 청소년보다 위험해 보이도록 한다. 자살의도가 없는 자해(NSSI)에 관한 현행 연구는 몇 가지 중요한 위험 요인을 나타낸다(〈표 4-2〉 참조). 그 내용으로는 방치, 학대, 가정 폭력, 정서적 철회, 낮은 자아존중감, 자살의도가 없는 자해(NSSI) 또래 모델에의 노출 그리고 정신적인 공존 장애가있다. 대조적으로 자살의도가 없는 자해(NSSI)에서 보호 요인은 특정 행동에서 낮은위기를 나타낸다. 자살의도가 없는 자해(NSSI)에 대한 보호 요인은 많은 위험 요인과반대된다. 부모의 독려는 자해 아동에게 긍정적인 결과를 나타내도록 만든다. 또한긍정적인 역할 모델을 찾는 것, 동아리나 스포츠와 같이 적절하고 건강한 사회적 활동에 참여하는 것도 좋다. 그리고 부정적인 감정을 표현하도록 청소년을 가르치는것은 중요하고 필요한 기술이다—이는 자살의도가 없는 자해(NSSI)뿐 아니라 스트레스와 연관된 다양한 정신 및 신체 건강 문제에 통용된다. 물론, 적절한 의뢰나 시의적절한 정신건강적 보살핌 역시 중요하다.

역기능적 가족에서 성장한 청소년 중 방치와 학대를 당한 경우(정서적, 언어적, 신

〈표 4-2〉 NSSI의 위험 요인과 보호 요인

위험 요인	보호 요인
방치(정서적, 신체적)	적절한 부정적인 감정의 표현
신체적 학대	부모의 지지
성적 학대	사회적 지지
정서적 학대	적절하고 유능한 정신, 정서적 장애에 대한
가정 폭력	접근
강한 부적 정서(분노, 외로움, 공포)	
중복적인 심리적 장애	
낮은 자아존중감, 자기훼손	
NSSI 또래 모델에의 노출	

체적, 성적으로) 자살의도가 없는 자해(NSSI)의 위험이 최고조에 이른다(Jacobson & Gould, 2007). 발달과정에 학대와 방치의 영향은 전체는 아니지만 많은 경우에서 아동에게 피해를 준다고 여겨지고 있다. 그러한 환경에서의 성장은 부적응적인 정서, 인지 그리고 사회적 행동을 발달시켰을 수 있다. 사회적으로, 이러한 행동은 적절한 애착이나 의미있는 관계 혹은 관계에서 적절한 경계를 형성시키지 못한 문제로 여겨졌다. 정서적으로, 학대의 결과는 화나 외로움 같은 강렬한 부정적 정서로 나타날 수 있다(Brown, 2009). 때로는 이 같은 강렬한 부적 정서가 의사소통, 그리고 그것들을 다른 사람에게 적절히 표현하는 방법에 관한 사회적 기술의 부족 때문에 나타날 수 있다. 인지적으로, 방치와 학대는 자신을 인식하는 데에 자기패배적 패턴(self-defeating pattern)으로 나타나고 자기귀인(self-attribution)이나 "나는 가치가 없고 끔찍한 사람이야." "내가 하는 것은 다 잘못이야." 등의 부정적으로 내재화된 메시지를 만들어 낸다. 이러한 내재화된 메시지는 우울과 좌절을 계속되게 하여 영구화시킨다. 자해를 하는 청소년(self-injurious youth)은 대개 높은 수준의 자기비난(self-critical)과 자기처벌(self-punishment)을 나타낸다(Klonsky & Muehlenkamp, 2007).

그러나 자살의도가 없는 자해(NSSI) 행동을 이해하는 데 복잡한 부분 중 하나는, 모든 자해 청소년이 이러한 프로파일상에 있는 것이 아니며 이러한 위험 요인은 연속선상에 있다는 것이다. Brausch와 Gutierrez(2010)는 일반적으로 자해를 하는 청소년은 자살 시도를 하는 청소년에 비해 유의미하게 낮은 위험 요인을 가지고 있다는 것을 발견하였다. 그들의 연구에서 자살의도가 없는 자해(NSSI) 행동을 한 청소년은 자살 시도를 한 청소년에 비해 우울 증상을 거의 나타내지 않았으며 높은 자존감(self-esteem)을 가지고 있었고, 부모의 지지를 더 많이 받고 있었다. 연구진들은 자살 시도 없이 자살의도가 없는 자해(NSSI) 행동을 나타내는 청소년은 자해 행동이 잇따라 나타나는 별개의 집단으로 보인다고 결론지었다.

3) 청소년 자살의도가 없는 자해(NSSI) 행동의 동기

학교 교직원들은 다음과 같이 자문할지도 모른다. "왜 자기 자신에게 해를 가하려

고 하지?" 자해의 이유는 복잡하며, 생물학적 · 심리적 · 사회적 변인이 합쳐져 개인
이 그러한 행동을 하도록 만든다고 보고 있다(Askew & Byrne, 2009). 나아가, 자살의
도가 없는 자해(NSSI)는 각 개인에게 다양한 목적을 추구하는 것과 관련되어, 이러한
행동을 야기하는 하나의 특정 동기를 찾기는 어렵다. 이러한 복잡성을 더하는 또 하
나의 측면은 자살의도가 없는 자해(NSSI)의 이유가 생애 주기(life span)에 따라 달라
질 수 있다는 최근의 연구(current thinking)다. 그러나 청소년의 경우는 강렬한 부적
정서에 대처하려는 것이 자살의도가 없는 자해(NSSI)의 가장 큰 이유다(Jacobson &
Gould, 2007).

자살의도가 없는 자해(NSSI) 뒤에 숨겨진 동기를 이해하는 데 유용한 모델은 이를
4개의 요소로 설명하고 있다(Nixon & Heath, 2009).

① 자동적이고 부적인 강화(automatic-negative reinforcement)
② 자동적이고 정적인 강화(automatic-positive reinforcement)
③ 사회적인 정적 강화(social-positive reinforcement)
④ 사회적인 부적 강화(social-negative reinforcement)

첫 번째 요소는 자동적이고 부적인 강화(A-NR)다. '자동적(automatic)'이란 말은
여기에서 청소년 개인 내적인(intrapersonal) 혹은 청소년 개인의 내면에서의 경험을
것을 말한다. 이 모델은 청소년의 자살의도가 없는 자해(NSSI) 사용은 부정적인 생각
이나 감정 상태를 제거하거나, 이를 경감시키는 결과를 낳는다고 본다. 청소년들은
흔히 자해가 스트레스나 절망감을 다루기 위한 것이라고 말할 것이다. A-NR은 이러
한 욕구가 부정적인 것을 제거하기 위함이라고 본다. 두 번째 요소는 자동적이고 긍
정적인 강화(A-PR)다. A-PR은 자살의도가 없는 자해(NSSI)를 어떤 갈망(desire), 혹은
긍정적인 내적 상태를 만들어 내기 위해 사용하는 것이라고 말한다. A-PR 동기를 가
지고 행동하는 청소년은 "나는 단지 무엇이라도 느끼고 싶었다." 혹은 "나는 진짜
느낌이 필요하다." 등의 이야기를 할 것이다. 세 번째 요소는 사회적이고 정적인 강
화(S-PR)다. S-PR은 청소년들이 다른 사람과 소통하기 위해, 혹은 몇몇 자원에 접근

하기 위한 동기라 할 수 있다. "나는 당신이 내가 받는 느낌을 알았으면 좋겠다." "나는 내 상담사가 ~하길 원한다." 등의 말이 여기에 포함될 수 있다. 다시 말하면, 청소년은 그 행동을 타인에게 보내는 하나의 신호로 사용한다. 마지막 요소는 사회적이고 부적인 강화(S-NR)다. S-NR은 대인관계에서의 요구로부터 도망치거나 이를 조종하기 위한 동기로 자살의도가 없는 자해(NSSI)가 사용되는 것을 의미한다. S-NR을 자살의도가 없는 자해(NSSI)의 동기로 사용하는 청소년은 "나는 학교에 다시 가고 싶지 않아요(I can't face school again)." 혹은 "나는 사람들이 내게서 멀어지게 해서 혼자 있고 싶은 마음에 그렇게 해요."라고 말한다.

자살의도가 없는 자해(NSSI)의 원인을 이해하고자 할 때 이 모델은, 이것이 각각의 특정 학생에 대한 치료적 개입을 선택하는 데 도움이 된다는 유용성이 있다. 즉, 청소년이 자살의도가 없는 자해(NSSI) 행동을 통해 이루고자 하는 것이 무엇인지를 알면, 우리는 더 나은 개입을 할 수 있는 기회를 갖는 것이다. 예를 들어, 자살의도가 없는 자해(NSSI)의 기본적인 동기가 내적 상태를 바꾸고 무언가 긍정적인 것을 느끼기 위해서라면, 우리는 그 학생에게 감정을 이해하고 표현할 수 있는 보다 적절한 여러 가지 방법을 찾을 수 있게 도와줄 수 있다. 만약 주된 동기가 다른 이들을 떨어뜨리기 위해서라면, 우리는 그 청소년이 사회적 관계를 다루는 방법을 배우는 데 도움을 줄 수 있다. 따라서 자살의도가 없는 자해(NSSI) 행동의 이유를 이해하는 것은 적절한 개입을 해 나가기 위한 가장 첫 번째 단계다.

〈연구나 문헌을 통해 밝혀진 그 외의 동기〉
• 또래에게 인정받고 싶거나 소속되고 싶은 욕구
• 긴장 완화
• 통제권을 얻고 싶은 욕구
• 스스로 무감각해지려는 시도(Attempt to numb oneself)
• '따뜻한 피'의 느낌에 매료됨(attraction to the feeling of 'warm blood')
• 정서적 고통을 심리적 고통으로 대체
• 영광의 상처(battle scars)를 보여 주고 싶은 마음

• 자기처벌(self-punishment)

자해를 하는 사람들에 대한 연구결과, 그들은 대개 자신의 행동 뒤에 숨겨진 구체적 동기에 대해 이야기하는 것을 어려워하였다. 그들은 종종 단지 "나는 그것을 해야만 해요."라고 말하거나 "내가 해야 하는 일을 하고 있는 것이라고 봐요."라고 이야기한다. 적절한 개입법을 찾기 위해 우리는 항상 구체적인 동기를 탐색하지만, 무엇이 그들에게 스스로 해를 가하도록 강요하는지 이해하기 전까지는 때때로 제법 시간이 걸리는 일이다.

2. 학교에서 일어나는 자살의도가 없는 자해(NSSI) 행동에 대한 예방

개입에 대해 이야기하기 전에, 학생들에게 자살의도가 없는 자해(NSSI) 행동이 일어나지 않도록 예방법을 이야기하는 것이 중요하다. "1온스의 예방이 1파운드의 치료보다 효과적이다."라는 속담에서 알 수 있듯, 가장 훌륭한 개입은 분명 그 행동이 일어나기 전에 예방하는 것이다. 예방 프로그램은 자살의도가 없는 자해(NSSI) 청소년들에게 대응할 수 있는 가장 강력한 무기다. 전염 혹은 모방 행동의 위험 때문에 예방적인 노력은 학교 장면에서 매우 중요하다. 전염 혹은 모방 행동은 자살이 그러한 것처럼, 자살의도가 없는 자해(NSSI) 청소년들에게 특히 위험하다. 교직원은 청소년들이 어떠한 것이 사회적으로 용인되는 행동인지 또래로부터 배우려고 한다는 것을 알고 있다. 심지어 그들은 어떤 행동이 '쿨하지 않게' 여겨질지, 혹은 어떤 행동이 사회적인 외면(ostracism)을 초래할지에 대해서도 또래로부터 배우려 한다는 사실은 중요한 부분이다. 즉각적인 문자 메시지, 채팅방, 소셜 네트워킹이 가능한 오늘날의 사회에서, 청소년들은 서로 옳거나 그른 메시지를 전달할 수 있고, 동시에 거대한 관중이 될 수도 있다. 아이러니하게도 교직원은 때때로 청소년 자살의도가 없는 자해(NSSI)나 자살과 같은 주제에 대해 관여하는(engage) 것을 꺼리며, 그 주제에 대해 이야기하는 것은 '청소년에게 오히려 그것을 상기시키는 것(Put the idea in their

모방 행동은 자살과 함께 NSSI 행동이 가지는 심각한 위험이다. 사실상 이 분야에 대한 연구는 거의 없다. 다음에 제시한 몇몇 전략이 도움이 될 수 있을 것이다.

- NSSI 청소년들이 자신의 행동에 대해 또래와 이야기하는 것을 제한하려는 노력: 청소년이 가지고 있는 사회적인 의식의 정도에 따라, 그런 행동이 어떻게 다른 사람들에게 해가 되는지 이해 수준이 다르다. NSSI 청소년들은 스스로 자해를 대처 전략으로 사용할 뿐, 다른 친구들이 해를 입는 것을 원하지는 않는다.
- 교사 및 교직원에게 학생들 앞에서 특정 학생의 NSSI 행동에 대해 이야기하지 않을 것을 확실히 해 두기: 학생들에게 사려 깊게 개입할 수 있도록 교직원을 훈련시킨다.
- NSSI 청소년들에게 집단 상담이나 집단적 개입하지 않기: NSSI 청소년들은 우선 개인적으로 치료를 받거나 관리를 받아야 한다. 그들에 대한 집단적 개입은 어느 한 명이 부각(one-upmanship)되거나 상황의 악화를 낳을 수 있다.
- Facebook이나 소셜 미디어 사용에 대한 학교 정책 만들기: 이는 논란이 많은 부분인데 소셜 미디어를 통한 사이버폭력(cyberbullying)에서 특히 그러하다. 소셜 미디어를 제한하는 교칙을 시행하는 학교에서는 보통 다른 학생들에게 해가 되거나 당황하게 만드는 사진이나 정보의 배포를 금지한다.

학교에서의 확산을 막기 위한 더 많은 정보는 5장을 참고하라.

[그림 4-1] 학교에서 NSSI의 확산을 최소화하기 위한 전략

heads)'이라는 올바르지 못한 사고를 한다. 그러나 현실은 대개 어른들이 대처 전략으로 자살의도가 없는 자해(NSSI)를 사용하는 청소년에 대해 알아가는 와중에 대부분의 청소년은 어른들보다 먼저 이에 대한 자세한 내용을 알고 있다는 것이다. 불행한 사실은, 자살의도가 없는 자해(NSSI) 방법에 대한 주제가 이미 인터넷 채팅 사이트와 토론방에서 청소년들에 의해 논의되고 있다는 점이다(Whitlock, Powers, & Eckenrode, 2006). 자살의도가 없는 자해(NSSI) 행동에 대해 스스로 정보를 얻는 청소년들은 자신의 롤 모델이 될 어떤 또래 청소년을 찾으려 할 수 있다. 때때로 이러한 모델은 그들 스스로 자해를 할 수 있고, 효과적인 대처 방식의 하나로 또래 청소년에게도 그 행동을 촉진하는 방법을 찾으려 할 것이다. 청소년들 사이에서 자살의도가 없는 자해(NSSI)를 하는 또래 청소년 모델링은 그 행동의 확산과 모방 행동을 가

져올 수 있다. 자살의도가 없는 자해(NSSI)의 모방 행동은 고등학교 청소년들 사이에서 많다(Nixon & Heath, 2009). 우리는 연구에서 자살의도가 없는 자해(NSSI) 행동이 여고생 그리고 대학에서의 청소년 집단에서 확산되는 것을 발견할 수 있었다. [그림 4-1]은 학교에서 자살의도가 없는 자해(NSSI)의 확산을 최소화하는 전략을 나타내고 있다.

학교에서 자살의도가 없는 자해(NSSI)를 예방하는 방법은 학생들에게 자살의도가 없는 자해(NSSI)에 관한 교육을 하는 것이다. 자살의도가 없는 자해(NSSI) 예방 교육 프로그램에 관한 연구는 아직 부족하기 때문에, 지금까지 학교에서 자살의도가 없는 자해(NSSI) 예방 교육은 주로 물질남용, 흡연과 같은 부적응적 행동 예방 전략에 관한 내용이었다.

2장에서 자살 예방에 관해 논의했던 내용과 마찬가지로, 자살의도가 없는 자해(NSSI)에 관해서도 비단 고위험군 학생을 대상으로 한 '선별적' 혹은 '표적' 프로그램뿐만 아니라, 전체 학생을 대상으로 하는 '보편적' 프로그램을 개발하는 보다 적극적인 예방적 접근 방식을 택할 필요가 있다. 또한 학교 상담사 및 보건 전문가로 하여금 다른 교사 및 교직원에게 자해 학생을 돕는 방법을 가르치고 훈련시키도록 하는 것이 필요하다.

1) 보편적 예방 전략(Universal Prevention Strategies)

보편적 예방 프로그램은 전체 학교를 대상으로 실시되며, 건강한 대처 기술을 발전시키는 데 초점을 둔다. 현재로서는 자살의도가 없는 자해(NSSI)에 적용 가능한 보편적 예방 프로그램은 없다. 보편적 접근은 학생들이 학교를 안전하고 무비판적인 환경으로 인식하여 교사나 교직원에게 자신의 문제를 쉽게 이야기할 수 있는 것을 목표로 두어야 한다. 개방적이고 보살펴 주는 환경은 자살의도가 없는 자해(NSSI)뿐만 아니라 다른 위기 행동에 대해서도 예방 효과가 있다(Nixon & Heath, 2009). 또한 교사나 교직원이 학생들과 자살의도가 없는 자해(NSSI)에 관해 대화할 때 학생들의 말에 감정적으로 불안해하지 않고 적극적으로 경청할 수 있도록 훈련을 받아야 한다.

자살의도가 없는 자해(NSSI)를 부적응적인 대처 행동(coping behaviors) 중 하나로 보고, 청소년들이 스트레스를 효과적으로 다루도록 교육 프로그램을 활용하는 것 역시 유용할 것이다. 알코올 남용, 약물 사용, 자살의도가 없는 자해(NSSI), 사회적 철회 그리고 성적 일탈 행동과 같은 부적응적 대처 행동과 그 행동으로 인해 잠재적·장기적으로 발생할 수 있는 해로운 결과에 대한 교육은 필수적이다(Toste & Heath, 2009). 이러한 프로그램은 부적응적 대처 기술이 단기적으로는 스트레스나 긴장을 완화해 주지만 궁극적으로는 근본적인 문제를 해결하지 못하고 오히려 현존하는 문제를 심각하게 만들 수 있다는 것을 학생들이 인식하도록 만들어야 한다. 더 나아가, 생활 지도나 집단 프로그램은 모든 학생이 정서 조절 기술(마음챙김 명상), 이완 기술, 정서적 의사소통 기술(정서적 어휘), 그리고 문제해결 기술(협의/절충, 문제해결 모델)과 같이 건강한 대처 기술로 무장할 수 있도록 도와주어야 한다. 지적·감정적·신체적 건강을 강조하는 예방 교육 프로그램은 어떤 학급 커리큘럼에도 쉽게 실시될 수 있어야 한다.

자해의 신호(SOSI)는 자살 예방을 위해 고등학교에서 실시되는 보편적 교육 프로그램이다. 이는 자살의 신호(SOS)라는 보편적 자살 예방 프로그램과 비슷하고, 이와 전제가 비슷하다. SOSI는 경고 신호와 위험 요인을 포함하여 자살의도가 없는 자해(NSSI) 행동에 대한 지식을 증진하고, 도움 추구 태도 및 낙인찍지 않는 태도를 함양하며, 자살의도가 없는 자해(NSSI)를 보이는 청소년들 사이에서 도움 추구 행동을 증가시키고, 학생들 사이에서 자살의도가 없는 자해(NSSI) 행동을 줄이고자 설계되었다. 여기에는 짤막한 비디오를 사용하여 학생들이 서로 이야기하는 방법을 가르쳐 주는 학생 모듈(moduel)뿐만 아니라 교직원을 위한 모듈도 있다. SOSI 프로그램은 다음 문장의 머리글자인 ACT를 사용한다(경고 신호를 알아차려라, 도와주려는 의지와 관심을 확실히 보여라, 믿을 만한 어른에게 말해라—Acknowledge the signs, Demonstrate Care and a desire to help, and Tell a trusted adult). 이 프로그램은 다음 두 가지 중요한 사실에 기초한다.

① 어른들은 청소년의 자살의도가 없는 자해(NSSI) 행동에 대해 간접적으로 얻어

듣고 알게 되는 경우가 많지만, 동료 학생들은 이러한 행동에 대해 직접적으로 알 확률이 훨씬 높다.

② 청소년은 자살의도가 없는 자해(NSSI) 행동에 대해 자신의 동료 학생들 앞에서 이야기하는 것을 매우 불편해하고 도움 추구에 대한 주제를 회피할 가능성이 매우 높다.

SOSI는 청소년들이 자해를 하는 또래 학생을 돕는 데 필요한 지식과 기술을 가르쳐 주고, 자신감을 높여 주기 위해 고안되었다. 최초의 SOSI 프로그램은 교직원과 학생 모두가 위기에 처한 사람들에게 다가갈 수 있는 지식과 의지를 높이는 데 도움이 되었다. 중요한 점은 보편적 교육 프로그램에 참여하는 것이 학생들 사이에서 자해 행동을 증가시키지 않았다는 것이다(Muehlenkamp, Walsh, & McDade, 2010). 사실은 사람들 사이에서 교육 프로그램이 의도한 바의 반대 효과, 즉 학생들에게 자해 행동을 실제로 가르칠 수도 있다는 우려가 있었기 때문이다. 분명히, 아직 더 많은 연구가 필요하고 SOSI 프로그램이 최고의 치료 모델이라고 보지는 않는다. 하지만 현재로서는 이 프로그램이 경험적 자료로 뒷받침이 되고, 학교가 활용할 수 있는 유일한 보편 교육적 접근이다.

2) 선별적 예방 전략(Selective Prevention Strategies)

학교에서 예방 서비스를 제공하는 두 번째 방안은 특정 표적집단을 정의하여 제시하는 것이다. 자살의도가 없는 자해(NSSI)와 연관된 뚜렷한 행동(예: 식이 장애, 정서 조절 장애, 우울, 불안, 알코올 및 약물남용)을 보여 교직원으로부터 고위험군으로 판별된 학생들은 스크리닝된 후 그들의 건강한 기술 증진을 위해 집단 혹은 개인 상담 참여를 권유받는다.

학교에서 자살의 신호(SOS) 혹은 틴스크린(TeenScreen)과 같은 정신건강 스크리닝 프로그램을 갖추어 놓는 것도 가능하다. 전국적으로 수백 개의 지역에서 현재 사용하고 있는 이 두 가지 프로그램에 대한 정보는 자살예방지원센터(Suicide Prevention

Resource Center, www.sprc.org/featured_resources/bpr/index.asp)에서 찾아볼 수 있다. 이러한 스크리닝은 자살의도가 없는 자해(NSSI)를 포함하여 정신건강상 위기에 놓인 청소년을 훌륭하게 판별해 내고, 그럼으로써 예방적 처치(정신건강을 돌보기 위해 의뢰)를 해 줄 수 있다. 이러한 프로그램에 대한 더 많은 정보는 2장에 제시하였다.

3) 교사 교육(Teacher Training)

교사나 교직원이 자해하는 청소년에게 효과적으로 대처하는 방법을 익히는 것은 무척 중요하다. 교사들이 학교에서 상담 서비스를 제공하지는 않아도, 그들은 '문지기'로서 훈련받아야 한다. 여기서 문지기란, 어떻게 자살의도가 없는 자해(NSSI)를 판별하는지 아는 사람으로서, 청소년에게 기꺼이 다가갈 준비가 되어 있고, 또한 어떻게 하면 학교 상담사나 정신건강 전문가에게 의뢰를 촉진할 수 있는지 아는 사람이다.

교사와 학교 교직원은 자살의도가 없는 자해(NSSI) 청소년에게 다가갈 때 무비판적인 자세를 취할 수 있도록 교육받아야 한다. 자살의도가 없는 자해(NSSI) 행동이 충격적이고 불안감을 준다고 해도, 우리는 전문가로서 학생의 행동에 대해 차분하고 보살피는 마음가짐으로 다가가야 한다. 교사는 학생의 말을 잘 듣고, 학생이 그러한 행동을 보이는 것은 자기 내면에서 느끼고 있을 정서적 고통을 다루는 하나의 방법임을 이해해야 한다. 학생을 격려 · 지원하고, 학교나 지역사회에서 제공할 수 있는 적절한 서비스를 활용하여 돕는 것이 중요하다. 교사는 자신의 역할이 자살의도가 없는 자해(NSSI)를 멈추게 하는 것이 아니라 자살의도가 없는 자해(NSSI)로 의심되는 학생을 판별하고 지정된 학교 전문가(학교 상담사, 보건교사, 학교 행정가)에게 의뢰하는 것이라는 점을 알아야 한다. 이러한 연결 고리에서 교사의 역할은 매우 중요하다. 그들은 학생과 가장 많은 시간을 보낼 뿐만 아니라, 학교 상담사와 함께 학생의 상호작용에 대한 정보를 공유하는 데 핵심적인 역할을 한다. 이때의 상호작용에는 예술작품이나 글쓰기 활동과 같은 학교생활에서 나타나는 단서나 경고 신호, 그리고 여러 행동 관찰사항 등이 있다.

무엇을 해야 할지 아는 것이 중요한 것처럼, 학교에서 교사와 그 밖의 다른 사람들이 자살의도가 없는 자해(NSSI) 행동을 보이는 학생에게 무엇을 하지 말아야 할지 아는 것 또한 중요한 일이다. 학생을 부끄럽게 하지 않는 것, 죄책감을 느끼게 하지 않는 것, 동료 학생이나 학급 전체 앞에서 자살의도가 없는 자해(NSSI)를 공적으로 논하지 않는 것이 중요하다. 게다가 교직원과 교사는 자살의도가 없는 자해(NSSI) 행동에 관하여 학생들과 한통속이 되는 것, 또는 그 행동을 그만두게 하기 위해 학생들과 협상하는 것을 피해야 한다. 이 같은 협상에 대한 유혹이 있을 수 있지만, 모두 부적절하다. 학생이 교사에게 자살의도가 없는 자해(NSSI) 행동에 대해 비밀을 지켜줄 것을 간곡히 부탁할 수 있는데, 교사는 이러한 요청을 받아들여서는 안 된다. 즉, 학생이 자해를 하고 있을 때 처벌이나 다른 부정적인 결과는 적절한 반응이 아니다.

모든 예방 및 치료 프로그램에서, 자살의도가 없는 자해(NSSI)를 포함하여 유발 가능한 위험 상황에 대해 대처 방안에 관한 정책이 발전되어야 하는 때는 해당 상황이 발생하기 이전이다. 교직원 및 행정가는 자살의도가 없는 자해(NSSI) 행동을 하는 학생에 대한 학교 정책에 관하여 대화해야 한다. 잠시 읽는 것을 멈추고 당신의 학교에 대해서 생각해 보자. 가능하다면, 동료나 학교 행정가와 함께 현재 학교의 자살의도가 없는 자해(NSSI) 관련 정책, 훈련 그리고 중재 접근에 대해 이야기해 보라. 예방 프로그램이나 훈련이 개발되어야 하는가? 아마도 그래야 할 것이다. 대부분의 학교에서 자살의도가 없는 자해(NSSI) 행동을 하는 학생에 대한 정책이나 공식적 처리 절차가 부재하다. 사실, 학교 상담사를 대상으로 한 국내 연구에서 23%만이 자신의 학교에 자해 청소년을 선별하는 정책이 있거나 혹은 그들과 함께 작업하기 위한 계획을 가지고 있다고 언급하였다(Roberts-Dobie & Donatelle, 2007). 학생들에 대한 전교 차원(school-wide) 정책과 절차를 발전시키는 사전 대책은 학교의 모든 이들에게 도움이 될 것이다.

3. 자해 청소년의 평가, 의뢰, 중재

전국의 학교 전문가는 지역, 학교 형태, 학교급(age of student body)에 관계없이 자해 청소년과 마주친다. 전국적으로 학교 현장에서 나타나는 위 학생들의 출현율 (prevalence)을 보면 모든 학교 전문가들이 적합한 초기 평가 및 의뢰를 위한 기술을 갖추어야 하는 것이 분명하다. 아직은 많은 학교 정신건강 전문가들이 자해 청소년과 함께 작업하기에는 충분히 준비되지 않았다고 느끼고 있다. 2007년에 진행된 학교 상담사에 대한 한 연구는 81%의 학교 상담사가 자살의도가 없는 자해(NSSI)에 관여한 청소년을 상담했다고 보고하였지만, 그중 6% 정도만이 이러한 청소년집단에 대해 '매우 잘 알고 있다'고 자평하였다(Roberts-Dobie & Donatelle, 2007).

1) 자해를 알리는 위험 징후

자해에는 많은 방법이 존재하고 학생들에게 나타나는 관련 위험 징후 또한 다양하지만, 몇몇의 신체적이고 정서적인 실마리는 개인적인 평가가 필요하다. 예를 들어, 신체적인 지표는 날씨에 부적절한 옷(예: 여름에도 팔을 덮는 긴 소매의 옷), 옷의 혈흔, 의심스러운 상처나 멍, 비밀스러운 행동(예: 화장실이나 다른 고립된 장소에서 많은 시간을 보내는 것) 등이다. 정서적인 지표는 강한 정서, 화, 분노, 불안, 두려움, 우울감, 고립감, 사회적 철회나 자기혐오와 같은 것이 있다.

2) 평가와 의뢰

학교기반 전문가의 주된 책임은 자살의도가 없는 자해(NSSI) 행동에 관여하고 있는 것으로 확인된 청소년을 평가하고 적절하게 의뢰하는 것이다. 교사, 직원, 심지어 다른 학생들도 자해 행동을 할 위험에 처한 청소년에 대해 담당 교직원에게 위험을 알릴 수 있다. 확인된 청소년은 제대로 평가되어야 할 것이다. 자살의도가 없는 자해(NSSI) 평가에서는 다음과 같은 몇몇의 기본적 정보를 수집한다.

- 병력
- 약물 사용
- 가능한 공존질환적 정신건강 진단 확인
- 위험과 예방 요인 평가
- 가족과 그 외의 사회적 지지 평가(Walsh, 2006)

더 나아가, 자살의도가 없는 자해(NSSI) 행동에 관해 다음과 같은 구체적인 행동 분석이 실행되어야 한다.

- 자해의 선행 사건(스트레스 요인, 상황, 생각, 감정)
- 자살의도가 없는 자해(NSSI) 행동의 현재 수준(빈도, 강도, 지속 기간, 사용된 방법)
- 정서적인 안도나 사회적 관심과 같은 자살의도가 없는 자해(NSSI) 행동의 결과
  (Peterson, Freedenthal, Sheldon, & Andersen, 2008)

마지막으로, 자살 평가가 수행되어야 한다. 자살 위험이 높다면 학생의 법적 보호자/부모는 통지를 받아야 하고, 그 학생은 해당 지역사회의 적절한 정신건강센터에 의뢰되어야 한다(이러한 자문과 의뢰는 기록을 남겨야 함을 기억하라.). 자살 위험이 낮다하더라도, 특히 학생의 행동이 위험하다면 부모의 관여는 필요하다. 학교와 부모는 아이에게 가장 좋은 상황을 촉진하기 위해 함께 작업해야 한다. 이 주제에 관한 부모와의 모든 상호작용은 기록되어야 한다. 일반적으로, 부모와 아이들은 자살의도가 없는 자해(NSSI)에 관한 심리교육이 필요한데, 그렇게 하면 그들이 추수치료에 대해 잘 알고 결정을 내릴 수가 있다. 이 지점에서 학생의 지역사회 내 정신건강 담당자나 학교기반 서비스로의 의뢰가 좋을 수 있다. 부모는 학교와 지역사회 두 곳 모두에서 학생에 관한 도움을 얻기 위해 정보와 추천을 받을 필요가 있다.

Barent Walsh(2006)는 그의 저명한 저서인 『Treating Self-Injury: A Practical

Guide』에서 학교기반 환경에서 자살의도가 없는 자해(NSSI) 의뢰를 다루는 데 매우 유용한 프로토콜을 내놓았다. 또한 그 프로토콜에 대한 몇몇의 실제 적용 사례를 함께 제시하였다.

[자살의도가 없는 자해(NSSI) 청소년을 평가하고 의뢰하기 위한 학교기반 프로토콜]

1. 어느 교직원이라도 학생이 다음과 같은 모습을 보이면 지정된 담당직원(예: 학교 상담사)에게 즉각 연락을 취해야 한다.

- 자살 행동: 자살을 주제로 한 말, 위협, '농담', 기록, 시, 여러 가지 글, 예술작품 그리고 그 외 의사소통
- 손목, 팔, 몸 긋기와 같은 자해, 스스로 할퀴기, 불로 지지기, 자신을 때리기, 상처를 후비기, 자신에게 고통을 주는 문신, 머리카락을 당기고 뽑기, 과다한 사고 발생 경향
- 자기유도 구토, 지속되는 단식, 현저한 지속적인 체중 감량이나 증가, 다이어트 약이나 설사약의 복용
- 다음과 같은 위험한 행동이 드러남
  - 물리적 위험(예: 고속도로, 철도, 혹은 지붕 위에서 걷기)
  - 상황적 위험(예: 낯선 사람 차에 타기, 밤늦게 혼자 위험한 동네에서 걷기)
  - 성적인 위험: 많은 성적 파트너와 무방비적 성관계 가지기
  - 남용이나 중독을 암시하는, '정상적인' 청소년 실험적 비행을 넘어서는 약물 사용 행동(예: 한 주에 여러 차례 마약, 술, 마리화나 등을 한 후 등교)
- 의사의 지시 없이 처방 받은 약을 먹지 않거나 쌓아 두기
- 심각한 정서적 고통을 나타내는 행동: 통제할 수 없는 울음, 격한 화, 잦은 싸움, 사소한 사건에 대한 극단적인 반응, 심각한 고립, 극도로 낮은 위생관념

2. 학교 담당직원은 그 후 학생과 신중하고 은밀하게 연락하여 의뢰를 조사하고 평가한다. 이 평가에서는 세 가지 가능한 결과가 측정될 수 있다.

① 사소한 사건: 의뢰를 기록한 후, 추후 학생이 도움이 필요하거나 고통을 받게

되면 학교 상담사에게 연락하도록 권하라. 평가 결과와 제안에 대해서 의뢰 담당직원에게 주는 피드백은 시기가 적절해야 한다.

② 중대한 사건: 의뢰를 기록한 후에 추가 개입을 제안하라. 학생을 의뢰하는 데 필요할 수 있는 정보제공 동의서를 미리 요청하여 준비해 둔다. 학생의 부모는 현재 학생이 처한 상황과 자살의도가 없는 자해(NSSI)에 관해 더 많이 교육을 받아야 한다. 부모는 학생이나 가족을 위해 정신과적 상담이나 외래환자를 위한 정신건강 평가와 치료를 받도록 권장되어야 한다. 안전 계획을 개발하고 학교 환경 내에서 학생을 위한 향상된 학문적인 도움과 상담적 도움을 줄 수 있는지 학생 및 부모와 논의해야 한다. 중대한 자살의도가 없는 자해(NSSI) 사건을 겪은 학생의 경우, 가족이 권장사항을 잘 수행했는지 확인하기 위해 학교 상담사나 그 외 학교 교직원이 짧은 기간 내에 추수 작업을 하는 것이 강력하게 권장된다. 가족이 제대로 수행하지 못하면, 그들에게 어떠한 장애물(교통, 재정, 낙인)이 있는지 알아보아야 한다. 이렇듯 바람직하게 제시된 사항을 잘 따르도록 하기 위해서는 노력이 필요할 것이다. 부모가 학생의 정신건강적 요구에 대처하려는 행동을 취하지 않는 경우에는 아동보호전문기관과 함께 아동 방임 보고서를 제출해야 할 수도 있다.

③ 위급 상황: 적절한 정신건강 보호기관(응급실, 위기관리센터, 정신과 부서)에서 학생의 정신적 그리고 의학적 평가를 즉각적으로 하기 위해 학교 상담사나 교직원과 함께 팀워크를 하라. 긴급한 자살 위험이나 심각한 자해(예: 목을 긋거나 즉각적인 응급적 주의가 필요한 방법)는 즉각적인 의학적 개입이 필요하다. 의뢰, 평가, 치료의 제안에 관한 모든 정보를 기록해 둔다.

이와 같은 프로토콜을 개발하고 실행하는 것은 자살의도가 없는 자해(NSSI)나 그 외 고위험 행동 사례를 의뢰하고 평가하는 데에 일관적인 지침을 제공할 수 있다.

3) 학교 내에서의 개입

자살의도가 없는 자해(NSSI)가 매우 다양한 정신적 질환과 높은 연관성을 가지고 있다는 점에서 학교와 지역사회 간의 협력은 아주 중요하다. 자살의도가 없는 자해 (NSSI) 행동을 보이는 학생과 작업하는 교직원은 어떻게 학생을 지역사회 정신건강 담당자에게 적절하게 의뢰하는지 알아야 한다. 자해 청소년과 작업하는 교직원 및 다른 사람들은 학생이 치료를 잘 따르도록 하기 위해 흔히 동시에 일어나는 질환을 임상적으로 잘 이해할 수 있도록 해야 한다.

자살의도가 없는 자해(NSSI) 행동에 관여한 청소년과 작업하는 데 하나로 합의된 치료적 접근은 없지만, 변증법적 행동치료(DBT)는 적절한 접근으로 연구와 문헌에서 관심을 받아 왔다(Peterson, Freedenthal, Sheldon, & Andersen, 2008). DBT는 자살의도가 없는 자해(NSSI) 행동에 직접적으로 적용되는 문제해결, 감정 조절, 기능적 평가와 행동 평가를 강조한다. 또한 인지행동치료(CBT) 기법도 유용할 수 있다. 전부 아니면 전무라는 사고를 줄이기 위해 인지적 재구조화와 작업은 자살의도가 없는 자해(NSSI) 행동의 감소와 연결되어 있다. 몇몇의 청소년에게 근본적 공존질환을 치료하기 위해 약을 주었지만 약리학적 접근이 자살의도가 없는 자해(NSSI) 행동을 줄이는 데 도움이 된다는 증거는 없었다. 마지막으로, 강한 치료적 관계가 특히 중요하다는 것이 드러나고 있다(Kress & Hoffman, 2008; Muehlenkamp, 2006). 자해를 하는 청소년은 종종 소외감을 느끼고 제대로 이해받지 못한다고 느낀다. 그들이 자해에 대한 자신의 생각과 행동을 다른 사람들과 나누면, 더 심한 거부와 비웃음을 경험할 수도 있다. 그렇기 때문에 그들에게는 사려 깊은 어른과의 강한 유대(relationship)가 치료의 초석이다. 어떤 행동을 보이든지에 관계없이 그 사람을 받아주는 능력이 필수적이다.

DBT나 CBT에 관한 세부적인 정보를 이 장에서 다루기에는 한계가 있지만, 자살의도가 없는 자해(NSSI) 행동을 보이는 청소년들과 작업하고자 하는 교직원에게는 다음과 같은 전략이 출발점이 될 수 있다.

(1) 관계 형성

치료적 동맹은 위기 청소년을 돕는 데에 매우 중요한 변수로 보이며, 그것 자체로 치료적인 특성이 있다. 강한 유대와 수용적인 관계만으로는 자살의도가 없는 자해 (NSSI) 행동을 없애기에 충분하지 않을지도 모르지만, 청소년들이 자신의 걱정을 편하게 털어놓을 수 있는 신뢰할 만한 분위기를 만드는 것은 반드시 필요하다. 자해를 하는 청소년을 상담하는 일에 직접적으로 관여되지 않은 교직원도 이들을 대할 때 따뜻함, 공감, 무조건적인 긍정적 존중과 같은 인간 중심 치료의 기본적 요소를 적용할 수 있다. 자기파괴적인 행동을 이끄는 감정을 별 것 아닌 것처럼 처리하거나 혹은 이에 대해 판단적이거나 지시적(directive)이 되지 않는 것이 중요하다. 유대를 강화하고 희망을 주는 데에 집중하는 차분한 접근법(slow approach)이 좀 더 생산적이다.

(2) 의사소통 기술 습득

어떤 학생들에게는 자살의도가 없는 자해(NSSI) 행동이 다른 사람들과 소통을 하는 하나의 방법이다. 이들에게 자신의 욕구를 표현할 수 있는 다른 건강한 방법을 가르쳐 주는 것이 중요하다. 중·고등학생을 대상으로 일을 할 때면, 그들은 자신의 감정을 알아차리고 그것을 다른 이에게 표현하는 것에 어려움을 느낀다는 사실을 발견하곤 한다. 감정을 알아차리는 것(feeling identification)은 전통적으로 초등학교 나이의 아이들을 위한 기술로 여겨졌다. 하지만 우리는 더 나이 든 청소년, 특히 자해를 행하는 청소년을 대상으로 일하면서 많은 청소년이 아직 이러한 기술을 익히지 못했고 도움이 필요하다는 사실을 배웠다. 감정의 실체를 알아차리지 못하는 청소년에게는 "화가 나거나 슬프면 다른 사람에게 이야기를 해라."라고 말하는 것만으로는 충분하지 않다.

(3) 정서적 표현

학생들이 자기감정을 알아차리게 되면, 이를 다른 사람들에게 표현할 수 있는 적절한 방법이 필요하다. 정서적 단어와 언어적 기술을 가르치는 것이 도움이 된다. 춤, 미술, 일기 쓰기와 같이 정서적인 고통을 표현하는 건강한 방법을 찾을 수 있도록 하는 개별화된 노력 또한 효과를 보인 접근법이다.

(4) 행동적 개입

학생들이 자기감정을 알아차리고 이를 다른 사람들에게 표현하게 되면, 그들은 부정적인 감정에 대처할 수 있는 방법이 필요하다. 이완이나 명상, 운동과 같은 적절한 행동적 기술이 유용하다. 스스로를 진정시키는 기술을 가르쳐 주는 것도 좋다. 마지막으로 청소년들은 부정적인 감정을 참아낼 수 있는 능력을 길러야 한다. 목표는 방해가 되는 생각이나 감정을 모두 없애 버리는 것이 아닌, '여유를 가지고 잘 살아가기 위해 필요한 일을 하는 것'을 가르치는 것이다(Chiles & Strosahl, 2005, p. 117).

(5) 인지적 개입

일반적 문제해결과 타협 기술을 가르치고 연습을 하는 것이 좋다. 자살의도가 없는 자해(NSSI) 행동을 보이는 청소년은 심리적 고통을 견뎌 내는 스스로의 능력에 대해 자기패배적이고 부정적인 생각을 하는데, 이것을 알아차리고 다른 생각으로 대체할 수 있도록 도와주어야 한다. 자해를 하는 청소년의 사고에서 흔히 나타나는 왜곡은 다음과 같다.

- 자해는 적절한 방법이다.
- 내 몸은 역겹고 나 자신으로부터 처벌받을 만하다.
- 자해를 하지 않으면 난 내 자신을 죽일 것이다.
- 나는 내 행동을 통제할 수 없다.

명백하게도, 이런 왜곡(과 여기 언급되지 않은 다른 왜곡)은 치료적 개입을 위한 중요한 지점을 보여 준다.

(6) 보호 전략

자살의도가 없는 자해(NSSI) 행동을 보이는 청소년에게는 자해 욕구에 사로잡히려 할 때 무엇을 해야 할지 알 수 있도록 보호 전략이 필요하다. 보호 전략은 그들과 작업하고 있는 교직원이 개발할 수도 있지만, 보통은 지역사회의 정신건강 전문가와 작업하고 있는 학생들이 만든다. 이 경우, 교직원은 학생들이 안전하지 않다고 느낄 때에 도움을 구할 수 있는 다른 자원으로 여겨질 수 있다. 보호 전략은 몰려오는 생각이나 격렬한 감정에 대처하는 구체적인 전략을 명시해야 한다. 보호 전략으로는 학생들이 참여할 수 있는 활동, 의사소통을 위한 적절한 제언, 그들이 필요할 때 도움을 구할 수 있는 방법 등이다.

4. 법적 · 윤리적 고려사항

자살의도가 없는 자해(NSSI) 청소년을 대하는 교직원은 다섯 가지의 법적 · 윤리적 고려사항을 마음에 새겨 두어야 한다.

① 학교 내 자살의도가 없는 자해(NSSI) 청소년의 의뢰와 관리에 관한 학교의 방침은 국가의 법률 및 위험 행동에 대한 기존의 방침을 준수해야 한다(Nixon & Heath, 2009).

② 자살의도가 없는 자해(NSSI) 관리 방침은 자살의도가 없는 자해(NSSI) 청소년을 식별하고 의뢰할 수 있는 모든 교직원에게 공유되어야 한다. 자살 예방 교육과 마찬가지로 모든 교직원, 즉 버스 기사, 수위, 급식실 직원 등까지 교육을 실시하는 것이 현명하다.

③ 비밀보장의 역할 역시 반드시 고려되어야 한다. 교직원은 자살의도가 없는 자해(NSSI) 학생의 위험 수준을 부모나, 필요하다면 의료인에게도 알릴 필요가 있는지 염두에 둔 채 평가해야 한다. 심각한 자해는 비밀보장이 적용되지 않는 사항이다. 교직원은 학생의 안전을 지키기 위해 요구되는 모든 가능한 조치를 취해야 한다. 만약 학생의 안전이나 자살 위험에 관해 의심스러운 생각이 든다면, 그것이 틀린 판단이 된다 할지라도 만일의 사태에 대비해 조심스러운 편에

서야 하며 다른 사람들을 이 문제에 개입시켜야 한다.

④ 교직원은 학교 환경의 맥락에서 제공 가능한 지원의 한계를 알고 있어야 한다. 자해를 하는 청소년은 학교의 테두리 안에서 대처하지 못할 수도 있다. 교직원은 학생을 지역사회의 정신건강 전문가에게 의뢰하는 절차에 대해 알고 있어야 하며, 학생과 그들의 가족을 위해 적절한 의뢰처를 확보하고 있어야 한다.

⑤ 자살의도가 없는 자해(NSSI) 청소년과 일하는 교직원은 모든 만남, 전화, 평가, 상담, 의뢰, 그리고 자살의도가 없는 자해(NSSI) 행동에 관한 (당국과 부모에 대한) 보고 등을 문서화해야 함을 다시 한 번 기억해야 한다. 이러한 상황과 관련해서는 갑작스러운 변화가 생기기 쉽기 때문에 소송이 발생하는 경우도 있으며, 적절한 조치를 취하기 위해 증거 제출이 필요할 때도 있다. 학생들의 건강과 안녕이 일차적인 관심사이긴 하지만 교직원들 또한 스스로를 보호할 필요가 있다.

5. 요 약

자해를 하는 학생 중 상당수는 자신의 행동에 대해 별로 걱정하지 않으며 이러한 행동을 그만둘 마음이 없다. 교직원과 다른 성인이 그들의 행동을 속상해하고 좌절감을 느끼고는 하지만 행동을 그만둘 동기가 없다는 사실이 행동 그 자체보다도 더 다루기 힘든 문제일 수 있다. 아마도 이러한 점 때문에 정신건강 전문가들이 자살의도가 없는 자해(NSSI) 학생을 가장 버거운 의뢰인(client)으로 여긴다고 보고되는 듯하다(Kress & Hoffman, 2008). 자살의도가 없는 자해(NSSI) 행동을 보이는 학생에게는 이러한 행동(그것이 아무리 자기패배적이라 할지라도)이 대처 전략이라는 점을 기억하는 것이 중요하다. 우리 모두는, 어떤 것이 장기적으로는 통제할 수 없게 되어 버린다고 해도 단기적으로 '먹히면(work)' (혹은 강화하면) 그것을 그만두기가 얼마나 힘든 일인지 알고 있다. 금연을 하거나, 다이어트를 하거나, 건강한 식습관을 가지려고 노력하거나, 혹은 스트레스를 줄여 주는 이완 전략을 사용해 보려고 했던 경험이 있는 사람들은 이것이 얼마나 만만치 않은 일인지 알 것이다.

마지막으로, 다음과 같은 사항을 꼭 기억하기 바란다.

- 자살의도가 없는 자해(NSSI)는 복잡한 현상이며, 생물학적 · 심리적 · 환경적인 인과관계를 가지고 있다.
- 자살의도가 없는 자해(NSSI)가 자살로 이어진다는 증거는 아직 없다. 하지만 자살의도가 없는 자해(NSSI)와 자살 시도 사이에는 정적인 상관이 있으며, 자살의도가 없는 자해(NSSI) 학생을 대상으로 자살 위험을 평가하는 것은 중요하다.
- 학교는 자살이 발생하거나 자살의도가 없는 자해(NSSI)가 유행처럼 번지기 전에 미리 이에 대한 예방 및 개입 방침을 만들어 놓아야 한다.
- 교사와 교직원은 자살의도가 없는 자해(NSSI) 행동을 보이는 학생을 어떻게 대하는지 교육을 받음으로써 도움을 얻을 것이다.
- 자살의도가 없는 자해(NSSI) 행동을 보이는 청소년을 평온하고 공감적으로 대해야 한다.

자해는 사람들이 얘기하기 꺼리는 주제다. 자해를 하는 학생을 마주하는 것은 불안을 유발할 수 있으며, 화를 내거나 넌더리가 난다거나, 혹은 연민을 느낀다거나 하는 반응은 자연스러운 것이다. 하지만 교육과 훈련을 통해 교직원은 이 학생들에 대해 보다 적절한 반응을 보일 수 있다. 아마도 우리 중 더 많은 사람들이 자살의도가 없는 자해(NSSI) 문제에 대해 열린 마음, 기꺼이 함께하겠다는 마음으로 접근을 시작한다면, 우리는 가르침과 상담을 통해 청소년이 그들의 정신적 · 정서적 고통을 보다 건강한 방법으로 표현하도록 도울 수 있을 것이다.

05 자살, 그 후
　　　　　　　-학교 현장에서의 후속조치

　학교는 학생이나 교직원 자살의 여파에 중심 역할을 한다. 자살 사건 발생 이후의 학교는 자살 위험을 높일 수 있는 소문과 추측의 온상이 되어 버릴 수도 있고, 학생들에게 필요한 신뢰할 만한 정보나 지지를 받을 수 있는 안전한 장소가 될 수도 있다. 우리(D. & P. 박사)는 상담사와 컨설턴트로 일을 하면서 두 가지 경우를 모두 목격하였다. 어떤 학교는 자살 사건 이후 더욱 탄탄해지고 돌봄의 환경을 만들어 나간다. 하지만 어떤 학교에서는 부적절한 대응과 모방 자살이라는 비극적인 결과를 목격하기도 하였다. 여기에서 가장 큰 차이점은 학교가 적절한 자살 후속조치를 구축하여 따르고 있는지의 여부다.

　청소년 자살 후 위기 대응 서비스를 제공하는 것을 자살 후속조치(suicide postvention)라고 부른다. '자살 후속조치'는 '자살로 영향을 받은 사람들을 위한 위기 중재, 지지, 지원'(American Association of Suicidology, 1998, p. 1)으로 정의된다. 자살이 발생하기 이전에 이미 학교가 포괄적인 자살 후속조치 전략을 수립해 놓았다면 그것을 토대로 교직원은 즉각적으로 건강하고 안전한 환경을 촉진하는 지침을 시행할 수 있다. 이 경우, 교직원은 위기 상황에서 무엇을 해야 하는지 우왕좌왕하지 않고 위험을 줄이기 위해 고안된 프로토콜을 따르면 된다.

유감스럽게도 대부분의 가장 좋은 자살 후속조치 전략은 언뜻 잘 와 닿지 않는다. 즉, 현존하는 자원이나 연구결과 없이 제멋대로 대처하도록 내버려 둔다면 대부분의 사람들은 사실상 학생의 위험을 증가시키는 전략을 시행할 것이다. 물론 그 누구도 의도적으로 위험을 증가시키려고는 않지만, 특히 위기나 비상사태에서 제멋대로 의사 결정을 하도록 내버려 두면 그렇게 될 가능성이 높다. 그렇기 때문에 사전에 계획을 세우고 준비하는 것이 매우 중요하다.

최근에 우리는 어느 학교에서의 자살 후속조치를 지원해 달라는 요청을 받았다 (학교의 정보가 노출되지 않도록 내용을 수정하였다.).

우리는 두 달 동안 두 명의 학생이 자살을 한 어느 학교의 교감으로부터 급한 전화를 받았다. 100년이 넘는 역사를 자랑하는 이 학교에서 이 사건 이전에는 학생이 자살을 한 적이 없었다. 그런데 어느 2학년 백인 학생이 이른 가을에 자살을 하였고, 두 달 후 또 다른 2학년 백인 학생이 스스로 목숨을 끊었다. 이 학교는 두 번째 자살에 대해 어떻게 대처를 해야 할지 갈팡질팡하였다. 교직원과 학생들은 이런 사건이 또다시 발생할까 봐 두려움에 떨고 있었다. 학교 관리자들은 혹여 자신의 부주의로 두 번째 자살을 '초래'한 것은 아닌지 죄책감에 시달리고 있었다. 분노에 가득 찬 학생들은 그들을 자살로 몰아가는 '무정한 분위기'가 교사들의 탓이라며 맹렬히 비난하였다. 1학년 학생들은 2학년이 되면 자살을 하고 싶을 만큼 힘들까 싶어 걱정하고 있었다. 우리가 사건 다음 날 학교에 도착했을 때에는 휴대폰과 스마트기기를 통해 갖가지 소문은 이미 걷잡을 수 없이 퍼져 나갔고 불안과 극심한 공포가 학교를 엄습하였다.

학교 관리자들의 대처 방법을 들으면서 우리는 그들이 자살 후속조치 방안을 마련해 두지 않았다는 것을 확실히 알 수 있었다. 첫 학생이 죽었을 때 학교는 학생의 죽음을 애도하는 기간을 가졌다. 종교계 학교였기 때문에 그들은 그 신앙에 의지하여 상황을 극복하려고 하였다. 철야기도와 촛불집회를 했고, 모든 수업을 취소하고 학교 예배당에서 학교 전체 추도식을 가졌다. 또한 조기를 달았으며 학생들은 그들만의 애도의 의식 절차를 만들어 냈다. 죽은 학생을 기리기 위해 특별한 핀을 만들어 옷에 달았고, 대형 현수막을 걸어 놓고 모두 잃어버린 반 친구와의 추억을 적어 나갔다. 외관상으로는 이런 반응이 적합하고 칭찬할 만하다고 보일 수 있다. 어쨌든 학교는 학생들에게 학교가 학생의 죽음을 애도하고 신앙으로 극복해 나가는 보살핌의 환경이라는 명백한 메시지를 전달하고 있었다.

　몇 주 후 두 번째 학생이 자살했을 때, 학교 관리자들은 모든 후속조치 활동을 멈추고 대처 방법을 인터넷에서 검색하기 시작하였다. 곧 그들은 첫 자살에 대한 자신들의 반응이 무심결에 두 번째 죽음에 영향을 주었을 수 있다는 것을 깨달았다. 하지만 그들이 두 번째 죽음에 다르게 대응하자 학생들은 화를 내며 학교가 '불공평'하다고 비난하였다. 공교롭게도 첫 번째 학생은 운동도 잘하는 인기학생이었고, 두 번째 학생은 인기가 없는 외톨이였던 것이다. 학생들은 학교가 죽은 사람까지 편애한다면서 두 번째 학생을 위한 추도식과 철야기도를 요구하였다. 우리가 이들을 돕기 위해 현장에 도착했을 때에는 이러한 상황이 벌어지고 있던 시점이었다.

　이 사례는 자살 후속조치 계획이 얼마나 중요한 역할을 하는지 보여 준다. 앞으로 읽게 될 내용에서 설명되듯이, 이 학교가 했던 대응 중 대부분이 두 번째 학생의 죽음에 기여한 것으로 보인다. 물론, 모두 학교 탓을 하는 것은 부당하다. 두 번째 학생 역시 불행하고 슬픈 결정을 스스로 내렸고 다른 사람들은 그 결정에 대한 책임이 없다. 첫 번째 자살에 대한 학교의 반응에 관계없이 그 두 번째 학생이 자살을 결심했을 가능성도 충분히 있다. 하지만 학교는 모방 자살의 위험을 감소시킬 수 있는 조치를 할 수 있고, 사례 속의 학교도 다른 식으로 대응을 했더라면 다른 결과를 초래했을 수도 있다.

1. 자살 후속조치의 네 가지 주된 목표

　포괄적인 자살 후속조치 계획은 자살 사건에 대응하는 구체적인 행동을 서술하고 있다. 이러한 방안은 힘들고 혼란스러운 상황에서 체계를 제시해 준다. 학교는 다음과 같은 네 가지 주된 목표에 따라 포괄적인 자살 후속조치 전략을 수립해야 한다.

자살 후속조치 전략은 궁극적으로 첫째, 모방 자살의 위험을 줄이고, 둘째, 남겨진 사람들이 비극적인 자살 사건에 잘 대처하고 슬픔을 표현할 수 있도록 지원해 주며, 셋째, 자살과 관련된 사회적 낙인에 대처하고, 넷째, 사실적 정보를 전해야 한다 (Weekley & Brock, 2004). 이러한 과정 내내 교직원은 학생과 교사가 학업에 집중하고 건강한 학교 환경을 유지할 수 있도록 도와야 한다.

1) 목표 1: 모방 자살의 위험 줄이기

자살의 전염은 자살 행동이 모방될 때 나타난다. 이는 연쇄 자살(cluster suicide)로도 불리는데, 이런 유형의 자살 위험은 비교적 드물다. 하지만 이런 일이 발생된다면 이는 주로 학교나 양로원, 경찰부대나 군부대와 같은 폐쇄된 집단에서다. 정확히 무엇이 이런 모방 자살을 유발하는지 말하기는 어렵지만 죄책감, 죽은 자와의 과도한 동일시, 모방 학습과 같은 요인이 한몫을 하는 것으로 보인다. 10대들 사이에서 연쇄 자살은 자살로 인한 죽음 중 1~4%를 차지하여 매년 100~200건 정도 발생하고 있다(Zenere, 2009). 미국에서는 10대 청소년의 연쇄 자살률이 증가하고 있는 것으로 나타났다.

분명히 다른 사람의 자살 행동에 대한 한 번의 노출이 그것 자체로 모방 행동을 유발하지는 않는다. 즉, 기존에 자살 위험 요소나 정신건강 문제가 전혀 없는 학생은 반 친구가 자살했다고 해서 자살충동이 생기지 않는다. 이보다 모방 자살의 위험은 노출과 심리적 취약성이 만났을 때에 증가된다.

특정 학생집단에서 모방 자살 위험이 더욱 높을 수 있는데, 그 예로는 따돌림 피해자, 죽은 학생의 팀원, 죽은 학생과 같은 수업이나 활동을 했던 학생, 연애관계에 있었던 학생, 친했던 학생, 혹은 죽은 학생과 공통점을 느꼈던 학생집단이 있다. 어린 학생들은 자신이 죽은 학생과 비슷한 생활환경이나 인생 경험이 있는 경우 과도하게 동일시하는 경향을 보일 수 있다. 학교에서는 리더 역할을 했었거나 인기가 많았거나 운동을 잘한 학생이 자살했을 때 이러한 현상이 발생되곤 한다.

모방 자살이 발생될 가능성을 줄이기 위해 학교에서는 다음과 같은 구체적인 전략을 사용해야 한다.

(1) 죽은 학생이나 자살 사건을 절대 미화하거나 낭만적으로 묘사하거나 영웅시하지 마라

개인 물품 보관함을 꾸미거나, 조기를 달거나, 나무를 심거나, 특별한 팔찌나 핀을 하고 다니는 것은 의도치 않게 위험을 증가시킬 수 있다. 심리적으로 취약하거나 소외당하거나 외로운 특정 학생들은 자살이 학교 내에서 '인기'나 '수용'을 얻는 방법으로 인지할 수 있다. 대중매체나 소설책에서 보이는 이미지는 자살을 낭만적이거나 환상적으로 미화시킬 수 있고, 애도하는 의식 절차는 이런 이미지를 강화할 수 있다. 반 친구의 자살을 경험한 학생들은 죽은 친구를 위해 이런 의식 절차를 막는 것에 대해 처음에는 분노하거나 기분 나빠할 수 있으나 금지하는 이유를 잘 설명해 주면 대체로 이해를 하게 된다. 마지막으로, 죽은 학생을 미화하는 것만큼 좋지 않은 것은 그 학생을 비난하는 것이다. '바람직하지 않은 선택을 한 좋은 사람'이라는 메시지가 적절하다.

(2) 학생의 죽음을 공공 시스템 혹은 학내 방송을 통해 알리지 마라

학생의 죽음이 교직원이 미리 결정된 프로토콜에 따를 수 있도록 학급조회 시간과 같은 소집단 내에서 알려지는 것이 가장 좋다. 이러한 방법으로 교사 및 직원은 학생 개개인의 극단적인 반응을 관찰할 수 있으며, 이는 위험이 얼마나 높아졌는지 알려 주는 지표가 된다.

(3) 학교 내에서의 추도식을 지속하거나 휴강 혹은 휴교하지 마라

다시 한 번 더 이야기하면 우리의 목적은 학교 구성원이 죽은 학생에 대해 과하게 지각할(overidentify) 가능성을 감소시키는 것이다. 근처 한 고교에서, 자살 학생을 위한 장례식이 학교 강당에서 열린 적이 있다. 다음 해 장례식 1주기에 모방 자살이 있었고 최근 2년간 3건의 모방 자살이 학교에서 일어났다.

(4) 절대로 자살을 '고통을 끝내는 방법'으로 논하지 마라

자살은 고통을 끝내지 않는다. 자살은 남겨진 사람들 모두에게 고통을 불러일으킨다. 자살 이후 남겨진 사람들(Suicide survivors)에게는 평생 주변인의 자살에 대한 무거운 짐과 슬픔이 함께 남는다. 성인이 청소년에게 자살로 목숨을 잃은 사람에 대해 "그 사람이 너무나 고통스러워서 더 이상 뭘 어떻게 할 수가 없었고, 그래서 고통을 끝내는 방법으로 자살을 택한 거야."라고 설명하는 것은 자연스러워 보인다. 그러나 이러한 메시지는 무심코 그들에게 자살이 고통을 사라지도록 하는 방법이라고 가르쳐 줄 수 있다.

(5) 자살(로 인한 죽음)의 자세한 사항에 대한 이야기를 최소화하라

학생들이 많은 질문을 할 수 있는데, 그것은 죽음에 대한 자세한 사항으로 몰아치기 쉽다. 자세한 사항은 (자살에 대한) 전염(contagion) 가능성을 높인다. 학생들은 죽음에 대한 이야기를 듣는 것으로부터 행동을 모델링하고, 결과적으로 모방 자살을 할 수도 있다.

따라서 전염을 최소화하기 위한 노력으로 '후속조치 프로토콜'은 학교 구성원 일부의 자살 위기를 증가시키지 않는 수준에서 애도하는 전략을 시행하는 데 주의를 기울인다. 이러한 관점에서 두 학생이 자살한 학교의 경우 얼마나 많은 (선의의) 오류가 만들어지기 쉬웠는지 알 수 있다. 교직원은 학교 회의 및 추모식을 열었고, 참여를 독려하기 위해 수업을 취소하였다. 이러한 일은 인기가 없었던 두 번째 학생에게 자살이 다른 학생의 주의를 끌고 학교에 참여하는 방법이 될 수 있다는 믿음을 주었다. 첫 번째 사망한 학생은 인기 있는 운동선수였고, 그것이 두 번째 학생에게 적합하지 않은 모델링을 하는 데 기여하였다. 두 번째 학생은 첫 번째 학생의 추도식장에 앉아서 만일 자신이 죽는다면 자신에 대해서 뭐라고 얘기할지 또, 함께 학급 친구들이 자신의 죽음을 슬퍼하는 상상을 해 보는 경험을 하였다. 더하여, 학교는 그 학생의 죽음에 대한 세부사항을 상세히 얘기할 수 있도록 해 모방 자살이 동일하게, 그리고 독특한 죽음의 방법으로 사용할 수 있도록 하였다. 또한 학생들은 추모식에 첫 번째 학생의 경우 특별한 핀을 만들어 꽂고 앉아 있었다. 모방 자살한 두 번째 학생을 포함해서, 이는 교내에서 인기나 유명을 어필하는 방법이었기에 비록 이러한 활동들이 두 번째 학생의 자살이 일어난 명백한 이유가 아니더라도, 그 학생에게 자살을 더 매혹적으로 생각하도록 만들었을 가능성이 있다.

두 번째 죽음 이후 그 학교의 학생회장단을 만났을 때에, 많은 학생들이 두 번째 학생을 위해 손목 밴드를 찰 수 없다는 사실, 혹은 특별한 추모 핀을 착용할 수 없다는 사실에 화가 나 있었다. 이때 교직원은 적합한 후속조치 대처법을 조사하여 그러한 형태의 추모식이 의도적이지 않게 학생의 죽음을 매혹적으로 만들 수 있다는 것을 배운 상황이었으나, 학생들은 관리자들이 '불공평하다'고 생각하였다. 학생들은 교직원들이 첫 번째 학생을 더 좋아한다고 비난하거나 또 학생들의 소란을 막아 예비 학부모들이 학교를 나쁜 곳으로 생각하지 않게 하려 한다고 비난하였다. 우리는 몇몇 학생집단을 만나면서, 이러한 추도식이 비록 선의라 해도 심리적으로 취약한 학우들에게 위험을 증가시킨다고 설명하였다. 대부분의 학생들이 이해하고 자신의 원래 입장에서 물러났지만, 한 어린 여학생은 매우 화가 난 채 "당신은 5%의 심리적으로 건강하지 않은 학생들이 잘못된 길을 선택할 수 있으니 95%의 건강한 우리들이 원하는 추도식과 일을 할 수 없다고 말하는 건가요?"라고 물었다. 우리의 대답은 "그게 바로 우리가 원하는 것입니다."이다. 심리적으로 건강한 우리는 상대적으로 그렇지 않은 사람들을 보호하고 지원하는 책임을 가져야 한다. 이것이 바로 고달픈 (tough), 그렇지만 중요한 삶의 교훈이다. 그 누구도, 이 어린 여학생도 누군가의 정신적인 고통에 일조하기를 원하지 않는다. 그녀는 잠시 멈추었다가, 자신이 핀을 꼽거나 게시를 하는 것이 다른 급우를 자살로 잃을 수 있는 가능성에 진실로 기여한다고 생각이 들자 당연히 물러났다.

만약 자살 후속조치에 대한 종합적인 계획이 첫 번째 학생의 죽음 전에 있었다면, 이 모든 일은 일어나지 않았을 것이다. 관리자는 두 학생의 죽음에 대해 일관된 반응을 했어야 한다(그리고 그것은 두 번째 자살이 일어나지 않도록 했을 가능성이 있다.). 그리고 학생들은 사실적인 정보를 받고, 이러한 후속조치 선택이 왜 이루어졌는지 교육받았어야 한다.

2) 목표 2: 지지해 주기

물론, 학생들이 두 번째 학생의 자살에 대해 화가 나고 불쾌했던 기본적인 이유는 관리자들이나 학교와는 아주 관계가 적고 대개는 그들이 무섭고, 죄책감을 느끼며, 화가 나고, 슬프며, 압도되었다는 사실과 관계가 있다. 최소한 몇몇 학생은 이러한 복합적인 감정에 맞서 몰아세울 누군가나 집단을 찾은 것이다. 중요한 점은 대체된 화(anger)가(예: 해당 대상이 아니라 다른 사람이나 사물에게 감정을 표현함으로써) 충분히 흔하게 일어난다는 것이다. 그래서 우리는 부모님에게 화가 나서 강아지를 발로 차는 아이나 혹은 상사에게 화가 나서 벽을 때리는 사원을 보고 이것이 삶에 어떻게 영향을 미치는지 알 수 있다. 학생들은 자살로 죽은 그 학생에 대한 분노가 포함된 다양한 감정을 느꼈을 것이고, 동시에 대상 학생이 이 세상에 없기 때문에 누군가에게 화를 내거나 슬퍼하기가 어려웠을 것이다. 따라서 대신 교직원에게 화를 내는 것은 쉬운 (혹은 안전한) 방법이었을 것이다. 물론, 교직원이 그 학생들을 화나게 했을 수도 있지만 적어도 그들이 경험하고 있는 몇몇 분노는 이러한 선택과는 매우 관련이 적어 보이고, 오히려 학생들이 겪고 있는 매우 혼란스럽고 불편한 감정과 연관이 커 보인다. 복잡한 감정을 적합한 방법으로 처리하도록 학생들을 돕는 후속조치 반응은 그들에게 그토록 어려운 슬퍼하는 과정을 안내해 주는 것이 된다.

자살로 인한 사별(bereavement)은 다른 슬픔의 종류와는 다르다. 자살 생존자의 대다수는 죄책감과 분노를 보고한다(죽은 사람에 대해, 그들 자신에 대해, 그리고 알고 있었으나 도움을 주지 않은 사람들에 대해, 신에 대해, 일반적인 세상에 대해). 살해, 사고 혹은 병으로 사랑하는 사람을 잃은 사람들과 비교하여 자살 생존자들의 특징은 다음과 같다.

- 강렬한 슬픔에 대한 반응을 다른 생존집단보다 더 많이 느낀다.
- 그 사람의 죽음에 대해 더 많은 책임감을 느끼기 쉽다. 또한 그것을 막기 위해 뭔가 했어야 한다고 믿는다.
- 자기파괴적 행동을 할 가능성이 높다.

- 더 심각한 부끄러움과 거절감(perceived rejection)을 가진다(Bailley, Kral, & Dunham, 1999; Silverman, Range, & Overholser, 1994-1995).

학교에서 해당 학생이 자살 위험이 있었다는 것을 알았던 학생, 혹은 자살 계획이 있다는 것을 알고 있었지만 비밀로 했던 학생, 마지막으로 자살 위기 학생에 대해 '자칭 치료자(self-appointed therapist)'였던 학생의 자살 위기가 증가한다. 이는 연구들이 또래 친구가 자살 위기에 있다는 것을 아는 대부분의 청소년이 적합한 중재 단계를 거치지 않는다는 것을 논증하고 있어 특히 문제시된다. 자살로 죽음을 택한 85%의 10대가 누군가에게 자살 계획을 말했고, 또한 90%가 명백한 경고 신호를 보냈으나, 오직 25%만이 또래 친구가 자살 위기에 있다면 어른에게 말한다고 응답한 것으로 이를 확인할 수 있다(Helms, 2003). 결과적으로, 자살 이후에 많은 청소년이 강렬한 슬픔을 느끼고, 자살 위험이 증가한다. 이러한 개인은 슬퍼하는 과정에서 또 다른 지원을 받을 필요가 있다.

후속조치 전략은 정서적인 지원과는 다른 몇 가지 심리과정(mechanism)이 있어야 한다. 즉각적인 도움이 필요한 학생들은 상담과 지원에 대해 접근이 용이해야 하며, 지속적인 도움이 가능해야 한다(이는 학교 내에서뿐 아니라 학교 밖의 검증된 지원자를 통해서도 가능해야 한다.).

3) 목표 3: 사회적 낙인 대처하기

자살은 낙인과 금기로 둘러싸여 있다. 일반적으로 정신건강과 관련하여 이야기하는 것이 어려운 만큼, 자살에 대해 이야기하는 것은 더 어려운 일이다. 자살을 둘러싼 낙인이 위험한 이유 중 하나는 그것이 자살에 대한 신화(suicide myths)를 증가시킬 수 있다는 것이다. 가장 위험한 자살에 대한 신화는 자살에 대해 이야기하면 자살 행동을 증가시킨다는 것인데, 현실적으로는 자살에 대해 적합한 방법으로 이야기하기가 자살 예방의 중요한 구성 요소다. 2,000명 이상의 10대를 대상으로 한 연구에서는 우울한 10대가 학급에서 자살이라는 주제를 다룬 이후에 자살을 더 이상 고려하지 않았다고 밝혔다. 실제로, 자살에 끌리는 우울한 10대가 자살에 대한 논의 이후에 자살 사고가 덜 일어난다고 보고하고 있다(Gould et al., 2005). 청소년들이 정신건강, 정신질환, 자살 예방에 대해 이야기할 수 있도록 기술과 정보를 주고 이에 대해 허락하는 것이 매우 중요하다. 적절한 후속조치는 자살에 대한 편견을 줄이고 자살 생존자(survivors)들에게 (대처) 기술을 제공하며, 그들이 자살에 대해 이야기하 거나 자살이 그들의 삶에 미친 영향에 대해 이야기할 때 도움을 준다.

4) 목표 4: 정보 제공하기

자살 이후, 다양한 소문이 학교에 돌기 시작하고, 통제할 수 없을 정도로 무성히 퍼져 나간다. 문자 메시지와 소셜 미디어의 시대이기에, 각 소식과 소문이 학생들에 게 도달하는 속도는 거의 즉각적이다. 그러므로 자살 이후의 후속조치 전략은 학생 들에게 자살과 자살 예방에 대한 적절한 정보를 정확하고 신중하며 발달적으로 제 공해야 한다. 일반적으로, 자살이 일어난 후에는 학교기반의 자살 예방 교육을 할 시기가 아니다. 하지만 후속조치 기간에 제공되는 모든 정보는 자살 예방에 대한 정 확한 교육을 하는 데 도움이 된다. 정보는 작게는 학급 단위로 전달할 수 있고, 정보 를 집으로 보내 부모에게 전달할 수도 있으며, 자살에 대한 즉각적인 후속조치가 끝 난 후 원래 진행되고 있었던 자살 예방 교육을 통해서도 전달할 수 있다. 전체 조회 처럼 대단위의 교육은 효과적이지 않아 보이며, 학생이 자살한 이후에 이루어지면 이는 의도치 않게도 죽음에 대한 파장만 일으키게 될 수도 있다. 자살에 대한 애도 나 이를 파장으로 만들지 말라는 것이 자살에 대해 이야기하면 안 된다는 의미는 아 님을 분명히 이해해야 한다. 자살 이후(솔직히, 심지어 자살 이전에도) 청소년들은 자 살에 대해 이야기한다. 그들은 자살에 대해 이야기하고, 서로 문자를 주고받으며, 인터넷에서 정보를 찾는 등, 그들이 찾은 어떤 것으로든 공허감을 채워 넣을 것이 다. 이상적으로, 학교는 교육과정의 일부로 계속 진행 중이고 발전 중인 적절한 자 살 예방 교육 프로그램을 갖추어야 하며, 후속조치 프로그램은 이를 대신할 수 없 다. 그럼에도 불구하고, 자살 이후 무성한 소문에 대응하여 학생들에게 자살의 위험 및 정신건강에 대한 정보를 제공하는 것은 중요하다.

　학교에서의 자살 예방 교육은 두 가지 중요한 메시지에 초점을 맞춘다. '만약 네가 도움이 필요하다면 스스로 도움을 요청하고, 만약 네 친구가 자살을 생각하면 어른들에게 말해라(D. H. Granello & Granello, 2007).' 후속조치 프로그램에서도 마찬가지로 동일한 메시지가 강조되어야 한다. 학생들이 누군가와 자신의 걱정에 대해 이야기하고 싶을 때 접근 가능한 자원(학교 상담사, 보건교사)에 대해 아는 것이 중요하다.

2. 후속조치의 프로토콜

　자살 예방 프로토콜의 가장 중요한 측면은 자살이 발생하기 이전에 이미 문서로 작성되어 있는 일련의 과정과 지침이 모두에게 전달되어 모두가 자신의 역할과 책임에 대해 알고 이해하는 것이며, 공지가 나가자마자 실행될 수 있도록 하는 것이다. 예방팀은 잘 훈련되어 있어야 하고 프로토콜을 시행할 준비가 되어 있어야 한다. The American Association of Suicidology(AAS, 1998)가 개발한 학교에서의 일반적인 후속조치 프로토콜과, 이 장의 마지막 부분에 있는 정보는 학교가 프로토콜을 만들어 나가는 데 도움을 줄 것이다. 다음의 과정은 일반적인 지침이며, AAS를 비롯하여 the School-Based Youth Suicide Prevention Guide(2003), the Maine Youth Suicide Prevention Program(2009), Brock(2003)과 Weekley와 Brock(2004)의 연구 등에서 개괄한 내용이다.

① 죽음을 확인하고, 사실 정보를 얻기 위해 경찰, 검시관 혹은 병원에 연락하기
　• 후속조치 프로토콜이 시행되기 전에, 공식적으로 자살에 대해 확인하는 것은 필수다. 종종 죽음의 원인을 찾기 어려운 경우나 자살 여부에 대한 공식적인 결정은 의학적 지식이 있는 검시관 등이 수행해야 한다. 자살임이 명백한 경우에도 공식적인 진단 없이는 자살로 분류될 수 없다.
② 형제자매가 다니고 있는 학교의 학교 관리자와 교장에게 알리기

③ 자살한 학생의 가족에게 조의를 표하여 연락하기

④ 학교 위기 대응팀에 알리고 팀을 가동하기

- 연락망(telephone tree)이나 다른 방법을 통해 위기 대응팀이 직접적으로 의사소통할 수 있도록 하기

- 위기 대응팀의 각 팀원마다 미리 분배된 특정 임무가 있음을 확실히 하기(예: 위기 대응 코디네이터, 언론 연락 담당자, 의학 담당자, 보안 담당자, 가족 연락 담당자 등)

- (자살에 대한) 소식을 학생과 학부모에게 알리기 위한 계획 세우기

⑤ 교직원에게 공지할 (적절한) 시간과 장소 계획하기

- 가능하다면, 학교 일과가 시작되기 전에 회의하기

- 학생들이 보일 수 있는 반응에 대해 대응할 수 있도록 교직원 준비시키기

- 교사 이외의 학교 직원(에 대한 교육도) 잊지 말기(예: 급식실 조리사, 건물 관리인, 통학 버스기사 등)

- 교직원이 (궁금한 것을) 질문하고 감정을 표현할 수 있는 시간 주기

- 교직원과 학생, 부모를 지지하기 위해 예정된 절차(prearrange steps)에 대해 분명하게 말하기(예: 애도, 디브리핑)

- 교직원에게 혹시 모를 모방 자살에 대해 상기시키기. 이를 최소화하기 위해 후속조치 지침을 반드시 따를 것을 강조하기

- 혹시 걱정되는 학생이 있는지 교직원에게 묻기. 그 학생을 모니터할 방법을 명확히 하기

⑥ 매체에 대응하기

- 매체와 학교가 어떻게 상호작용할 것인지 알리기

- 교직원에게 언론에 말하지 않고, 소문을 퍼뜨리지 않으며, 이야기를 반복해서 하지 말 것을 상기시키기. 모든 문의는 지정된 언론 담당자를 통해 진행하기

- 구체적인 미디어 지침은 자살의 확산을 최소화하려는 적절한 방법임을 강조하기

⑦ 미리 준비된 것이 있다면, 위기 개입에 대한 도움을 마련하기 위해 지역사회

복지 서비스(community support services), 지역 정신건강 관리기관(local mental health agency), 다른 학교의 상담사, 성직자(clergy)에게 연락 취하기

- 자살한 학생과 물리적, 정서적으로 가깝게 지내 잠재적 위험이 있는 학생을 확인하고, (필요하다면) 의뢰할 수 있도록 준비하기. 형제자매, 자살한 학생과 비슷한 학생, 같은 팀 구성원, 연인관계, 그리고 이전의 자살로부터 위험할 수 있는 사람(예: 대처 기술이 부족하거나 지지가 충분하지 않은, 기존에 정신병리를 가지고 있는 학생)은 누구든 고려 대상이 되어야 한다.

⑧ 예정된 시스템을 통해 학생들에게 그 죽음에 대해 알리기

- (자살) 소식을 전달하는 것은 개인 단위 혹은 작은 소그룹이나 교실 장면에서 이루어져야 한다. 가능하면, 교사나 학생들이 잘 알고 신뢰하는 어른으로부터 정보를 전달받도록 하고, 모든 학생이 같은 시간에 같은 정보를 얻도록 한다(학급 자치시간 등).
- (자살) 소식을 전달하는 교사나 교직원은 학생들에게 자살에 대해 알리는 절차가 적힌 양식을 제공받아야 하며, 추가적 지지가 필요한 학생을 확인해야 한다.
- (자살) 소식은 솔직하고 직접적으로 알려야 하며, 공식적으로 알려진 사실만 포함해야 한다. 학생의 죽음이 공식적으로 자살로 판명나지 않았다면, 죽음의 이유는 아직 밝혀지지 않았다고 간단히 인정한다.
- (소식을 알게 된 후 학생들의) 초기 반응과 이에 대해 이야기할 시간을 준다. 그러나 죽음과 관련한 자세한 사항은 이야기하지 않도록 한다.
- 자살은 좋지 못한 선택이고, 고통을 끝내는 방법이 아니라는 사실을 표현한다.
- '자살을 저지름(committed suicide)', '성공적 자살(successful suicide)' 등의 말보다는 '자살로 인한 죽음(suicide death)', '자살로 삶을 마감함(completed suicide)' 등의 단어를 사용한다.

⑨ 안전을 위해, 학생이 방치된 채 (일과 중에) 학교 외부로 나가는 것 조심하기

- 학생들이 학교에서 자신의 일상적인 일과를 유지하도록 한다.
- 출석하지 않은 학생들에 대해 (평소보다) 조금 더 주의하여 확인한다. 또한

오직 부모님의 허락이 있을 때만 학생들이 학교에서 (일과 중에) 나갈 수 있도록 한다.

- 학생의 안전이 염려되고 부모와 연락이 닿지 않는다면 경찰에 연락한다.

⑩ 부모나 보호자가 그들의 자녀를 지지해 줄 수 있도록 가능한 한 빨리 가정통신문 보내기

- 가정통신문에는 학교가 위기에 어떻게 대처하고 있는지, 그리고 청소년 자살 예방과 관련한 정보, 지역사회 연계 시스템, 추가적인 정보나 궁금한 점이 있을 때 연락 가능한 학교의 특정 담당자 등에 대한 정보가 담겨 있어야 한다.
- 추가적인 정보를 전달하기 위해 학부모 회의를 고려하거나 부모가 슬픔에 빠진 자녀들을 도울 수 있는 방법을 질문할 수 있도록 한다.

⑪ 자살한 학생의 반에 위기 대응팀 배정하기

- 학생들의 반응을 보기 위해 자살한 학생의 시간표를 따르고, 필요할 경우 후속조치를 취한다.

⑫ 지원센터와 상담실을 만들고, 이의 유용성을 학생들에게 알리기

- 누가 (상담실에) 왔는지, 시간과 함께 기록해 놓는다. 필요하다면 그 학생들에게 후속조치를 한다.

⑬ 점심시간 중에 학생들을 감독하고 차분한 학교 분위기를 조성하기 위해서 되도록 관리자 및 교직원이 복도에 나와 있기

⑭ 준비된 프로토콜에 따라 전화를 받거나 학교에 온 사람들의 질의에 답할 담당자나 다른 사람(업무 보조원) 배치하기

⑮ 자살 위험이 증가할 수 있는 학생들을 감독하고 도움이 되는 예정된 전략 사용하기

- 자살 생존자를 위한 추가 지원과 자살로 인한 사별에 대해 추가 교육을 실시한다.
- 원하는 학생들(필요하다면, 그들의 가족까지)에게 추수적인 도움을 제공한다.
- 모든 학생이 자살 긴급 전화에 대해 알고 있는지 확인한다.
- 특별한 사건(예: 학교 기념일, 특별 이벤트, 학년 전환)을 통해 추가적인 지원을

한다. 자살로 인한 죽음 후 학생들이 특히 대처하기 어려운 사안일 수 있다.

- 높은 위험에 처할 수 있는 동료집단, 친구, 팀, 연애관계 등의 학생에게 특별한 관심을 기울인다. 그들의 반응에 대해 이야기를 나누어 보도록 하는데, 후속 예방 기간에 그들에게 기울이는 관심은 향후 자살 관련 행동을 감소시키는 데 도움이 될 수 있다.

⑯ 초기 위기와 후속조치 기간에 교직원과 매일 디브리핑 시간 갖기

⑰ 곧 닥쳐올 스트레스를 줄 만한 학문적 활동이나 시험 일정을 조절하고, 일반적인 학교 일정은 가능한 한 유지하기

- 학교를 열어 두고, 가능한 만큼 정규 학교 일정을 따른다.
- 학교는 슬퍼하고 있는 학생들에게 주의를 기울여야 하지만 모든 학생이 같은 수준으로 죽음에 영향을 받지 않았다는 것을 기억해야 한다.
- 우리가 슬퍼하는 동안에도, 인생은 계속되어야 한다는 메시지를 전달한다.

⑱ 학생과 학부모에게 장례식에 관한 정보 제공하기

- 가족과 함께 작업하고, 가능하다면 학교 일과가 끝난 후에 장례식을 거행해도 될지 질문한다. 가능하지 않다면, 부모의 동의를 받은 학생들이 장례식에 참여하는 것을 허락하고, 장례식 참석을 위한 결석 관련 학교 규칙을 알려 준다.
- 학교가 장례식 장소로 사용되지 않도록 한다. 이것은 학생들이 죽음을 찬양하게 만들 뿐만 아니라 어떤 청소년은 장례식이 치러진 장소를 영원히 죽음과 동일시할 가능성도 있다.

⑲ 학생과 교직원에게 지속적인 애도 상담 제공하기

- 죽음을 처음 대하는 학생도 있다는 것을 인지하고, 애도할 수 있는 기회를 준다.
- 학생들이 감정을 표현하게 하면서도, 다른 취약한 학생들에게 자살이 매력적으로 보일 수 있다는 것을 고려하여 죽음에 너무 많은 관심을 기울이지 않도록 주의한다. 이러한 미묘한 균형을 위해 사려 깊고 신중한 접근이 요구된다.

⑳ 위험에 처한 것으로 판단되는 학생에게 추수 작업 하기. 가능한 한 오래 추수 활동 유지하기

- 학교가 할 수 있는(또는 해야 하는) 것보다 더 많은 관심이 필요한 학생들을 위해 외부 자원에 의뢰한다.

㉑ 추도 활동과 추도식 주의 깊게 감독하기

- 자살을 찬양할 가능성을 최소화하기 위해 추모 활동은 신중하게 선택해야 한다.

- 추도 활동 대신 자선단체나 자살 예방 캠페인에 팀을 보내는 등 지역단체기반(학교기반과 반대로) 청소년 자살 방지 노력에 애쓰도록 한다. 학생들과 애도하는 부모의 입장에서는 사랑하는 고인에게 사람들이 경의를 표하기를 바랄 수 있지만, 살아 있는 사람들을 도울 생산적인 활동에 에너지를 쏟는 것이 가장 건설적인 방법이다.

- 학생의 죽음을 애도하는 것과 관련된 사전 관리 계획은 강력하게 권장된다. 그러한 계획은 다른 방법으로 죽은 학생들보다 자살로 죽은 학생에게 더 많은(혹은 더 적은) 관심을 보이는 것에 주의를 줄 수 있다. 학생 추도의 예는 학생 졸업앨범이나 신문에 추도사 페이지를 두는 것인데, 제공되는 공간과 수록 정보에는 일관성이 있어야 한다. 많은 학교 졸업앨범 출판사는 추도사 페이지를 두는 것에 심사숙고를 거친 지침이 있다. 전반적으로, 모든 학생 추도에서 공정하고 공평한 학교 정책이 있으면 인기 있거나 특정한 방법으로 죽은 학생이 더 많은 관심을 받는 가능성을 없앨 수 있다. 학생 추도와 관련된 학교 정책을 사전에 개발해 두면, 교직원이 사건 발생 후 감정에 치우쳐 일을 처리하지 않고 기존의 학교 절차에 따를 수 있다.

㉒ 자살한 학생의 사물함을 비우고, 개인적 물품을 가족에게 보내는 데 사전에 정해진 프로토콜 따르기

- 가족이 이것을 스스로 하기를 원하는지, 학교가 물품을 그들에게 돌려주기를 원하는지 가족이 정하도록 한다. 가족이 사물함을 비우고자 하면, 조용히 정리할 시간을 주고 그들의 바람대로 되도록 지원해 준다.

㉓ 학위 및 기타 상을 사후에 전달할 방법 정하기

- 사전에 계획하고 어떻게 졸업식과 시상식을 처리할지 교칙을 마련한다. 예를

들어, 학교가 명예 학위를 수여한다면, 모든 학생에게 일관성 있고 공정하도록 기준이 사전에 정해져야 한다.

㉔ 위기 대응팀 지원하기
- 팀원들이 사후 대처 기간의 이차적인 정신적 충격에 대해 보고하도록 한다.

㉕ 학교 프로토콜에서 지시한 활동 기록하기
- 미래를 위해 자살 후속조치 프로토콜을 갱신하는 데에 학습과 경험을 활용한다.

3. 매체와의 작업

유감스럽게도, 자살은 보도 가치가 있는 사건이 될 수 있고 죽은 사람이 어릴 경우 훨씬 더하다. 자살 이후, 자살은 보도될 가능성이 아주 높고, 특히 시골이거나 작은 마을이면 더 그렇다. 그런데 매체가 자살을 다루는 방향에 따라 모방 자살에 아주 큰 영향을 미친다는 것을 기존 연구들은 보여 왔다. 매체의 역할에 대한 인식은 1980년대에 시작되었는데, 오스트리아의 빈에서 한 남자가 지하철에 뛰어들어 자살을 한 사건 이후다. 그 죽음이 있고는, TV 리포터들은 극적이고 자극적인 이야기를 연속적으로 보여 주었고, 저녁 뉴스에서 반복적으로 재현하며 정점에 이르렀다. 이후 몇 달 간, 같은 지하철 트랙에서 일련의 모방 자살이 일어났다. 뉴스 보도 자체가 자살 위험을 높인 것이 명백하였다. 대안적인 매체 캠페인이 실시되었고, 6개월 내에 지하철 자살과 치명적이지 않은 자살 시도가 80% 이상 줄어들었다. 중요한 점은, 지하철 자살뿐만 아니라 모든 자살이 현격하게 감소하였다(Etzersdorfer & Sonneck, 1998).

이후 몇십 년 동안, 우리는 매체가 모방 자살의 가능성을 최소화할 수 있는 방법에 관해 많은 것을 알게 되었다(자살예방재단[AFSP], 미국자살연구협회[AAS], & 안넨버그 공공정책센터[APPC], n.d.). 사실상, 매체의 자살 보도에 대한 권장사항을 실행하면 자살률이 감소되는 것으로 보여 왔다. 게다가 연구결과는 다음과 같은 때에 독자나 시청자에 의한 자살이 증가하는 것을 발견하였다.

- 개인의 자살 관련 이야기의 양이 증가할 때
- 오랫동안 또는 많은 이야기에서 특정 자살이 보도될 때
- 자살에 의한 죽음 관련 이야기가 방송의 첫 페이지나 시작 부분에 배치되었을 때
- 자살에 대한 헤드라인이 극적일 때(예: '10세 소년이 낮은 성적으로 자살')

매체의 힘은 명백하게 자살과 자살 예방에 영향을 준다. 매체가 자살에 관해 책임감 있게 헤드라인을 붙이면 독자나 시청자에게 자살의 원인, 경고 징후, 자살률 동향, 최근의 치료 진행에 대한 정보를 줄 수 있다. 자살로 인한 개인의 죽음 관련 이야기가 기삿거리가 되고 다루어질 필요가 있지만, 적절한 프로토콜을 따르지 않으면 그 이야기들은 해를 끼칠 가능성도 가지고 있다.

청소년 자살이 일어날 때, 학교는 매체가 정보를 얻기 위해 찾아가는 첫 번째 장소다. 그러므로 후속조치 프로토콜은 매체와 작업하는 것과 자살로 인한 학생의 죽음을 보도하기 위한 적절한 매체의 지침을 포함해야 한다.

앞서 여학생이 두 번째 학생 자살에 대한 추도식을 열지 않기로 결정하는 데 대한 근거를 설명하기를 원했던 것처럼, 대부분의 기자가 옳은 일을 하기를 원하고 그들의 보도로 인해 모방 자살이 촉진되는 것을 원하지 않는다는 것에 주목해야 할 것이다. 사실상, 대부분의 사람들은 옳은 일을 하기를 원하고, 교육과 예방 프로토콜을 공유하여 자살 예방에 관여하는 것은 매체뿐 아니라 모든 사람의 책임이다.

우리 삶에서의 이야기 하나가 그러한 점을 보여 준다.

우리 집은 큰 중서부 도시의 교외에 자리하고 있다. 우리 집 뒤 정원은 작은 도시의 공원을 바라보고 있고, 공원의 다른 쪽은 중학교와 고등학교가 자리하고 있다. 어느 오후, 학교가 끝나기 바로 직전 한 남자가 공원으로 자전거를 타고 가서 작은 숲으로 들어간 뒤 권총 자살을 하였다. 학교 건물을 나서던 학생들이 총소리를 들었고, 학교에서 집으로 가기 위해 공원을 걷던 몇몇 청소년은 주검을 발견하

고는 휴대전화로 911에 신고하였다. 몇 분 내에 공원은 경찰차와 소방차, 응급요원으로 가득 찼다.

학생들은 공원의 임시 장소에 모여서 경찰 조사를 기다렸다. 그들은 조금 전 경험한 일 때문에 두려움에 휩싸이고 쇼크 상태에 있었다. 얼마 지나지 않아 조용했던 동네는 위성 TV 방송을 위한 트럭, 신문사 기자, 여러 매체의 관계자들로 둘러싸였다. 사람들은 학교에서 집에 가다가 그러한 끔찍한 죽음을 직면한 학생을 상대로 '특종'을 잡기 위해 흥분해 있었다. 부모들은 아이들과 함께 있기 위해 공원으로 몰려들었고 곧 현장은 대혼란에 빠졌다. 우리는 뒷마당에서 이 모든 것을 목격하였고, 그에 분노하였다. 학생들은 경찰에게 한 명씩 조사를 받았고 공식적인 면담이 끝나자 곧 TV 카메라와 마이크에 둘러싸였다. 화를 내며 앉아 있지 않고 우리는 서재가 있는 위층으로 올라가서 자살을 보고하는 매체 지침 몇 부를 인쇄하여 공원으로 가서 나누어 주기 시작하였다. 우리는 이 사건을 선정적으로 다루는 것의 악영향에 대해서 듣고자 하는 어떤 사람과도 이야기하였다. 자살의 확산 가능성과 시체를 발견한 학생이 학교에서 원하지 않게 유명인사가 되는 가능성에 대해 말하였다. 우리가 이야기 나눈 모든 기자에게 아무리 이야기가 흥미롭더라도 그것이 다른 죽음을 불러일으킬 만큼 가치가 있는 것은 아니라는 점을 상기시켰다. 기자들은 귀담아들었고 충분히 이해하였다. 대부분은 지침 인쇄물을 신문사로, TV 스튜디오로 가지고 갔다. 그날 저녁 우리는 모든 지역 TV 채널의 저녁 뉴스 프로그램을 살펴보았는데 자살에 대한 이야기는 어느 곳에도 없었다. 다음 날, 신문 끝 작은 귀퉁이에 공원에서 권총 자살한 신원불명의 사람에 대한 짧은 기사가 실렸다. 시체를 발견한 학생들이나 근처 학교에 대한 언급은 없었다.

우리는 그날 아주, 대단히 가치 있는 교훈을 깨우쳤다. 만일 우리가 자살에 대해 보도하는 신뢰할 만한 매체를 원한다면, 매체의 관계자를 교육하는 것은 우리의 책임이다. 대부분의 경우 그들은 '자살 예방은 공유된 책임이고 우리 모두는 할 수 있는 부분에서 최선을 다해야 한다'고 인지하고 있기 때문에 이러한 교육 내용에 대해 귀담아들으려고 한다.

다음의 지침은 학교가 학생의 자살에 대해 취재하려는 매체에 대응하는 방법이다. 이 지침은 학교기반 청소년 자살 방지 안내(2003)와 AFSP, AAS, APPC(1998)를 참조하였다.

일반적으로 매체 대응 담당 학교 관계자는 다음을 준수해야 한다.

- 학교와 매체가 상호작용하는 일련의 절차를 자살 사건 발생 이전에 만들어 둔다.
- 기자와 인터뷰하기 전에 주요 사항을 기입하고 기자와 공유해도 되는 학교 관련 기본 정보를 준비한다.
- 자살한 학생의 가족에 대해 적절한 애도를 표현한다.
- 적합하고 실제적인 정보를 제공한다(흔히 연령과 학년 정보).
- 자살에 대해 인정한다(의학 검시관이 자살을 공식적으로 선언했다면). 하지만 자살 방법이나 장소 등 자세한 언급은 피한다.
- 기자가 자살에 초점을 맞추기보다는 대중에게 자살의 위험 요소나 경고 신호를 알리는 정보를 제공할 수 있도록 한다.
- 자살 예방 및 위기 개입과 관련한 지역과 학교의 자원에 대한 정보를 제공한다.
- 자살 보도가 신문의 헤드라인이나 생방송으로 다루어지기보다는 이후에 보도되거나 신문 안쪽에 위치하도록 한다.
- 자살한 사람을 '좋은 사람이었으나 잘못된 선택을 한 사람'으로 바라본다. 자살은 복잡하고 왜 사람들이 이러한 선택을 하는지 이유가 단순하지 않다는 것을 인정한다.
- 균형 잡힌 시각을 제공하기 위해 자살 학생의 삶의 긍정적인 측면을 포함하고 또래의 지나친 동일시를 줄이도록 한다.

일반적으로 매체 대응 담당 학교 관계자는 다음과 같은 행위를 해서는 안 된다.

- 자살에 대해서 지나치게 단순하게 제시해서는 안 된다. 자살은 결코 한 가지 이유나 사건 때문에 일어나는 것이 아니다.

- 자살을 지나치게 선정적으로, 낭만화하거나 영예로운 것으로 만들어서는 안 된다.
- 자살 학생의 사진을 사용해서는 안 된다.
- 신문기사의 헤드라인에 '자살'이라는 단어를 사용해서는 안 된다.
- 슬퍼하는 친구, 가족, 교사, 급우의 모습을 묘사함으로써 자살의 영향을 드라마틱하게 나타내는 것을 해서는 안 된다. 이것은 자살을 확산시킬 수 있다.
- TV나 신문 매체에 또래나 급우가 자살이나 자살 시도와 관련한 경험을 이야기하도록 해서는 안 된다. 이것은 지나친 동일시를 가져올 수 있다.
- 자살에 대해 상세하게 묘사하지 않아야 한다.
- '고통을 끝내는 방법'으로 자살을 묘사하면 안 된다.

'자살 보고: 매체 대응을 위한 권고사항' 프로토콜은 미국자살방지재단에서 제공받을 수 있다(www.sprc.org/library/at_a_glance.pdf).

마지막으로, 학교 신문은 도움을 받을 수 있는 자원에 대한 정보를 공유하는 긍정적인 기능을 수행할 수 있다. 많은 학교 신문이 자살 위험 요소와 경고 신호, 학생 건강에 대한 정보를 제공한다. 자살 사건 발생 후 몇 주에서 몇 달 동안은 학생들이 이에 대한 정보를 접할 수 있도록 하는 것이 중요하다. 신문기사는 자살에 대해 직접적으로 언급하지 않아야 하고 단순히 건전하게 알려 주는 기능을 하면서 최적의 정신건강을 유지하고 도움을 받으려면 어디로 가야 할지 알려 줄 수 있다. 예를 들어, 시험 전, 겨울방학이나 여름방학 이후 학교가 막 시작하기 전에 가정통신문을 통해 도움을 받을 수 있는 자원 등 '스트레스 대처'에 대한 이야기를 제시할 수 있다. 우리 대학에서는 자살하는 학생이 발생하면 학교 신문에서 그 자살 사건에 대한 언급을 하기보다는 정신건강을 증진시키고 도움을 구하는 방법에 대한 '정보 전달 기사'를 싣는다. 이렇게 함으로써 자살 사건에 대해 몰랐던 학생에게는 이에 대해 굳이 알려 주지 않고, 자살 사건에 대해 알고 있는 학생(혹은 어떤 이유에서든지 감정적으로 약해져 있는 학생)에게는 캠퍼스 내에 기꺼이 도움을 주고, 청할 수 있는 사람이 존재한다는 사실을 알려 줄 수 있다. 이러한 종류의 기사나 공식적인 서비스 안내는 모든 학교의 매체 캠페인에 포함되어야 한다.

4. 요 약

자살 후속 조치는 학교기반 자살 예방의 핵심적인 요소다. 하지만 때로는 잘못 안내되고 잘못 다루어진다. 보통 학교 교직원은 학생이 자살한 '이후'에 잘 대처하기 위해 재빨리 움직인다. 이러한 맥락에서 실수가 발생하는 것은 거의 불가피하고, 그 결과는 대단히 치명적이다. 지금 당신이 학교에서 일하고 있다면, 자살 후속 조치와 관련된 정책과 절차를 조사해라. 그리고 그것이 제대로 준비되어 있지 않다면(또는 너무 오래되었다면), 지금 업데이트하라. 당신이 할 수 있는 가장 중요한 것 중 하나가 당신의 학교가 자살의 확산을 최소화하는 장소가 되도록 하는 것이다.

폭력 평가, 대응, 후속조치

CHAPTER 06 폭력학생과 잠재적 폭력 학생 및 가족을 다루기 위한 임상 면접의 활용

1. 면 대 면 임상 면접

나는 방문하는 거의 모든 곳에서 인터뷰를 당하는 것 같다. 새로 개장한 쇼핑몰에 갔을 때에도 내가 VIP 고객카드를 반드시 가져야 되는 이유에 대해 열일곱 살짜리 판매상담원에게 인터뷰를 당하였다. 이 '전문가'에 따르면 나의 소비 형태를 구매자 프로파일에 맞추어 보고, 만일 내 프로파일이 매치가 되면 VIP 고객카드는 수백 달러를 절약하게 해 줄 것이라고 설명하였다. 인도의 어느 고객 서비스 센터에서 프린트 카트리지를 주문하려고 했을 때에도 나는 매번 고객 서비스 직원에게 인터뷰를 당하였다. 나의 지속적인 항의에도 불구하고 운영자는 나의 프린팅 행태와 관련해서 인터뷰를 해야 한다고 주장하였다. 이것은 당연히 그렇게 행해졌고 그들은 내가 그 회사의 프리미엄 다용도 프린트 카트리지 팩 구입 결정을 하도록 도왔을지도 모른다. 최근에는 한 식당의 웨이트리스가 과다하게 가격이 매겨진 특별 와인을 주문하기에 내가 충분히 섬세한 와인 감정가인지 알아보기 위해 나를 인터뷰하였다. 내가 원하는 것은 단지 저녁을 즐기는 것이었을 뿐이므로 나는 그 자리를 떠나 버렸다.

　내가 생각하기에는 우리 학생들이나 그들의 가족이 이와 비슷한 '임상 면접'을 경험한다고 본다. 이러한 임상 면접은 단지 물건이나 서비스를 팔기 위한 의미 없고 일방향적인 대화와 크게 다르지 않다.

　대부분 면접을 진행하는 사람들은 학생들의 복지에는 별로 관심이 없다. 때로는 면접 진행자가 그들이 주장하는 것보다 훨씬 덜 전문적이다. 이로 인해 '면접은 비전문가가 학생들의 절실한 요구를 이용하려는 경솔한 대화'라는 부정적인 인식이 널리 퍼지기도 하였다.

　잠재적 폭력 학생들과 임상 면접을 진행하는 것과 관련해서, 이러한 일반화는 결코 진실이 아니다. 임상 면접을 진행하는 학교 상담사와 정신건강 전문가는 최소 석사학위 소지자여야 한다. 이때의 석사학위는 학생의 발달단계 및 평가와도 연관이 깊어야 한다. 다르게 말하면, 학교 상담사는 전문가여야 한다. 내가 아는 학교 상담사들은 자신의 학생에게 깊은 관심을 보인다. 흔히 모든 초점이 자신이 다루는 학생에게 도움을 주는 것에 맞춰져 있기도 하다. 따라서 이번 장에서는 일상적인 대화와 임상 면접 간의 차이를 더 잘 이해하는 데 도움을 주고자 하였다. 나아가, 어떻게 임상 면접을 진행하는지 그리고 어떻게 하면 당신의 임상적 판단을 뒷받침하고 긍정적인 임상적 개입의 가능성을 높이는 방향으로 VIOLENT STUdent 척도를 활용할 수 있는지에 대해서도 이야기하고자 한다.

1) 일상적인 대화와 임상 면접의 차이

　유감스럽게도, 몇몇 사람들은 일상적인 대화와 임상 면접의 차이에 대해 잘못 인식하고 있다. 그들은 임상 면접을 간단한 대화 정도로 생각한다. Kadushin(1983)은 일상적인 대화와 비교했을 때 임상 면접의 두드러지는 차이점 여덟 가지를 밝혔는데, 그것은 다음과 같다.

　① 개별 임상 면접은 특정한 의도와 목적을 가지고 있다.
　② 상담사가 임상 면접을 주도하고, 탐색할 주제를 선택한다.

③ 상담사와 학생 사이에는 상담사가 묻고 학생이 대답하는 것과 같이 일방적인
   관계가 존재한다.
④ 공식적으로 상담사가 임상 면접을 주선(arrange)한다.
⑤ 임상적 상호작용은 임상 면접에 지속적으로 주의를 기울이도록 만든다.
⑥ 상담사의 행동은 계획되고 조직된 것이다.
⑦ 대부분의 상황에서 상담사는 임상 면접에 대한 학생의 요청을 받아들인다.
⑧ 감정적으로 강렬하고 정신적 외상을 초래할 만한 경험에 대한 이야기를 피하
   지 않는다. 오히려 그러한 상황을 자세하게 다룬다.

이처럼 일상적인 대화와 임상 면접 사이에는 뚜렷하게 큰 차이가 존재한다. 가장
중요한 차이점은, 임상 면접은 임상적으로 그리고 목적의식을 가지고 진행된다는
점이다. 이 장에서 임상 면접의 임상적 목적은 학생의 즉각적인 폭력 위험 요소를
평가하는 것이다. 폭력에 대한 숙련된 평가가 이루어졌을 때에만 다음의 개입이 효
과적일 것이다.

2) 일반적인 임상 면접의 장점

앞에서 언급한 일상적인 대화와 임상 면접 간의 현저한 차이와 더불어, 임상 면
접은 평가과정을 더욱 풍성하게 하고 잠재적으로 보면 학생에게 유익할 것이다. 예
를 들어, 임상 면접은 컴퓨터로 제작된 평가도구에 비해 학생에게 훨씬 협조적인
분위기를 조성한다. 임상 면접을 하면 학교 상담사가 학생에 대한 정보와 그 학생
이 하는 불분명한 대답, 모순되는 말, 표현 어휘, 나타내는 감정 등과 관련된 설명에
대해 좀 더 탐색할 수 있다. 이러한 정보는 비폭력적인 선택에 대해 혼란스러워하
고 확신하지 못하는 잠재적 폭력 학생을 평가할 때 무척 중요하다. 따라서 상담사
가 임상 면접에서 학생의 반응에 대해 불확실한 느낌이 들었을 때 다시 질문을 하
거나 타인에게 해를 입히는 사고에 대해 좀 더 명확히 탐색할 수도 있다. 또한 검사
를 수행하는 동안 상담사와 학생 간에 거의 상호작용을 하지 않는 컴퓨터 검사 문

항과 달리, 임상 면접은 학생과의 상호작용과 기본적인 라포 형성을 증진할 수 있는 기회가 있다.

이와 더불어, 매우 불안해하고, 감정적이며, 초조해하는 학생들에게는 단순히 컴퓨터 검사 문항에 답하는 데 집중하는 것보다 상담사와 면접을 하는 것이 더 좋다. 필요하다면 상담사는 학생에게 몸에 긴장을 풀고 편안히 있으라고 이야기해 줄 수 있다. 상담사는 또한 화가 나고 짜증이 난 학생의 욕구에 대해 언어적으로 표현하고, 임상 면접과정에 초점을 둔 채로 그 학생에게는 짧은 휴식을 권유할 수도 있다. 그럼으로써 화가 난 학생은 원하는 것을 얻고, 이는 그러한 학생들을 타당화해 주는 데 도움이 되면서 성공적인 자료 수집의 가능성을 높인다.

또 다른 임상 면접의 이점은 상담사가 면접을 통해 직접적으로 학생을 관찰할 수 있다는 점이다. 다르게 말하면, 그들은 마주보고 앉아 있는 것인데, 다양한 주제 및 화제에 대해 학생들이 보이는 중요한 비언어적 반응을 살펴볼 수 있다. 이러한 점이 임상 면접의 중요한 장점 중 하나라는 것은 의심할 여지가 없다. 예를 들어, 상담사는 폭력 사고와 관련하여 질문을 받았을 때 눈을 피하거나 전에 저질렀던 폭력 행동에 대해 물었을 때 불안해하는 학생들의 모습을 통해서 중요한 임상적 인상을 받을 수 있다. 이러한 비언어적인 반응은 가장 최선의 상담치료와 지원 서비스를 제공하는 데 중요한 자료가 된다.

마지막으로, 임상 면접 중 학생들은 자신의 걱정과 불안을 솔직하게 표현할 수 있는 자유를 가진다. 이는 특히 학생의 다양성(문화적 다양성)과도 연관이 된다. 임상 면접에서는 소수의 학생들이 경험에 대한 문화적 맥락을 이야기하고, 앞으로의 행동을 계획해 볼 수 있다. 따라서 임상 면접은 학교 상담사와 학생 간의 쌍방적 의사소통을 증진시킨다. 가장 중요한 것은, 학생들이 자기가 속한 문화적 맥락에서 가질 수 있는 어려움을 상담사에게 가르쳐 줄 수 있다는 점이다. 즉, 학생들은 더 이상 외부 자원—학교 상담사—에 의해 평가되는 단순한 대상이 아니다. 학생들은 학교 상담사에게 걱정과 불안이 발생할 수 있는 문화적 맥락에 대해 가르쳐 줌으로써 평가과정에 적극적으로 참여하게 된다. 그러므로 임상 면접은 상담을 학생들의 필요에 꼭 맞출 수 있도록 해 준다. 이때 학생들은 상담과정을 함께 주도할 수 있고, 폭력적 사고와 행동을 변화시킬 수 있는 능력이 있다는 것을 배우게 된다.

임상 면접을 활용하는 것에는 분명히 많은 잠재적 이점이 있고, 우리는 이것이 폭력 학생과 잠재적 폭력 학생에게 도움이 될 것이라고 전적으로 믿는다. 어떤 훌륭한 상담사와 마찬가지로, 우리는 인생에서 완전히 좋고 나쁜 것은 존재하지 않는다는 것을 알고 있다. 이는 임상 면접에서도 마찬가지다. 여기에는 잠재적인 한계가 존재하고, 이를 언급하지 않는다는 것은 어리석은 일일 것이다. 우리는 잠재적 오류(potential error)를 가장 큰 한계점이라고 본다. '살아있는 평가도구'로서의 상담사는 실수를 할 수 있다. 상담사는 의도치 않게 표정이나 어조, 시선 접촉 등으로 어떤 신호를 줄 수도 있다. 이러한 행동은 무심코 학생들에게 특정한 태도로 대답하도록 이끌 가능성이 있다. 이와 더불어, 상담사는 학생의 표정, 어조나 어떤 행동(예: 질문을 했을 때 다른 곳을 쳐다보는 행동)에 대해 잘못 인식하거나 잘못 해석할 수 있다. 상담사는 이러한 학생의 행동에 대해 진실을 숨기려는 시도로 오해할 수 있다. 또한 어떤 상담사는 학생을 면접하는 것에 흥미가 없는 것처럼 비춰질 수도 있다. 이러한 모습은 학생들이 면접과정으로부터 완전히 마음이 떠나게 되는 결과를 야기할 수 있다. 하지만 우리는 이러한 잠재적인 한계점이 면접을 통해 얻는 이점보다 더 중요하다고 생각하지는 않는다. 가장 중요한 것은, 임상 면접과정에서 반구조화된 질문의 활용을 통해 학생의 관심을 끌고 피드백과 논의를 균형 있게 할 수 있다는 점이다.

3) 우리의 임상 면접 경험

우리는 잠재적 폭력 학생과 그 가족에 대한 평가를 진행할 때 임상 면접이 없어서는 안 될 필수적인 부분이라는 것을 발견하였다. 임상 면접으로 종종 잠재적 피해자와 잠재적 피해자를 향해 의도된 행위(예: 총 쏘기, 싸우기, 차를 타고 군중 속으로 돌진하기 등)와 관련된 중요한 정보를 빠르게 얻을 수 있었다. 나아가, 임상 면접은 학생들이 철저한 면 대 면 임상 평가를 받고 있다는 것을 보장해 주었다. 이러한 임상 평가를 끝맺는 데에는 MMPI-A(Minnesota Multiphasic Personality Inventory-Adolescent)나

MACI(Millon Adolescent Clinical Inventory)와 같은 전통적이고 광역적인 검사도구로 학생의 징후를 판별하고자 하는 맥락이 형성되었다.

예를 들어, 더 전통적인 평가도구는 학생들이 같은 나이 대의 화가 나고, 적대적이며, 우울하고, 가족 내 스트레스를 경험하는 다른 학생들과 일관된 반응을 보이는 것에 대해 측정하였다. 검사도구에 이러한 반응으로 응답하는 것은 (실제로) 화가 나고, 적대적이며, 우울하고, 가족 내 스트레스를 경험하는 것과는 다르다. 따라서 임상 면접은 검사도구를 통해 형성되는 일반화 가능성을 지지하는 동시에 지나친 일반화를 방지하는 수단으로 사용되었다. 하지만 더 중요한 것은 전통적인 검사도구를 통해 형성된 정보는 학생과 상담사 간의 임상 면접으로 얻은 정보의 맥락 안에 위치할 필요가 있다는 점이다. 즉, 임상 면접은 어떤 평가에 있어서도 기초적인 판단의 틀(lens)을 제공한다는 것이다. 다른 모든 평가 내용은 이러한 기초적인 판단의 틀을 통해 걸러진다. 이에 맞지 않는 정보는 제외하지만, 임상 면접에서 얻은 정보와 일치하는 것은 학교 상담사의 임상적 판단을 보충하는 데에 사용한다.

동시에, 임상 면접은 폭력 행동을 이해하고 학생이 관여하고 있는 여러 체계(예를 들어 가족, 학교, 이웃, 또래집단 등)의 필요를 이야기하는 것에 대해 상담사를 도울 수 있는 다중체계적 맥락(multisystemic contexts)을 제공한다. 오직 학생의 관점에서 나온 다중체계적 맥락을 이해함으로써 상담사는 학생이 경험하는 스트레스의 원인을 완전히 이해하고, 또 겉으로 드러나거나 위협적인 폭력 행동을 이해할 수 있다. 이러한 중요성과 마찬가지로, 우리는 임상 면접을 통해 잠재적 폭력 학생과 관계를 맺고 치료적으로 안전하고 전문적인 관계로 초대할 수 있는 상황에서 그들에게 기회를 주는 것을 촉진할 수 있다.

일반적으로, 우리가 면접했던 잠재적 폭력 학생과 폭력 학생은 좀 더 전통적인 심리치료에 참여하는 것은 단호하게 거절했지만 임상 면접에는 쉽게 참여하였다. 따라서 우리는 학생들이 잠재적 폭력성이 있다고 판단했을 때, 대개 그들과 일상적인 대화를 나누는 것으로 면접을 시작하였다. 일단 우리가 그들에게 가장 큰 걱정거리(가장 빈번하게 일어나는 것은 폭력적인 생각과 위협에 관한 것)를 해결하는 것을 돕기 위해 시간을 투자하고 있다는 것을 인식하면, 학생들은 대개 좀 더 편안해지고 평가와 관련하여 뚜렷하게 나타났던 분노감이 점차 줄어든다. 그렇게 편안해진 상황에서만 폭력적인 행동이 무슨 도움이 되는지 우리가 이해할 수 있도록 도와줄 수 있는지 물을 수 있다. 결국, 아이들이나 청소년이 자기가 인식한 불공정함이나 불편한 치료적 느낌에 대해 다른 사람들에게 이야기하고 싶지 않다는 것은 무엇일까? 일단 제안된 임상 면접과정에 관련하여 잠재 성향 학생들의 질문에 대해 응답한 이후에 우리는 임상 면접의 목적을 설명하고 획득한 정보를 어떻게 사용하는지 설명한다.

면접의 목적이 상담사가 학생을 어떻게 도울 수 있는지 배우는 것이고, 학생들이 스스로 또는 다른 사람들에게 심각한 위험을 가하거나 위험스러운 행동의 중단을 결정하기 위한 것이라는 내용을 설명해야 한다. 이에 더해, 학생들은 수집된 정보가 어떻게 이용되는지 알아야 한다. 따라서 임상 면접을 통해 수집된 정보가 어떻게 이용되는지 학생들에게 이야기해야 한다. ① 학생 자신의 안전과 다른 사람의 안전을 확인하기 위해, ② 다른 평가의 보장 여부를 알게 되는 것, ③ 병원, 치료 돌봄 센터, 또는 소년원 등 안전하고 더 구조화된 환경이 필요한지를 결정하는 것에 이용한다. 학생들과 부모가 안전의 위협을 받는다면 이에 따라 반응적 서비스를 받을 것이라고 알려 주는 것이다. 그러한 반응적 서비스는 다음과 같은 사항이 필요하다. ① 학생과 확인된 피해자(student-identified victims)에게 필요한 정보를 주는 것에 따라 학생과 상담사의 비밀보장의 원칙이 깨지는 것(예를 들어, 학생, 학생의 부모, 교사, 관리자 등), ② 아동 보호 서비스 센터(Child Protective Services)와 같은 기관에 보고서 작성을 위해 필요한 사항을 정리하는 것, ③ 학생들과 다른 사람들의 안전을 확인하기 위해 제한적인 환경에 학생들을 배치하는 것 등이다. 임상 면접을 통해 획득된 정보는 다른 방식으로 사용될 수 있고, 학생과 부모 모두에게 사용의도가 명확하게 설명되어야 한다. 학생이 어리다면, 전적으로 그 사례와 관련해서 면접을 하는 것에 대해 부모로부터 수기로 작성된 허가서를 받아야 한다. 그러한 허가서는 면접과정을 시작하기 전에 받아야 한다.

학생이나 부모가 참여를 원하지 않으면—우리가 만나는 학생과 부모가 누군가로부터 '드디어 관심을 받는다는 것(finally cares)'에 대해 안도하거나, 혹은 진실되고 소중한 관심을 표현해 준 것에 대해 감사하다고 이야기하는 경우는 드물다—우리는 면접에 참여하지 않는 것이 학생에게 장기간 정학 처분을 내린 학교의 결정을 실제로 정당화해 줄 것이고, 이후 학생이 학교로 돌아오기 위해 요구하는 복잡한 절차의 심리검사와 면접을 거친다고 해도 그들이 학교에 복귀하기에 적합하다고 결론이 나는 것은 아니라는 점을 지적해 준다. 면접에 참여하지 않음으로써 폭력적 행동을 보일 위험이 더욱 높다고 판단된 학생들은 더욱 제한적인 환경에 놓일 수 있는데, 여기에서 이들은 잠재적 폭력성과 관련한 의사 결정을 내리기에 충분한 정보가 수집될 때까지 감시되고 평가될 것이다.

진술의 의도는 협박을 하거나 위협을 하는 것이 아니다. 오히려, 진술은 단지 현실을 반영하는 것이다. 학교 관리자가 평가과정에 참여하기를 거부하는 잠재적 폭력 학생과 자녀에게 참여 요구를 하지 않겠다는 부모를 대했을 때는, 학교는 학생들의 안전을 확인하고 학교의 잠재적인 책임의 위험으로부터 구분을 짓는 과정을 반드시 실시해야 한다. 따라서 학생들이 폭력에 대해 평가를 보장하는 것이 급박한 폭력 위험은 아니라는 것을 결정할 때까지 학생들이 학교로 돌아오는 것은 금지되어야 할 것이다. 이러한 정보를 제시했을 때 그리고 상황의 심각성에 대해 이야기할 때, 대부분의 학생과 부모는 평가의 과정에 따른다.

4) 면접 중 학생에게 힘 실어주기

흔히 잠재적 폭력 학생이나 폭력 학생은 권한을 부여받지 못하고 방어적으로 느낀다. 따라서 우리는 학생들이 임상 면접을 통제할 수 있고 언제든 면접을 중단할 수 있다는 것을 설명해 주어야 한다는 것을 알았다. 아주 드물게 몇몇의 학생들만 임상 면접과정에서 중단을 요청하였다. 학생들에게 그러한 허가 절차와 면접을 중단할 수 있는 권위를 부여해 주면 학생들은 걱정을 덜고 편안해지면서 자신이 평가와 관련된 면접과정을 통제할 수 있다는 것을 상기한다.

만약 학생이 면접 중단을 요청하면, 우리는 그 요구를 수용하고 그 후에 이유를 물어본다. 예를 들면, 학생이 면접을 통해 소진되었는가 또는 특정 질문이 유쾌하지 않은 기억을 떠오르게 했는가? 우리는 종종 면접을 중단한 이유가 잠시 휴식을 취하려는 것인지 아니면 임상 면접을 통해서 다른 구체적인 주제를 논의하고 싶어서인지를 묻는다. 학생들과 함께 시간을 보내면서 위협적이거나 학생들을 괴롭게 하는 것이 아니라면 일상적인 대화를 나누는 시도가 중요하다는 것을 발견하였다. 이러한 우리의 시도는 라포를 형성하고 학생들을 계속적으로 일반적인 대화에 참여시키려는 것이다. 이 같은 시간에 우리는 그들에게 지지적으로 느껴지는 사람들(예를 들면, 친구, 교사, 가족)과 즐거운 활동(예를 들면, 운동, 게임, 비일상적인 활동)에 대해 묻는다. 일단 학생이 다시 한 번 편안함을 느끼고 진행이 가능하다고 느끼면 우리는 임상 면접을 다시 시작할 수 있다. 학생들이 임상 면접을 거절하거나 너무 감정적이되어 힘들어지면, 상담사는 어떠한 질문이 면접을 계속하기 어렵게 만들었는지 기록해 두어야 한다. 예를 들면, 질문이 여자친구 또는 남자친구와 관련된 내용이었나? 그렇다면 이 사람에 대해 더 구체적인 정보를 구하고 그 영역과 관련된 잠재적인 이슈가 중요해진다. 학생이 면접을 계속하지 않으려 하거나 당황스러운 주제 영역에서 응답을 거절하는 경우에는 가족 구성원이나 친구들의 임상 면접을 통해 자료를 확인하는 것이 도움이 된다.

5) 폭력과 관련된 핵심 질문

면 대 면 임상 면접은 중요한 평가의 방법으로 확인되었음이 보고되어 왔고 성공적인 임상치료 장면에서 활용되어 왔다(Vacc & Juhnke, 1997). 가장 흔한 것으로는, 임상 면접은 학생과 상담사의 면접을 통해 평가될 수 있는 특정한 행동, 증상 또는 사건에 초점을 둔다. 이 책과 관련하여 임상 면접의 주제는 학생 대 학생의 폭력과 같은 일상생활을 위협하는 행동에 대한 내용이다. 따라서 질문의 핵심 또는 임상 면접의 중요한 초점은 이번 장에 관련되어 있는 핵심적인 세 가지 영역—빈도, 강도, 지속 기간—그리고 보조적인 약물 사용과 중독의 내용이다.

첫 번째 핵심 영역은 폭력적인 사고의 빈도와 관련되어 있다. 다시 말하면 학생들은 얼마나 자주 다른 사람을 향해 폭력적인 생각을 하는가? 이러한 폭력적인 생각이 드물거나(예를 들어, 일년에 한 번), 가끔(일년에 3~4번) 또는 현저하게 자주(예를 들어,

한 시간에 두 번 또는 그 이상) 일어나는가? 우리는 간단하게 이러한 질문을 한다.

상담사: 알렉스, 네가 브라이언을 칼로 찔러보려는(thoughts of stabbing) 생각을 하게 되었다고 말했잖아. 지금 오전 9시인데, 오늘은 그 생각을 몇 번이나 했니?

학　생: 잘 모르겠어요. 아마 30번 정도 한 것 같아요.

상담사: 그래, 브라이언을 칼로 찔러야겠다는 생각을 오늘 30번 정도 했다는 말이지?

학　생: 예.

상담사: 오늘 몇 시에 일어났니?

학　생: 7시 30분 정도요.

상담사: 그럼 오늘 아침 7시 30분부터 9시까지 브라이언을 칼로 찔러야겠다는 생각을 30번 했다는 말이니?

학　생: 네, 아마도 더 했을 거예요.

상담사: 얼마나 더 했을까?

학　생: 35번이나 40번이요. 그놈을 칼로 찔러야겠다는 생각을 계속 하고 있어요.

상담사: 어제는 브라이언을 찔러야겠다는 생각을 했었니?

학　생: 네. 어제 오후에 브라이언이 내 가방을 훔쳐가는 것을 보았을 때, 혼자서 생각했어요. '나는 그 놈을 찔러 버릴 거야.'

상담사: 그 시간 이전에도 브라이언을 찔러야겠다는 생각을 했었니?

학　생: 아니요. 이러한 생각은 모두 버스에서 그 놈이 내 가방을 가져가는 것을 본 이후에 시작되었어요.

상담사: 네가 어제 버스에서 내린 후 브라이언을 찌르거나 때려야겠다는 생각은 몇 번이나 했니?

학　생: 많이 했죠. 저는 계속해서 그 생각을 하고 있어요. 아마 100번도 넘을 거예요. 저는 잠들 때까지 계속 할 것 같아요. 오늘 아침 일어나서 처음 한 생각이 그를 찔러 버리겠다는 것이었어요. 그놈은 아마 다른 친구들 것도 훔칠 거예요. 그러나 내 물건을 훔치는 일은 이게 마지막이 될 거예요.

이 상담 장면에서 우리는 폭력적인 행동을 생각한 출발점은 브라이언이 이 학생의 가방을 훔쳤다는 믿음에서 비롯된 것이었음을 알 수 있다. 이 학생은 브라이언을 찔러야겠다는 생각을 어젯밤에 '100번도 넘게' 했다고 이야기하였다. 그리고 오늘도 브라이언을 찔러야겠다는 생각을 벌써 30번 또는 그 이상을 하였다.

이처럼 빈번하게 폭력적인 생각을 보이는 것은 확실히 관심을 가질 만한 일이며, 이는 브라이언의 안전을 보장하기 위한 즉각적인 개입이 필요하다는 근거가 된다.

질문의 또 다른 핵심 영역은 폭력적인 사고의 **강도**(strength)와 관련되어 있다. 폭력에 대한 생각의 강도가 그리 대수롭지 않게 여겨지는가("난 브라이언을 한 대 칠지도 몰라.")? 혹은 폭력에 대한 생각의 강도가 너무 강렬하여 그것을 진지하게 되새기는 정도인가("나는 브라이언이 진짜 밉고, 놈을 죽여야 해.")? 폭력에 대한 생각이 극히 강렬할 경우, 학생들은 이러한 생각에 따라 행동 '해야만' 한다고 느낄 수도 있다. 우리는 폭력적인 사고의 강도나 강렬함을 확인하고자 한다. 학생의 나이와 발달단계에 따라, 폭력적인 사고의 강도를 묻는 척도 형태의 질문을 활용하면 좋다. 여기에서 0은 폭력적인 사고를 둘러싼 강렬함이 전혀 없다는 것을 나타낸다. 반대로, 10은 그 강렬함에 휩싸여 자꾸만 폭력에 대한 생각을 곱씹는 것을 나타낸다. 다음의 짤막한 대화를 보며 생각해 보자.

상담사: 알렉스, 여기 0부터 10까지의 숫자가 있는데, 0은 네가 브라이언을 그냥 찔러 보고 싶다고 생각은 하지만 진짜로 그럴 마음은 없고, 이런 생각을 하자마자 금방 잊어버리는 정도를 말해. 그리고 10은 네가 브라이언을 찌를 마음이 있고, 진짜로 브라이언을 찌르겠다고 마음먹고 있는 걸 나타내. 네가 어젯밤에 했던 브라이언을 찌르는 것에 대한 생각은 몇 점 정도니?

학 생: 어느 정도인지 전혀 감이 안 오는데…. 9점 정도인 것 같아요. 브라이언이 그때 내 옆에 있었다면 진짜 찔러 버렸을지도 몰라요. 브라이언을 찌르는 생각을 할 때마다, 저는 "그래, 그 양아치 같은 놈을 칼로 찔러 버리는 거야."라고 스스로 말하고, 그때 그놈이 어떻게 아파할까에 대해 상상해요.

상담사: 그래, 네가 그냥 "난 브라이언을 칼로 찌르면 어떨까 하고 생각해요." 정도

로 말하는 것 같진 않구나. 그렇다면 잠시 다른 것들에 대해서, 혹은 너 스스로에 대해서 생각을 해봐. "그래, 난 지금 브라이언을 칼로 찔러 버리는 것에 대해 생각하고 있어. 그렇지만 진짜로 그러지는 않을 거야. 지금부터 뭔가 다른 걸 생각하도록 하자."

학 생: 맞아요. 저는 그 양아치를 칼로 찔러 버리는 생각을 하고서, 곧 언제 찔러 버릴지, 거기에 누가 있을지를 생각했어요. 그런데 엄마가 제게 전화해서 여동생이 먹을 저녁을 만들라고 했어요. 전 브라이언을 찌르는 생각을 멈춰야만 했죠. 하지만 여동생에게 저녁을 먹이고 나서, 다시 그놈에게 할 일에 대해 그림을 그리기 시작했어요. 아시겠지만, 만화 같은 거예요. 첫 번째 컷에서는 제가 현관에 서 있는 그놈의 뒤를 밟아요. 두 번째 컷에서 저는 그놈을 사물함 쪽으로 밀쳐요. 세 번째 컷에서는 그놈의 목을 향해 칼을 내리꽂아요. 이런 생각을 하는 걸 멈출 수가 없어요.

여기에서 우리는 알렉스가 보이는 폭력적인 사고의 강도와 강렬함이 매우 확고하다는 것을 알 수 있다. 알렉스는 스스로 폭력적인 생각을 매우 강렬하게 경험하고 있음을 보고하였다(즉, 9점). 그는 폭력적인 생각을 계속해서 곱씹고 있다고 말했으며, 여기에는 칼로 찔러 버리는 것에 대한 만화를 그리는 것까지 포함되었다. 만화의 매 컷은 폭력에 대한 알렉스의 계획을 반영하고 있다. 이와 같은 강렬함은 즉각적인 개입이 필요함을 다시 한 번 보여 준다.

마지막으로 고려해야 할 핵심영역은 지속 기간(duration)이다. 폭력적인 사고의 지속 기간과 강도가 처음에는 서로 겹치는 개념인 것처럼 보일 수도 있으나, 지속 기간은 특히 학생이 폭력적인 행동에 대해 생각하는 데에 쓰는 시간의 총합에 관한 것이다. 다시 말해서, 학생들이 폭력적으로 행동하는 것에 대해 생각할 때 얼마나 많은 시간을 할애하는가? 단순히 스치듯 지나가며 생각하는 것인가, 아니면 폭력을 저지르고자 하는 생각에 계속해서 머물러 있는가? 그러므로 우리는 폭력에 대한 생각이 그저 스치듯 지나가는 것인지 아니면 계속해서 유지되는 것인지를 판단해야 한다. 폭력에 대한 지속적인 생각이나 반추는 보통 폭행을 어떻게 실행에 옮길지에 대한 정교한 계획으로 이어진다. 폭력에 대한 상세한 계획은 의도적인 폭행에 대한 지속적인 주의를 요구한다. 이러한 지속적인 주의는 일정한 시간 혹은 기간이 필요하다. 다음으로 우리는 알렉스가 폭력에 대해 얼마나 오랫동안 반추하는지를 묻는 대화를 살펴볼 것이다.

> 상담사: 칼로 브라이언을 찌를 생각을 처음 했던 때에, 얼마나 오랫동안 그 생각을 했었니?
>
> 학　생: 생각하는 걸 멈출 수가 없었어요.
>
> 상담사: 무슨 뜻이니?
>
> 학　생: 그건 "젠장, 난 그 양아치를 작살내서 그놈이 내 가방을 훔친 대가를 톡톡히 치르게 할 거야."라는 뜻이죠. 아시다시피 전 거기 앉아서 계속 그 생각만 했어요.
>
> 상담사: 그래서 네가 브라이언을 칼로 찌를 생각을 할 때마다 얼마나 오래 그 생각을 하고 있니? 아마 많이 해 봐야 한 30초에서 1분?
>
> 학　생: 아뇨. 전 거기 앉아서 그 생각을 하고 또 해요. 전 족히 30분은 넘게 앉아 있으면서 제가 얼마나 그놈한테 화가 났는지, 그리고 제 물건을 훔친 그놈의 머리통을 제가 얼마나 처부수고 싶어 하는지를 생각해요.
>
> 상담사: 그러면 어젯밤에 잘 때에도 브라이언을 칼로 찔러 버리는 것에 대해 생각했었니?
>
> 학　생: 전 잠도 못 잤어요. 그놈이 저한테 했던 짓들이랑, 어떻게 하면 그놈이 제게 한 일에 대해 대가를 치르게 할지 계속 생각했어요. 전 스스로에게 '잠을 좀 자야 하니까 그놈을 처부술 생각은 잠시 접어두자.'라고 밤새 생각했어요.

　폭력에 대한 알렉스의 생각은 지속 기간 영역에서도 상당히 심각하였다. 폭력에 대한 세 가지 핵심 질문, 즉 빈도, 강도, 지속 기간에 대한 반응에 근거해서 생각해 보았을 때, 알렉스가 브라이언에게 분명하고 급박한 형태로 위협을 제기하고 있다는 점은 의심의 여지가 없다.

약물의 남용과 폭력 영역은 최근 몇 년 사이에 중요한 문제로 대두되었다. 특히 우리는 학생들이 약물을 섭취하였을 때 폭력에 대한 생각과 이를 행동으로 옮기는 것 사이에 강한 상관관계가 존재한다는 것을 밝혀냈다. 우리는 잠재적 폭력 학생을 평가할 때, 우선 알코올 남용의 가능성부터 알아보았다. 물론 어떠한 약물을 섭취했든 간에, 그것은 학생을 폭력적으로 만든다. 하지만 알코올을 남용하는 학생의 경우 충동성의 증가, 자기통제와 경계를 짓는 능력의 감소, 언어를 효율적으로 구사하지 못함, 공격성의 증가, 논쟁적이고 공격적인 행동 경향 등의 특성을 보인다는 점에 주목하였다. 분명 술을 마신 모든 학생이 폭력적이 되는 것은 아니다. 하지만 술을 마신 학생 중 상당수가 폭력적인 방식으로 행동한다. 그러므로 알코올을 남용하는 학생의 폭행 위험성은 증가되어 있다고 할 수 있다.

우리는 폭력 학생, 혹은 잠재적 폭력 학생에 대한 약물남용 평가를 알코올에 대해서뿐만 아니라, 특히 학교 폭력과 관련되어 있다고 보는 다른 두 가지 약물군(群)에까지 확장하였다. 첫 번째 약물군은 코카인이나 메탐페타민과 같이 과잉 행동성과 초조함을 증가시키는 중추신경계(central nervous system: CNS) 흥분제다. 어떤 학생은 CNS 흥분제에 취해 있으면 마음이 '요동친다'고 보고한다. 이와 같은 흥분은 부당함에 대한 지각과 다른 사람에 대한 폭행에 대해 곱씹을 가능성을 증가시킨다고 보고 있다. 시간이 흐르면서, 이러한 CNS 흥분제 남용은 편집증, 편집적 망상, 환각 등의 결과로 이어질 수 있고, 이들은 모두 폭력적 행동의 증가에 영향을 미칠 수 있다.

두 번째 약물군은 흔히 스테로이드로 알려져 있는 아나볼릭-안드로게닉 스테로이드(anabolic-androgenic steroid)다. 테스토스테론은 가장 널리 알려져 있는 스테로이드로, 개별 세포의 단백질 합성을 통해 근육의 성장을 촉진한다. 공격성, 폭력성 그리고 '스테로이드성 분노(roid rage)'는 스테로이드 사용과 상호 연관되어 있다. 스테로이드를 남용하는 학생은 잠재적 폭력의 발생 때문에, 이와 같은 남용에 대해서는 철저히 조사해야 한다.

지나친 허세(extreme bravado)는 앞에서 논한 세 가지 약물을 남용하며 잠재적 폭력 학생에게서 발견되는 중요한 임상적 특징인데, 특히 CNS 흥분제와 스테로이드

제의 경우에 더욱 그렇다. 그들은 때로 '우리를 뚜껑이 열리게 만든다.' 그들은 그 자체로 위협적이며, 반항을 하는 것으로 위협감을 주고자 한다. 솔직히 말해서 학생들이 이렇게 행동하면 일촉즉발의 상황이 펼쳐진다. 이러한 지나친 허세에 부딪히는 동시에 약물남용 역시 관찰된다면, 해당 학생에게는 중독치료를 동반하는 제한된 환경이 제공되어야 한다.

6) 폭력 혹은 잠재적 폭력 학생에 대한 투사적 · 순환적 · 지시적 질문

다음으로 우리는 특별히 효과적이었던 세 가지 면 대 면 임상 면접 기술을 소개하고자 한다. 투사적, 순환적 그리고 지시적인 질문이 바로 그것이다. 각각은 폭력 학생, 잠재적 폭력 학생이 주위의 중요한 타인(예를 들어 아버지, 형제자매, 교사, 코치 등)을 어떻게 지각하는지 중요한 정보를 준다. 이 기술들은 손쉽게 사용할 수 있고, 배우는 데에 많은 시간이 걸리지 않는데도 이 기술에서 얻을 수 있는 잠재적인 이익은 매우 크다.

그러나 학생들의 응답이 종종 사실이 아닌 그들의 지각에 근거한다는 것을 기억해야 한다. 다시 말해서, 학생들의 지각이 완전히 부정확한 것이라 해도 그것이 그들의 '현실'이다. 그리고 그들의 잘못 지각된 현실은, 그것이 아무리 부정확하고 왜곡되어 있다고 해도 치료를 심각하게 방해할 수 있다. 따라서 부정확한 지각이 아름다워 보인다고 해도, 그것은 치료 계획을 수립하고 중요한 타인과 도움이 될 가능성이 있는 작업 동맹을 구축하는 데 고려사항이 되어야 한다. 잘못된 지각을 인식하는데에 무관심하거나 실패하는 것은 치료의 진행을 방해하는 잘못된 치료 계획과 부적절한 치료 동맹을 낳는 결과로 이어질 수 있다.

흥미롭게도, 잘못된 지각을 바로잡으려고 하는 시도가 항상 최선의 방법은 아닐 수도 있다. 사실은 잘못된 지각을 변화시키려는 시도가 학생들의 소중한 치료시간, 자원 그리고 에너지를 빼앗아 가는 경우가 있다는 것이다. 어떤 학생들은 당신이 그들의 잘못 인식하고 있는 '현실'을 수정하려는 행동에 대해 그들이 신뢰하지 않고 싫어하는 사람들과 같은 편이라고 생각하고는 치료과정에서 철수하는 행동을 보이기도 한다.

예를 들어, 우리는 자신의 새아버지가 자신을 증오한다고 믿고 있는 열네 살짜리 학생을 상담한 적이 있다. 물론, 그 새아버지가 나를 완전히 속였을 가능성도 있다. 하지만 우리가 유심히 관찰한바, 그는 의붓아들의 약물남용 행동과 또 난폭한 행동을 감소시키기 위해 매우 헌신적인 태도를 보였다.

학생의 잘못된 지각을 직면하는 데에 엄청난 시간과 에너지를 쏟아 붓고 나서야 우리는 이러한 노력이 치료를 방해하고 있다는 것을 깨달았다. 그래서 우리는 이 학생이 누구를 신뢰할 수 있는지 가장 잘 알고 있다는 추정 대신, 투사 질문법을 사용하여 학생이 믿고 소중하게 여기는 사람이 누구인지를 알아보기로 하였다. 학생의 새아버지 대신 학생이 스스로 중요하다고 말하는 사람을 치료과정에 참여시키자 치료는 곧 향상되었다. 만약 계속해서 학생에 대한 새아버지의 헌신이 진짜인지 아닌지를 확인해 보려는 노력만 했다면 틀림없이 그 학생은 우리가 새아버지와 한통속이 되어 자신을 벌할 거라고 믿었을 것이고, 결국 치료에서 완전히 철수했을 것이다.

(1) 투사적 질문

투사 질문법을 사용하는 상담사들은 일반적으로 학생들에게 어떤 사람(예: 부모, 형제, 교사)이나 경험(예: 폭력성 평가 참여를 법정에서 요구받은 경험), 혹은 폭력적인 행동(예: 싸움)이나 진정시키는 행동(예: 호흡 훈련)을 1~5개의 단어를 사용하여 설명해 보라고 한다. 폭력 학생이나 잠재적 폭력 학생을 상담할 때에 투사 질문법을 사용하는 가장 큰 의도는 학생의 지각이 무엇이고 그것이 효과적인 치료를 위해 어떻게 사용될 수 있는지 더욱 잘 이해하고자 함이다.

투사 질문법에서 자주 쓰이는 질문은 다음과 같다.

상담사: 4개의 단어로 너희 어머니를 한 번 설명해 보겠니?

여기에서 질문의 의도는 학생이 자신의 어머니를 어떻게 지각하고 있는가를 알아보기 위함이다. 학생의 대답에 따라 어머니가 치료 초기에 얼마나 참여하는 게 좋은

지 알 수 있다. 예를 들어, 학생이 자신의 어머니를 '없애고 싶은', '혐오스러운', '역겨운', '강요하는'이라고 설명한다면 상담사는 우선 어머니의 적극적인 참여는 배제하고 개인 상담을 진행하는 것이 바람직하다. 반대로 학생이 어머니를 '지지적인', '사랑이 많은', '항상 나를 위해 있어 주는', '친절한'이라는 단어로 보고하였다면 초기 회기 중 어머니를 참여시키는 것이 도움이 될 수도 있다. 따라서 투사 질문법은 자신의 환경에 있는 다른 사람들을 설명하고 그들의 가장 시급한 요구를 어떻게 다루어 줄지를 알려 주는 방법이 될 수 있다.

또한 투사 질문법은 학생의 통찰을 증진시키고 그들이 어떻게 폭력적인 행동을 경험하는지 알아볼 수 있게끔 한다.

> 상담사: 3개의 단어로 네가 손을 때렸을 때의 느낌을 설명해 보겠니?

만약 학생이 '힘이 있는', '통제력 있는', '만족스러운'이라고 말한다면 상담사는 그런 유사한 느낌을 유발하는 다른 행동에 대해 묻는 것으로 진행할 수 있다.

> 상담사: 네가 답한 대로라면 너는 손을 때렸을 때 힘이 있고 통제력이 있다는 느낌을 받았던 것 같구나. 살면서 네가 폭력적으로 행동하지 않아도 힘이 있고 통제력이 있다는 느낌을 받았을 때를 떠올려 보고 이야기해 주렴.

여기에서의 의도는 학생들이 난폭한 행동을 하지 않아도 유사한 긍정적인 정서를 경험한 때를 찾아내도록 하는 것이다. 학생이 "저는 힘이 있거나 통제력이 있다고 느낄 때가 없어요."라고 말한다면, 공격적이지 않으면서 학생에게 힘을 실어 줄 수 있는 행동을 찾아 연습하고 나중에 사용할 수 있도록 도와준다.

(2) 순환적 질문

순환적 질문법은 학생들의 지각과 신념에 대해 질문한다는 점에서 투사 질문법과 유사하다. 하지만 이번에는 학생들에게 다른 사람들이 보는 자신에 대해 이야기하도록 한다. 여기에서의 의도는 다른 사람에 대한 학생의 인식이 아니라 다른 사람들이 자신을 어떻게 경험하고 있다고 생각하는지를 알아보는 것이다. 순환적 질문법은 임상 면담과정에서 매우 중요한데, 이 질문법은 자신이 어떤 강점을 가지고 있다고 다른 사람들이 생각하는지에 대한 학생의 생각을 끌어내고 키울 수 있기 때문이다. 또한 학생들은 다른 사람이 생각하는 자신의 약점이 무엇인지에 대해 생각해 보는 시간을 가진다.

종종 학생들은 자신에 대한 좋지 않은 말에는 상당한 무게를 주는 반면, 다른 사람들이 칭찬을 하는 것은 이내 무시해 버린다. 순환적 질문법은 주목된 강점이 사용되고 발전되도록 하면서, 좋지 않은 지각을 발견하여 없애거나 개선되어야 할 부분을 명확하게 한다.

순환적 질문법을 시작할 때에는 학생이 무엇을 가장 중요하게 생각하는지 알아보아야 한다. 이를 위해 다음과 같은 간단한 질문을 사용할 수 있다.

> 상담사: 로사, 너에게 가장 중요한 사람 3명을 꼽아 보겠니?

학생에게 중요한 세 사람을 알아본 후, 다시 학생에게 그 사람들이 자신에 대해 어떻게 생각하고 있다고 보는지를 알아본다. 우선 학생이 가장 중요하게 생각하는 사람부터 시작하여 세 번째까지 진행한다. 상담사는 다음과 같이 말할 수 있다.

> 상담사: 로사, 너는 아빠가 너의 삶에서 가장 중요한 사람이라고 하였어. 만약에 아빠가 지금 여기에 앉아 계신다면 너의 최고 좋은 점과 능력은 무엇이라고 말씀하실까?

이것은 매우 중요한 질문이다. 자신이 중요하다고 생각하는 사람이 자신의 좋은 점과 능력을 무엇이라고 말할지 생각해 보도록 만들기 때문이다. 이후, 상담사는 상담과정에서 이런 특성과 능력을 향상시키는 데 도움을 주는 작업을 할 수 있다. 예를 들어, 로사는 아빠가 자신을 총명하고 똑똑하며 친절하다고 말할 것이라고 했다

고 하자. 그러면 상담사는 학생에게 폭력이 아닌 자신의 좋은 점과 능력을 사용하여
바라는 인생 목표를 달성하는 방법을 모색하도록 할 수 있다. 이 활동은 학생의 지
각된 특성과 능력을 사용하여 폭력적인 행동을 성취감을 주는 비폭력적인 행동으로
대체하고자 하는 데에 초점이 있다.

만약 학생이 타인의 입장에서 자신의 긍정적인 점이나 능력을 이야기하기 어려워
한다면 대화를 이렇게 시작할 수 있다.

> 상담사: 너에게 중요한 이 사람이 네가 가진 좋은 점이나 능력을 뭐라고 말할지 잘
> 모르는 것 같구나. 그럼 다른 방식으로 한번 생각해 보자. 너는 아빠가 네
> 안에서 어떤 좋은 점이나 능력을 보셨으면 좋겠니?

여기에서는 학생이 자신에게 중요한 사람으로부터 어떻게 인식되기를 바라는지
에 대해 알아본다. 그런 특성과 능력을 나열한 후, 상담사는 다음과 같은 질문을 하
며 진행할 수 있다.

> 상담사: 로사, 선생님은 좀 궁금해지네. 네가 어떻게 하면 너에게 중요한 사람들이
> 네 안에 있는 좋은 점과 능력을 알아보기 시작할 수 있을까?

이 시점부터 상담사는 학생이 언급한 특성과 능력을 잘 드러내는 방법에 대해 알
아볼 수 있도록 도움을 준다.

마지막으로, 상담사는 순환적 질문법을 통해 학생들에게 자신의 폭력적인 행동이
자신을 어떻게 바라볼까 묘사해 봄으로써 새로운 행동을 격려할 수 있다. 내담자가
다른 사람의 역할을 해 보는 '빈 의자 기법'처럼 순환적 질문법 또한 학생이 자신의
폭력적인 행동이 되어 보는 기회를 제공하고, 폭력적인 행동이 학생을 어떻게 경험
하거나 바라보는지에 대해 알아본다.

> 상담사: 레지, 너의 폭력적인 행동 때문에 학교에서 정학당한지 벌써 두 번째네. 너

는 대학에 가서 변호사도 되고 돈도 많이 벌고 싶다고 했어. 그런데 학교에서 또 다른 싸움을 벌이고 해리스 교감선생님을 협박해서 정학당하고 성적도 점점 나빠지고 있어. 어머니는 네 싸움 때문에 우셨고, 네 동생은 네가 학교에서 더 이상 싸우지 않았으면 좋겠다며 운다고 했지? 여기에서 만약 '싸움'이 말을 할 수 있다면, '싸움'은 너를 어떻게 설명할까?

레지가 만약 싸움이 자신을 약하고 바보 같다고 말할 것이라고 하면, 대화는 다음과 같이 진행될 수 있다.

상담사: 네가 사실은 강하고 똑똑하다는 것을 '싸움'이 알 수 있도록 하려면 어떻게 행동해야 할까?

질문의 목적은 학생들이 폭력적이지 않은 행동을 시작하고 폭력적이지 않은 행동을 위해 최선을 다한다는 것의 지표가 될 수 있는 새로운 행동을 확인해 보는 것이다.

(3) 지시적 질문

지시적 질문법은 학생들에게 자신과 폭력적인 행동 그리고 현재의 걱정에 대해 질문하는 것이다. 다시 말하면, 다른 사람들이 그들을 어떻게 생각하는지 또는 상담사가 현재의 폭력적인 행동에 대해 어떻게 도울 수 있는지를 묻는 것이 아니라 학생들은 상담사의 직접적인 질문에 응답해야 한다. 전형적인 대화 방식은 다음과 같다.

상담사: 존, 나는 네가 다른 사람들이 너를 폭력적인 아이라고 인식한다고 생각한다는 것을 들었어. 그리고 네가 그 사실을 좋아하지 않는다는 것도 말이야. 너의 말에 따르면, 너의 친구였던 몇 명의 아이들은 너의 폭력적인 행동 때문에 더 이상 너와는 친구관계를 이어가고 싶어 하지 않는다는 말이구나. 그렇다면 내가 궁금한 것은 이거야. 너는 이전의 폭력적인 행동을 폭력적

이지 않은 행동으로 바꿀 준비가 되었니?

이러한 질문으로 상담사는 학생의 직접적인 자기보고를 듣고, 이는 학생들이 자신의 신념과 걱정에 대해 중요한 정보를 제공하는 기회를 허락한다는 면에서 특별한 강점이 있다. 자기보고는 모든 임상 면접에서 중요하다. 왜냐하면 상담사가 학생들의 상담에 대한 관여 정도와 치료에 참여할 의사를 확인하는 데 도움이 되기 때문이다.

따라서 앞의 예를 사용한 경우에 만약 존이 "아니요, 나는 사람들을 때리는 일을 그만두지 않을 것이고 그 애들 얼굴을 때려 줄 거예요."라고 한다면 상담사는 다음과 같이 답할 수 있다.

> 상담사: 존, 나는 조금 혼란스럽다. 너는 나에게 너의 싸움 때문에 가까운 몇 명의 친구를 잃었다고 이야기했잖니? 또한 네가 찰리의 팔을 부러뜨려서 그가 더 이상 친구로 지내는 것을 원하지 않는다고 이야기를 했어. 그 전에 너는 어머니께서 경찰을 불렀고 네가 주먹으로 여자 친구의 얼굴을 때리고 죽이겠다며 위협을 해서 그 여자 친구 집에서 쫓겨났다고 이야기했지. 폭력적인 행동을 계속하는 것이 너에게 어떻게 이로운지 내가 이해할 수 있도록 해 주렴.

여기서 상담사는 학생이 폭력적인 행동을 변화시키려 하지 않는다는 이야기를 한 것에 직면시키기 위해 이전의 지시적인 질문으로 획득한 정보를 사용하고 있다. 이 부분의 의도는 존이 자신의 행동이 변화하기를 원한다고 이야기했던 것을 이해시키고, 지난 과거와 현재의 진술과 관련된 있을 수 있는 인지적 불일치를 만들어 내는 것이다.

반대로 이야기하면, 존은 다음과 같이 대답해야만 한다. "선생님이 알아요? 나는 이전의 폭력적인 행동을 새롭고 비폭력적인 행동으로 바꿀 준비가 되었다고요." 상담사는 지시적인 질문을 통해 다시 응답할 수 있다.

상담사: 나는 네가 오래된 행동 방식을 새롭게 좀 더 효과적인 행동 방식으로 바꾸고 싶어한다는 것을 알게 되어 기쁘단다. 제일 먼저 포기할 오래되고 폭력적인 행동은 무엇이니? 그리고 어떻게 폭력적이지 않은 방식으로 새롭게 상호작용할 수 있을까?

이 사례에서 다시 한 번 상담사는 존이 앞으로 변화시킬 행동을 확인하기 위해 지시적인 질문을 사용하고 있다. 동시에, 지시적인 질문은 존이 새로운 행동 목록을 확인하는 기회가 된다. 그는 다시 폭력적으로 변하고 싶다는 것을 인식할 때마다 이러한 비폭력적인 행동 목록에서 빠르게 선택할 수 있을 것이다.

2. 면 대 면 임상 면접에서 사용하는 VIOLENT STUdent 척도

1) VIOLENT STUdent 척도의 위험 요소

지금까지 면 대 면 임상 면접에 관련된 많은 내용을 살펴보았다. 또한 당신은 일상적인 대화와 면 대 면 임상 면접의 차이점을 알게 되었고, 일반적인 면 대 면 임상 면접의 잠재적인 이점에 대해 살펴보았으며, 우리의 임상 면접의 경험과 임상 면접으로 내담자에게 힘을 실어 주는 것, 그리고 구체적인 면 대 면 임상 면접의 구성 요소를 어떻게 사용하는지 배웠다. 여기서 우리는 폭력 질문의 핵심에 대해 초점을 두고 투사적, 순환적 그리고 지시적인 질문 기술의 사용 방법에 대해 살펴보았다. 당신이 살펴본 앞의 모든 정보를 고려할 때 당신은 구체적인 반구조화 임상 면접이 보장되는지가 궁금할 것이다. 그 대답은 당연히 그렇다이다.

심지어 아주 최상의 환경 여건에 있더라도, 폭력 학생 또는 잠재적 폭력 학생과의 면 대 면 임상 면접은 스트레스가 될 수 있다. 학생들은 여러 가지로 다른 방식을 나타낼 수 있다. 종종 그러한 회기는 급하게 시작되고, 상담사는 폭력 성향의 평가를 그날 실시할 필요가 있다는 것에 대해 사전 안내를 거의 받지 못한다. 어떤 상담사라도 질문할 내용의 유형에 대한 명확한 이해 또는 학생의 즉각적인 요구와 관련하여 논리를 만들거나 의사 결정에 정보가 되는 최소한의 정보를 수집하지 않은 상태에서 폭력에 대한 평가를 시작하기를 원하지 않을 것이다. 따라서 구체적으로 학생의 과거와 현재의 행동, 감정, 인식 그리고 신념에 대한 적절한 정보를 조직하고 신중하게 수집하는 것은 핵심적인 자료를 수집하도록 해 준다. 반구조화된 임상 면접으로 평가를 하고 학생의 가장 큰 요구사항에 반응하는 데 필요한 근본적인 질문을 얻을 수 있다.

VIOLENT STUdent 척도에 대해 자세하게 살펴보기에 앞서 법적인 상담에 대한 마지막 논의를 하고자 한다. 학생들이 해를 입히거나 부상을 입을 가능성이 있는 어떤 상황에서든 항상 학교의 관련 부서에 알려야 한다는 것을 기억해야 한다. 앞서 제시된 중재는 해당 주 법무 부서의 컨설테이션과 허가 이전에 실시되어서는 안 된다. 특별히 주의 법적인 상담은 사례와 관련하여 주, 학교, 학교 상담사, 학생 그리고 정신건강 팀의 잠재적인 책임의 위험에서 보호될 수 있도록 사례에 대한 모든 법적인 요소를 고려해야만 한다. 상담사로서 우리는 잠재적인 책임의 위험에 대해 가끔 잊을 때가 있다. 임상적 중재나 평가는 법적인 상담의 권한이 부여된 이후에 실시되어야 한다. 그러한 권한 부여가 없다면, 학교 상담사는 감정적, 전문적, 개인적 그리고 재정적인 비용을 야기하는 법적인 고립 상황에 놓일 수 있다.

The VIOLENT STUdent 척도([그림 6-1] 참조)는 Juhnke가 개발하고 2000년에 출간되었다. Juhnke는 학교 상담사가 면 대 면 임상 평가 중에 쉽고 빠르게 이용할 수 있는 비이론적이고, 반구조화된 폭력 평가 척도를 만들고자 하였다. VIOLENT STUdent 척도의 적절한 사용은 최소한으로 중요한 폭력 위험 질문을 하는 것이다. 이 척도는 잠재적 폭력 학생이 실제 폭력 행동을 보일 위험성을 알리고 일반적인 임상적 개입의 안내 역할을 할 수 있다. 미국 US Department of Education and Justice, Federal Bureau of Investigation's national Center for the Analysis for Violent Crime, Critical Incident Response Group(Supervisory Special Agent Eugent A. Rugala, personal communication, August 31, 1998)이 연구한 바로는 이 척도는 열 가지의 폭력 요소 군집으로 구성되어 있다(Dwyer, Osher, & Warger, 1998). 이러한 고위험 요소 군집은 다

Violent or aggressive history

Isolation or feelings of being isolated

Overt aggression toward or torturing of animals

Low school interest

Expressions of violence in drawing or writing

Noted by peers as being different

Social withdrawl

Teased or perceptions of being teased, harassed, or 'picked on'

Use of firearms that is inappropriate or inappropriate access to firearms

[그림 6-1] VIOLENT STUdent 척도

음과 같으며 각 요소가 포함된 이유도 간단히 요약하였다.

(1) 폭력적이거나 공격적인 성향의 이력

폭력적이거나 공격적인 이력이 있는 학생들은 다른 사람을 향해 폭력이나 공격을 행할 위험 가능성이 크다. 그러한 특성은 잠재적인 폭력성 또는 공격적인 행동의 위험성을 증가시키는 것으로서 이 척도의 내용에 포함되었다.

(2) 고립감 또는 혼자라는 느낌

스스로를 고립시키거나 친구가 없는 것으로 보이는 대부분의 학생은 폭력적이지 않다. 그러나 고위험 요소에 대한 군집 분석결과에서는 잠재적인 폭력성이 증가한다고 보았다. 폭력에 대한 잠재성이 증가한다고 제안된 고위험 요소의 군집에서는 고립되거나 혼자라는 느낌이 다른 동료에게 폭력적으로 행동하는 학생들과 연관될 수 있음을 제안하였다. 이러한 이유로 스스로를 고립시키거나 혼자라는 느낌을 보고하는 학생은 큰 위험에 처해 있는 것으로 간주해야 한다.

(3) 동물에 대한 공격성 또는 동물에 대한 고문

동물에게 공격성을 보인 학생 또는 동물을 고문하는 학생은 폭력성과 높은 상관을 나타냈다. 따라서 이러한 요소 중 하나를 나타내는 학생은 폭력의 위험성이 증가하고 있다고 생각할 수 있다.

(4) 학교에 대한 흥미 저하

이러한 위험 요소는 그 자체로는 폭력적인 행동을 불러일으키지 않는 다양한 층위의 이유에서 비롯될 수 있다. 하지만 학교에 대한 흥미가 저하된 학생은 이러한 범위 내에 다른 가능한 폭력 관련 위험 요소와 결합하여 그들이 원하는 것을 수행할 능력을 가지지 못할 뿐 아니라 이러한 무능함에 좌절감을 느낄 수 있다. 더욱이 이들은 자신보다 더 잘 수행하는 사람들을 보고 자신을 하찮게 여길지도 모른다. 또한 수행을 증가시켜야 했을 때 또는 높은 수준에서 수행하는 사람들로부터 괴롭힘을 당한다고 느낄 때 폭력적이 될지 모른다. 이러한 이유로 이 요소가 포함되었다.

(5) 그림과 글쓰기로 폭력의 표현

폭력 학생은 그림과 글쓰기를 통해 폭력적으로 행동하기 전에 자신의 의도를 간접적으로 나타내고는 한다. 이러한 폭력의 표현은 즉각적으로 평가되어야 하고 쉽게 묵살되어서는 안 된다.

(6) '다른' 존재로서 동료들에게 주목되는 것

학생 폭력 이후 대부분 나쁜 일을 저지른 학생은 또래와 다른 것으로 취급되고, 다르다고 생각하는 집단과 연관된 것처럼 보일 것이다. 또래에게 '이상하고', '낯설고', '엽기적인' 것으로 인식되어 버리는 이러한 경향은 위험을 증가시킬 수 있다.

(7) 다른 사람을 향한 폭력 위협

다른 사람에게 가하는 어떤 폭력 위협도 즉각적으로 평가되어야 하고, 적합한 개입 행동은 안전성을 확신하기 위해 행해져야 한다. "나는 그를 죽여 버릴 거야."와 같은 직접적인 위협 '뿐만 아니라' "오늘 아침을 맘껏 즐기도록 해. 왜냐하면 오늘 3교시 이후로는 그것이 끝날 거니까."라는 은근한 위협도 분명히 부적합한 것이며, 즉각적으로 평가가 행해져야 한다.

(8) 사회적인 철수

동료와 가족의 지지로부터의 철수는 학생들에게 여러 가지 많은 문제(예를 들어 우울, 무기력 등)를 유발하고 더 많은 평가와 개입을 요구한다. 사회적 철수가 다른 위험 요소와 결합되었을 때 타인에 대한 잠재적인 폭력의 신호가 될 수 있다.

(9) 놀림을 당하거나 희롱, 괴롭힘을 당하는 것에 대한 인식

폭력 학생들은 종종 비난에 극도로 예민하다. 이들은 폭력을 행한 대상에게서 놀림을 당하거나 희롱, 괴롭힘을 당한 것으로 인식하고 있다. 이처럼 극도로 예민한 학생들이 다른 눈에 보이는 위험 요소를 함께 드러낼 때 폭력의 위험성이 증가한다.

(10) 소형 화기의 부적절한 사용과 접근

소형 화기를 부적절하게 사용하거나(예를 들어 버스, 비행기, 사람 등에게 쏘는), 소형 화기에 대한 접근성이 높은 학생은 폭력적으로 행동할 가능성이나 치명성의 정도도 높다. 이러한 위험 요소가 다른 위험 요소와 결합되면 폭력에 대한 잠재성이 훨씬 더 커진다.

2) VIOLENT STUdent 점수 측정과 개입 지침

소개된 각각의 위험 요소는 0(위험 요소가 전혀 없음)부터 10(명백한 위험 요소가 있음)까지 점수를 받을 수 있다(〈표 6-1〉 참조). 이 개입 지침은 점수의 총합에 기반을 두며, 0에서 100까지의 범위에 걸쳐 있다. 이 척도의 사용 목적은 학교 상담사의 임상적 판단을 돕기 위한 것임을 명심해야 한다. 즉, 학교 상담사의 임상적 판단이 이 척도와 개입 지침을 대신할 수 있다. 그리고 폭력적이지 않은 일반 학생군에 대해 이

〈표 6-1〉 VIOLENT STUdent 척도와 일반 임상 지침

점수	임상 지침
70점 이상	일반적인 학교 환경에서 즉시 철수되어야 하고 구조화된 생활 환경이 요구된다.
40~69	면밀한 추수 상담이 요구된다. 부모나 보호자와 협력하고, 공식적인 심리테스트가 필요하며, 학생의 다음의 상황에 따라 구조화된 생활 환경의 조치가 평가 및 고려되어야 한다. (a) 상담참여의 의사, (b) 추수 조치에 대한 협력과 해를 끼치지 않겠다는 약속을 성실히 지키는 것, (c) 가족의 지원.
10~39	스스로와 다른 사람에 대한 즉각적인 위험에 대해 평가하라. 상담과 추수 상담이 요청되고 강력하게 촉구된다. 부모와 접촉하는 것이 필요하고, 필요하다면 심리검사가 행해질 수 있고, 해를 끼치지 않겠다는 약속이 필요하다.
0~9	다음의 판단을 위해서 임상 슈퍼바이저와 동료 전문가들과 논의하라. (a) 학생들은 겉으로 긍정적 · 비폭력적 방식으로 자신을 드러내놓으려고 애쓰는 것이고 더 많은 공식화된 심리 평가와 추수 개입이 필요한 것인지, (b) 어떻게 도움이 필요할 때 상담사를 접촉할 정보를 학생에게 제공할지.

*주의: 폭력 위험 평가(Violence risk assessment)는 복잡한 절차이며, 모든 사람의 폭력적인 성향을 감별할 수는 없다. The VIOLENT STUdent Scale은 폭력적 성향을 가진 사람을 모두 감별해 주지 못하기 때문에 단일 평가의 결과만으로 폭력 위험을 측정하거나 중재를 제안하지 않는다. 이 척도와 제안된 지침은 전체 평가를 이루는 하나의 구성요소에 불과하다. 다중 평가요소는 전문적인 폭력 평가, 위험 및 안전위원회(safety committee)를 포함한 폭력 평가 절차로 이루어진다. 안전위원회는 다양한 전문가, 임상 슈퍼바이저, 변호사, 내담자 또는 학생의 옹호자로 구성되어 있다.

척도를 적용하면 수용하기 어려운 정도의 거짓 긍정응답 확률을 가져올 수 있다. 따라서 척도는 폭력 행동의 위험에 있는 것으로 보이는 학생들에게만 사용해야 한다. 해당하는 일반적인 임상 지침은 학교 상담사와 다른 정신건강 전문가가 학교 담당 법률 부서의 컨설팅 후에 논리적으로 결정한 최소한의 돌봄의 기준을 나타낸다. 학교 상담사, 정신건강팀, 법률 상담사는 척도의 일반적인 개입 지침이 너무 늘어지고 현재 학생에게 가장 적합하다고 보는 기준이 아니라고 판단되면 개입 지침을 적절히 조정해야 하고, 학생들은 즉각적인 폭력 위협에 가장 잘 들어맞는 제한적인 환경에 있도록 해야 한다.

따라서 폭력적인 행동의 위험이 있는 것으로 보이는 학생인데도 0에서 9점 사이의 낮은 점수를 받은 자신이 비폭력적인 방식으로 잘 행동하고 있다고 나타낼 만한

좀 믿기지 않는 반응을 할지 모른다. 이러한 점수는 학생이 폭력 위험 요소가 없음을 나타낸다. 이와 같은 낮은 점수의 핵심 문제는 원래 폭력 평가로 이끌었던 학생의 폭력 위험과 관련된 상담사의 초기 관심과 위험을 거의 초래하지 않을 것으로 보이는 학생의 현재 점수 사이의 불일치에 있다. 이때 임상 슈퍼바이저와 동료 전문가를 통한 컨설팅은 원래 걱정하던 부분이 발견되지 않은 것인지, 척도에 대한 학생들의 반응이 의심스러운 것인지를 명확하게 하는 데에 도움이 된다.

상담사의 원래 걱정했던 부분이 발견되지 않았을 뿐이라면 학생들은 나중에 분노나 다른 사람을 해치고 싶은 마음이 생겼을 때 어떻게 상담사에게 연락을 해야 하는지 구체적인 정보를 제공받아야 한다. 현재 상황뿐만 아니라 자신이나 다른 사람을 해칠 수 있는 위험이 있는지 평가하기 위해 두 차례의 사후 모임이 이루어져야 한다. 첫 번째 사후 모임은 첫 번째 평가 후 24시간 내에 이루어져야 한다. 두 번째는 첫 번째 사후 모임 이후 48~72시간 사이에 일어나야 한다. 학교 상담사는 이러한 조치와 평가결과를 잘 기록해 놓아야 한다. 학생들의 응답이 의심스럽게 느껴진다면 추가 평가를 분명하게 해야 하고, 이러한 추가 평가결과에 따라서 적합한 개입이 해당 학생과 다른 사람의 안전을 확신하기 위해 수행되어야 한다.

부가적으로 특정 위험 요소의 출현은 비록 한 가지뿐이더라도 즉각적인 조사와 개입이 이루어져야 한다는 점에 주목해야 한다. 예를 들어, 다른 사람에 대해 폭력적인 위협을 가하는 학생은 학교 상담사와 정신건강팀 모두가 이 학생이 자기 자신이나 다른 사람을 해칠 즉각적인 위험이 없다고 확신할 때까지 심리검사와 상담, 학부모 상담을 기본적으로 받아야 한다. 이러한 단계가 폭력의 모든 형태를 막지는 못하지만 타당한 안전 기준을 제시하는 수단이 될 수는 있다.

10~39점 사이의 폭력 위험 점수를 받는 학생은 특정 사람 또는 사람들에게 즉각적인 위험을 가할 가능성에 대해 평가받아야 한다. 현재 드러나는 문제를 표현하는 수단으로 사후 상담 참여를 강력하게 권유해야 한다. 필요한 경우에는 추가적인 심리검사로 진행되어야 한다. 학교 상담사에게 사후 방문을 하는 것으로 학생들의 즉각적인 상태를 모니터하고 적합하게 도움을 받았는지 확인할 수 있으며, 학생 상태의 변화가 더 집중적인 개입이 필요한지를 알 수 있다. 또한 해를 입히지 않겠다는

계약서도 바람직하다. 학생들은 자신이 누군가를 해치고 싶을 만큼 화가 많이 나거나 혹은 해치고 싶은 마음이 강하게 들 때, 24시간 긴급 상담 서비스에 전화하겠다고 학교 상담사나 믿을 수 있는 가족 구성원에게 약속할 수 있다.

위기에 처했다고 여겨지고 40~69점 사이의 점수를 받은 학생은 가까운 시일 내에 추수 상담에 참여할 것을 요청받는다. 학교 상담사는 학생이 자기 자신이나 다른 사람에게 해를 끼칠 것이라고 판단되면 언제라도 부모나 보호자에게 연락할 의무가 있다. 학생이 다른 사람을 해치려는 의도를 보이면 언제라도 위험에 대한 평가가 철저하게 이루어져야 한다. 다른 사람을 해치려는 의도는 다양한 방법으로 나타난다. "오늘 밤에 우리 아빠 총으로 섀넌을 죽여 버릴 거야."와 같이 직접적인 말로 표현할 수도 있고, 일기나 숙제와 같이 글을 쓰는 작업에서 살인의 의도가 드러날 수도 있다. 동료 학생에게 휘발유를 붓고 불을 붙이는 것처럼 학생의 폭력적 행동이 반영된 예술작품을 표현하는 경우에는 부모나 보호자에게 연락을 취해 좀 더 면밀한 조사를 실시해야 한다. 더불어, 중간 정도의 점수를 받은 학생이라 해도 다시 평가하여 위탁보호시설이나 공동생활시설, 폭력 청소년의 치료를 담당하는 정신병원과 같은 좀 더 구조화된 환경으로 보내야 하는지를 면밀하게 검토해야 한다. 그러한 환경에서는 다른 사람을 해칠 수 있는 기회가 줄어들고 발생 가능한 폭력 행동에 대해 효과적으로 대처할 수 있기 때문이다.

물론 이러한 점수대의 학생들에게는 좀 더 공식적인 심리검사와 구조화된 가정환경을 제공해 주어야 한다. 정신병원과 같이 더 구조적이고 제한된 환경의 필요성은 다양한 요소에 따라 결정되는데, 이러한 요소 중에는 후속조치에 대한 학교 상담사의 자신감과 종합적인 치료(예: 개인 상담, 가족 상담, 물질남용 상담 등)를 받고자 하는 학생 및 학부모의 자발성 등이 있다. 학생과 그 가족은 종합적인 치료에 적극적으로 응해야 하고, 더 구조화된 생활환경이 필요하지 않다고 생각되더라도 학업적이고 사회적인 지원 네트워크를 구축할 수 있도록 공동대책위원회가 동원되어야 한다. 아동 방치나 학대가 의심될 때에는 아동 보호 서비스에도 연락을 취해야 한다.

70점 이상의 학생은 환경적으로 엄청난 혼란과 정서적 스트레스를 겪고 있을 가능성이 크다. 이들은 또래 학생에게 폭력을 행사할 가능성이 매우 높고 직접적인 개입 없이는 적절하게 기능하지 못할 확률 또한 높다. 해당 평가에서 가장 극단에 위치하는 높은 점수를 받은 학생은 또래 학생들과 자신의 안전을 위해 즉각적으로 일반 학교 환경에서 구조화된 생활환경(예: 전문적 위탁보호, 정신병원 입원 등)으로 옮겨져야 한다. 물론, 이러한 이동에는 부모의 지원이 필요하다. 학생이 자기 자신이나 다른 사람에게 언제라도 위해를 가할 수 있다고 판단됨에도 부모가 구조화된 생활 및 학습 환경으로 옮기는 것에 대해 적절한 지원을 하지 않으려 한다면 아동 보호 서비스에 연락을 취해야 한다. 여러 사례를 통해 살펴볼 때, 아동 보호 서비스는 학생이 자신 또는 다른 사람을 해치려는 마음이 사라질 때까지 안전한 환경의 제공을 확인하는 방식으로 중재를 할 수 있다.

열 가지 요소 중 하나가 나타난다고 해서 해당 학생이 폭력적으로 행동할 것이라고 이해해서는 안 된다. 하지만 고위험 요인의 군집은 위험이 증가할 가능성이 높다는 의미다. 이 외에, 학교에 대한 낮은 흥미나 소외와 같은 단일 요인에 대한 높은 점수는 그 자체로 잠재적인 폭력의 위험성을 나타내는 것이 아니라 그 학생에게 상담 서비스가 더 많이 필요하다는 것을 나타낸다. 마지막으로, 학생이 폭력의 표적이나 잠재적 희생자로 판단될 경우 이는 반드시 알려져야 하며, 그들의 부모나 보호자는 이러한 특정하고 의도적인 위협에 대해 알고 있어야 한다. 전화 통화나 등기 우편과 같은 방법을 통해서라도 학부모와 연락을 해야 하고, 또한 학생이 필요로 하는 것에 대해 심리 상담과 법률 상담이 이루어져야 한다.

VIOLENT STUdent 척도가 모든 폭력적인 학생을 감별해 주는 것은 아니다. 어떤 평가 척도라도 그렇게 할 수 없을 것이다. 하지만 척도의 본질적인 목적은 학교 상담사의 임상적 판단을 돕고 폭력에 대한 핵심적 질문과 전통적인 심리검사를 포함한 면 대 면 임상 평가를 위한 보편적인 본보기를 제공하는 것이다. 면 대 면 임상 면접의 다음 단계는 학생을 잘 아는 사람이나 가족 구성원으로부터 직접적인 정보를 얻는 것이다.

3. 면 대 면으로 진행되는 가족 임상 면접

면 대 면으로 진행되는 구조화된 임상 면접은 상담사가 해당 학생의 가족 내 지지 체계를 제대로 이해하는 데 도움이 된다. 구체적으로, 가족 임상 면접은 학생의 가족과 상호작용하는 데 위협적이지 않도록 해 준다. 이러한 상호작용은 가족 구성원의 방어를 낮추고 학생이 자신의 가족 체계를 냉소적인 방식이 아니라 좀 더 도움이 되는 방식으로 볼 수 있도록 독려하는 동시에, 그 자체만으로도 상담의 주요한 상호작용의 일부가 된다. 따라서 직접적이면서도 위협적이지 않은 질문을 학생의 폭력 사고나 행동과 같은 부가적인 정보를 얻기 위해 사용할 수 있다. 이와 더불어, 가족 구성원은 학생의 폭력적인 행동이나 언어적인 위협 이전에 자주 보인 관련 사건이나 행동과 관련하여 그들이 생각한 바나 관찰한 내용을 이야기할 수 있다.

상담사: 리키가 자기 남동생과 여동생을 죽이겠다고 위협하는 걸 들었다고 하셨는데, 혹시 그 말을 듣기 전에도 비슷한 말을 듣거나 혹은 어떤 일이 벌어지는 걸 본 적 있으세요?

어머니: 음, 동생들이 농땡이를 피우면서(goofing around) 리키가 저녁 준비하는 것을 돕지 않으면 그런 말을 하기는 했어요.

상담사: 그러면 리키, 동생들이 농땡이를 피우면서 네가 저녁 준비를 하는 것을 돕지 않을 때 스스로에게 어떤 말을 하거나 생각하는 것이 있니?

리 키: 저는 '엄마, 왜 나는 항상 동생들을 위해 저녁을 준비해야 하는 거죠?'라고 생각하곤 해요. 이건 불공평하죠. 제가 더 많은 숙제를 해야 하고, 동생들보다 훨씬 어려운 내용이란 말이에요. 제 시험 전날에는 동생들이 직접 저녁을 만들어 먹으면 안 돼요? 이렇게 공부를 못 하게 되면 저는 어떻게 대학에 가나요? 저녁은 동생들이 만들어야 해요. 제가 아니라요. 이건 불공평해요.

상담사: 그러면 네가 학교에서 마르코를 죽여 버리겠다고 위협했을 때, 뭔가 불공평하다고 스스로에게 말하거나 생각했니?

리 키: 맞아요! 그때 저는 제 자신에게 "마르코가 부자인 건 불공평해. 걘 절대로 집에서 일을 하거나 혹은 동생을 돌보거나 하지 않잖아. 걔는 항상 학교 공부를 할 시간이 있고, 걔가 숙제를 이해하지 못하면 부모님이 과외선생님을 붙여주지. 그건 불공평해."라고 말했어요.

이러한 일련의 과정에서 리키의 어머니는 리키가 이전에 그의 동생들을 위협했던 것과 관련하여 직접적으로 관찰한 내용을 이야기하였다. 상담사는 리키에게 집에서 위협적인 언어를 유발하는 자기대화(self-talk)가 무엇이었는지 묻는다. 그러고 나서 상담사는 (집에서와 마찬가지로) 리키가 마르코를 협박하기 전에 "이건 불공평해."라는 자기대화를 했었는지 질문한다. 폭력을 촉발하는 자기대화가 밝혀지면, 상담사와 학생은 이러한 자기대화를 막거나 약화시키는 효과적인 방법을 구축하고 자기대화와 관련된 폭력적인 행동을 변화시킨다.

임상 면접은 또한 변화를 불러일으키기 위해서도 사용된다. 다음은 상담사가 잠재적 폭력 학생과 그의 부모님이 함께한 가족 면접에서 보인 반응이다.

상담사: 리키는 그가 가족 중에 장남이라는 것을 인식하고 있고, 때로는 어린 남동생과 여동생에 대한 부모의 역할을 즐기기도 해요. 하지만 리키가 가족에 대한 책임감에 중압감을 느낄 때가 있고, 그렇게 되면 화가 나는 것으로 보여요. 분명히 우리 모두 전혀 즐겁지 않은 책임감을 느낄 때가 있지요. 하지만 저는 리키가 이렇게 압도되고 화가 날 때, 두 분은 리키의 걱정을 기꺼이 들어 주고 이야기를 나눌 의사가 있는지가 궁금해요.

이 반응은 "때로는 리키가 부모의 역할을 즐긴다."라고 하는 리키의 지각과 믿음을 요약하면서 시작한다. 그리고 누구나 한 번쯤은 즐겁지 않은 의무감을 느낄 때가 있다고 하면서 설명을 이어 나간다. 이러한 설명은 부모를 비난하는 것으로 들리지 않을 뿐만 아니라, 리키에게는 모든 책임이 즐거운 것은 아니라는 점을 인식시킨다. 또한 부모의 역할은 부모가 책임져야 할 부분이지 리키가 책임져야 할 부분이 아니라는 점도 시사한다. 리키는 부모님을 돕는 역할을 할 수는 있겠지만 부모가 될 수는 없고, 그렇게 행동하도록 기대되어서도 안 된다는 점을 알려 주는 것이다.

그다음 문장에서는 끝맺는 질문을 활용한다. 리키의 부모에게 리키가 감정에 압도되고 화가 날 때 그의 걱정을 기꺼이 들어 주고 그와 이야기할 준비가 되었는지 묻는다. 다시 한 번 말하지만 부모를 비난하지 않는 태도로 질문을 하는 것이 중요하다. 우리가 상담과정에서 만난 학부모 중에 아이의 걱정이나 감정을 들어 주기를 꺼리는 사람은 거의 없었다. 사실상, 대부분의 부모가 자신의 아이를 진심으로 사랑하고 그들과 함께 대화하고 싶다는 열망이 있었다. 그러므로 리키의 부모가 리키의 걱정과 감정을 기꺼이 들어 주고 싶다는 의사를 보일 때, 우리는 리키가 부모에게 느끼는 감정을 어떤 식으로 표현하면 좋을지에 대해 묻는다. 예시는 다음과 같다.

> 상담사: 로베르토와 마리 씨, 저는 리키가 걱정이 있거나 압도되고 화가 날 때 두 분이 기꺼이 리키의 말을 들어 주겠다고 하신 말씀을 들었어요. 혹시 리키가 앞으로 이러한 감정을 느끼게 된다면, 두 분은 리키가 어떤 식으로 표현을 하면 좋을 것 같나요?

이 대화의 의도(intent)는 리키에게 부모가 자신의 고민(concern)에 대해 듣고 싶어 한다는 것을 이해시키고, 어떻게 하면 위협적이지 않고 폭력적이지 않은 방법으로 자신의 고민이나 감정을 부모에게 표현할 수 있는지를 깨닫는 것이다. 또한 리키의 부모에게는 리키가 어떻게 자신의 고민이나 감정을 표현하는지 더 잘 알게 하고, 그들이 리키의 말을 좀 더 경청할 수 있도록 하려는 의도도 있다.

드물지만, 우리는 자녀의 고민이나 감정에 대해 듣는 것을 꺼리는 부모를 볼 수 있었다. 일반적으로 이러한 부모는 다소 미숙하고(immature) 화가 나 있는 듯했으며, 그들이 부모로서 하는 수많은 중요한 요구에 대해 그들의 자녀가 거의 책임감을 가지고 있지 않다고 보았다. 다음의 대화를 보자.

> 어머니: 아니요. 나는 리키가 압도(overwhelmed)되어 있거나 화가 나 있을 때는 리

키의 고민을 듣거나 그와 얘기하고 싶지 않아요. 그는 사실 '진짜' 고민을 가지고 있지 않고, 화가 나지도 않았어요. 리키는 닌텐도 게임, 코카콜라, 케이블 TV, 시끄러운 음악을 끼고 살아요. 나는 투잡을 하고 있는데 리키는 집에서 손가락 하나 까닥하지 않아요. 내가 아주 작은 도움만 요청해도 리키는 항상 성질을 내지요. 나는 매일 아침 7시 30분에 직장에 가고, 오후 3시 30분에 마쳐요. 그러고 나서 4시 30분부터 밤 8시까지 (두 번째 일을 하는데) 무례하게 대하는 사람들을 견디며 음식점에서 서빙을 해요. 리키는 아침 9시까지 자고, 보통 1교시엔 늦어요. 리키는 동생들을 돌보지도 않아요.

여기서 상담사는 어머니를 공감해 준다.

상담사: 당신은 무척이나 열심히 일하고 있는데, 전혀 인정받지 못하는 것처럼 들려요. 당신이 진정으로 리키에게 부탁하고 싶은 것은 뭘까요?

이 질문의 의도는 일단 단절되어 있는 리키와 어머니 사이에 대화를 시작하는 것을 돕고, 가족의 요구를 가늠하는 것이다. 이에 대한 답변은 아마 다음과 같을 것이다.

어머니: 내가 리키에게 진정으로 원하는 게 뭐냐고요? 나는 그가 어른스러워지길 바라고, 그만 투덜거리고 집안일과 동생 돌보는 것을 도와주면 좋겠어요.

그리고 이후 대화는 다음과 같이 진행된다.

상담사: 리키, 엄마가 부탁하는 것을 어떻게 생각하니?
리　키: 엄마는 그냥 제가 자신의 하인이 되어서 집에서 일하길 원해요.
상담사: 내가 틀렸을지도 모르겠지만, 나는 너희 엄마가 너에게 하인이 되어 일만 하라는 것처럼 들리진 않았어. 리키 어머니, 리키에게 하인이 되거나 개처럼 일하라고 요구하신 건가요?

어머니: 아니요. 나는 단지 집에서 일을 조금 도와주면 좋겠다는 것뿐이에요.

상담사: 어머니가 리키에게 원하는 것이 무엇인지 정확하게 저에게 알려 주시겠어요?

이렇게 상담사는 리키의 어머니가 현실적이고, 정확하며, 행동적인 말로 리키에게 원하는 일을 구체적으로 이야기할 수 있도록 한다. 상담사는 토큰 강화 계획(token economy)을 이용해 리키와 어머니를 도울 수 있다. 리키가 특정 과제를 완수하고 시간(예를 들면, 매일 밤 5시까지)을 지켰을 때, 그는 부모가 허락하는 케이블 영화를 볼 수 있는 등의 소중한 특권(meaningful privileges)을 받을 수 있다.

이 대화의 의도는 임상 면접이 어떻게 수많은 중요한 목표를 제공하는지를 보여 주기 위한 것이다. 임상 면접은 리키와 그의 어머니에게 구체적 요구를 가늠하게 하고, 가족 역동에 대한 필수적인 정보를 준다. 나아가, 상담사는 학생에게 가족 구성원의 행동을 보다 호의적인 방법으로 받아들이도록 만드는 동안 가족들의 방어를 줄이기 위해 평가과정을 이용할 수 있다. 다시 말해서, 어머니가 리키에게 일을 맡기는 것은 리키를 벌하려는 의도로 불공평하게 일을 맡기는 것이 아니다. 어머니는 일을 맡기는 것을 가족 시스템의 기능에 도움이 되는 것으로 본다. 마지막으로 평가과정은 정확히 그 자체로 임상 면접의 한 부분으로 기능하거나 토큰 강화 계획 같은 개입으로 자연스럽게 전환되는 것을 도와준다.

[가족 면접을 금해야 하는 경우]

모든 가족이 폭력 학생 또는 잠재적 폭력 학생과 함께 면접을 할 정도로 충분히 기능적이거나 헌신적인 것은 아니다. 우리는 가족 면접의 수행 여부를 결정하는 데 2개의 요인을 고려한다. 첫 번째로 평가받는 학생(student being assessed)과 이야기한다. 특히 우리는 부모를 면 대 면 임상 면접에 초대해 과거에 어떻게 해 왔는지에 대해 기술하도록 하는 것이 학생에게 도움이 될 수 있다는 것을 이야기한다.

상담사: 리키, 우리가 이전에 면접했던 몇몇 학생은 그들의 부모를 면접에 참여하도록 하는 과정이 많은 도움이 됐다고 이야기했어. 종종 부모님들은 자녀

에 대한 생각을 얘기하고 집에서 무슨 일이 일어나고 있는지 말해 주시거든. 이것은 대개 많은 도움이 돼. 또 어떤 때에는 몇몇 학생이 집에서의 일에 당황하기도 해. 그들은 변화를 원하지. 엄마나 아빠를 여기에 오시게 하면, 그 학생이 원하는 변화에 대한 생각이나 제안을 말할 수 있는 기회가 생기지. 나는 네 부모님도 여기에 오시는 것이 도움이 될 거라고 생각해. 부모님께 함께 참여해 달라고 하는 것에 대한 너의 생각은 어떠니?

이처럼 우리는 리키에게 부모님이 함께 참여하도록 하라고 말하지 않고, 이에 대한 그의 생각을 물었다. 부모의 참여에 대한 그의 마음을 묻는 것은, 리키에게 자율권을 주는 것이다. 부수적으로, 사법 시스템(criminal justice system)의 일원이 아닌 전문적인 상담사로서 우리는 평가과정 안에서 부모의 참여를 (강제적으로) 요구할 수 없다. 다시 말하면, 우리는 부모에게 가족 면접에 참여하라고 강요할 수 없을 뿐 아니라 학생들에게 부모를 참여시키라고 강요할 수 없다. 대신, 어머니나 부모님이 상담과정에 함께했을 때에 도움이 되는 측면을 이야기할 뿐이다.

몇몇 학생은 이러한 부모님의 참여를 빠르게 받아들인다. 하지만 어떤 학생들은 그렇지 않다. 우리는 최초의 폭력 평가(initial violence assessment)를 하는 동안, 부모님도 함께 참여할지에 대한 결정권은 학생에게 있다고 믿는다. 동시에, 부모를 초대 혹은 초대하지 않음으로써 발생하는 가능한 결과도 학생의 몫이다. 현실은 이렇다. 학교 관리자는 학생이 폭력적으로 행동했거나 (그러한 행동을 보일) 위험에 임박했다고 보이는 경우 부모에게 연락을 할 것이다. 관리자에게는 선택의 여지가 없다. 폭력적이거나 폭력의 위험이 있는 학생은 부모의 확실한 관여 없이는 학교 환경으로 돌아가는 것이 허락되지 않는다. 흔쾌히 부모의 참여를 허락한 학생들은 대개 부모의 지지를 인식하고 있거나, 부모가 면접과정에 참여하면 가족 역동 면에서 자신에게 좋은 쪽으로 변화가 있을 것이라고 예상한다. 여기 그 예가 있다. 면접에 참여하는 것을 동의한 학생은, 이에 참여하면 감형될 수 있다고 믿을 것이다. 학생이 가족 면접에 동의했을 때 우리는 학생과 그의 부모로부터 이전까지는 알려지지 않은 많은 정보(releases of confidential information)를 얻으며, 그의 부모가 면 대 면 가족 임상 평가(face to face family clinical assessment)에 참여할 수 있도록 초대한다.

학생이 부모의 참여에 대해 부정하거나 이에 대한 공개를 거부했을 때 여기에서 우리는 주요한 가족의 역기능을 발견한다. 때때로 이러한 역기능은 약물남용, 품행 장애, 반항성 장애(Oppositional Defiant Disorder, ODD) 등 학생의 정신병리에 따라 만들어지기도 한다. 다른 한편으로, 이러한 역기능은 가족 시스템의 혼란 그 자체에서 비롯된다. 흔히 가족의 혼란은 부모의 중독, 반사회나 경계선 등의 성격 장애 때문에 나타난다. 그러므로 부모의 면 대 면 임상 면접 참여는 부모가 관여할 경우 학생이 위험에 놓일 가능성이 높거나, 부모의 정신병리가 분명한 경우에는 금해야 한다. 학생 혹은 교사의 보고결과 학생의 부모가 중독 성향을 보이거나 성격 장애를 보일 가능성이 의심되는 경우에는 우리의 최초 평가는 학생에 집중되고, 부모의 관여를 제한해야 하는 것이다. 부모의 정신병리가 분명히 파악됨에도(지각됨에도), 부모에게 그들 자신 혹은 그들의 자녀를 위해 치료에 참여하도록 하는 경우도 있다.

4. 품행 장애, 반항성 장애 그리고 간헐성 폭발 장애

Jacobson과 Gottman(1998)이 가족 내 폭력 가해자를 2개의 넓은, 그러나 각기 매우 중요한 그룹—투견(pit bulls)과 코브라(cobras)—으로 분류한 연구는 가정 폭력(domestic violence)과 치료 커뮤니티(treatment communities)에 충격을 주었다. 두 그룹은 모두 병리적이고, 그들의 배우자에게 위험이 있을 가능성이 있다. Jacobson과 Gottman(1998)의 학대자에 대한 연구에서 압도적으로 많았던 그룹은 투견 유형이었다. 이 부류의 사람들은 불안정하고, 경제적으로 궁핍하며, 배우자에게 의존한다. 비유적으로 표현하자면, 짖고, 으르렁대며, 이를 드러내 보임으로써 (상대를) 위협하는 투견처럼 자신의 배우자를 위협한다. 그들은 공공연하게 배우자를 협박하고, 확실하게 폭력성이 강한 협박 행동을 함으로써 배우자를 다스리려고 한다.

반대로, 코브라 유형은 비교적 폭력성이 낮은 사람들이다. Jacobson과 Gottman(1998)에 따르면, 이 부류에 속하는 사람들의 수는 적지만 훨씬 더 위험하다. 대부분의 코브라 부류 사람들은 반사회성 성격 장애의 기준을 충족한다. 비유적으로 표현하면, 시끄럽고 고함을 지르는 투견 유형의 사람들은 이미 겉으로 보이는 것이 있기에 잠재적 위험을 피할 수 있다면, 코브라 유형의 사람들은 모르는 새에 다가오고, 은밀하다. 그들의 치명적인 공격에는 사전 경고가 거의 없다. Jacobson과 Gottman에 따르면, 이 학대자(batterers) 집단은 훨씬 더 치명적인 위험성을 지니고 있다.

이런 비유는 학교 상담사가 마주칠 수 있는 잠재적 폭력 학생의 모든 유형을 포괄하기에는 너무 단순하지만 중요한 메시지를 내포하고 있다. 잠재적 폭력 학생의 하위집단으로서 그들이 공격하기 전까지는 다른 학생들에게 명백한 위험을 나타내지 않는 학생들이 존재한다. 이들은 VIOLENT STUdent 척도나 심지어 초기 면 대 면 임상 면접에서도 위험 인물로 분명하게 구별되지 않는다. 사실, 이런 학생들은 어떻게 다른 사람들을 속이고 자신의 진정한 폭력 의도를 숨길 수 있는지 잘 알고 있다. 이런 기만적인 학생들은 대부분 품행 장애나 반항성 장애의 규준을 충족한다. 이런 장애나 폭력성을 가진 학생과 관련된 이 외의 다른 장애에 대해 심층적으로 살펴보는 것은 범위가 너무 확장된다. 그러나 이러한 잠재적 폭력 학생의 하위집단이 존재하기 때문에 품행 장애나 반항성 장애, 그리고 간헐성 폭발 장애의 일반적인 설명은 짚고 넘어가는 것이 필요하다.

1) 품행 장애

Jacobson과 Gottman(1998)에 따르면, 대부분의 코브라 부류는 반사회적 성격 장애를 가지고 있는 것으로 분류될 수 있다. 그러나 일정 연령 아래에 있는 학생들은 전형적인 성격 장애를 가진 것으로 진단할 수 없다(American Psychiatric Association, APA, 2000). 따라서 반사회적 초등학생, 중학생 그리고 대부분의 고등학생은 나이 때문에 진단을 받기에는 부적절하며, 나중에 성인기의 반사회적 성격 장애 진단과 관련되는 두 가지 장애가 존재하는데, 곧 품행 장애와 반항성 장애다.

품행 장애의 경우, 가장 핵심적인 특징은 다른 사람들의 권리를 무시하거나 (예: 자신이 원하는 것을 얻으려고 신체적인 싸움을 한다) 나이에 적합한 사회적 규준을 무시하는(예: 학생이 전자기기를 훔치기 위해 차에 침입한다) 뚜렷한 성격이 지속적인 행동 패턴이다(APA, 2000). 품행 장애 진단은 다른 사람 혹은 동물을 위협하거나 해를 가하는 공격적인 행동, 소유물에 해를 가하는 행동, 거짓말과 절도, 사회적 규칙과 규준 위반이라는 네 가지의 범주로 나타난다.

품행 장애 준거를 충족하는 학생은 이 네 가지 범주에 관하여 다양한 과거력을 가질 수 있다. 그들은 때로 또래와 교사로부터 위협적이고 무섭다고 인식된다. 경험적으로 보았을 때, 초보 상담사는 품행 장애 학생을 인지하는 데에 실패하고는 하는데, 왜냐하면 대학원에서의 평가/진단 관련 수업에서는 흔히 'Machiavellians (권모술수에 능한, 마키아벨리 같은)' 아이보다는 'Hellions(지독하게 말은 안 듣는 아이)'에 초점이 맞추어져 있기 때문이다. 'Hellions'는 훨씬 쉽게 구별할 수 있다. 그들의 임상적인 특징은 모두 "저는 공격적이에요. 함부로 건드리지 마세요(I'm badass. Don't mess with me)."라고 말하고 있다. 심지어 그들은 옷만 봐도 '위협 (intimidation)', '심술궂음(meanness)'이 드러난다. Jacobson과 Gottman은 이들을 투견으로 묘사하였다.

반대로 Machiavellians는 초반에는 미래의 전문직이나 정치가의 모습을 나타낸다. 그들은 똑똑하고, 능력 있으며, 헌신적이다. 코브라 부류인 그들은 종종 비싼 옷으로 잘 차려 입고 정중하고 정치적으로 정당한 행동을 한다. 그러나 속아서는 안 된다. Machiavellians는 Hellions만큼이나 상황 판단이 빠르고, 교활하며, 책략을 꾸민다. 그들은 똑같이 행동 장애 준거를 충족하지만, 그렇게 행동함으로써 초기 구별을 어렵게 만든다. 사실, 처음에 Machiavellians는 교사나 상담사에게 긍정적으로 보이기 때문에 경험이 적은 전문가는 그들에 대한 좋지 않은 주장이 오히려 부당하고 정확하지 않다고 본다. 나 역시 마찬가지였다.

몇 년 전, 케빈이라는 10세 아동이 나(Juhnke 박사)에게 의뢰되었다. 그의 할머니인 도로시가 처음으로 접촉해 왔다. 그녀는 울먹이며 케빈의 부모가 '잠시 동안' 케빈을 그녀와 살도록 보내온 이야기를 하며 케빈의 부모가 어려운 이혼을 진행 중이라고 하였다. 도로시에 따르면, 이혼은 케빈이 그곳에 머무르기에는 '아주 지저분한 방법'으로 진행되고 있었다. 그녀는 케빈이 부모의 이혼과 이사에 어떻게 대처하고 있는지 내가 평가해 주기를 바랐다. 나는 도로시를 진심으로 좋게 보았다. 그녀는 나에게 '좋은 조부모의 모습'을 일깨워 주었다.—손자에게 마음을 쓰고, 배려심이 많으며, 세심하게 보살피고, 끔찍한 이혼에 사로잡힌 딸을 불쌍히 여기며, 어린 손자의 안녕을 위해 헌신하는 모습이었다. 우리의 초기 만남은 거의 완벽하였다. 나는 의뢰에 대해 매우 긍정적이었고, 도로시가 케빈의 건강한 전환(transition)을 위해 관심을 가지고 헌신하는 모습을 칭찬하였다.

첫 회기에서 도로시와 케빈은 과도하게 예의바른 모습이었다. 대기실에서 도로시가 나에게 케빈을 소개할 때, 그는 즉각적으로 일어났다. 그는 나의 손을 꽉 잡고 이렇게 말하였다. "만나서 반가워요, Juhnke 박사님. 벽에 걸려 있는 그림 멋지네요. 선생님께서 직접 그리신 건가요?" 케빈은 깔끔한 모습에 매력적이었고, 똑똑했으며, 자신의 생각을 잘 표현하는 것이 대부분의 다른 열 살짜리 내담자들과는 달랐다. 그는 타이를 매지는 않았지만 공직에 출마하는 후보자 같았다. 나는 질문을 통해 케빈이 특별한 걱정이나 우려 없이 성공적으로 전환을 하고 있다고 보았다. 그는 꼿꼿하게 앉아서 대부분의 문장을 '선생님(sir)'으로 시작하거나 끝냈으며 직접적인 눈 맞춤을 회기 내내 지속하였다. 회기 끝에, 도로시와 만났다. 그녀는 내가 케빈의 적응이 잘 이루어진 것 같다는 임상적 의견을 제시하자 안심한 것처럼 보였으나, 내가 다시 만날 이유가 없다고 했을 때는 확연하게 불안해하였다. 그녀는 즉각적으로 모든 것이 잘 굴러가는지를 '확인'하기 위해 월 1회 정기적으로 내가 케빈을 만날 '필요'가 있다고 하였다.

내가 혼란스럽다고 말하면서, 도로시에게 왜 내가 매달 케빈과 만나기를 원하는지 물어보자 그녀는 케빈이 '사고'로 그의 친구를 BB총으로 쏜 적이 있다는 이야기를 하였다. 그 사고는 다른 주에 있는 케빈의 부모의 집 뒷마당에서 일어났다. 도로시는 그 사고가 심하게 과장된 것이라고 하였다. 피해자의 부모는 경찰에 알렸고, 결과적으로 청소년 보호관찰관(juvenile probation officer)의 평가로 구류를 멈추기 위해서는 매달 케빈의 상태가 좋아져야 한다는 것이었다. 도로시에 따르면 이것은 형식상의 절차일 뿐이며, 피해자는 상처 없이 살아가고 있다고 하였다.

그래서 나는 케빈을 다시 치료실로 데려와서 할머니와 함께 앉도록 하였다. 임상적인 증상만 보았을 때에는 표현 잘하고 공손한 이 학생이 다른 누군가에게 해를 입혔다는 것을 상상할 수 없었다. 내가 그 사고에 대해 물었을 때, 그는 세부적인 정보를 주었는데 이웃의 친구와 함께 뒷마당에서 똑바로 목표물을 쏘던 이야기를 해 주었다. 케빈에 따르면, 그들은 지루해질 때까지 번갈아 가면서 목표물을 쏘았다는 것이다. 그러다가 음료수 캔을 쏘기 시작했고, 불행하게도 BB총알이 캔을 맞고 튀어 나와서 같이 놀던 친구의 얼굴에 맞았다는 것이다. 친구는 볼에 작은 붉은 자국이 생긴 것 이외에는 상처가 없었다. 자세한 내용과 도로시와 케빈에 대해 내가 가졌던 임상적 인상을 종합해 보았을 때, 나는 그들이 모두 사실을 말하고 있다고 확신하였다. 어쩌면 내가 케빈이 결백하다고 믿고 싶었던 것이 더 정확한 표현이겠다. 나는 성자처럼 보인 할머니가 반사회적 성격 장애가 있는 어른이라는 사실과 그녀의 손자가 Machiavellians 유형이어서 훗날 내가 정신병리학 수업을 가르치면서 상담 학생들에게 품행 장애 학생의 예시로 그에 대해 얘기하게 될 거라고는 상상도 못하였다.

　다음 날 나는 케빈의 청소년 보호관찰관에게 메모를 남겼다. 관찰사는 나에게 전화를 주었고, 그는 파란만장한 법적 이력이 있는 매우 공격적인 소년에 대한 현저하게 다른 이야기를 들려주었다. 사실, 이야기가 너무나 달라서 나는 관찰사에게 우리가 같은 사람에 대해 이야기하고 있는 것이 맞는지 케빈의 신체적인 외모를 묘사해 달라고 요청하였다. 의심할 여지없이 나는 속았던 것이다.

　이렇게 나의 부정확했던 케빈의 초기 평가에 대한 부끄러운 이야기를 공유하는 이유는 세 가지다. 첫째로, 품행 장애를 나타내는 많은 Machiavellians 유형의 학생들이 자신을 속이는 것에 매우 능숙하다는 것을 알고 있어야 한다. 이 장에서 세부적으로 논의된 폭력성 평가에서, 상당히 반사회적인 몇몇의 학생은 자신이 다른 사람들을 상처 입히려고 했다는 의도를 강력히 부정할 수 있다. 대신에, 그들은 믿을 만한 이야기를 능수능란하게 짜 낸다. 둘째로, 품행 장애 규준을 충족하는 잠재적 폭력 학생으로부터의 이야기와 정보의 진실성을 확인해야만 한다. 셋째로, 항상 전문성을 가지고 있는 동료와 의논해야만 한다. 앞서 이야기한 사례에서 나는 적절한 의논을 하지 않았다. 케빈의 보호관찰관과 이야기하지 않았다면, 나는 그를 극찬하는 보고서를 썼을 것이고, 결국 케빈에 관한 진실은 오랜 시간 밝혀지지 않았을 것이다.

2) 반항성 장애

품행 장애에 이어 나중에 반사회적 성격 장애로 진단받을 수 있는 잠재적 폭력 학생에게 두 번째로 흔하게 발견되는 장애는 반항성 장애다. 가끔 어떤 학생이 실제로 반항성 장애 진단의 최소한의 기준을 충족하는지 아니면 그저 자기주장이 강한 성격 특성을 가지고 있는지를 결정하는 것은 어려운 일이다. 자기주장이 강한 학생과 반항성 장애 학생을 구별하는 주요한 하나의 표지(marker)는 시간이다. 반항성 장애 학생은 반드시 적어도 6개월 동안 지속되는 부정적이고, 적대적이며, 반항적인 행동 패턴을 나타낸다(APA, 2000). 반항성 장애는 다음 규준 중 네 가지 이상을 충족한다.

- 버럭 화를 낸다.
- 어른과 논쟁한다.
- 어른의 요청이나 규칙을 따르는 것을 능동적으로 거절하거나 거역한다.
- 사람을 고의로 짜증나게 한다.
- 실수나 잘못된 행동에 대해 다른 사람을 비난한다.
- 다른 사람을 이유로 쉽게 화를 내고 짜증을 낸다.
- 화를 내고 분개한다.
- 악의가 있고 복수심을 가진다.

여기서 중요한 점은 이러한 행동이 같은 나이와 발달단계의 학생들에게 전형적으로 나타나는 것보다 더 자주 보일 때에만 기준을 적용해야 한다는 것이다.

3) 주의력 결핍 장애를 동반한 품행 장애 또는 반항 장애

우리가 상담했던 ADHD 학생들은 대개 의도적으로 폭력적이지는 않았다. 그들이 다른 사람을 다치게 했다면, 그 상해는 의도된 것이 아니라 그들의 과잉 행동 때문에 발생한 것이었다. 예를 들어, ADHD 학생은 줄에 서 있는 다른 사람들에게 '뛰어들어' 우발적으로 다치게 할 수 있다. 그러나 그 학생이 다른 사람을 다치게 하거나 해하려는 의도가 있는 경우는 거의 없다.

ADHD 진단을 받은 학생이 의도적으로 다른 사람을 다치게 할 경우, 품행 장애나 반항 장애 중 하나를 같이 진단받는 경우가 흔하다. ADHD의 주요 특징은 나이에 적합한 주의를 유지하지 못하거나 눈앞에 닥친 특정한 일에 집중하지 못한다는 것이다. 주의력 결핍과 같은 증상으로 다음과 같은 행동을 보인다.

- 세부적인 면에 대해 면밀한 주의를 기울이지 못하거나, 학업, 작업 또는 다른 활동에서 부주의한 실수를 저지른다.
- 일을 하거나 놀이를 할 때 지속적으로 주의를 집중할 수 없다.
- 다른 사람이 직접 말을 할 때 경청하지 않는 것처럼 보인다.
- 지시를 완수하지 못하고, 학업, 잡일, 작업장에서의 임무를 수행하지 못한다(반항적 행동이나 지시를 이해하지 못해서가 아님).
- 과업과 활동을 체계화하지 못한다.
- 지속적인 정신적 노력이 필요한 과업(학업 또는 숙제 같은)에 참여하기를 피하고, 싫어하며, 저항한다.
- 활동하거나 숙제하는 데 필요한 책이나 물품을 잃어버린다.
- 외부의 자극에 쉽게 산만해진다.
- 일상적인 활동을 잊어버린다(APA, 2000).

이에 더해, ADHD가 있는 많은 학생들은 다음과 같은 행동을 통해 과잉 행동을 드러내고는 한다.

- 손발을 가만히 두지 못하거나 의자에 앉아서도 몸을 옴지락거린다.
- 앉아 있도록 요구되는 교실이나 어떤 상황에서 자리를 떠난다.
- 부적절한 상황에서 지나치게 뛰어다니거나 기어오른다.

- 조용히 여가 활동에 참여하거나 놀지 못한다.
- '끊임없이 활동하거나' 마치 '자동차(무엇인가)에 쫓기는 것'처럼 행동한다.
- 지나치게 수다스럽게 말을 한다.

충동성을 보여 주는 증상에도 주의를 기울여야 한다. 그러한 증상에는 다음과 같은 행동이 있다.

- 질문이 채 끝나기 전에 성급하게 대답한다.
- 자신의 차례를 기다리지 못한다.
- 다른 사람의 활동을 방해하고 간섭한다.

이러한 증상은 적어도 6개월 동안 지속되어야 한다(APA, 2000). 게다가 어떤 증상은 일곱 살이나 그 전에 보여야 하고, 적어도 두 곳의 환경(예: 집과 학교)에서 나타나야 한다. 또한 이러한 증상은 사회적·학문적·직업적 기능이나 대인관계에서 현저한 손상을 초래해야 한다.

4) 간헐성 폭발 장애

『정신질환 진단 및 통계 편람(DSM-IV-TR)』에서 간헐성 폭발 장애 기준을 충족하는 학생들 또한 우리가 특별한 주의를 기울여야 하는 폭력적/잠재적 폭력적 하위집단이다. 이들은 사전에 계획하지 않은 공격적인 행동을 한 경험을 가지고 있다. 다시 말해, 충동적으로 공격적인 행동을 한다. 그들은 종종 공격성을 표출하기 직전에 각성되거나 긴장되는 느낌을 보고한다(APA, 2000). 공격적인 행동 후에 진심으로 후회하거나 양심의 가책을 느낄 수도 있다. 어떤 경우, 그들은 심지어 자신의 설명되지 않은 공격적인 행동에 수치심을 느끼거나, 공격성을 표출한 이유를 정확하게 설명하지 못해 당황스럽다고 보고하는 경우도 있다. 『정신질환 진단 및 통계 편람』은 이러한 간헐성 폭발 장애에 적합한 증거로서 구체적인 기준을 규정하고 있다(APA,

2000). 이러한 기준은 전반적으로 그 상황이나 도발에 비해 공격성의 정도가 적절하지 않을 때 다른 사람이나 재산에 심각한 해를 가한 충동적인 행동을 몇 차례 행한 사건 등이다(APA, 2000).

5. 요 약

이 장에서는 면 대 면 임상 면접과 일반적인 대화의 차이와 면 대 면 임상 면접의 잠재적인 이점과 한계를 포함한 구체적인 관련 내용을 다루었다. 또한 폭력 질문의 핵심과 폭력 학생 또는 잠재적 폭력 학생에게 사용할 수 있는 질문의 종류에 대해 논의하였다. 특히 VIOLENT STUdent 척도와 가족 면접에 관한 기초 정보를 배웠다. 또한 우리는 면 대 면 가족 임상 면접을 설명하였고, 그러한 면접이 금기시되는 경우도 알아보았다. 마지막으로, 품행 장애, 반항 장애, 간헐성 폭발 장애에 관한 일반적인 개관을 하였고, 품행 장애나 반항 장애가 있는 공존성 ADHD의 함의에 대해 다루었다.

최종적으로 두 가지 사항이 중요하다. 당신은 대학원 학위와 전문자격증을 얻기 위해 열심히 해 왔다. 당신의 전문자격증을 잃을 위험을 감수하지 말라. 당신이 학교폭력과 법의 전문가가 아니라면 자살이나 폭력적 행동의 위험이 있는 학생에 대한 어떠한 평가나 개입을 하기 전에 항상 학교가 있는 지역의 법무부서와 상의하고 허가를 받아야 한다. 변호사도 잠재적인 법적 책임에 대한 위험으로부터 스스로를 확실히 보호하기 위해 다른 전문 변호인단을 고용하는 요즘 시대에, 법적 책임이 있을 수 있는 어떤 문제에 대해서라도 항상 상담을 받고 적절한 전문적 배상책임 위험 보험을 가져야 하는 것이 분명하다. 우리는 회사나 기관의 법적 책임 관련 보험하에서 보장받을지라도 전문가 개인이 관련 보험을 구비해야 한다고 강하게 믿는다. 게다가 폭력 위험 평가는 복잡한 과정이다. 우리가 폭력적으로 행동할 모든 학생을 알아낼 수는 없다. 따라서 잠재적인 폭력에 대해 학생을 평가하고 잠재적 개입에 관해 제안할 때 체계적이고 다양한 구성 요소를 띠고 철저한 폭력 평가 절차를 수행하는 것이 반드시 필요하다. 이러한 절차는 최소한 다양한 임상의, 임상 감독자, 법률 고문, 내담자나 학생의 권리를 옹호하는 옴부즈맨이나 대변인으로 구성된 숙련된 폭력 평가 위원회에 의해 촉진된다. 그러한 폭력 평가 위원회에서 행한 평가나 개입은 항상 관련된 모든 사람들에게 안전을 제공하기 위해 최선을 다해야 한다.

CHAPTER 07 폭력 학생과 잠재적 폭력 학생을 위한
보호 체계 접근

    고위험군 학생이 학교 환경에서 타인에게 명백하고 긴급한 위협이라고 평가될 때, 그에 대한 대처는 명확하다. 그들이 타인에게 위협의 대상이 아닐 때까지 그들을 격리시키는 것이다. 하지만 이런 경우와 달리 과거에 폭력적이었고, 지금은 경도(Mild)와 중등도(Moderate) 사이의 폭력 가능성을 보이는 학생이 다시 학교로 돌아가기를 바라는 경우는 상당히 어려운 문제다. 이러한 학생들과 관련된 결정은 절대 한 개인이 해서는 안 되며, 학교 자문단과 행정관, 교사, 보호 체계 서비스 담당자, 부모, 학교 안전관리관, 또 필요에 대비한 청소년 보호관찰 담당자와 심사원을 포함하는 팀 접근이 필요하다. 이 팀은 다음과 같은 경우에만 경도와 중등도 사이의 폭력성 위험이 있는 학생이 학교 환경으로 돌아오는 것을 허락해야 한다. ① 학생이 자신이나 타인에게 직접적인 위험을 가하지 않는다. ② 학교 환경에서의 다른 사람들이 안전하고 학업적으로나 대인관계 면에서 방해를 받지 않을 것이다. ③ 충분한 구조와 통제 방편이 준비되어 있다.

1. 보호 체계

흔히 총체적 서비스라고도 불리는 '보호 체계'는 경도에서 중등도의 폭력 위험 요소를 가졌으나 아직 제한된 환경으로 격리되어야 하는 상황은 아닌 학생까지 광범위하게 적용할 수 있다. 게다가 보호 체계(systems of care)는 학생에게 물 샐틈 없는 지원을 제공하기 위한 접근이며(Adams & Juhnke, 1998, 2001; Juhnke & Liles, 2000; VanDenBerg & Grealish, 1996), 개별적인 자원으로부터의 지원이 아닌, 통합적으로 연계되어 지원을 받는다. 이 장에서는 보호 체계 접근에 대해 논의하고 있는데, 이것은 필요에 따라 학생 개개인의 욕구와 특성을 반영하여 적용할 수 있다.

보호 체계는 효과성이 검증된, 증거기반 치료로서(Friedman & Drews, 2005), 새로운 치료적 접근 방법 중 하나이며 학교에 효과적으로 활용이 가능하다. 이 접근에서는 학생과 그들의 가족이 상담과정에서 중요한 역할을 할 것이라고 생각하는 전문가(학교 상담사, 학교 심리학자, 보호관찰관 등)와 주변 사람들(할아버지, 사제[deacon], 야구 코치 등)이 참여한다.

폭력 발생의 위험성을 줄이기 위해 경도에서 중등도 사이의 폭력 위험성을 가진 학생들은 스스로 생각하기에 폭력에서 벗어나는 데 도움을 줄 수 있다고 보는 사람을 찾도록 한다(예를 들어 학교 상담사, 교사, 부모, 운동부 코치 등). 이러한 접근은 개별화된 치료 계획을 세우도록 해 준다. 치료 계획은 전통적 개입(개인, 집단, 가족 상담)과 비전통적 개입(사진 찍기, 농구, 정원 가꾸기 등) 모두가 포함된다. 치료 계획의 목표는 학생들이 비폭력적인 프로젝트에 참여하도록 하는 것이다. 그러면 그들은 폭력적인 행동으로부터 멀어질 것이다.

매우 폭력적이었거나 학교 내에서 위험한 존재로 규정되었던 학생들은 종종 외부 정신건강 기관 및 사법 체계의 사례 관리 서비스 등 위탁치료(mandated treatment)를 받는다. 이러한 기관 및 체계가 서로 연계하지 않고 개별적으로 서비스를 제공하는 것이 아니라, 보호 체계 접근에서는 협력적 치료 체계(joint treatment venture)를 만들어 1년 365일 내내 학생들의 요구를 만족시킬 수 있도록 한다. 이는 학생들이 학교에서 있는 시간과 그렇지 않은 시간 전체가 해당된다. 이러한 노력에는 학생과 그들의 가족 그리고 학교 상담사 모두의 헌신과 협동이 있어야 한다.

2. 강점 평가

지원팀의 평가결과로 경도에서 중등도 사이의 폭력 위험성을 보이는 학생이 자기 자신이나 다른 사람들에게 해를 끼치지 않고 학교 환경 안으로 안전하게 편입될 수 있다고 볼 수 있으면, 학생과 그 가족은 보호 체계의 강점 평가에 참여하게 된다. 여기에서 학교 상담사, 다른 기관의 전문가(언어치료사, 청소년 보호관찰관 등), 가족 그리고 학생과 그 가족 입장에서 필요하다고 생각되는 사람들이 만난다.

강점 평가의 목표는 다음과 같다.

① 학생과 그 가족이 학생의 욕구와 가족의 욕구를 어떻게 충족해 왔는지를 밝힌다.
② 정신건강 전문가와 비전문가가 학생과 그 가족에게 무슨 도움을 줄 수 있는지 알아본다(특히 중등도의 폭력성을 가진 학생이 폭력으로부터 벗어나는 것과 관련하여).
③ 학생과 그 가족이 했던 행동 중, 학생이 비폭력적으로 행동하고 가족이 잘 기능하는 데 도움이 되었던 행동에 대해 칭찬과 긍정적인 피드백을 해 준다.

강점 평가의 근본적인 목적은 폭력 학생 혹은 잠재적 폭력 학생과 그들의 가족에게 올바로 하고 있는 것이 무엇인지를 알려 주는 데에 있다. 이에 더해, 강점 평가는 가족 체계를 그들의 강점에 근거하여 구축하는 한편, 학생의 비폭력적 성향(nonviolent)과 보호를 강화하는 것이 목표다. 강점 평가에 참여하는 사람들은 이러한 목적을 달성하기 위해 각자의 역할을 다하고 있다. 또한 비전문가의 제안과 의견이 전문가의 그것과 동등하게 중요하다고 고려되면서 협동과 평등의 정신이 길러진다.

1) 학생, 부모, 학교 상담사가 참여하는 강점 평가의 첫 회기

보호 체계의 강점 평가과정을 이해하는 데에 도움을 주기 위해서 다음의 짤막한 대화를 제시하였다. 여기서, 열두 살의 마리아는 영리한 6학년 학생으로 나온다. 그녀는 서른세 살의 어머니와 쉰여덟 살의 외할머니와 함께 살고 있는 외동딸이다. 마리아는 남동부의 중소도시에 사는 멕시코계 미국인 2세로, 그녀의 가족은 마리아가 세 살일 때 이곳으로 이사왔고 유치원부터 6학년이 될 때까지 계속 살고 있다. 마리아가 다니는 학교의 학생 중 약 25%는 히스패닉이거나 멕시코계 미국인이며, 12%의 학생이 비만 진단을 받았다. 마리아는 그중에서도 두드러지게 뚱뚱하며, 체중과 당뇨로 자신을 놀린 학생들과 싸운 적이 있다.

지난해에 마리아는 주변 친구들에게 싸움을 걸었다는 이유로 정학을 두 번 당하였다. 이후 세 번째로 싸움을 벌였을 때 퇴학당하였다. 이때 마리아는 체중 문제로 자신을 놀린 여학생과 싸움을 벌였다. 마리아는 자신을 놀린 학생을 깔고 앉은 채 얼굴, 목, 어깨, 팔 등을 뾰족한 연필로 반복적으로 내리찍었다. 그 싸움으로 피해 학생의 얼굴에 심한 상처가 생겼고, 성형수술까지 해야 했다. 마리아는 소년원(juvenile detention center) 입소 판결을 받았다. 석 달 동안의 소년원 생활과 두 달 동안 집에서 이루어진 집중적인 사례 관리 이후에, 마리아와 어머니는 마리아가 학교에 돌아갈 수 있도록 학교 측에 청원을 하였다.

2) 부모와 학생 참여시키기, 보호 체계 설명하기
그리고 잠재적인 참여자 확인하기

강점 평가에서 이 단계는 협력적 분위기를 조성하는 단계로 성공적인 치료를 위해 매우 중요하다. 부모나 학생의 적절한 참여를 이끌어 내는 데에 실패한다면 평가과정을 성공적으로 진행하는 것은 힘이 든다. 게다가, 보호 체계의 과정에 대해 학생과 부모에게 정확하게 설명하지 못하거나, 학생과 가족 주변의 가까운 사람들의 역할이 얼마나 중요한지 제대로 전달하지 못하면 치료의 실패로 이어진다. 따라서 각각의 내용을 매우 상세하게 다루고자 한다.

(1) 참여시키기

강점 평가의 초기 절반의 과정은 마리아와 그녀의 어머니와 함께 진행되었다. 이 단계에서 상담사는 폭력 학생 혹은 잠재적 폭력 학생과 그 부모님을 만나는 것이다. 이는 특히 학생이 폭력 사건 이후 법원이나 학교로부터 상담 명령을 받았을 때에 적절한 방법이다. 이 상황에서 학생의 폭력성에 대한 평가는 이미 이루어졌는데, 평가자들—대개 위원회의 승인을 받은 청소년이나 법정신의학자, 임상 · 법 · 학교 심리학자, 보호 체계 활동가, 상담사, 결혼/가족 치료자 등의 최소인원으로 구성된 팀—로부터 학생은 학교 환경에서 자신이나 타인에 대해 즉각적인 위해를 가할 위험이 없으며 학교 복귀를 위해 충분한 지원이 이루어져야 한다고 판명되었다. 따라서 보호 체계 회기의 첫 부분은 마리아와 어머니를 참여시키는 데에 집중해야 하며, 이를 위해 보호 체계 개입으로 어떤 일이 진행될지 설명하고, 개입에 포함될 수 있는 전문가와 비전문가가 누구인지를 확인해야 한다.

> 상담사: 마리아 어머님, 오늘 마리아를 여기에 데리고 와 주셔서 정말 감사드립니다. 학생을 학교로 복귀시키는 데에 어머니는 결정적으로 중요한 역할을 담당합니다. 여기에 이렇게 와 주신 것을 보니, 어머니가 마리아를 위해서 애쓰고 계시다는 것과 마리아가 학교에 잘 적응하도록 노력하고 계시다는 것을 잘 알겠습니다.
>
> 어머니: 그럼요. 마리아와 저는 마리아가 학교로 돌아가서 계속 교육을 받을 수 있기를 원해요.

논의를 계속하기 전에, 어머니에게 먼저 말을 건 이유에 대해 짚고 넘어가는 것이 필요하다. 흔히 초보 상담사들은 먼저 학생을 대상으로 작업을 한다. 이러한 방법에 임상적인 이점이 있을 수는 있어도, 우리는 어머니를 대상으로 먼저 작업하는 것을 제안한다. 구조적 가족치료의 입장에서 보면, 어머니에게 먼저 말을 거는 것은 어머니의 부모로서의 역할을 확인하는 의미가 있다. 더 나아가 이것은 마리아가 아이라는 것을 의미한다. 어머니에게 먼저 말을 거는 것은 어머니를 '권좌(power seat)'에 올려놓는 것이다. 가족의 권력 위계의 정점에 있는 어머니의 위치를 확인시켜 주는 동시에, 어머니가 가족 체계에 책임이 있는 사람이라는 것을 확인해 준다. 만약 부모가 모두 치료에 동참하고 있다면 상담사는 "마리아 어머님과 아버님."이라고 말했을 것이다. 그렇게 함으로써 어머니와 아버지 모두 가족 내에서 책임 있는 자리에 놓이는 것이다.

또한 어머니가 마리아의 상담을 요구하지 않았다면 마리아는 상담에 적극적으로 참여하지 않거나 아예 오지 않았을 가능성이 높다. 즉, 마리아의 상담 참여도에는 어머니 혹은 가족의 양육을 맡은 누군가가 매우 중요한 영향을 미친다. 그렇기 때문에 어머니를 격려(praise)하면 할수록 그녀는 딸 마리아가 상담에 잘 참여할 수 있도록 지속적인 도움을 줄 것이다. 어머니가 상담에 참여하지 않거나 치료를 방해한다면 마리아의 복학과 상담과정에 부정적인 영향을 끼칠 것이다. 상담사는 어머니가 스스로를 상담과 양육과정에 중요한 협력자라고 인식할 수 있도록 만들어야 한다.

어머니를 우선적으로 상담에 참여시키는 것은 멕시코계 미국인 가정뿐만 아니라 다른 다문화 가정에도 시사하는 바가 크다(A. Valadez, 개인적인 대화 중, 2009년 5월 18일). 대부분의 경우, 멕시코계 미국인이나 라틴 아메리카계 문화에서는 남편이나 가장 나이 많은 남성(예: 할아버지)이 집안의 권위자다. 하지만 이 사례의 경우에는 아버지가 부재했고, 어머니가 명목상 최고 권위자였다. 어머니를 먼저 참여시키지 않는 것은 어머니에게 무례한 태도로 비추어질 가능성이 높고, 어쩌면 마리아조차도 존중받지 못한 느낌을 받을 수 있다. 이런 가정에서는 어머니를 먼저 상담에 참여시키는 것이 임상적으로도 문화적으로도 가장 적합한 전략이다. 다음으로 상담사는 마리아를 참여시킨다.

상담사: 마리아, 학교로 다시 돌아오니 어떠니?

마리아: 다시 돌아오니 좋아요. 친구들이 그리웠어요.

상담사: 그랬구나. 친구들과 다시 관계를 맺는 것은 언제든 좋은 일이지. 마리아,

너는 이 보호 체계 상담을 통해 무엇을 이루고 싶니?

마리아: 그거야 저도 모르죠. 엄마랑 변호사가 학교로 돌아가려면 상담선생님을 만나야 한다고 했어요.

상담사: 그래. 그럼 엄마가 강요했기 때문에 여기에 와 있는 거니? 아니면 학교로 돌아와 친구들과 함께 지내면서 다시 공부하고 싶어서 온 거니?

마리아: 음, 맞아요! 전 여기 오고 싶어서 온 거예요.

상담사: 아, 그렇다면 너는 마치 어른처럼 너 스스로 상담에 오기로 결정한 거구나. 싸우는 것은 그만하고 공부에 집중할 수 있는 방법을 배우기 위해서 말야.

마리아: 네, 맞아요. 엄마가 강요해서 온 건 아니에요.

상담사: 다행이다. 그 말을 들으니 네가 성숙한 학생이라는 것을 알겠다. 대부분 어린아이들은 단순히 엄마가 가라고 해서 오는 경우가 많거든. 어른과 다르게 그런 아이들은 학교에서 공부하는 것이 미래의 자기 직업에 중요하다는 것을 이해 못 해.

마리아: 학교가 얼마나 중요한지 저는 알아요. 저는 어린아이가 아니에요.

마리아를 상담에 참여시키는 것이 단순해 보일 수 있지만 매우 중요하(한 작업이)다. 상담경력이 적은 일부 상담사는 상담에서 부모와 학생이 균형 있게 참여하도록 하는 데 실패하기도 한다. 양쪽 부모와 학생이 모두 함께 상담하는 장면에서 이들이 동등하게 참여할 수 있도록 하지 못하는 경우다. 마리아는 자신의 말에 다른 사람들이 진심으로 귀를 기울이고 있고, 자신이 이해받고 있다는 것을 믿을 수 있어야 한다. 상담사가 미리 어머니와 이야기를 나누었다면 상담에서 마리아에게도 이야기할 시간을 주는 것이 중요하다.

이 사례의 경우, 학교 상담사는 마리아의 말을 타당화해 주면서도 계속 거기에 머무르지 않고 곧바로 마리아가 상담에서 무엇을 이루고 싶어 하는지 묻는다. 마리아의 경솔한 대답에 상담사는 전략적으로 '강제 선택'이라는 역설적인 질문을 던져 마리아가 강제적으로 상담에 오게 된 것인지 아니면 다시 학교로 돌아와 공부를 하고 싶은지 선택하게 한다. 대부분의 10대 초반 청소년은 자신이 강제로 무엇을 하게 되었다는 점을 인정하기 싫어한다. 또한 그들은 자신이 어른스럽다는 것을 증명하고 싶어 한다. 즉, 부모의 의견에 따른 것이 아니라 자기 스스로 삶의 결정을 내렸다는 점을 강조하려 한다. 따라서 상담사의 질문은 매우 훌륭한 치료적 역설(therapeutic paradox)이 된다. 마리아가 어머니의 강요 때문에 상담에 왔다고 말하면 그것은 어머니가 그녀를 통제하고 있다는 것을 뜻한다. 게다가 그것은 마리아가 아직 어른스럽지 못하며 자신의 삶을 스스로 통제하지 못한다는 것, 즉 어른답게 결정을 내리지 못한다는 의미가 된다. 결국 많은 학생들은 자신이 강요받아 상담에 오게 되었다는 것을 부정하리라고 짐작할 수 있다.

여기에서 역설적인 부분은 바로 이것이다. 만약에 마리아가 정말 어머니의 강요 없이 상담에 참여하기로 결정하였다면 그녀는 이제 자신이 아이가 아니라 어른스럽다는 것을 증명해야 한다. 따라서 그녀는 상담에서뿐만 아니라 학교와 집에서도 이제 좀 더 어른스럽게 행동해야 한다. 이것은 바로 상담사가 원하는 바다. 상담사가 전략적으로 던진 강제 선택 역설적 질문에 대한 마리아의 답은 그녀가 좀 더 건강한 행동을 하게끔 만든다.

(2) 설명하기

학교 상담사는 어머니와 마리아 사이에서 균형있는 대화를 이끌어 낸 후 그들에게 보호 체계 상담(systems of care counseling)에 대해 무엇을 알고 있는지 물어볼 것이다. 대부분의 경우, 학생과 학부모는 보호 체계에 대한 이해가 부족하다. 하지만 보호관찰관과 같이 보호 체계 과정이 유용하다고 믿고 있는 누군가에게 이 과정에 대해 들어보았을 가능성이 있다. 여기에서 분명히 기억할 것은, 이 질문의 의도가 그들을 시험하거나 그들이 무엇을 모르는지 밝히는 것이 아니라는 점이다. 이는 그들이 이미 들어본 것이나 알고 있는 것에 대해 긍정적으로 반응함으로써 어머니와 학생이 좀 더 적극적으로 참여하게끔 만드는 것이다. 이와 더불어 상담사는 두 사람이 보호 체계 과정을 좀 더 명확하게 이해하고 의문사항을 해결하는 데 도움을 준다.

상담사: 보호 체계에 대해서 아는 것이 있다면 이야기해 주시겠어요?

어머니: 제가 이해하기로는 마리아가 싸우지 않도록 도와줄 수 있는 사람들을 찾아
　　　　낸 후 그들과 함께 마리아가 학교에서 잘 지낼 수 있는 방법을 모색해 보는
　　　　과정이에요.

마리아: 맞아요. 친구들과 가족들을 모아서 "내가 싸우지 않도록 좀 도와줘."라고
　　　　말하는 거랑 비슷해요.

상담사: 숙제를 잘 해오셨군요. 맞습니다. 오늘 우리는 마리아를 도와줄 수 있는 전
　　　　문가와 비전문가의 목록을 만들어 볼 거예요. 어떤 사람은 앞으로의 회기
　　　　에 참여하고 싶어 하지 않을 수도 있어요. 그래도 괜찮아요. 하지만 참여하
　　　　기로 합의한 사람들에게는 마리아가 (사람들의 관계에서 새롭고) 비폭력적
　　　　으로 행동할 수 있는 방법을 고안해 보도록 할 거예요. 이렇게 요청하는 사
　　　　람들은 단지 도와주는 사람이라는 것을 기억해야 합니다. 실제적인 일은
　　　　마리아가 해낼 거고요. 폭력 없이 살아가는 방법을 실행에 옮기는 것은 마
　　　　리아의 몫이에요.

　보시다시피 상담사는 단순히 이 가족이 보호 체계에 대해 무엇을 알고 있는지 물
어보기만 한다. 어머니가 먼저 답을 하고, 이어서 마리아도 자신이 이해한 바를 이
야기한다. 상담사는 즉시 그들을 칭찬하고 보호 체계 과정의 핵심 요소를 설명한다.
이 두 절차는 라포를 형성하여 성공적인 상담을 진행하는 데에 매우 중요하다.

　독자 여러분께 몇 가지 질문을 하겠다. 당신은 능력 있다고 느끼는 것을 좋아하는
가? 다른 사람이 당신에게 (적절한) 칭찬을 해 주는 것을 좋아하는가? 아마 이 질문에
모두 '네'라고 대답했을 것으로 짐작된다. 이것은 학부모와 학생들에게도 마찬가지
다. 상담사가 상담과정에 적극적으로 참여하려는 그들의 노력을 긍정적으로 강화할
때마다 라포는 향상된다. 어떤 부모나 학생도 자신의 가족이나 친구들 앞에서 지적
당하거나 창피당하는 것을 바라지 않는다. 부모는 다른 사람들이 자신을 무능력하
거나 실패자라고 인식하는 것을 두려워한다. 학생들은 일상에서 다른 사람에게 지
적받는 일을 너무 많이 겪기 때문에 어른이나 상담사가 말하는 것을 모두 흘려들을
가능성이 높다. 그렇기 때문에 상담사는 학생을 칭찬할 기회가 생길 때마다 반드시

칭찬해야 한다. 나는 칭찬과 지적의 비율이 칭찬 쪽으로 기울어져 있어야만 부모와 아이들이 이후에 지적을 잘 받아들이게 된다고 생각한다.

앞서 제시한 예시 상담 장면에서 학교 상담사의 마지막 말을 간과해서는 안 된다. 상담사는 어머니와 마리아에게 그 과정에 누가 함께하든, 어떤 말과 행동이 제시되든, 결국 진정한 변화를 가져오는 사람은 마리아라는 것을 강조하였다. 마리아의 책임을 재차 강조하기 위해 상담사는 연속으로 두 번이나 언급하였다.

(3) 참여자의 수 정하기

다음으로 상담사는 마리아와 어머니가 보호 체계 상담팀 구성원을 선정해 보는 것을 도와준다. 적합한 구성원을 선정하는 것은 보호 체계의 성공과 마리아의 목표 달성에 매우 중요하다. 참여자 중 전문가(예: 교사, 언어치료사, 상담사, 보호관찰관 등)는 50%를 넘지 않는 것이 좋고, 나머지는 비전문가(예: 조부모, 삼촌, 이모, 목회자, 가족의 친구)로 구성한다. 보호 체계의 목적은 학생과 가족 주변의 사람들이 모두 협력하여 학생의 폭력적인 행동을 줄이기 위해 가족 기능을 높이고, 가족과 공동체의 상호작용을 촉진하는 데 있다. 다만, 너무 많은 사람들이 개입되면 보호 체계 상담 회기가 매우 힘들어질 수 있으므로 대여섯 명의 헌신적인 참여자와 함께하는 것을 추천한다.

① 투자적이고 존중받는 참여자

학생과 가족이 지원 가능한 보호 체계로 선정한 사람들은 학생과 가족의 성공적인 상담결과를 위해 투자된 것(as invested)으로 여겨지고 반드시 존중되어야 한다. 학생 또는 가족이 확인한 비전문적인 사람들은 존경받는 교사, 코치 또는 학생들이 좋아하는 음악교사 등이 포함될 수 있다. 학생의 삶에 가치를 부여하고자 하지 않는 잘 모르는 사람들은 초대하지 않는 편이 낫다. 학생들과 가족 구성원은 비전문가집단이 그들을 존중하지 않고 가치 있게 생각하지 않는다고 인식하면 치료과정을 망치려고(sabotage) 할 것이다.

② 금기사항

보호 체계의 구성원 자격으로 특별히 제외해야 하는 구체적인 경우는 다음과 같다.

- 학생 또는 가족 구성원이 좋아하지 않거나 신뢰하지 않는 사람들
- 물질남용 또는 중독 장애의 증상을 가진 경우
- 성격 장애의 내용 중 DSM-IV-TR의 진단 기준에 해당하는 경우(예를 들어, 반사회성 성격 장애)
- 범죄 활동에 연루되어 있거나 최근 범죄 활동으로 유죄를 선고받은 경우
- 이전에 성범죄 또는 비슷한 종류의 문제가 있었던 경우
- 보통 또는 최근에 환각이나 망상과 같은 비일상적인 심리적 특성을 보였다고 의심되는 경우

게다가 최근에 폭력적인 행동을 보였거나 DSM-IV-TR에 따라 간헐성 폭발 장애, 반사회성 장애, 품행 장애 등으로 진단된 경우는 참여자의 목록에서 제외해야 한다.

(4) 참여자 확인

보호 체계의 평가과정을 강화하고 치료과정의 선택에서 이해를 돕기 위해 다음과 같은 임상적인 대화를 수행한다.

> 상담사: 어머니, 마리아와 어머니가 이미 알고 계신 것처럼 마리아의 상담과정에 초대할 만한 사람을 확인하는 것이 보호 체계의 한 부분이며, 이는 평가과정을 강화할 것입니다. 주어진 바와 같이 그러한 상담 회기를 활성화할 것이고 법정과 학교 체계는 마리아의 소년원 구금에 대한 집행유예기관의 산체스 씨와 마리아의 사례 담당자인 오스본 씨에게 위임한 것입니다. 그리고 저는 마리아가 폭력성에서 벗어나는 데 도움을 줄 수 있다고 마리아와 어머니가 믿는 대략 4~6명의 사람들을 확인하는 것이 중요하다고 생각합니다.

어머니: 마리아와 저는 누구를 초대할지 얘기해 보았는데 제일 먼저 초대하고 싶은 분은 제 어머니 로사예요. 제 어머니께서는 지금 저희와 함께 살고 있고 마리아를 키울 때 계속 도와주셨어요.

상담사: 할머니를 추천하는 것은 훌륭한 제안으로 생각됩니다. 그렇다면 할머니께서 마리아가 폭력성에서 벗어나는 것을 어떻게 도울 수 있을지 제가 이해할 수 있도록 설명해 주세요.

어머니: 어머니는 매우 엄격하지만 사랑이 많은 분입니다. 마리아를 많이 사랑하고 제가 일을 하는 동안 마리아와 함께 집에 계십니다. 그래서 제가 일을 하고 있을 때 적용할 규칙을 할머니가 정할 수 있을 것이라고 생각해요.

상담사: 마리아, 너는 어떻게 생각하니?

마리아: 할머니는 이미 많은 도움을 주고 계세요. 할머니와 저는 쇼핑을 하거나 저녁식사를 준비하는 등 여러 가지 일을 함께하고 있어요. 저는 할머니가 우리와 함께하는 것이 좋아요.

상담사: 마리아, 그 밖에 다른 사람은 또 누가 있을까?

마리아: 엘름스 씨요. 그녀는 제가 좋아하는 선생님이에요.

상담사: 네가 엘름스 씨와 함께하기를 정말로 원하고 있는 것 같구나. 마리아, 엘름스 씨가 너의 폭력적인 행동을 줄이는 데 어떻게 도울 수 있을지에 대해 이야기해 주렴.

마리아: 아이들이 뚱뚱하다고 놀렸을 때, 저는 그 아이들을 때렸어요. 만약에 엘름스 씨가 저를 도와주었더라면 저는 싸우지 않고 그 아이들에게 말로 이야기할 수 있었을 거예요.

상담사: 마리아, 그거 좋은 생각이구나. 어떻게 그런 생각을 했니?

마리아: 제 사례 담당자인 오스본 씨와 함께 생각했어요.

상담사: 음, 훌륭하구나. 그럼 이제 또 누가 너를 도와줄 수 있을까?

잠시 시간을 내어 이러한 임상적인 대화가 어떻게 이루어졌는지 생각해 보자. 여기서 학교 상담사는 참여 요청자를 기술하였다(예를 들면, 마리아의 소년원 구금 집행

유예기관의 관리자). 이것은 예전 'Dragnet TV 쇼'에서 Joe Friday가 "Just the facts ma'am." 이라고 했던 방식이다. 요청된 참여자에게 양해를 구하는 과정은 없다. 상담사는 단순하게 누가 참여해야 하는지를 설명한다. 일단 이러한 참여자들이 언급되면, 학교 상담사는 마리아가 '폭력에서 자유로워지기'를 도울 수 있다고 보는 3~5명의 사람을 묻는다. 이러한 과정은 다음과 같은 두 가지 이유에서 중요하다. 첫째, 제한된 인원의 사람을 지명함으로써 어머니와 마리아가 마리아에게 가장 도움이 될 수 있는 사람들을 고려할 수 있도록 만든다. 따라서 이 학생에게 단지 조금의 시간을 들인다거나 도움이 되는 수많은 사람들의 목록을 잘라낼 수 있다.

둘째, 어머니와 마리아에게 누가 마리아를 도울 수 있는지 확인하는 질문은 그녀의 폭력성을 수정하는 데 힘을 실어 줄 수 있는 사람을 확인하는 것이다. 이러한 과정은 그들에게 전문성을 부여하고, 어머니와 마리아가 이러한 보호 체계의 상담 회기에 참여함으로써 가장 적합한 결정을 할 수 있도록 해 준다.

그러한 힘의 부여는 눈속임이나 게임이 아니다. 마리아가 폭력 행동에서 벗어나는 패턴을 도와주는 가장 적합한 사람을 누가 알고 있을까? 혹시 다이어트를 해 본 경험이 있는가? 누군가가 어떤 다이어트 식품을 먹어야 한다고 이야기할 때 당신은 어떻게 응답하겠는가? 우리는 당신에 대해서 알지 못하지만 누군가가 만약 우리가 무엇을 해야 한다고 말하면 우리는 일반적으로 저항할 것이다. 사실, 그 사람들이 틀렸다고 주장할 것이다. 그런데 어떤 사람이 현명한 결정을 하는 데 필요한 정보를 준다면(예를 들어, "당신은 15파운드의 살을 빼지 않는다면 당뇨, 뇌졸중, 심장질환과 같은 심각한 위험에 처할 것이다."), 우리는 다이어트에 더 관심을 갖고 훨씬 더 노력할 것이다. 다시 말하면, 우리가 다이어트를 결정할 때 우리는 성공한다. 그러나 누군가가 우리에게 다이어트를 강요하면, 소중한 시간을 허비하고 그러한 조치에 대항하는 에너지를 소비하는 데 중요한 가능성을 허비하여 다이어트를 그리 오래 지속하지 못할 것이다.

자세하게 설명하자면, 당신을 유혹하는 높은 칼로리의 음식을 가장 잘 알고 있는 사람은 누구인가? 짭짤한 감자칩을 원하는가? 아니면 크림이 많고 달콤한 초콜릿 아이스크림에 더 잘 넘어가는가? 또한 당신이 그러한 높은 칼로리의 음식에 가장 잘 유혹되는 시간을 알고 있는 사람은 누구인가? 우리는 어떤 다이어트 전문가보다 당신 자신이 더 잘 답할 수 있다는 것을 보여 주기 위해 이러한 질문을 하였다. 예를 들면, 당신은 하루 종일 먹는 것을 자제하다가 오후 11시가 넘으면 모든 것을 다 먹어 치우는 유형의 사람인가? 이러한 내용을 기술하는 이유는 당신 자신과 당신의 식습관에 대해서 가장 잘 알고 있는 사람은 다름 아닌 당신 자신이라는 것을 보여 주기 위한 것이었다. 마리아의 어머니와 마리아에게 권한을 부여하는 것은 특별히 마리아의 폭력적인 행동을 고치는 데 도움이 될 것이라고 믿는 사람들을 확인하는 것이 보호 체계의 핵심적인 기초가 된다는 것이다. 학생과 그들의 가족은 자신이 무엇을 원하는지 가장 잘 알고 있으며, 자신의 경험과 자원으로부터 도움을 요청할 수 있는 가장 좋은 것을 찾아 줄 사람이 누구인지 알고 있다.

다음으로 우리는 마리아의 어머니가 할머니를 제안한 부분을 살펴볼 것이다. 학교 상담사는 어머니의 제안을 칭찬하였다. 상담 이론에 대해 공부한 학교 상담사로서, 행동치료에 대해 어떤 내용을 기억하고 있는가? 정확하게, 긍정적으로 강화된 행동은 그들이 추구하는 행동을 반복하게 만든다. 다시 말하면, 학교 상담사는 어머니의 제안에 긍정적인 반응을 하고 어머니의 행동을 강화한다. 따라서 우리는 어머니가 치료과정에 잘 참여할 것이고, 참여할 수 있는 다른 사람을 또 제안할 것이라고 예견할 수 있다.

이러한 긍정적인 반응을 제공하는 것에 실패하면 참여자들은 이탈한다. 우리는 여러분 중 몇몇이 그러한 이탈을 경험할 수도 있다고 생각한다. 교수님들은 종종 학생들에게 읽기 과제를 하거나 수업과 관련된 주제를 수행하도록 한다. 구체적인 답변을 요구하는 서툰 교수는 교수가 원하는 응답을 할 수 있는 학생을 찾을 때까지 모든 학생의 답변을 무시할 수도 있다. 학생 3명의 답변이 단번에 무시된 이후에는 재미있는 현상이 발생한다. 학생들이 응답을 중단하고, 교수가 직접 자신의 질문에 답을 해야 한다. 이러한 무시하는 듯한 행동은 성공적인 수업 장면에서도 발생하고, 학생들은 포기하게 된다. 학생들은 교수와 함께하기를 중단해 버리는 것이다. 우리는 참여자의 이름을 학부모와 학생이 제안할 때마다 우리가 듣고 이해한다는 것을 그들이 인식할 수 있도록 할 필요가 있다.

학교 상담사는 또한 할머니의 관여에 대한 마리아의 생각을 묻는다. 마리아에게 참여자의 선정과정에 동참하고 있다는 것을 인식시켜 주는 과정이 중요하다. 참여자들이 단지 어머니의 참여자라고 마리아가 인식해 버리면 상담을 더 하려고 하지 않을 것이다. 그러나 마리아가 자신에게 도움이 될 것이라고 보는 사람들을 포함시킬 수 있다면 상담과정에 더 적극적으로 참여할 것이다. 즉, 당신이 만약 참여자를 선택하는 과정에 함께했다면 당신 자신이 어떻게 그에 대해 불만족스러울 수 있겠는가?

더욱이, 상담사는 제안된 사람이 마리아의 폭력 행동에서 벗어나는 데 어떻게 도움을 줄 수 있는가에 대한 질문을 통해 패턴을 형성한다. 마리아와 마리아의 어머니 모두에게서 제안된 사람에 대해 즉시 이러한 질문을 함으로써 다른 참여자를 제안하기 이전에 이러한 점을 생각할 수 있을 것이다. 따라서 일단 패턴이 시작되면 마리아와 엄마는 자기대화를 시작할 것이다. "사촌 줄리는 어떻게 내가 싸우지 못하도록 도울 수 있을까?" 이러한 방법은 실제로 마리아가 폭력성을 보이지 않는 상태를 유지하는 것을 도울 수 있을 것이다.

이러한 축어록을 통해 학교 상담사는 마리아와 어머니를 지속적으로 격려한다. 마리아는 엘름스 선생님께서 여학생들의 폭력 행동을 어떻게 그만두도록 도왔는지 주의 깊게 묘사하였다. 상담사는 마리아의 반응을 칭찬하고, 어떻게 마리아가 이러한 개입을 발전시켰는지 물었다. 마리아는 아이디어를 찾기 위해 사례 다루기에 일부 관심을 기울였지만 학교 상담사는 사례 다루기에서 벗어나 마리아가 무엇을 해내는가에 좀 더 집중하였다. 여기서의 의도는 사례 다루기의 인식을 실패하는 것에 관한 것이 아니라 마리아가 자신의 계획을 최대한 인식하게 하는 것에 있다.

(5) 참여자 배제

위기가족 보호 체계를 사용하고 보호 개입 체계 활용을 위한 석박사과정 학생을 훈련시킨 다음에 우리가 알아야 할 것은, 가장 도전적인 상황이 학생과 부모가 분명히 부적합해 보이는 참여자를 제안했을 때 일어난다는 것이다. 부적합한 참여자는 앞서 설명한 바 있다. 놀랍게도 우리는 그 사람이 학생의 폭력 행동을 줄이는 것을 어떻게 도울 수 있는지 질문함으로써 부적합한 제안을 크게 줄일 수 있다는 것을 알 았다. 이러한 질문은 마지막 축어록에 제시된다. 하지만 학생이나 부모가 명백히 부적합한 사람을 추천하면 우리는 보통 어떻게 이 사람이 도움이 될지에 대해서 질 문한다. 종종 이러한 질문은 추천받은 사람을 제외시키는 데 충분한 역할을 할 수 있다. 하지만 그렇지 않을 때 우리는 이 사람의 존재가 잠재적으로 도움이 된다고 결정하려고 한다. 그런 다음 필요성을 주장하기 위해 다른 방법을 제시한다. 다음 축어록을 참고해 보자.

> 어머니: 우선 우리는 변호사 보스 씨를 원합니다.
>
> 상담사: 어떻게 보스 씨가 마리아가 폭력적이지 않은 상태를 유지하는 데 도움이 될 것인지 말씀해 주세요.
>
> 어머니: 아니, 그건 제가 보스 씨를 원하는 이유가 아니에요. 저는 마리아가 보호관 찰관과 부딪치지 않기를 원할 뿐이에요.
>
> 상담사: 당신이 마리아가 보호관찰관인 산체스 씨와 부딪치지 않기를 원하는 것은 당연히 이해가 가요. 하지만 우리가 참여시키는 사람은 마리아를 잘 알고 있어야 하고 마리아가 폭력 행동을 하지 않도록 하는 데 도움을 줄 수 있는 사람이어야 해요. 보스 씨는 마리아가 안전하고 싸우지 않도록 하는 데 직 접적으로 영향을 줄 수 있는 사람인가요?
>
> 어머니: 아니요. 그렇지는 않을 걸요.
>
> 상담사: 저는 마리아가 보호 체계에 참여해서 학교로 돌아갈 수 있도록 하는 데 보 스 씨가 동의할 것이라고 생각합니다. 그렇죠?
>
> 어머니: 네. 그는 마리아가 학교로 돌아가는 유일한 방법은 마리아가 보호 체계 안 에 있는 상담 회기에 잘 참여하느냐에 달려 있다고 말했어요.
>
> 상담사: 그럼, 당신의 변호사는 이러한 회기에 참여하는 것이 마리아에게 최선의 이익을 가져올 수 있다고 생각했군요.
>
> 어머니: 네. 그렇다고 했어요.
>
> 상담사: 만일 상담에 참여하는 것이 마리아에게 최선의 이익을 가져오지 않는다고

생각했다면 마리아가 참여하도록 권하지 않겠네요.

어머니: 아마 그럴 거예요.

상담사: 이건 어떨까요? 제가 이 회기를 운영하는 사람이니 당신이 마리아가 어떤 형태로든 산체스 씨와 부딪치는 일이 생기거나 해가 되는 일이 있으면 회기 중 저에게 그것에 대해 말하겠다고 약속할 수 있나요?

어머니: 네. 그렇게 할게요.

상담사: 솔직히 회기가 진행되는 동안 마리아가 어떤 식으로든 해를 당하면 저에게 알려 주는 것은 필수적이에요. 최근에는 만나지 않았지만 산체스 씨는 마리아에게 매우 헌신적이라고 믿고 있어요. 그러니 마리아에게 문제가 생기면 언제든지, 즉각적으로 알려 주세요. 당신의 걱정을 여러 가지 방법으로 이야기해 보죠. 약속해 줄 수 있어요?

어머니: 네. 그렇게 할게요.

상담사: 좋아요. 당신이 잘 안 되어 가고 있을 때 저에게 알려 주기만 한다면 우리는 보스 씨 없이 이 회기를 시작할 수 있을 거예요.

우리는 이 축어록을 살펴봄으로써 학교 상담사가 몇 가지 중요한 행동을 하였음을 알 수 있다.

마리아의 어머니가 변호사를 추천했을 때 상담사는 놀라지 않았다. 대신 상담사는 인지적으로 대화를 수행하고 이어나갔다. 정서적이기보다는 인지적으로 상호작용을 유지하기 위해 상담사는 단순하게 질문하였다. 어떻게 이 사람이 해당 학생이 비폭력 상태를 유지하는 데 도움이 될 것인가? 마리아의 어머니는 다른 이유로 이 사람을 원하고 있음을 말하였다. 즉, 마리아가 보호관찰관과 문제가 생기는 것을 원치 않아서였다. 이러한 이유가 정당하다는 것을 안다. 치료를 시작하는 많은 사람들이 무력감을 느끼는 것을 많이 경험해 왔다. 여기서 마리아의 어머니는 변호사가 성공적으로 과정을 완수하는 데 필요한 체계 안에서 조절할 수 없는 상황일 때 힘이 되어 줄 것을 바랐다.

나는 당신을 모르기는 하지만 내가 무력감을 느끼는 것은 원하지 않을 것이다. 당신이 가장 최근에 무력감을 느낀 순간을 생각해 보아라. 어디에서, 무슨 일이 있었는가? 내가 최근에 무력감을 느낀 순간은 가게의 젊은 점원이 내가 구입했던 선글라스를 환불해 주려고 하지 않았을 때였다. 전날 나는 같은 가게의 점원에게서 선글라스를 구입했고 당시 점원은 90일 안에 환불이 가능하다고 알려 주었다. 사실 그 가게의 환불정책은 현금 구입 영수증에 명확하게 설명되어 있다. 우리가 타협할 수 있는 방법이 없음이 점차 명확해지면서 상황은 험악해졌다.

이러한 상황이 선글라스 한 개와 관련되어 있음을 주목하라. 만일 상황이 사랑하는 가족 중 한 명과 관련 있다면 어떻게 느끼고 행동할까? 분명히 무력감을 느끼는 학생과 부모는 추한 모습을 보여 줄 수도 있다. 이것은 산체스 씨와 관련된 사례는 아니다. 하지만 아동의 언어적 위협이나 심각한 폭력 행동에도 어떤 부모는 아이들이 위협적이지 않다고 믿는다. 이러한 부모는 흔히 자신의 아이들의 매너리즘과 행동 방식에 익숙하다. 그래서 그들은 자신의 아이들이 다른 사람들에게 위협이 될 수 있다는 것을 받아들이지 못한다. 사실상 어떤 부모는 부당한 상담 명령에 의해 자신의 아이가 학대당하는 것으로 받아들이기도 한다. 이들은 전형적으로 인지적 수준보다는 정서적 수준에서 행동하고 반응한다. 학생과 부모가 이러한 방식으로 행동하면 학교 상담사는 인지적으로보다는 정서적으로 반응하기가 쉽다.

William Purkey 박사(Invitational Education and Counseling의 설립자)는 일본 사무라이 일화를 통해 인지적·전문적 태도를 유지하는 방법을 묘사하였다. 사무라이는 세금을 내지 못한 사람들을 처단하기 위해 제후가 고용한 사람들이었다. 전문가로서 사무라이는 제후로부터 할당받은 부분을 채우면 되었다. 따라서 사람들의 목을 베는 일은 악의를 품은 것도 아니었고 감정도 없었다. 어느 날 사무라이는 채무자를 만나서 그의 목을 베려고 하였다. 채무자는 사무라이의 얼굴에 침을 뱉으면서 사무라이의 어머니, 부인, 자식들을 모욕하였다. 격노한 사무라이는 칼을 집어넣고 가버렸다. 나중에 제후가 왜 그 채무자의 목을 베지 않았는지 묻자 사무라이는 자신의 감정 때문에 사람을 베는 일은 비전문적인 것이라고 대답하였다.

이 이야기는 때때로 화가 난 부모를 만나게 되는 학교 상담사에게도 적용된다. 이러한 학생과 부모는 잠재적 폭력 행동을 줄이기 위해 상담이 필요할 때가 있다. 그들은 위협적인 방법으로 겁을 주고 행동했을 때 주로 사람들이 자신을 내버려 두거나 아무것도 요구하지 않는 것을 경험해 왔다. 전문가로서 상담사는 인지적 수준을 유지해야 한다. 상담사는 이전에 폭력적이었거나 잠재적 폭력 학생에 대해서 절대 감정적으로 화가 나서 반응해서는 안 된다. 힘든 일이기는 하지만 정말 중요한 부분이다. 감정적으로 반응하는 것은 문제를 해결하지 못하고 학생이나 부모의 감정만 키울 뿐이다. 감정적이거나 반응적으로 응답하기보다는 전문적으로 인지적인 상태를 유지해야 한다. 만일 상담사가 학생이나 부모가 위협적이고 위험하다고 생각되면 이러한 행동이 어떻게 도움이 되는지 물어보고, 이러한 위협적인 행동이 계속되었을 때 어떤 일이 발생할지도 물어야 한다.

상담사: 마리아 어머니, 저는 지금 좀 헷갈려요. 저는 우리의 목표가 마리아를 돕는 것이라고 생각했는데요. 맞나요?

어머니: 네. 맞아요.

상담사: 저는 마리아가 폭력적인 행동을 하지 않고, 더 나아가서는 학교에 돌아가서도 폭력적인 행동을 하지 않도록 하는 데에 굉장히 책임감을 느끼고 있어요. 저는 어머니께서도 이 부분에 책임을 느끼고 계시다고 생각하는데… 맞나요?

어머니: 네. 맞아요.

상담사: 그런데 어떻게 "마리아가 학교에 돌아가지 못하게 된다면 상담사를 고소할 것이다." 혹은 "밖으로 데리고 나가서 넘어질 때까지 때리겠다."라고 하셨어요?

어머니: 죄송해요. 그런 뜻은 아니었어요.

상담사: 죄송하다고 해 주셔서 감사하지만 아시다시피 만약 마리아가 학교로 돌아와도 좋다는 허가를 받는다면, 마리아를 학교로 돌려보내는 것은 제게 달린 게 아니라 마리아와 어머니께 달렸어요. 마리아가 예전처럼 폭력적으로 행동하려 한다면, 어머니께서는 마리아를 받아 줄 사립학교를 찾고 돈을 지불하셔야 해요. 굉장히 비싸다는 건 아시죠? 대신에, 저는 마리아와 어머

니가 폭력을 행사하지 않는 것에 대한 책임감을 갖고 있기를 바라고 있어
요. 위협적이지 않은 방법을 통해서 저희는 마리아가 원래 다니던 학교로
돌아갈 수 있다는 것을 입증할 거예요.

우리는 마리아 어머니의 위협적인 말은 무시하고, 학교 상담사가 매우 전문적이
고 인지기반 상호작용으로 옮겨가는 것을 확인할 수 있었다. 상담사는 인지적으로
다시 목표를 언급하고, 치료 목표에 어머니가 책임감을 갖고 있는지를 확인하였다.
그리고 마리아와 어머니가 폭력을 행사하지 않는 것에 대한 책임감을 갖고 있지 않
으면 어떤 일이 벌어질지 묘사해 주었다(예: 어머니는 어딘가 사립학교에 등록금을 내야
할지 모른다.). 나중에 일어날지도 모르는 어머니의 협박과 맞닥뜨린 이후에 상담사는
어머니에게 다시 손을 내밀어서 마리아가 폭력적인 행동을 하지 않을 수 있도록 적
극적으로 방법을 찾는 것에 참여할 기회를 주었다.

다시 축어록으로 돌아가서, 학교 상담사는 어머니의 걱정에 동의하였다. 상담사
는 어머니가 이미 말한 문장을 반복함으로써 간단하게 동의를 표하였다. 상담사는
마리아가 보호관찰관으로부터 '난폭하게 다뤄지는 것'을 원하지 않는다는 그녀의
생각에 동의하였다.

상담사는 또한 중심 주제로 회기를 다시 돌려놓았다. 마리아의 변호사가 마리아
의 폭력을 감소시키는 데에 도움이 될까요? 어머니는 변호사의 존재가 마리아를 폭
력적인 행동으로부터 벗어나게 할 수 없다는 것을 확인하였다. 그러나 상담사는 어
머니가 딸의 변호사를 통해 권한을 얻은 것처럼 느낀다는 것을 이해했고, 변호사가
마리아와 어머니에게 상담 회기 참여를 제안했는지 물어보았다. 바꾸어 말하면, 상
담사는 변호사에 대해서 마리아 어머니가 가진 자신감이 어머니와 딸의 상담에서의
관여도를 상승시키는 데에 하나의 수단으로 활용될 수 있을 것이라고 인식하였다.
일단 어머니가 변호사가 이 상담을 추천했다고 말하면, 상담사는 그녀의 변호사에
대한 믿음과 변호사의 추천을 활용할 수 있다.

이에 더해, 상담사가 공정하고 정당한 방법으로 상담 회기를 촉진할 것을 알림으
로써 상담사는 어머니와 라포를 형성하고자 하였다. 가장 중요한 것은 여기에서 상

담사는 어머니에게 마리아를 위한 안전한 회기를 만드는 것에 동참할 것을 부탁했다는 점이다. 어머니에게 상담 회기 중 마리아가 해를 입거나 부당하다는 느낌이 들면 상담사에게 알려 달라고 부탁함으로써 그렇게 하였다. 이에 대해서 상담사는 어머니가 동의를 했는데도 성급하게 논의를 그만두지 않았다. 상담사는 다시 한 번 어머니를 칭찬한 후에 다시금 어머니가 마리아에게 '매우 헌신적으로' 해야 한다는 것을 지시하였다. 그리고 상담사는 어머니에게 실제 치료 회기가 진행되는 동안 어떠한 걱정이라도 숨기지 않기를 '약속' 받았다. 이것은 상담사가 마리아에 대해 가지는 책임감의 표현임과 동시에, 나아가 상담사가 어머니의 걱정에 대해 경청하도록 만든다.

3. 보호 체계에 포함될 수 있는 참여자 접촉과 비밀보장 원칙에 대한 자유

대부분의 사례에서, 우리는 폭력적 성향을 가진 학생의 사후 처치에서 보호 체계에 포함될 수 있는 참여자에게 접촉하는 것이 중요하다고 믿는다. 여기 그러한 접촉이 필요하다고 판단하는 세 가지 주요한 이유가 있다.

① 우리는 폭력적인 학생이 괴롭힘, 위협, 교활한 행동 등 이전의 행동에 의존하지 않고 다른 사람에게 도움을 요청하고 적절하게 다른 사람들을 관여하도록 하는 방법을 배우도록 하는 것이 그들에게 도움이 된다고 본다. 학생들이 이런 새로운 도움 요청 기술을 배울수록 상호작용하는 데에 더 적절하고 비폭력적인 방법을 익힐 수 있다.

② 학생들이 알거나 그들이 존경한다고 언급한 사람들에게 보호 체계에 참여할 것을 요청하는 것이 좋다. 상담사가 누구인지 전혀 모르는 사람에게 요청하는 것에 비해 긍정적인 답변을 주는 경우가 많기 때문이다.

③ 우리는 상담사와 부모가 당사자인 학생보다 변화를 위해 더 많은 힘을 쏟는다

는 사실을 발견하였다. 그러나 상담사가 치료적 작업의 중심에 있는 경우에는 학생에게 긍정적인 영향이 거의 미치지 않는다.

학생들은 보호 체계 안에서 최소한의 권한을 가진 것처럼 보일 수 있다. 그들은 간단하게 학교 혹은 법정 상담사나 초기 치료 요청을 받았던 기관으로부터 위탁되어 버린다. 그런 다음, 보고서가 초기 위탁 요청기관으로 보내진다(예: 판사, 보호관찰관 등). 이러한 보고서에는 의무적으로 상담을 받은 후 학생이 보인 반항이나 상담에 잘 참여하지 않았다는 내용 등을 기록한다. 폭력적인 학생에 대한 이러한 보고는 학생이 오랜 기간 청소년 보호관찰 시설에 머무르거나 이전에 자신이 다녔던 학교로 돌아갈 기회를 없애 버리는 결과를 초래한다.

물론, 상담에서의 몇 가지 사항은 엄격하다. 그렇기 때문에 몇몇 이례적인 상황에서 상담사는 학생이 폭력적인 행동을 바꾸는 것에 책임감을 가지고 있다기보다는 과하게 의존하고, 수치스러워하며, 우울해하는 것으로 나타난다고 인식할지도 모른다. 이런 사례에서, 상담사는 보호 체계에 포함될 수 있는 참여자에게 연락하는 것을 임상적으로 적절하게 결정해야 할지도 모른다. 그러나 우리는 상담사와 학생이 전화통화를 활용하여 함께 연락할 것을 제안한다. 이러한 방법으로 학생은 꾸준히 과정에 참여할 수 있다.

1) 전화를 위한 지시문과 역할극

보호 체계에 포함될 수 있는 참여자를 찾는 것의 중요성을 이야기했는데, 이 중에서 초대 전화는 매우 중요하다. 다음은 학생에게 주어지는 지시(instruction)에 대한 이야기다. 또한 실제로 접촉이 이루어지기 전에 전화가 어떤 식으로 이루어지는지 역할극을 통해 묘사하였다.

(1) 지시문

보호 체계에 포함될 수 있는 참여자에게 전화하기 전에, 학생과 부모는 각 개인 참여자의 초대에 대해 논의해야 한다. 논의의 내용은 구체적으로 어떻게 학생이 참여자를 아는지와 함께 이전에 참여자로부터 학생이 받은 도움이 무엇인지, 그리고 참여자로부터 폭력의 감소에 대한 도움을 받을 수 있다고 학생이 믿고 있는지를 중심으로 삼아야 한다. 이후 상담사와 학생은 〈표 7-1〉의 '참여 요청 서식'을 완성한다. 이 서식을 통해 앞으로 수행할 역할극과 실제 전화 초대 두 가지 모두를 촉진할 수 있다.

상담사가 그들에게 전화할 때까지 학생은 참여자에게 해당 보호 체계에 대해서 말하지 않도록 지시받는다. 대신 학생은 잠재적인 참여자에게 연락하여 얼마나 그들이 가치 있는 사람이고 자신이 감사하고 있는지, 또 자신을 돕는 것이 얼마나 중요한지를 이야기하도록 한다. 다음 서식에는 학생들이 참여자로부터 과거에 무슨 도움을 받았는지, 그리고 그/그녀의 참여가 학생의 폭력 행동 감소에 어떻게 도움이

〈표 7-1〉 참여 요청 서식

참여자 이름:		
참여 경위:		
이전의 긍정적 참여 경험:		
시기	장소	경과

잠재적 참여자가 폭력 행동의 감소에 어떻게 도움이 될 것인지에 대해 서술하라.

전화:
안녕하세요. _____ 씨.
지난번에 우리가 얘기했을 때, 당신이 저를 _____ 하게 도와주셨잖아요. 저 몇 가지 _____ 와 관련해서 어려움이 있는데요, 당신이 제 상담사 사무실에서 ___월 ___일 ___시에 제 (부모님, 어머니, 아버지, 할머니, 혹은 다른 누군가)와 저를 만나서 저를 도와주실 수 있는지 궁금해요. 사무실은 West Durango 가의 501번지에 있어요. 도와주셔서 진심으로 감사해요. 혹시 와 주실 수 있으세요?

될 것인지에 대한 질문 사항이 제시되어 있다.

학생들은 잠재적 참여자에게 보호관찰관, 학교 상담사, 사례 관리자 등 '필수 참석자'와 함께 첫 모임에 참여해 줄 수 있는지 물어본다.

(2) 전화 역할극

그다음 전화 역할극 연습이 시작된다. 첫 번째 역할극을 연습하는 동안, 상담사는 학생의 역할을 하고 학생은 첫 모임에 참석이 요청된 잠재적 참여자 역할을 한다. 역할극을 좀 더 현실적으로 만들기 위해, 상담사는 참여 요청 서식에 있는 정보를 활용한다. 이후 역할극에서는, 학생이 자기 자신의 역할을 하고 상담사는 잠재적 참여자의 역할을 한다.

학생이 역할극에서 어떻게 구두 의사소통을 하느냐에 따라 (이에 맞추어) 제안을 한다. 학생이 상당히 솔직하고 설득력 있게 답변하면, 부모님과 상담사가 지켜보고 지지해 주는 가운데 상담사의 사무실에서 첫 번째 전화를 걸도록 한다. 부모와 상담사는 학생이 필요한 경우 옆에서 조언해 준다. 그 전화를 마치면 상담사는 통화를 하면서 학생이 무엇을 잘했는지 부모에게 확인하는 질문을 한다. 부모가 통화에서의 많은 긍정적인 것을 인식하면, 상담사는 일반적으로 좀 더 긍정적인 부분을 추가하고, 학생이 뛰어나게 행동한 부분에 대해 언급한다. 그리고 다시 제안을 한다.

학생이 전화를 통해 적절히 진술했을 경우, 나머지 전화도 하도록 한다. 이 전화도 부모님이 지켜보는 가운데 진행한다. 그러나 학생이 구두로 대답하는 것에 어려움을 느끼는 경우라면, 역할극 연습을 더 하고 상담사와 부모는 다른 전화에 대해서도 지도 감독한다. 추가적으로, 반복적인 시도에도 학생이 전화를 하는 것에 어려움을 보이면 다른 연락 방법을 확인하여 참여자를 초대한다.

(3) 부모의 참여 이유

이 지점에서, 몇몇 독자들은 왜 우리가 역할극과 실제 전화를 하는 상황에서 부모를 참여시키는 것인지 궁금할 것이다. 구조적 가족치료 모델의 관점에서, 부모를 관리자의 역할에 놓는 것은 가족 내 힘의 위계질서에서 부모를 다시금 가장 위에 위치하게 만든다. 다시 말하면, 이는 학생과 부모에게 가족을 관리하고 다스리는 것은 자녀가 아니라 부모라는 것을 보여 주며, 가족 내 적절한 질서와 경계를 확립해 준다.

우리의 경험상, 품행 장애, 약물남용 그리고 폭력적 학생의 경우 대개 가족 구조 안에서 부모의 권위를 무시한다. 그리고 대부분 이는 폭력적인 아이가 협박과 위협, 폭력적 행동으로 가정을 지배하게 만들어 가정환경의 혼란을 가져온다. 부모의 통제가 사라지면 폭력 학생 그리고 잠재적 폭력 학생은 거의 무제한의 자유를 갖는다. 이는 학생에게 학교나 사법기관, 경찰, 교정기관 등 모든 어른의 권위로부터 성공적으로 해방되었다는 오판을 하게 만든다. 그러나 사실과는 정말 거리가 먼 현실이다. 가정 안에서 부모의 권위를 다시 세우는 것은 학생의 폭력 행동에 중요한데, 법적 책임을 질 수 있는 미성년자나 성년이라고는 볼 수 없는 어린 학생의 경우 특히 더 그렇다.

한편, 부모는 상담사보다 훨씬 더 많이 자녀들을 본다. 이전에 비행을 저질렀던 학생들에게 지속적인 상담과 사례 관리가 법정에서 필수로 요구되는 최적의 환경에서도, 상담사와 사례 관리자가 학생과 상호작용하는 시간은 부모가 그들과 상호작용하는 시간보다 훨씬 적다. 명백하게, 몇몇 부모는 자녀들과 상호작용하길 원치 않거나 상호작용을 할 시간이 없다. 그러나 우리가 상담하는 대부분의 학생은 부모가 참여를 원한다. 부모의 활발한 참여는 학생이 부모의 통제 아래 있게 한다. 상담사 및 사례 관리자와 함께하는 이러한 (부모의) 지도 감독은 더욱 효과적이고 지속적으로 개입을 가능하게 한다.

2) 참여 거절

잠재적 참여자가 보호 체계 모임에 참여하는 것을 거절하는 경우, 그 사람에 대한 학생의 태도를 관찰하는 것이 중요하다. 특히 학생이 화를 내거나 당황하면, 상담사는 이를 내재화된 인지적인 자기대화가 폭력적인 행동에 어떻게 영향을 미치는지와 연결 짓는 기회로 활용할 수 있다. 다음의 예시를 보자.

마리아: 빌어먹을 프루트! 저는 그 아저씨에게 정말 미칠 듯이 화가 나요. 그 아저씨가 내 상담 회기에 오지 않겠다는 것을 믿을 수가 없어.

상담사: 너 프루트씨에게 꽤 화가 난 것처럼 보이는구나.

마리아: 당연하죠. 그 사람은 아무짝에도 쓸모없고, 자기 자신에게만 신경 쓰고, 얼간이에요.

상담사: 마리아, 네 마음속 이야기를 내가 이해할 수 있도록 해 주렴. 왜 프루트 씨가 보호 체계 상담 회기에 못 오는 것에 대해 화가 나는지 말이야.

마리아: 무슨 뜻이에요?

상담사: 음, 그러니까 너는 그가 너를 돕기 위해 상담에 오는 것에 동의하지 않아서 그에게 화가 났어. 이게 맞니?

마리아: 네. 맞아요. 그래서요?

상담사: 응, 그래서 너는 너 스스로에게 그가 너를 돕기 위해 상담에 오지 않는 것에 대해 뭐라고 말하고 있니?

마리아: 나는 그가 나를 좋아하지 않기 때문에 오지 않는다고 말해요.

상담사: 그렇구나. 그가 너를 좋아하지 않는다는 건 무슨 의미일까?

마리아: 그건 그가 나를 실패자라고 생각한다는 거죠.

상담사: 그렇구나. 만약 네가 실패자라면?

마리아: 그건 내가 절대 가치 있는 사람이 될 수 없다는 거죠.

상담사: 그렇구나. 만약 네가 절대 가치 있는 사람이 되지 못하면?

마리아: 그건 엄마를 실망시키는 거예요.

상담사: 엄마를 실망시키면?

마리아: (침묵)

상담사: 엄마를 실망시키면?

마리아: 엄마는 내게서 떠날 거예요.

상담사: 마리아, 만약 엄마가 널 떠나면, 그러면?

마리아: 그러면 나는 엄마의 사랑을 잃고, 나는 그 누구에게도 사랑스럽지 않은 사람이 되는 거예요.

마리아가 자신의 내재화되고 인지적인 자기대화와 폭력적인 행동 사이에 어떤 관계가 있는지 잘 이해할 수 있도록 상담사는 다음의 세 가지를 하였다. ① 상담사가 지각한 마리아의 감정에 대해 이야기하기, ② 마리아에게 스스로 자기대화에 대해 생각하도록 하기, ③ 마리아가 자신의 부정적인 행동과 자기대화를 연결시킬 수 있도록 연결 기법 사용하기다.

첫째로, 상담사가 프루트 씨에 대한 마리아의 분노를 느낀 즉시, 상담사는 자신이 지각한 것과 관련하여 이야기한다. 마리아는 분명히 프루트 씨에게 화가 났다. 이는 마리아가 상담사의 언급을 인정하거나, 부정하거나, 수정할 기회가 된다. 앞의 축어록에서 마리아는 자신의 분노를 인정하였다.

둘째로, 상담사는 마리아가 자신의 내재화된 인지적 자기대화를 알아챌 수 있도록 한다. 처음에 마리아는 상담사의 말을 이해하지 못하였다. 그러나 이에 대한 이야기를 포기하고 다른 개입으로 넘어가는 것이 아니라, 상담사는 마리아의 자기대화를 보다 분명하고 이해 가능하게 하기 위해 이전에 했던 말을 단순하게 바꾸어 말하였다. 바로 이 지점에서 마리아는 프루트 씨가 보호 체계 상담 회기에 오는 것을 왜 거절했는지 자신이 생각하는 이유를 말하였다. 마리아의 자기대화에 따르면, 프루트 씨는 마리아를 좋아하지 않기 때문에 참석하지 않았다.

마지막으로, 상담사는 연결 기법을 사용한다. 이 기법의 의도는 학생에게 부정적인 자기대화의 결과로 나타난 폭력 행동 등을 야기한 현재 이슈에 대해 통찰하도록 하는 것이다. 이 기법을 활용할 때 상담사는 단순히 학생의 이전 대답을 활용하여 다음과 같이 질문한다. "(이전 응답)의 의미는 무엇이니?" 이 질문은 학생이 가장 작은 (단위의) 감정이나 생각에 도달할 때까지 계속 반복된다. 마리아의 경우, 만약 그녀가 엄마를 실망시키면 엄마는 그녀를 떠날 것이다. 어머니의 떠남은 마리아가 사랑을 받지 못한다는 것을 증명하는 것이고, 따라서 타인에 대한 분노와 폭력이 나타난다.

보호 체계 상담 회기에 참여하는 것을 동의하지 않는 경우, 우리는 이 경험을 통찰과 자기이해를 증가시키는 기회로 활용한다. 참석에 응할 다른 사람과 연락하면서 학생이 자신에 대한 스스로의 신뢰를 얻는 것이 우리의 바람이다. 진심으로 학생의 성공에 관심을 가지는 사람이라면, 대부분 최소한 첫 번째 모임에 참석하려고 한다. 대개 이러한 사람들은 모임의 세부사항에 대해서는 관심이 없고, 학생을 돕는 것에만 집중한다. 바쁜 일정에도 불구하고 그들은 대개 시간을 내며, 보통 이들은 학생에게 존경받는다.

꽤 오래전에 한 젊은 남성이 가족 구성원에게 보호 체계 상담 회기에 참여를 요청하였다. 그는 중독과 간헐성 폭발 장애를 해결하기 위해 가족 구성원의 참여가 필수적이라고 믿었다. 그가 나의 사무실에서 그녀에게 전화했을 때, 그녀는 직장에 있었다. 그녀는 그에게 자기가 내 사무실에 도착하기 전까지 사무실을 떠나지 말라고 했고, 그를 지지해 줄 것이라 약속하였다. 다시 말해서, 그 가족 구성원은 이 남성에게 헌신적이었고 즉시 그와 얼굴을 보고 이야기하고 싶어 하였다. 그녀는 20분 이내로 내 사무실로 와서 그의 알코올 남용에 대해 알고 있었지만 자신 또한 마찬가지로 알코올 남용이 있었고 이로 인한 이전의 폭력 행동 그리고 회복에 대해 그와 이야기할 기회가 없었다고 말하였다.

그 경험은 남성에게 매우 감동을 주었는데, 그는 그녀가 중독이나 폭력과 관련하여 그렇게 고군분투하고 있다는 것을 전혀 몰랐다고 언급하였다. 솔직히 말하면, 이 남성 내담자는 가족 구성원의 관여 덕분에 중독과 폭력에서 순조롭게 회복할 수 있었다.

3) 참여를 망설이는 사람들

연락을 받은 대부분의 사람들은 보호 체계 모임에 참여하려고 한다. 하지만 참여하는 것에 주저하는 사람도 더러 있다. 이렇게 주저하는 사람들은 대체적으로 다음 일곱 가지 중 하나 혹은 그 이상에 해당한다고 볼 수 있다.

① 그들은 학생이 생각하는 것보다 학생과 학생의 가족에게 별로 친밀감을 느끼지 못하고 있다.

② 그들은 학생의 폭력적인 행동을 목격하거나 전해 듣고, 참여하는 것에 위험을

느꼈을 수 있다.

③ 그들은 학생이 그들에게 한 말이나 행동에 대해 화가 나 있다(예: 학생이 그들의 물건을 훔친 경우).

④ 그들은 참석하는 것에서 이익이나 보상을 거의 받지 못한다고 인식한다.

⑤ 그들은 학생에 대해 좋지 않은 인상을 가지고 있는 사람들과 친구관계다.

⑥ 그들은 그들의 참여가 학생과 그 가족에게 의미가 있다는 점을 인식하지 못한다.

⑦ 그들은 개인적·직업적 필요에 따라 온전한 참여와 외부 요구에 대한 단절이 필요하다.

우리는 종종 보호 체계에 참여할 사람으로 두세 명 정도의 비전문가를 원하는데, 이 중 한두 명은 대체로 부모님이나 가족 구성원이기 때문에 그들이 참여하기를 주저하면 우리는 학생에게 순위 목록에서 그 바로 다음 사람에게 연락을 하도록 한다. 다시 말해, 누군가가 보호 체계에 참여하는 것을 주저한다면 좀 더 의욕 있는 다른 사람을 선택하는 것이 낫다는 것이다. 이와 더불어, 몇몇 사람들은 자신의 참석에 비현실적인 조건(예: "그 학생이 머리를 자르지 않으면 나는 참석하지 않을 거예요." "나는 매월 셋째 주 월요일에만 참석할 수 있어요." 등)을 제시하는 경우가 있다. 나는 그러한 경우 다른 사람을 찾아봐야 한다고 생각한다.

4) 비밀보장의 원칙에서 자유로워지기

법적 나이로 학생들은 대부분 미성년자이기 때문에 부모나 법적 보호자는 폭력 학생의 보호 체계 참여와 누가 참여할 것인지에 대해 승인을 해 주어야 한다. 대개 초대 목록 중 상위에 적힌 사람들은 부모와 학생의 공동 브레인스토밍 시간을 통해 정해진다. 그렇기 때문에 대체로 그렇게 놀라운 일이 벌어지지는 않는다. 하지만 누가 참여하게 될지 궁극적으로 결정하는 것은 학생이 아니라 부모라는 점에 주의해야 한다. 승인 작업 자체는 그렇게 문제가 되지 않는다. 많은 경우, 부모 또는 법적 보호자는 폭력을 저지른 학생을 학교로 돌려보내기를 간절히 원하고, 초대받은 사람들이 이러한 그들의 소망을 이루는 데 큰 도움이 될 수 있을 것이라고 본다. 하지만 상담사는 초대 목록의 상위에 있는 사람들을 초대할 때 부모나 법적 보호자의 전적인 승인이나 서명 작업 없이 상담을 시작해서는 안 된다. 이전에 언급하였듯이, 누군가에 의한 참여는 금지되어 있고 치료적으로 적절하다고 여겨지는 사람들만 참여가 허락되기 때문이다.

한편, 초대된 또래 학생이 미성년자라면 폭력학생 부모는 보호 체계에 미성년자가 참여하는 것을 초대된 또래학생의 부모에게 승인받는 작업을 거쳐야 한다. 몇몇 부모는 자신의 자녀가 다른 아이의 치료 경험에 참여하는 것을 허락하지 않을 수도 있기 때문이다. 핵심은 폭력 학생에게 초대된 아이가 소중하고, 초대된 아이의 참석이 비폭력적인 치료 성과를 낳는 데 큰 도움이 될 것이라는 점을 초대된 아이의 부모에게 설명하는 것이다. 종종 이러한 설명에 따라 초대된 아이의 부모가 안도감을 느끼고 자신의 아이를 참석시키는 데 동의해 준다. 또 어떤 경우에는 초대된 또래 학생이나 그들의 부모가 참석을 요청한 폭력 학생의 폭력행동을 경험했거나 목격했을 수도 있다. 그러한 경우에는 당연히 또래 학생도, 그 학생의 부모도 회기에 참석하려 하지 않을 것이다. 초대된 또래 학생과 그 외 사람들은 직업윤리나 비밀 유지 조항에 묶여 있지 않다. 그러므로 학생과 그의 부모는 다른 초대된 사람들과 처음으로 보호 체계 상황에서 만나기 이전에 해당 이슈와 결정이 초래할 수 있는 결과에 대해 미리 알 수 있어야 한다.

예를 들어, 상담사는 면접 중에 나온 모든 이야기를 비밀로 하고 싶어도 다른 사람들이 어쩌면 매우 당황스럽고 고통스러운 일이 될 수 있는 이야기를 외부 사람들에게 할 수도 있다는 것을 학생과 그 부모 모두에게 알려 주어야 한다. 이와 더불어, 면접 참여와 관련하여 다른 또래 학생이나 초대받은 사람들과 연락이 되기 이전에 학생과 그 가족은 비밀정보 양도 서류에 서명해야 한다.

더 나아가, 모든 참여자(학생, 상담사, 그 외의 다른 모든 참여자)는 개별 서류에 서명을 해야 한다. 그렇게 함으로써 치료과정 중 참여자들이 서로 이야기를 나누는 것에 대한 허가를 얻을 수 있다. 상담사는 또한 참여자에게 사전치료에 대한 계약서에 서명하도록 할 수도 있다. 법적으로 효력이 있는 것은 아니지만, 이러한 사전치료 계약서는 참여자가 사건 기록을 찾아내려고 하거나 상담사나 다른 참여자에게 상담 회기 중 발생한 일이나 정보를 알려 달라고 강요할 때, 그 권리를 포기할 수 있도록 해 준다.

5) 순응하지 않고, 치료에 위임된 학생의 관리

치료에 참여하는 학생에 대한 자극제는 굉장히 다양하기 때문에, 학생들이 보호 체계에 점차 관여하지 않게 되는 각각의 상황에 대한 대처법을 이야기하는 것은 어리석은 일이다. 이는 '자발적'인 학생의 경우에도 마찬가지다(예: 법정이나 학교로부터 치료에 참여할 것을 요구받지 않은 학생). 자발적으로 보호 체계 과정에 참여하기로 한 학생은 대체로 그 부모에 의해 강제적으로 참여하는 경우가 많다. 그래서 그들은 '반드시' 참석해야만 한다는 감정에서 야기되는 분노나 강제성 때문에 과정을 조기에 종결하기도 한다.

하지만 법정이나 학교로부터 치료에 참여할 것을 요구받은 학생의 경우는 상황이 다르다. 치료에 위임된 학생은 법원과 학교에 개인정보 서류를 제출하고, 상담사에게 평가 자료의 제출을 요청하게 된다. 학생이 평가를 받거나 보호 체계에 참석하는 것을 거절하게 되는 특수한 상황에 따라, 상담사는 학생의 불참이 법정이나 학교에서 내린 합의가 깨지는 결과를 낳을 수 있다는 것을 나타내게 된다. 여기서 상담사는 학생이 법적 자문을 구할 것을 권유해야 한다. 학생이 참석을 거부하면 법적인 문제에 휘말릴 수도 있기 때문이다.

이러한 언급의 의도는 결코 협박이나 겁을 주기 위해서가 아니다. 다만 현실을 명확하게 인식시키는 것이다. 학교 행정가와 법률 자문가는 폭력을 처음 저지른 학생이 상담에 잘 참여하면 학교로 돌아갈 수 있는 기회를 준다. 이러한 기회를 제공받은 학생은 일반적으로 다른 사람에게 최소한의 위협만 가했거나 학교 행정가 입장에서 다른 사람의 안전을 위협할 것으로 보이지 않는 학생들이다. 만약 학생들이 학교 폭력 평가나 보호 체계 상담과정에 참석을 거부함으로써 그들의 합의를 위반하게 된다면, 그들은 학교로 다시 돌아가는 것을 허가받지 못할 가능성이 크다. 일단 이러한 사실을 학생과 그 부모에게 확인시키고 나면, 학생들은 대개 '자발적으로' 학교폭력 평가나 보호 체계 상담과정에 참여한다.

4. 학생, 부모 그리고 참여자의 첫 모임

우리는 특별히 첫 모임의 다섯 가지 요소에 대해 실례를 들어 설명하고자 한다. 이 다섯 가지 요소에 대해 소개하자면 다음과 같다.

① 상담사는 어떠한 방식으로 환영하고, 비밀보장의 원칙에 대해 설명하며, 첫 모임과 그다음 모임의 절차적인 부분을 설정하는가?
② 학생은 어떠한 방식으로 각 보호 체계 구성원을 소개하는가?
③ 각 구성원이 학생의 강점을 발견하는 일련의 과정
④ 학생의 강점 발견
⑤ 폭력적이지 않은 '좋아하는' 활동

쉽게 읽기 위해, 우리는 마리아의 축어록을 계속해서 활용하고자 한다. 당신이 기억하고 있듯이 마리아는 6학년에 재학 중이고 비만인 열두 살 아이다. 마리아는 서른세 살의 싱글맘인 어머니, 그리고 쉰여덟 살의 외할머니와 함께 거주하고 있는 멕시코계 미국인 2세대다. 마리아는 자신의 비만에 대해 놀리는 친구들과 싸움을 일으킨 경험이 있다. 최근에 한 싸움 때문에 학교에서 퇴학을 당했는데, 그녀와 싸운 피해 학생은 성형수술이 필요할 정도였다. 마리아의 어머니는 이제 마리아가 학교로 돌아가기를 바라고 있다. 마리아와 그녀의 어머니는 학교에서 마리아의 재입학을 고려하는 '첫 번째 단계'로 요구한 보호 체계 상담과정 참여에 동의하였다.

1) 상담사의 환영 및 비밀보장의 원칙

상담사가 환영하는 목적은 첫째, 첫 회기의 '불편함'과 그로 인한 참여자의 불안을 감소시키고, 둘째, 마리아에 대한 언어적인 헌신을 증진하며, 셋째, 첫 번째와 그다음 모임에서의 절차적인 부분을 설정하는 데에 있다. 대개 상담사가 자신을 소개하고 부모를 환영한 다음, 본 회기와 다음 회기에서 무슨 일을 할지 설명하면 불안이나 걱정은 빠르게 사라진다. 우리는 상담사들이 자신에 대한 간단한 소개와 환영으로 시작할 것을 권한다. 대부분의 참여자가 해당 학생을 돕기 위해 참석하는 상황이므로, 그들은 상담사의 교육적 배경이나 학교 상담 자격에 관한 자세한 설명에는 상대적으로 관심이 없다.

또한 우리는 참여자들이 그곳에 온 것을 칭찬해 주고, 그들의 역할을 '전문 상담사'로 특징짓는 것이 도움이 된다는 것을 알았다. 그래서 우리는 대개 보호 체계 모임의 목적은 초대된 참여자들이 학생을 이해하고 도움이 되는 방법을 배우는 데 우리가 도움을 주는 것이라는 점을 알려 준다. 이에 더해 우리는 중요한 타인들이 학생과 서로에게 언어적으로 힘을 쏟아줄 것을 독려한다. 일반적으로 소개는 다음과 같이 시작한다.

> 상담사: 안녕하세요. 제 이름은 제리 융케예요. 저는 메도우브룩에 있는 학교 상담사들을 관리하고 있어요. 마리아와 마리아의 어머니를 대신해 제가 여러분을 환영하고, 와 주신 것에 대해 감사를 표하고 싶습니다. 여러분이 오늘 여기 모인 목적은 마리아가 폭력을 행사하지 않는 상태를 유지하려는 목표를 향해 나아갈 때, 여러분이 마리아를 돕고자 하는 노력과 그녀를 지지하겠다는 의지를 보여 주고자 함입니다. 첫 번째 보호 체계 모임의 목적은 보호 체계 과정과 규칙을 설명하고, 마리아가 폭력성을 띠지 않고 학교를 성공적으로 졸업하는 목표를 이루는 데에 우리가 어떻게 도움이 될 수 있을지를 더 잘 이해하는 것입니다. 구체적으로 말해, 보호 체계, 즉 총체적 서비스는 청소년에게 도움이 된다고 밝혀진 증거기반 상담 개입입니다. 기본

적으로 부모와 요청받은 참여자가 해당 학생을 도와 폭력적인 행동을 멈추도록 하는 것입니다. 이는 학생에게 중요한 여러분과 같은 사람들이 학생의 성공에 헌신적일 때, 학생들이 성공하기 위한 올바른 선택을 하고 최선의 행동을 선택한다는 믿음에 기반을 둔 것입니다. 여러분이 여기 있다는 것은 여러분이 헌신적이고 마리아를 돕고자 한다는 것입니다.

이처럼 소개는 장황하지 않고 마리아의 과거 폭력적인 경험에 관한 자세한 내용을 다루지 않는다. 대신, 미래에 초점을 맞추고 있다. 참석한 사람들이 마리아의 주변에 머무르며 그녀가 더 나아진, 폭력적이지 않은 선택을 하도록 어떻게 도울지를 설명하고 있다.

이 지점에서 대개 우리는 학생을 돕는 데 관심이 없는 사람이 있는지 질문하여 그들의 언어적 노력을 촉진하려고 한다. 참석한 사람들은 이미 상담실로 오는 데에 시간을 들인 상황이고, 물리적으로도 참석하고 있기 때문에 참여자들이 돕는 것에 관심이 없다고 말하는 경우는 드물다. 그러나 사람들이 돕는 것을 꺼리는 것처럼 보이는 경우, 우리는 간단히 그들에게 시간을 내 주어 고맙다고 이야기를 하고, 가능하다면 그들이 참여를 꺼리는 것에 대해 조율한다.

상담사: 마리아를 돕는 데 관심이 없는 분이 있나요?

조 지: 저는 이런 사실을 받아들이고 싶지 않지만, 제가 도울 수 있을 거라 생각하지 않아요.

상담사: 조지, 저는 마리아가 자신을 도울 수 있는 사람으로 당신을 이야기했고, 당신이 정말 여기에 왔다는 것을 알고 있어요. 저는 당신이 여기 있다는 자체가 마리아에게 큰 의미가 있다는 것을 확신해요.

조 지: 전 정말 도울 수 없어요.

상담사: 그 말씀은 당신이 돕고 싶지 않다는 것인가요, 아니면 다른 의미가 있나요?

조 지: 저는 이곳에 오기 위해 직장에서 시간을 낼 수가 없어요. 제 상사는 제가 그러도록 그냥 허락하지는 않을 거예요.

상담사: 걱정마세요. 제가 듣기로 당신은 마리아를 돕고 싶다고 말하는 것 같아요.
    그렇지만 회사에 대한 책임이 당신이 회기에 참여하도록 허락하지 않을 거
    란 거죠. 맞나요?

조   지: 네. 저는 마리아를 돕고 싶지만, 정말 그럴 수 없어요.

상담사: 그 말이 저도 이해가 되네요. 당신이 오늘 와 주신 것에 대해 감사해요. 그
    럼 이쯤에서 직장으로 돌아가도록 하세요.

참여를 꺼리거나 할 수 없는 사람에게 그들의 솔직함에 고마움을 표한 다음 신속
하게 그들이 돌아가도록 허락해야 한다. 그 후 우리는 참석한 사람들에게 초점을 맞
춘다. 목표는 참석한 사람들이 마리아와 그녀의 어머니, 중요한 타인들을 위해 노력
한다는 점과, 마리아가 자신의 폭력에서 자유로운 새로운 행동을 성취하도록 하는
데 그들의 노력을 밝히는 것이다.

상담사: 마리아가 여러분 한 분 한 분을 자신에게 매우 중요하고, 폭력적이지 않은
    상태에 도달하기 위해 의미 있게 힘써 주실 수 있는 분이라고 이야기했어
    요. 그래서 오늘 마리아와 마리아의 어머니, 그리고 제가 여러분에게 도움
    을 요청하는 것입니다. 여러분이 여기에 계시고 떠나지 않으신다는 것은
    마리아를 돕기 위해 진심으로 애써 주신다는 것을 의미합니다.

이러한 말은 참여자들이 마리아를 돕는 데에 그들의 진심어린 노력을 보여 주면
서 지속적으로 참여하도록 하는 데 기초가 된다. 우리는 그러한 말이 학생과 참여한
사람들 모두에게 중요하다고 믿는다. 다시 말해, 그것은 학생에게 "이 사람들이 너
를 돕기를 원한다."라는 말과 "그들이 너의 성공을 위해 헌신하고 있다."라는 것을
암시한다. 참여한 사람들에게는 마리아의 삶에 그들이 관여하는 것이 그녀에게 도
움이 된다는 것을 암시한다.

독자들은 왜 그러한 공생적인 틀이 중요한지 궁금해할 수도 있다. 그 답은 간단하
다. 당신은 당신의 시간과 에너지가 누구에게도 도움이 되지 않는다고 보는 프로젝

트에 참여한 적이 있는가? 그렇다! 사람들은 '쓸모없다'고 인식되는 프로젝트에 참여할 때 대부분 의욕을 가지지 않고, 프로젝트의 목표를 달성하는 데 번번이 실패한다. 반면, 당신은 흥분되고 성공에 대한 기대가 가득한 프로젝트에 참여한 적이 있는가? 의심할 여지없이 있을 것이다! 대개 그 흥분은 집단의 사람들이 목표가 성취되고 있고 그 프로젝트의 최종 성공이 가까워지고 있음을 인지할 수 있는 긍정적인 지표를 볼 때 증가한다. 게다가 성공이 기대되는 프로젝트에 참여를 지속하지 않는 사람은 거의 없다. 또한 충실도가 강하게 증가한다. 당신은 사람들이 '당신에게 의지하고 있다'는 것을 안다. 그러므로 당신은 출석하고 할당받은 임무를 마치는 것을 우선순위로 한다.

　대개 이즈음 누군가는 학생을 돕고자 하는 욕구에 대해 이야기한다. 그러나 아무도 그러한 이야기를 하지 않는다면 우리는 간단히 보호 체계 참여자 각각에게 그들이 그러한 헌신을 기꺼이 할 것인지 물어본다. 그들이 돕는 것에 헌신한다는 의미로 그 질문에 긍정적으로 고개를 끄덕이면, 우리는 그들과 함께 시작한다.

　　　상담사: 산체스 씨, 당신은 마리아의 보호관찰관이군요. 제가 "마리아를 돕는 것에
　　　　　　반대하는 사람이 있나요?"라고 물었을 때, 당신이 고개를 젓는 것을 보았
　　　　　　어요. 그것은 제게 당신이 돕는 것에 반대하지 않는다고 들렸는데, 맞나요?
　　　산체스: 맞아요. 저는 마리아가 학교로 돌아가 성공하기를 바라요.
　　　상담사: 당신은 그녀가 학교에서 성공하고 다른 사람들에게 폭력적으로 행동하지
　　　　　　않을 거라 생각하나요?
　　　산체스: 확실히 그렇습니다.
　　　상담사: 당신은 단지 그녀의 청소년 보호관찰관이고 여기에 돈을 받으며 왔기 때문
　　　　　　에 그렇게 말하는 것인가요?
　　　산체스: 들어보세요. 저는 여기에 돈을 받고 왔지만 모든 학생이 성공할 것이라고
　　　　　　생각하지는 않아요. 저는 마리아가 학교에서 성공해서, 다른 사람과 싸우
　　　　　　고 협박하는 것을 멈출 것이라고 봐요.
　　　상담사: 당신은 왜 마리아가 학교에서 성공할 수 있다고 생각하나요. 그리고 왜 그

녀가 다른 사람을 협박하고 싸우는 것을 멈출 수 있다고 믿나요?

산체스: 그건 쉬워요. 마리아는 똑똑하거든요. 그녀는 제가 일하면서 본 여자아이들 중 매우 똑똑한 아이 중 하나예요. 그녀는 또한 어머니와 할머니를 기쁘게 해 드리기를 원해요. 기본적으로 마리아는 원한다면 학교에서 리더가 될 수 있는 아이이고, 저는 그녀가 그럴 것이라 믿어요.

상담사: 마리아, 산체스 씨가 방금 하신 말씀을 들었니?

마리아: 제가 다른 아이들을 괴롭히지 않고, 학교에서 리더가 될 수 있다고 말씀하셨어요.

상담사: 넌 산체스 씨가 본인이 무엇에 대해 말하고 있는지 알고 있다고 생각하니?

마리아: 몰라요. 아마도요.

상담사: 산체스 씨, 당신은 청소년 보호관찰관으로서 얼마나 많은 아이들을 만나셨나요?

산체스: 수백 명이요. 올해만 해도 보호관찰관으로 90명의 청소년을 만났어요.

상담사: 정말 많은 것 같군요. 그 아이들 중 얼마나 많은 아이들이 마리아처럼 지능과 리더십을 가지고 있었나요?

산체스: 매우 적어요. 마리아는 성공하기를 원한다면 꽤 잘할 수 있어요.

상담사: 마리아, 산체스 씨가 하신 말씀을 들었니?

마리아: 제가 리더가 될 수 있다고 하신 말씀을 들었어요.

상담사: 그녀가 하신 말씀을 믿니?

마리아: 잘 모르겠어요. 아마도.

상담사: Sanchez 씨, 마리아가 학교에서 리더가 될 만한 자질이 있다고 우리에게 말한 것이 거짓말인가요? 당신이 다른 사람들에 대해 말할 때 꽤나 정직하다는 인상을 받아서 묻는 말이에요.

산체스: 거짓말이 아녜요. 만약 마리아가 리더가 될 자질이 없다고 생각했다면, 난 그런 말을 하지 않았을 거예요.

상담사: 마리아가 폭력과 협박을 멈추고 학교에서 리더가 되기 위한 행동을 시작할 만한 자질이 있다고 생각하는 사람이 또 누가 있나요?

어머니: 난 내 딸을 알아요. 그 애는 리더이고, 다른 친구들을 괴롭히는 걸 그만둘
수 있어요. 난 우리가 마리아가 학교에서 성공할 수 있도록 도울 수 있단
걸 알아요.

상담사: 이 보호 체계 모임을 위해 노력하고 계시고, 또 따님이 학교에서 리더가 될
수 있도록 돕겠다고 말하는 것처럼 들리네요.

어머니: 정말로 그래요.

무슨 일이 벌어졌는지 간단히 정리해 보자. 먼저, 상담사의 질문에 대한 청소년
보호관찰관의 호의적인 비언어적 행동을 보고는 상담사는 즉각적으로 그녀에게 관
심을 돌렸다. 그리고 상담사는 다른 사람들에게 보호관찰관이 호의를 담아, 즉 마리
아가 성공할 수 있다는 의미로 고개를 끄덕였음을 알렸다. 이것은 중요하다. 이는
마리아가 폭력적인 행동을 멈추고 학교에서 성공적으로 적응할 수 있는 자질이 있
다고 생각하는 누군가가 있음을 마리아와 그곳에 모인 다른 사람들에게 알리는 것
이다. 이에 더해, 보호관찰관의 긍정적인 비언어적 행동에 대해 언급하는 것은 마리
아로 하여금 보호관찰관은 '그녀를 해코지(out to get Maria)' 하려는 게 아니라는 것
을 알게 해 주고, 또 그녀 자신의 힘을 지각할 수 있도록 해 준다.

다음으로 상담사는 마리아의 보호관찰관에게 돈을 받기 때문에 그곳에 온 것인지
를 직접적으로 묻는다. 여기에서 보호관찰관은 상담사의 질문에 잘 대답하고 있다.
보호관찰관은 마리아를 믿는다고 말한다. 이것은 굉장히 강력한 진술이다. 마리아는
세상물정에 밝은(street smart) 아이다. 그녀는 다른 사람들을 어떻게 속일 수 있는지
알고, 다른 사람들이 자신을 속일 때 그것을 알아차린다. 자신이 학교에서 성공할
수 있다는 보호관찰관의 말을 듣는 것은, 마리아가 보호 관찰관의 믿음을 내면화하
도록 만든다. 상담사는 보호관찰관이 마리아의 강점에 대해서 이야기하게끔 질문함
으로써 이러한 과정을 이끌어 낸다. 이에 보호관찰관은 마리아의 총명함과 어머니
와 할머니를 기쁘게 하려는 마음에 대해 이야기한다. 내가 추측하기에, 마리아는 이
말을 듣고 속으로 수긍했고 자신에게 "그래, 맞아! 난 똑똑해. 난 엄마와 할머니를 기쁘
게 하고 싶어 해!"라고 말했을 것이다.

다음으로, 상담사는 마리아에게 보호관찰관이 말한 것을 이야기해 보도록 하였다. 여기에는 네 가지 주요한 이유가 있다.

① 마리아가 이 회기에서 이루어진 언급에 대해 주의를 기울이도록 한다.
② 마리아가 주의를 기울인 것에 대해 보상해 주는 것이다. 해결중심치료에서는 '옳은 일을 한 내담자를 붙잡는 것'이라고 부른다.
③ 마리아가 자신의 자질에 대해 다시 말하게끔 하는 것은 스스로의 자질에 대한 내면화된 이해를 촉진한다. 다시 말해서, 마리아는 자신이 똑똑하며 능력이 있다는 보호관찰관의 말을 들었지만, 이러한 긍정적인 자질에 대해 완전히 받아들이지는 못할 수 있다. 긍정적인 자질에 대해 다시 말하도록 하는 것이 반드시 내면화를 보장하는 것은 아니지만 내면화는 최소한 스스로의 긍정적인 자질을 다른 사람들이 믿어준다는 사실을 인식해야 하는 것이다. 이러한 일이 반복되면 학생은 '내가 누구인가'를 말해 주는 긍정적인 속성을 잘 인식하고 내면화할 수 있다.
④ 재진술은 단지 마리아를 위한 것만은 아니다. 이는 보호 체계에 속해 있는 모든 구성원들이 폭력적으로 행동하지 않고자 하는 마리아의 목표를 성취하는 데에 유용하게 쓰일 마리아의 강점을 이해하게끔 해 준다. 다시 말하자면, 이는 집단의 시너지 효과를 유발하고 각 구성원이 노력과 시간을 투자함으로써 원하는 결과를 이끌어 낼 수 있다는 인식을 높인다.

더 강력한 치료적 효과를 위해서, 상담사는 마리아의 보호관찰관에게 얼마나 많은 보호관찰자를 만나 왔는지 물었다. 여기에서 상담사는 실제로 보호관찰관이 얼마나 많은 보호관찰자를 만났는지에 관심이 있는 것이 아니다. 이 질문의 의도는 마리아가 다른 많은 학생들에 비해 특별하게 여겨지고 있다는 것을 이해하게끔 하는 것이다. 특히 상담사는 보호관찰관에게 마리아가 보여 주는 총명함과 리더십이 다른 보호관찰자들에게 얼마나 자주 나타나는지를 물었다. 이에 대해 보호관찰관은 "매우 적어요."라고 대답했고, 이어지는 대답에서 마리아는 성공할 수 있다고 말하였다.

상담사는 빠르게 마리아에게로 주의를 돌리고서 그녀에게 보호관찰관이 말한 바를 다시 말하게 하였다. 이것은 마리아가 성공을 위한 특별한 기회를 이해할 수 있도록 다른 사람들과는 다른 길을 갈 수 있는 자질이 있다는 것을 강조하기 위해서 한 일이다. 그 후 상담사는 마리아에게 리더가 될 수 있다는 보호관찰관의 의견을 믿는지 물어보았다. 마리아의 성의 없는 대답은 즉각적으로 상담사에게 전달되었고, 상담사는 보호관찰관에게 혹시 거짓말을 하고 있는 것은 아닌지 물었다. 보호관찰관은, "거짓말이 아네요."라고 대답하였다. 즉, 그녀는 "만약 마리아가 리더가 될 자질이 없다고 생각했다면, 난 그런 말을 하지 않았을 거예요."라고 말하였다. 이에 상담사는 보호 체계의 다른 구성원에게 마리아가 폭력과 협박을 멈출 수 있는 능력이 있다고 믿는지 물었다. 이것은 다른 구성원들이 자신의 믿음을 말할 수 있는 기회를 열어 주었다. 더 많은 구성원들이 보호관찰관의 생각에 동의를 표명함에 따라, 자기 자신에 대한 마리아의 내적 믿음은 도전을 받았고 다음과 같은 내재화가 촉진되었다. "내가 폭력적으로 행동하지 않고도 리더가 될 수 있다고 그들이 믿는다면, 아마 난 진짜로 폭력적인 행동을 끊어버릴 수 있을 거야. 아마 난 학교의 리더라는 새로운 정체성을 찾고 리더 같은 행동에 대한 보상을 받을 수 있을 거야."

학생과 그 부모가 누구를 보호 체계 집단에 포함시킬지 결정하고 난 후에, 학생과 그 부모는 반드시 개인정보 공개의 적절한 수준에 대해 계약을 맺어야 한다. 이렇게 하지 않으면, 상담사는 다른 사람들의 참여를 끌어들일 수 없다. 보호 체계 집단에 참여하겠다고 동의한 잠재적 참여자들은 개인정보 공개에 대해 전달받고 첫 모임 이전에 앞서 말한 것과 같은 계약에 동의를 해야 한다. 첫 모임에서 상담사는 개인정보 공개의 중요성에 대해 설명하고, 공개가 필요한 모든 경우에 대해서 사인을 받아 날짜를 기록하며, 둘 이상의 확인자(상담사나 부모 등)로부터 사인을 받아야 함을 강조한다.

다음으로, 상담사는 집단 내에서의 비밀보장과 그 한계에 대해 설명한다.

우리는 상담사만이 전문적인 비밀보장의 윤리 및 법률의 영향을 받음을 알린다. 그리고 청소년 보호관찰관이나 법정 및 학교의 다른 담당자는 비밀보장의 원칙에

규제받지 않음을 알린다. 대신, 법정 및 학교의 담당자는 그들의 직업상 불법적인 행동에 대한 모든 드러난 정보를 알리는 것이 요구된다. 이에 더해, 그들은 학생과 지역사회 그리고 학교에 해가 될 수 있는 행동을 알려야 한다. 또한 학생과 이전에 맺은 합의를 지키는 것을 방해하는 것에 대해서도 알려야 한다.

여기에서 우리는 종종 이들 전문가들에게 자신의 역할 및 자신이 알려야 하는 사항(약물 사용, 무단결석, 약물검사에 응하지 않음 등)에 대해서 설명해 보도록 한다. 이들의 책임에 대해 살펴보고 이러한 정보를 알려야 하는 이유에 대한 논의가 이루어지고 나면, 다음과 같은 대화가 이어진다.

> 상담사: 내가 말해볼 테니 틀렸으면 바로잡아 주세요. 내가 들은 바로는, 당신은 마리아가 자신을 해치려 하거나 법을 어기거나 혹은 공개 동의서(release agreement)에 따르지 않는 등의 일이 벌어지지 않는 이상 이 집단에서 일어난 일을 다른 사람에게 알리지 않겠다고 말했어요. 내 말이 맞나요?
>
> 보호관찰관: 네, 맞습니다.
>
> 상담사: 그렇다면 당신은 이 집단에서 일어난 일을 친구에게 말하지 않을 것이고, 예를 들어 월마트에서 마리아를 본다 해도 그녀가 퇴학당했었다는 사실을 다른 사람에게 말하지 않을 거예요. 내 말이 맞나요?
>
> 보호관찰관: 전 절대 그런 일을 하지 않을 겁니다. 만약 그런 짓을 한다면 전 아마 해고되겠죠.

이러한 대화의 의도는 참여하는 전문가들이 이것을 가십으로 여기지 않는다는 사실을 구성원들에게 이해시키는 것이다. 그들은 폭력 그리고 마리아나 지역사회에 해가 될 위험성이 있는 행동에 대해서는 보고해야 한다.

이 지점에서, 우리는 집단 내에서의 경험이 다른 사람들의 가십거리가 될 것이라고 믿거나, 혹은 그들이 집단 내에서 공유한 정보가 집단 밖에서 농담처럼 이야기될 것이라고 느낄 때 사람들이 자유롭게 말하기를 얼마나 주저하는지 설명하곤 한다. 우리는 학생에게, 집단 참여자들이 집단에서 들은 것을 밖에서 말하지 않는 것이 그들에게 얼마나 중요한 일인지 물어본다. 이때 대부분의 학생은 집단에서 나온 정보가 밖에서 공유되지 않을 것이라는 약속을 간절히 원한다. 이를 듣고 나면, 법정 및 학교 관련 담당자를 제외한 다른 사람들에게 이러한 약속을 학생과 할 것인지 물어본다.

> 상담사: 더 이야기하기 전에, 비밀보장에 대해 먼저 말씀드리고 시작하겠습니다. 이 모임에서 이야기되는 모든 것이 비밀보장이 된다는 것은 아닙니다. 여기서 이야기되는 것이나 일어나는 일에 대해 다른 사람에게 보고하거나 말하면 안 된다는 것을 규정하고 있는 법은 어디에도 없습니다. 다시 말해, 창피하거나 해로울 수 있는 정보 혹은 민감한 정보를 공유하실 때 좀 더 신중하실 필요가 있습니다. 여기에 모인 사람들 가운데에 법적으로 비밀보장을 지켜야 하는 사람은 저 한 사람입니다. 따라서 저는 여러분의 허락을 받았거나 여러분 혹은 다른 사람이 위험 상황에 있다는 판단이 서기 전에는 여기에서 일어나는 일을 이 방을 나서는 순간부터 절대 논의할 수 없습니다. 하지만 비밀보장의 중요성과 서로에게 신뢰를 가질 수 있기 위해 마리아가 초대하여 여기에 모여 있는 사람들끼리 서로에게 비밀보장 약속을 하는 것이 어떨까 생각해요. 이 약속은 물론 비밀보장이 깨질 경우 법적 대응책을 제공해 줄 수 없고 법적 구속력도 없지만, 오늘 여기에서 나누는 이야기는 누군가가 위험에 처하거나 다른 사람을 위험에 처하게 하지 않는 이상 이 방을 벗어나 다른 사람들과 이야기하지 않겠다는 것을 뜻합니다. 그럼 이대로 진행해도 될까요?
>
> 마리아: 네, 좋아요.
>
> 할머니: 네, 무슨 말씀인지 알겠네요.
>
> 어머니: 그럼요.
>
> 상담사: 그럼, 마리아와 어머님 그리고 할머님 모두 이곳에서 이루어지는 것에 대해 서로에게나 저에게가 아닌 다른 누구에게는 보고하지 않을 것을 약속하겠다는 것으로 받아들이겠습니다. 맞으시죠?

다음, 상담사는 절차적인 만남 규칙을 설정한다. 이 규칙은 상담사마다 다를 수 있고 각 상담사의 개인적인 판단에 맡겨지지만, 우리는 다음 일곱 가지 기본 규칙이 이런 만남에 매우 중요한 것을 알게 되었다.

① 각자 대할 때 존중해야 한다.

참여자들은 각자 대우받기 원하는 대로 서로 존중하는 태도로 대해야 한다. 다른 사람에게 욕을 하거나 비하하는 별명으로 부르거나 비꼬는 듯한 말을 해서는 안 된다. 폭력에 대한 협박이나 암시적으로 위협하는 것은 절대 허용될 수 없다.

② 각자 솔직하게 말할 것을 약속한다.

항상 진실을 이야기하기로 약속한다. 그 누구도 거짓말한다고 책망받아서는 안 된다.

③ 각자 자신의 생각을 이야기하도록 한다.

참여자들은 다른 사람들이 보인 행동을 묘사할 수 있지만(예: "마리아가 조안을 발로 차는 것을 보았어요.") 다른 사람을 대신해서 이야기하거나(예: "마리아는 자신이 오스카를 싫어한다는 것을 그에게 말하기를 두려워해요.") 관찰한 행동을 해석하려(예: "제 생각에는 마리아가 존이 자신과 헤어지려 한다고 생각해서 운 것 같아요.") 하지 않도록 한다.

④ 각자 적극적으로 참여할 것을 약속한다.

참여자들은 적극적으로 참여함으로써 기여를 할 것이다. 적극적으로 참여하지 않는다는 것은 학생을 지지할 마음이 없다는 의미이거나 필요한 지지를 제공할 능력이 없다는 것을 뜻한다. 따라서 참여자들은 면접과정에서 참여하고자 노력하는 것이 매우 중요하다.

⑤ 각자 질문을 하겠다고 약속한다.

참여자들은 질문을 하고, 솔직하고 자세한 답변을 기대할 권한이 있다.

⑥ 각자 모임에 끝까지 남아 있을 것을 약속한다.

참여자들은 개인적인 휴식시간을 위해 잠깐 나갔다 올 수는 있지만 반드시 돌아와야 한다.

⑦ 각자 학생과 참여하는 다른 사람들을 지지하겠다고 약속한다.

참여자들은 서로 격려하고 적절한 방식으로 서로 도우면서 학생과 다른 사람들을 지지하는 모습을 보여 줄 것을 구두로 동의한다.

이런 규칙이 논의되고 명확하게 전달되어 모두 동의한 후에 상담사는 참여자들에게 추가 질문이나 염려되는 부분이 있는지 물어본다.

2) 학생 소개

이 시점에서는 상담사가 학생에게 각 참여자를 소개하도록 한다. 학생은 각 참여자를 어떻게 알게 되었는지, 왜 각 참여자가 자신이 폭력적이지 않은 행동을 할 수 있도록 도움을 줄 수 있다고 생각하는지에 대해 설명한다. 상담사와 학생은 다음과 같은 상호작용을 할 수 있다.

상담사: 마리아, 여기에 모인 사람들을 네가 소개해 줄 수 있겠니? 어떻게 알게 되었는지, 그리고 어떻게 이들이 네가 새롭게 폭력적이지 않은 행동을 할 수 있도록 도와줄 수 있는지 말이야.

마리아: 네, 여기 이 분은 제 엄마예요. 아마 모두 아실 거예요. 엄마니까 알고, 엄마는 제가 화가 나서 싸우지 않을 수 있도록 도와줄 수 있을 것 같아요.

상담사: 그래. 그런데 어머니가 어떻게 마리아를 '화가 나서 싸우지 않을 수 있게' 도와줄 수 있는지 좀 더 이야기해 줄 수 있니?

마리아: 잘 모르겠어요. 제가 화가 나는 것 같을 때 바로 저한테 알려 주고 싸우는 것 대신 할 수 있는 것을 알려 주는 식으로 도와줄 수 있을 것 같아요.

상담사: 그게 어떤 모습일까?

마리아: 음, 제가 정말 화가 나기 시작할 때 엄마가 그걸 본다면, 엄마는 "너 화가 나는 거 같구나. 방으로 들어가서 진정하렴." 이라고 말할 수 있겠죠.

상담사: 정말 그게 도움이 될 것 같니?

마리아: 네, 그럴 것 같아요. 어떤 때 저는 폭발하기 전까지 제가 화가 난 줄도 몰라요. 만약에 엄마가 제가 화가 나는 것처럼 보인다고 말을 해 주면 진정해지는 방법에 대해 생각해 볼 수 있을 것 같아요.

상담사: 어머님, 이렇게 해 보실 수 있으세요?

어머니: 네, 그렇게 해 보겠어요.

상담사: 마리아가 방에 들어가서 스스로 진정할 수 있게 무엇을 하라고 말해 줄 수 있을까요?

어머니: 음, 마리아는 무엇을 그리거나 만드는 것을 좋아해요. 팔찌를 만들 수 있는 구슬과 철사를 마리아 방에 가져다 놓으면 마리아가 화가 날 때 앉아서 팔찌를 만들거나 할 수 있겠네요.

상담사: 마리아, 그렇게 하면 도움이 되겠니?

마리아: 네, 그럴 것 같아요. 좋을 것 같네요. 아예 엄마나 할머니가 방에 들어와서 같이 팔찌를 만들면서 나와 이야기할 수도 있을 것 같아요.

상담사: 그렇게 해 줄 수 있는지 어머니에게 한번 여쭤보지 그러니?

마리아: 지금요?

상담사: 응.

마리아: 엄마, 제가 화가 나는 거 같을 때 이야기해 주시고, 엄마나 할머니가 저랑 같이 방에 들어가서 이야기하거나 새 팔찌 등을 만드는 걸 도와주실 수 있으세요?

어머니: 당연하지, 우리 딸.

상담사: 마리아, 한 가지만 더 물어볼게. 혹시 네가 화가 난 것을 발견하는 것이나 너의 화를 해결하는 것에 대해 어머니에게 책임을 돌리려고 하니?

마리아: 무슨 말씀인지 모르겠어요.

상담사: "난 내가 화가 날 때 화가 난지 몰라요. 그러니까 내가 화가 날 때 이야기해 주는 것은 **엄마**의 책임이고 제가 싸우지 않도록 하는 것도 **엄마**의 책임이에요."라고 말하는 것인지 묻는 거야.

마리아: 아니요. 그런 뜻은 전혀 아니에요. 가끔 저는 제가 얼마나 화가 나 있는지 몰라요. 제가 화가 나 있는 것 같다고 엄마가 이야기해 주면 제가 진정할 수 있도록 무엇을 해야 하는지 생각하는 데 정말 도움이 될 거예요.

　이 임상 장면에서 우리는 몇 가지 중요한 상호작용을 접할 수 있다. 첫째, 마리아의 연령과 그녀가 어머니를 소개했다는 것을 고려할 때, 우리는 마리아가 어떻게 어머니를 알게 되었는지 자세히 물어보지 않아도 된다. 그녀의 답은 연령에 맞는 대답이고 수긍이 간다. 하지만 만약에 마리아가 초대된 선생님을 소개한다면 좀 더 자세히 이야기해 줄 것을 요청할 수 있다. 이때 그 선생님이 마리아가 몇 학년 때 어떤 과목을 가르쳤는지 물어볼 수 있다. 더 나아가 그 선생님의 과거 행동이 마리아에게 어떤 긍정적인 영향을 주었는지 물어볼 것이다. 마리아가 과거에 자신에게 도움을 준 선생님의 지지적인 행동을 떠올려 말로 표현을 하게 되면, 앞으로도 그런 행동이 반복될 수 있도록 부추길 수 있다. 따라서 선생님은 예전에 도움이 되었던 행동을 다시 함으로써 마리아가 폭력을 멀리하는 데에 핵심 역할을 할 수 있다.

　이러한 행동 반응은 다음의 주요한 결과를 유발할 수 있다.

- 가까운 보호 체계 집단은 마리아에게 안정감을 줄 수 있다. 따라서 마리아의 방어는 줄어들고 집단 안에서 더 자유롭게 상호작용할 수 있다. 이는 또한 마리아가 보호 체계 집단 참여자로서 이 체계를 가치 있게 받아들이도록 한다.
- 학교 내에서 마리아에 대한 교사의 즉각적인 행동 반응은 학교 환경 내 마리아의 스트레스를 감소시킨다. 스트레스의 감소는 마리아의 폭력 행동 가능성을 줄인다.
- 만약 마리아가 교사가 자신을 가치 있게 보고, 자신의 성공에 관심을 갖는다고 생각한다면 마리아는 폭력 행동 대신 문제가 생겼을 때 신뢰할 수 있는 교사를 찾아간다.

　이 축어록은 다른 주요한 요소를 보여 준다. 치료적 의미에서의 '힘겹게 내딛는 첫걸음(baby steps)'은 완벽하지는 않지만 점차 발전해 가는 것으로 알려져 있다. 이는 우리가 즉각적으로 완벽하게 좋아지는 것을 추구하지 않는다는 의미다. 우리는 학생들이 바라는 결과를 향하여 조금씩 나아가는 방법을 활용한다(예를 들어 지탱해 주는 것, 비폭력적 행동). 우리가 주목한 대로 마리아는 어머니에게 받아들이기 힘든 굉장한 요구를 하지 않았다. 마리아는 상대적으로 쉬운 다음의 세 가지 행동을 어머니에게 요구하였다. 첫째, 마리아가 화가 나서 자신에게 그러한 행동을 한다고 볼 때 마리아에게 알려 주기. 둘째, 마리아에게 자기 방으로 가서 잠깐 진정하라고 요청하기. 셋째, 마리아의 방에서 함께 팔찌를 만들면서 이야기하기.

어떤 사람들은 이러한 변화 구조가 너무 단순하다고 한다. 하지만 우리의 경험은 다르다. 이러한 작은 변화가 합쳐졌을 때 훨씬 큰 변화를 가져온다. 아주 작은 변화가 점점 반복적인 행동 목록에 쌓여 갈 때 더 큰 변화도 일어나게 된다. 이러한 방법은 성공적으로 다이어트를 하는 사람에게 사용되고는 한다. 어리석게 다이어트를 하는 사람은 하루나 이틀 아무것도 먹지 않다가 허기져서 끊임없이 먹게 된다.

반대로 현명하게 다이어트를 하는 사람은 적게 먹는 버릇이 성공적인 체중 감소를 가져온다는 점을 잘 알고 있다. 따라서 모든 음식을 안 먹는 것보다는 높은 칼로리의 음식을 낮은 칼로리의 음식으로 대신한다. 이들은 칼로리를 태우기 위해 걷기를 시작하기도 한다. 곧 이러한 작은 변화가 쌓여 체중계에서 큰 변화가 일어난다. 같은 방법으로 우리는 마리아가 긍정적인 작은 변화를 가져오도록 해서 지속적으로 비폭력 행동을 유지할 수 있도록 할 것이다. 마리아의 어머니가 요청받은 행동을 하는 것은 합리적이고 확실하게 변화의 과정을 시작하는 방법이 될 것이다.

축어록과 관련하여 두 가지 결론을 내릴 수 있다. 첫째, 보호 체계 집단에서 참여자들이 도움 요청을 연습하는 것이 도움이 된다는 점이다. 많은 청소년들이 어떻게 효과적으로 도움을 구해야 하는지 잘 모른다. 이들은 원하는 결과를 얻기 위해 괴롭히거나 겁을 주는 것을 배웠다. 이 축어록 안에서 마리아는 진정하기 위해 자신의 방으로 갔을 때 함께 팔찌 만들기를 하면서 대화하기를 원한다고 하였다. 상담사는 상담 회기 내에 마리아가 어머니에게 공식으로 요청하기를 요구하였다. "지금요?"라고 마리아가 반문하였을 때 상담사는 확실하게 응답하였고 마리아는 어머니에게 도움을 요청하였다. 이와 같이 학생들이 집단 내에서 요구사항을 생각해 내는 것이 좋다. 학생들은 도움을 어떻게 요청하는지, 거절을 어떻게 하는지 잘 모르기 때문에 상담사는 이러한 방법을 보여 준다. 이렇게 하는 것은 집단 내에서 이러한 요청을 연습하는 기회가 된다. 우리는 효과적으로 요청하는 것을 이해하는 것이 학생들에게 힘을 주고 괴롭히거나 폭발적인 행동을 줄인다는 사실을 발견하였다.

둘째, 정신건강 전문가 중 몇몇은 상호 의존 이슈에 대해 지나치게 예민하다. 그들은 도움을 요청하는 것이 상호 의존을 만들고 지속적인 상호 의존 행동을 강화하는 데 가장 적합하다고 본다. 우리는 상호 의존이 주요한 임상적 이슈가 될 수 있다고 생각하지만, 우리가 살펴본 마지막 축어록의 사례는 아니다. 하지만 상담사는 이러한 문제를 마리아와 함께 나눠 볼 수 있는데 "자신의 행동에 대해 어머니가 책임지도록 할 것인가?"라고 물어볼 수 있다. 이 사례에서 마리아는 그러지 않을 것이라고 했고 상담사도 그녀를 믿었다. 반대로 마리아가 자신의 행동에 대해 어머니에게 책임을 지우려고 하면 상담사는 다르게 반응한다. 다음의 예시를 살펴보자.

상담사: 너는 자신의 폭력적인 행동에 대한 책임을 부인하는 것처럼 보이는구나. 네가 화가 났을 때 어머니가 너에게 관심을 기울여 주어서 너의 화를 풀어 주어야 한다고 말하는 것처럼 들려. 이게 네가 원하는 것이니?

대부분의 경우 이러한 언급은 역동을 변화시키는 데 충분하고 더 치료적인 변화가 일어나도록 한다.

3) 강점 찾기

강점 찾기의 세 가지 핵심 이유는 주요한 타자가 다음을 해 주도록 만드는 것이다.

① 학생의 현재 요구를 채울 수 있는 건강한 방법을 말해 주는 것
② 상담사뿐 아니라 다른 비전문가들이 비폭력 상태의 유지를 도와주는 방법을

알려 주는 것

③ 다른 긍정적인 행동이 지속적으로 일어날 수 있도록 격려하는 것(VanDenBerg & Grealish, 1996)

강점 찾기는 학생과 그에게 주요한 사람들에게 이미 잘 하고 있는 것이 무엇인지 피드백을 해 주고, 이러한 건강한 행동을 강화시키며, 나아가 학생과 다른 주요한 사람들이 더 건강한 행동을 이해하고 새로운 행동을 할 수 있도록 하면서 진행된다 (VanDenBerg & Grealish, 1996). 이러한 결과는 주요한 사람들, 상담사, 학생이 무엇을 작업하고 도움이 되는지, 미래에 무엇을 도움이 되는 것으로 받아들일지 함께 배우는 협력적인 과정에서 비롯된다. 협력적이고 긍정적인 경험은 폭력적 행동을 하는 대부분의 학생에게는 낯선 경험일 것이다.

회기 내에서 이러한 지지가 발생한다고 해서, 강점 평가의 목적이 학생들이 보이는 걱정과 어려움을 얼버무리고 축소하는 데 있는 것은 아니다. 이것은 분명히 학생과 보호 체계 집단에 부당한 것일 수 있는데, 강점 찾기의 의도는 무엇이 잘 진행되고 있는지 알고, 어떻게 학생, 상담사, 주변의 주요한 사람들이 이러한 과정에 애쓰고 있는지 배우는 데 의미가 있다.

마지막으로 강점 찾기는 참여자들 사이의 신뢰와 협력을 구축하는 기회가 된다. 신뢰와 협력을 구축하는 것은 이전에 익숙했던 폭력적 행동의 변화에 도전하고 보호 체계 집단 내에 폭력을 없애는 데 책임감을 느끼게 할 수 있다. 그래서 강점 평가는 학생들이 도전 의지를 갖는 근간이 될 수 있다. 상담사는 학생의 강점 평가 중에 반드시 학생을 돕고 주요한 사람들과 서로 확신하며 지지하는 것이 필요하다. 이것은 학생들이 주요한 사람들이 만든 지지의 글에 응답하도록 함으로써 이루어질 수 있다.

상담사: 마리아, 어머니가 널 사랑한다고 말하면 어떨 것 같니?

마리아: (흐느낌) 말로 다 표현할 수 없어요. 왜냐면 정말 안 믿기거든요. 내가 엄마 와 할머니에게 했던 모든 일에도 불구하고 엄마는 나를 그렇게 사랑해요.

어머니: 내가 너를 사랑하는 것을 아는구나, 마리아.

마리아: 네. 지금은 알아요. 하지만 엄마가 말하기 전에는 몰랐어요. 나는 엄마가 나를 증오한다고 생각했어요. 내가 다른 사람에게 나쁜 짓을 하고 때렸잖아요.

상담사: 때때로 사람들은 우리를 사랑함에도 우리가 위협하고, 괴롭히고, 폭력 행동을 할 때 어떻게 대응해야 하는지 잘 모를 때가 있어요. 어머니, 마리아가 폭력 행동을 하지 않도록 하기 위해 한 마디 해야 한다면 뭐라고 말하시겠어요?

어머니: 이런 방식으로 살 필요가 없어. 마리아, 너는 너의 할머니처럼 강해. 나는 네가 싸울 필요가 없다는 것을 알아. 더욱 더 중요한 것은 마리아, 나는 너를 돕기 위해 뭐든 할 거야. 하지만 너를 속이지는 않을 거야. 만약 네가 다시 싸운다면 너를 바로잡기 위해 보호관찰소에 전화할 거야. 살인으로 교도소에 가는 것보다는 싸움으로 소년원에 가는 게 더 낫다고 생각해.

상담사: 어머니가 지금 무슨 말을 하고 있는 것 같니, 마리아?

마리아: 엄마는 내가 싸울 필요가 없다고 생각한다고 말하고 있어요.

상담사: 나도 그 말을 들었어. 근데 한 가지를 더 이야기하고 있어.

마리아: 그게 뭐죠?

상담사: 어머니는 너를 사랑한다고 말하고 있어. 네가 너의 이전 폭력 행동을 이제 그만하도록 어머니는 너를 도울 거야. 하지만 또한 어머니는 신뢰할 만하게 행동할 것이라고도 말했어. 만약 네가 다시 싸움을 시작한다면 어머니는 보호관찰관에게 연락을 할 거야. 어머니는 네가 다른 사람을 해치고 남은 인생을 감옥에서 보낼 수도 있다는 가능성으로부터 너를 보호하기 위한 방안으로 소년보호소에 들어가야 한다고 주장할 거야.

마리아: 저도 어머니가 그렇게 이야기하는 것을 들었어요.

상담사: 그건 어머니가 너를 사랑하지 않는다거나 진실을 이야기할 때 도움을 주지 않겠다는 의미일까?

마리아: 아니요. 그건 단지 어머니가 도와주고 싶다는 것과 진실을 이야기하는 것이 나에게 도움이 될 것이라는 의미예요.

상담사: 그렇다면 네가 어머니가 이야기하는 것을 좋아하지 않는다 해도 어머니가 사실을 말하는 것을 원한다는 거니?

마리아: 저는 아마 엄마가 이야기하는 것을 좋아하지는 않을 거예요. 하지만 만약 나에게 무엇인가 이야기를 한다면 들을 필요가 있겠죠.

이 축어록은 두 가지 중요한 요소를 보여 준다. 첫째, 상호작용은 딸과 어머니에게 라포를 형성하고 신뢰를 쌓는 기회를 촉진한다. 이러한 상호작용은 어머니가 마리아를 '사랑한다'고 표현한 부분은 강조하고 마리아에게 어머니의 사랑한다는 표현이 어떻게 들렸는지 이야기하도록 함으로써 이루어진 것이다. 둘째, 이러한 대화는 앞으로 참여하게 될 보호 체계 내에서 누군가 진실에 대해 이야기하는 것에 대해 마리아가 부적절한 반응을 하는 것으로부터 면역력을 길러 주는 역할을 한다. 따라서 어머니는 그녀가 사실대로 이야기할 것이라고 가르치는 것뿐만 아니라, 딸이 그러한 진술을 격려하고 어머니가 진실을 이야기하는 목적이 마리아가 폭력에서 벗어나고 감옥에서 지내지 않도록 하기 위한 것임을 가르치는 것이다.

4) 폭력적이지 않은 '좋아하는' 활동의 목록

우리가 발견한 보호 체계의 방법에서 중요한 과정 중 하나는 학생들이 폭력적이지 않고 '좋아하는' 일을 확인하는 것이다. 다음의 축어록은 내담자가 그러한 재미있는 행동을 어떻게 발견할 수 있는지를 보여 준다.

상담사: 마리아, 네가 좋아하는 일에 대해 이야기해 주렴.

마리아: 잘 모르겠어요. 저는 정말 많은 일을 하지 않거든요.

상담사: 너의 어머니나 할머니와 함께하기 좋아하는 일은 무엇이니?

마리아: 글쎄요. 엄마나 할머니는 가끔 저를 패션 장식품이나 액세서리를 만드는 가게에 데려가세요.

상담사: 거기서 너는 무엇을 하는데?

마리아: 우리는 앉아서 이야기하고 팔찌나 목걸이 같은 것을 만들어요.

상담사: 그건 재미있니?

마리아: 예, 무척 재미있죠.

상담사: 어떻게 재미있게 할 수 있니?

마리아: 무슨 말씀이세요?

상담사: 글쎄, 나는 사람들이 그 경험을 재미있게 만드는 것을 이야기함으로써 일을 재미있게 할 수 있다고 믿는단다. 너도 알다시피 수학 문제를 좋아하는 아이들은 그런 활동을 좋아하거든.

마리아: 저는 수학을 싫어해요.

상담사: 나도 그래. 그렇지만 수학을 정말 좋아했던 아이들을 알았었지. 그들은 심지어 수학이 신나는 경험이라고 한단다.

마리아: 저는 아니에요.

상담사: 나도 역시 아니야. 그렇지만 그들이 수학 문제에 대해 스스로에게 이야기하는 방법으로 수학을 재미있게 하는 것에 대해서는 어떻게 생각하니?

마리아: 무슨 말인지 모르겠어요. 무엇을 물어보시는 거예요?

상담사: 음, 내 경우는 "나는 수학 문제를 좋아하지 않아. 마리아는 수학 문제를 좋아하지 않아."라고 생각하고 있어. 그런데 수학을 좋아하는 아이들은 수학 문제를 풀어야 할 때 스스로에게 무슨 말을 할까?

마리아: 모르겠어요.

상담사: 아마 아이들은 자기 자신에게 이렇게 이야기하지 않을까 해. "내가 문제를 해결할 수 있으니까 이 수학 문제는 재미있어." 그리고 "수학 문제는 퍼즐이야. 이 퍼즐이 어떻게 해결되는지 그냥 두고 볼 수 없네."라고 말이야.

마리아: 네. 그런 것 같아요. 맞는 말이에요.

상담사: 그럼 네가 하고 있는 경험을 재미있게 만들기 위해 엄마 그리고 할머니와 함께 액세서리를 만들 때 스스로에게 어떤 말을 할 수 있을까?

마리아: 아, 알았어요. 나는 이렇게 이야기해요. "나는 지금 내가 좋아하는 사람들과 이야기하고 있다. 나는 내가 해 보고 다른 사람에게 보여 줄 수 있는 예

쁜 물건을 만들고 있기 때문에 재미있다고 생각한다."

상담사: 좋아! 그렇다면 이렇게 이야기하지는 않을 거구나. "엄마와 할머니는 내 몸무게나 멋진 팔찌를 만드는 것에 대해 나를 힘들게 하지 않을 거야."라고 말이야.

마리아: 네, 그렇게 생각하지 않을 거예요. 나는 나에게 이렇게 말할 거예요. "엄마는 나를 사랑해. 할머니는 나를 돌봐주고 계셔. 엄마와 할머니는 내 몸무게에 대해 절대로 놀리지 않을 거야."라고요.

상담사: 좋아. 두 가지 이야기를 들었단다. 먼저, 엄마와 할머니가 액세서리 만드는 작업을 할 때, 너는 "엄마는 나를 사랑하고 할머니는 나를 보살펴 주셔."라고 이야기함으로써 그러한 경험을 재미있게 생각할 수 있다는 거야. 둘째는, 네가 엄마 그리고 할머니랑 함께 있는 것을 좋아하고 그들과 함께 있을 때 싸움에 대해 생각하지 않는다는 거야.

마리아: 맞아요.

할머니: 글쎄, 그렇다면 너의 엄마와 나는 너와 함께 보다 많은 일을 해야 할 필요가 있다고 생각되는구나.

상담사: 멋지세요. 할머니가 마리아와 더 많이 함께하실수록….

어머니: (중간에 끼어들며) … 그녀가 괴롭힘을 당한다고 덜 생각하고 싸움으로 돌아가야 한다고 덜 느낄 거라는 … 말씀이시죠?

상담사: 어머니, 맞아요. 바로 그거예요. 당신과 할머니는 어떤 과정이 필요한지 정확하게 알고 계시네요.

이 축어록에서 어떤 상황이 일어났는지 자세히 살펴보자. 첫째, 학교 상담사는 마리아가 좋아하는 일을 직접적으로 물었는데 이 과정이 매우 설득력이 있었다. 여기에서 학교 상담사는 마리아가 편안하고 자기대화가 긍정적인 시간을 확인하면 좀더 재미를 느낄 수 있다고 가정하였다. 다음의 가정은 우리가 단지 한 가지의 유쾌한 시간을 확인한다면, 마리아와 어머니 그리고 할머니가 함께 참여하여 확인할 수 있거나 다른 재미있는 시간을 만들어 낼 수 있다는 것이다. 마지막 가정은 마리아가 긍정적인 자기대화의 양을 증가시키고 일과 중에 보다 '재미있는' 시간을 가질 수 있다면 폭력적인 행동이 줄어든다는 것이다.

일단, 직접적으로 질문을 하게 되면 마리아는 대부분의 학생들이 반응하는 것처럼 "잘 모르겠어요."라고 이야기할 것이다. 그러한 상황에서 멈추지 않고 상담사는 즉시 엄마 그리고 할머니와 함께하기 좋아하는 일에 대해서 질문한다. 다시 말하면, 상담사는 "잘 모르겠어요."라는 말을 마리아의 최종적인 답이라고 간주하지 않는다. 상담사는 마리아가 사람들과 함께하기 좋아하는 일에 대해 묻는 것을 계속한다면 곧 또는 조금 후에 마리아가 재미있는 일을 확인할 수 있을 것이라고 보았다. 핵심은 언제나 학생이 좋아하는 사람 또는 시간을 보내기에 좋은 사람들과 함께하는 재미있는 일에 대해서 묻는 것이다. 우리는 친구의 불행을 즐기기 위해 다른 학생들 주변을 그저 맴도는 학생은 만나지 못하였다. 심지어 어른들도 만남을 통해 얻는 것이 잃는 것보다 더 크다고 믿지 않는 한 싫어하는 사람들과 시간을 보내지 않는다. 대개 학생들은 친구들 또는 주요한 타인들과 최소한의 재미를 느끼지 못하면 그들과 멀어지고, 재미를 느낄 수 있는 사람들과 함께 시간을 보내기 시작한다.

마리아는 어머니, 할머니와 팔찌나 목걸이를 만드는 일에 재미를 느끼는 것으로 확인되었고, 상담사는 대화를 바꾸었다. 특별히 상담사는 마리아에게 어떻게 재미 있는 경험을 '만들 수' 있는지에 대해 물었다. 인지행동적 용어로 설명하자면, 상담사는 마리아에게 자기대화 또는 경험을 긍정적 또는 부정적으로 만들 내적 대화를 훈련시키기 시작하였다. 상담사는 우리가 학생들을 상담할 때 일반적으로는 상상할 수 없는 일에 대해 이야기하였다. 몇몇 학생들은 수학을 좋아한다! 이것은 마리아에게 자극이 되는 표현이었고 그녀의 대답은 수학을 "정말 싫어한다."였다. 마리아가 수학을 좋아해야 한다고 논쟁하는 대신에 상담사는 "나도 역시 그래."라고 이야기하며 즉시 마리아의 말에 공감해 주었다. 다시 말하면, 상담사는 "너와 나는 같아. 너도 수학을 싫어하고 나도 수학을 싫어한단다."라고 간접적으로 이야기한 것이다. 더 핵심적인 것은, 마리아에게 의미를 부여한 것은 그녀와 상담사가 공통점을 가지고 있다는 것이다. 이러한 인지적 작업은 '이 상담사가 나와 비슷하다.'는 인식을 증가시킨다.

　　그러한 치료적 동맹은 필수적이다. 이 과정은 마리아, 어머니 그리고 할머니가 상담사가 그들에게 우호적이고 그들 각각의 사람들과 유사하다고 느끼는 데 도움이 된다. 내 추측으로는 할머니가 "뭐라고? 상담사가 수학을 좋아하지 않는다고? 어떻게 수학을 싫어할 수가 있지?"와 같은 내적인 논쟁을 하지는 않을 거라고 생각한다. 할머니는 '상담사가 내가 처음 생각했던 것보다 나와 좀 더 비슷한 면이 있군.'이라고 생각한다는 예상을 할 수 있다.

　　다음으로, 학교 상담사는 수학을 좋아하는 학생들이 수학 문제를 내적으로 재구조화하는 것을 '어떻게' 이해할 수 있는지에 대해 도전하였다. 여기서 상담사는 수학을 좋아하는 학생들은 수학 문제를 재미있는 퍼즐이라고 생각한다는 것을 제안하였다. 다시 말하면, 상담사는 마리아가 병행과정을 이해할 수 있도록 독려하였다. 여기서의 수학 문제는 액세서리를 만드는 것과 '병행하는/대응되는' 것이다. 즉, 한 사람의 자기대화(예를 들면 "나는 이 수학 퍼즐에서 답을 찾는 것에 재미를 느껴.")는 그 사람이 경험이나 과업을 어떻게 해석하는가에 영향을 준다. 이에 더해, 상담사는 그녀에 대한 어머니와 할머니의 생각에 관련하여 그녀의 내적 대화를 이해하도록 마리아를 도와주었다.

　　또한 상담사는 마리아가 뭔가 즐길 수 있는 일을 할 때, 그리고 어머니, 할머니와 있을 때에는 싸우지 않는다는 것을 짚어 냈다. 할머니는 바로 이러한 비폭력적인 구조를 이해하고, 마리아가 어머니와 할머니와 함께하는 활동이 증가해야 할 필요성을 알았다. 마리아의 어머니도 마리아가 어머니와 할머니와 함께 액세서리를 만들 때에는 싸우지 않는다는 것을 이해하여, 그 사실을 명백하게 만들어 학교 상담사의 진술이 옳다는 데에 힘을 더하였다. 상담사는 어머니와 할머니가 마리아의 요구를 알아냈다는 것과 함께 그들이 마리아와 기꺼이 더 많은 시간을 보내기로 동의한 것에 대해 그들 모두를 칭찬하였다.

5) 폭력적인 때 나타나는 공통성과 비교해서 비폭력적일 때 나타나는 공통성

처음에 학생들의 활동 중 가장 좋아하는 것을 구분한 이후, 우리는 초점을 살짝 바꾸었다. 특별히 다른 비폭력적인 시간으로 초점을 옮겼다. 그중에서도 우리는 학생이 함께 있는 사람이 누구인지, 학생이 무엇을 하고 있는지, 어디에 있는지, 비폭력성을 나타낼 때에 자기 스스로에게 뭐라고 말하고 있는지를 구별하고자 하였다. 여기 상담사가 개시할 수 있는 대화가 제시되어 있다.

상담사: 마리아, 넌 싸우지 않을 때 무엇을 하니?

마리아: 무엇을 알길 원하시는데요?

상담사: 음… 나는 네가 하루 종일 싸운다고는 생각하지 않아… 그렇지?

마리아: 네.

상담사: 그래서 네가 혹시 어제 싸우지 않았을 때는 어떻게 보냈는지를 말해 주었으면 해.

마리아: 음… 보자… 저는… 친구들이랑 같이 축구 연습을 하고 있었고, 그때는 싸우지 않았어요.

상담사: 그렇구나. 누가 거기 있었는지 말해 줄 수 있니?

마리아: 애니, 칼, 후안 그리고 올리비아요.

상담사: 혹시 애니랑 같이 싸움에 가담하거나 예전에 애니랑 함께 있을 때 싸운 적이 있니?

마리아: (웃음) 물론 없죠. 걔는 제 친구예요. 우리는 절대 안 싸워요. 함께 있으면 아주 즐거운걸요.

상담사: 그럼 칼, 후안, 올리비아는? 걔네랑 혹시 싸우거나 걔네가 주위에 있을 때 네가 싸운 적이 있니?

마리아: 절대로요.

상담사: 조금 헷갈리는데… 어떻게 애니, 칼, 후안, 올리비아랑은 싸우지 않지?

마리아: 쉬워요. 우리는 항상 즐겁거든요. 그러니 말싸움이든 몸싸움이든 하지 않아요.

상담사: 마리아, 네가 애니, 칼, 후안, 올리비아랑 같이 축구 연습을 하는 동안에 혹시 네 스스에게 하는 말이 있니?

마리아: 음… 아마도 "재밌네…. 쟤네는 내 친구이고, 쟤네는 나를 좋아하고, 그래서 쟤네가 나를 놀릴 거라고 걱정할 필요가 없지…."라고 말하고 있는 거 같아요.

여기서 잠시 멈춰 보자. 마리아는 방금 함께 있으면 즐거우면서도 싸우지 않는 4명의 친구를 언급하였다. 마리아는 또한 우리에게 마리아가 싸우지 않을 때 그들 5명이 무엇을 하는지도 말해 주었다. 축구 연습이다. 마리아는 또한 자신의 자기대화를 말해 주었는데, 이 부분에서 상담사는 마리아와 마리아를 보호하는 사람들의 그룹에 마리아가 비폭력적일 때 나타나는 공통점을 언급하고 구별할 수 있도록 하였다.

상담사: 마리아, 나는 여기 있는 다른 분들을 모르지만… 그렇지만 나는 네가 폭력적으로 행동하지 않을 때와 관련한 일반적인 이야기를 듣고 있다고 생각해…. 특히 네가 너의 친구라고 생각하는 애니 등과 있을 때, 그리고 네가 꽤 구조적인 조직, 예를 들어 걸스카우트나 교회 그리고 축구 연습과 같은 상황일 때 '재미있다' 혹은 '즐겁다'고 스스로 말하고 있는 것처럼 들려. 혹시 다른 말이 있다면 또 뭐가 있을까?

이후 집단은 인지된 마리아의 비폭력적인 때에 나타나는 공통점에 대해 철저하게 논의하였다. 상담사는 이러한 식으로 계속 이야기를 이끌 수 있다.

상담사: 마리아, 네가 여기 앉아 있는 모든 사람을 선택했어. 마리아, 네가 폭력성을 보일 가능성을 감소시키기 위해서 누구와 상호작용해야 하는지, 어떤 활동을 해야 하는지, 어디에 가야 하는지에 대해서 이야기해 준 사람이 누군지 말해 줄 수 있을까?

이 의도는 마리아가 자기동일성(self-identify)을 가져 더 많이 만날 사람이나, 더 자주 할 활동, 더 자주 갈 장소를 만드는 것이다. 다음으로, 상담사는 마리아가 폭력적일 때의 사람, 활동, 장소 그리고 자기대화를 알아본다. 여기 다음에 이어질 수 있는 대화가 제시되어 있다.

> 상담사: 지난 번 싸움에 대해 이야기해 줄 수 있겠니? 누가 그곳에 있었고, 어디서 싸움이 일어났고, 그리고 그때 너 자신에게 무엇이라고 말했는지 말이야.

상담사는 마리아의 이야기를 들으면서 다시 마리아의 폭력적인 행동의 공통성을 찾는다. 이러한 공통성이 뚜렷해지면, 상담사는 다음과 같은 이야기를 할 수 있을 것이다.

> 상담사: 마리아, 네가 싸우지 않거나 폭력적으로 행동하지 않을 때에 대해서 말한 것처럼 네가 폭력적으로 행동할 때에 대해서도 이야기하고 싶어. 특히 네가 크리스와 있을 때, 혹은 어른들의 감시가 없을 때 문제에 휘말리는 경향이 있던데…. 다른 분들도 혹시 비슷한 이야기를 들으시나요?

폭력적인 시간에 대한 조사의 마무리 단계에서, 보호 체계 집단은 마리아로부터 떨어져 있어야 하는 사람, 마리아가 가서는 안 될 장소, 그리고 그녀가 하지 말아야 할 것을 제안한다. 상담사는 그러고 나서 마리아에게 보호 체계 집단의 권고사항을 따르기 위해 마리아 스스로 어떻게 열성적으로 그것을 지속할 것인지 물어보아야 한다.

> 상담사: 이게 네가 오늘 소중히 여기는 사람들로부터 내가 들은 것이야…. 그들은 네게 애니, 칼, 후안, 올리비아와 더 많은 시간을 보내고, 보호 체계에서 네가 그 친구들과 노는 것이 중요하게 해야 할 일이라고 얘기했어. 그리고 네가 소중히 여기는 사람들이 크리스와는 떨어져 있으라고 하고, 어른들의 감

시가 없거나 혹은 거의 없는 곳에는 가지 않았으면 좋겠다고 하네? 1에서 10점까지의 척도로 볼 때, 이런 것들을 기꺼이 한다는 데에 몇 점을 줄 수 있을까?

마리아가 만일 높은 숫자, 예를 들어서 6점 이상을 이야기한다면 가장 좋은 것을 선택하였다는 데에 칭찬받고 축하받아야 한다. 반대로 5점 이하를 이야기한다면 상담사는 다음과 같이 말할 수 있다.

> 상담사: 기꺼이 그런 것을 한다는 데에 1점을 주었구나. 집단이 제안한 것을 하지 않겠다는 뜻인 거 같은데…. 그들이 제안한 것을 안 하는 것이 마리아 너에게 무슨 도움이 될까?

짧은 축어록과 논의를 보았을 때, 보호 체계 방법은 학생과 학생의 주요한 타자에게 변화 방법을 학습할 기회가 된다. 중재는 상대적으로 수행하기 쉬운 동시에 유의한 결과를 생산할 수 있다. 보호 체계 참여자들은 이전에 폭력적이었던 학생을 진정으로 보살피고 지지할 수 있다. 본질적으로, 그들은 팀 코칭을 구성할 수 있다. 이러한 지시는 학생의 성공을 보장하는 새로운 행동적·인지적 패턴이 된다.

5. 요 약

학생과 그 가족과 함께하는 보호 체계 중재의 유용성을 논의하는 문헌들이 존재한다. 또한 보호 체계 방법은 이전에 폭력적인 행동을 보였거나 혹은 폭력 행동을 보일 가능성이 있는 학생에게 주요 타자들과의 정기적인 만남을 제공함으로써 폭력 행동의 가능성을 감소시키는 기회가 되는 것으로 보인다. 이러한 접근은 다양한 단체로부터의 전문가가 연대적으로 학생, 학생의 가족 그리고 비전문적인 주요 타자와 함께 중재를 고안하여, 잠재적 폭력 행동을 지연시키고 바람직한 행동을 증가시키는 몇 가지 방법이 되는 다중서비스 중재에 적합하다고 본다. 이에 수반하여, 치료적 접근을 중요하게 보장하는 것으로서 학생들이 선택한 신뢰할 수 있고 존중받는 비전문가의 활용은, 특별히 각 학생의 독특한 요구와 목표를 도달하도록 하는 데에 도움을 준다. 그렇게 함으로써 학생들의 동기를 강화하고 치료과정을 준수할 수 있도록 한다. 보호 체계의 협동은 폭력적 행동을 일으킬 가능성이 있는 학생에게 학생의 폭력성 예방과 친사회적·비폭력적 상호작용 방식의 촉진이라는 목적을 가지고 치료를 제공하는 사람들 간의 공동 작업과 통합적인 중재의 촉진을 증가시킨다.

CHAPTER **08** 학교 폭력 생존자와 학부모를 위한
심리적 응급조치

1. 심리적 응급조치

심리적 응급조치는 학교 폭력 생존자와 학부모를 대할 때 매우 유용하다. 심리적 응급조치는 상담사가 쉽게 사용할 수 있는 비침습적 개입이다. 비침습적 접근은 생존자와 학부모에게 폭력 경험 후의 상담에 참여할 기회를 제공한다. 그럼에도 이 접근은 생존자에게 상담과정을 요구하거나 강제하지 않고, 자신의 속도에 맞춰 접근법에 참여하면서 생존자가 편안해하는 수준에 맞추도록 조정한다.

현장작업 가이드(국립아동외상스트레스네트워크, PTSD를 위한 국립센터[NCTSN/ NCPTSD], 2006, p. 1)에 따르면, "심리적 응급조치는 재해와 테러의 여파에 있는 아동, 청소년, 성인, 가족을 돕기 위한 증거 정보에 기반을 둔 모듈적 접근이다." 간단하게 말하면, 심리적 응급조치는 재해 생존자가 경험한 정서적 외상을 줄이고 '장·단기적으로 적응적인 기능과 대처'를 촉진하기 위해 개발되었다.

전문적으로 말하면, 심리적 응급조치는 전문 상담사의 기본적인 강령 및 토대와 일치한다. 구체적으로 심리적 응급조치는 건강에 기반을 두고 정신병리학에 초점을

두지 않는다. 즉, 심리적 응급조치를 개발한 사람들은 대부분의 생존자가 탄력성이 있다고 믿는다. 그들은 생존자들이 쇠약이나 장기적인 외상 증상 없이 경험 사건에 적절히 대처한다고 본다. 게다가 심리적 응급조치를 개발한 사람들은 외상과 관련된 증상이 생기면, 그 증상이 광범위한 어딘가에 속할 것이라고 믿는다. 따라서 증상은 경도와 중증 사이에 분포할 것이다. 이러한 넓은 스펙트럼은 특히 상담사에게 중요하다. 모든 외상과 관련된 증상이 그 스펙트럼의 심각한 수준 극단에서 나타나는 것은 아니다. 그러므로 이 모델은 생존자를 '낙담해 있고', '고칠' 필요가 있는 사람으로 보는 시각과는 완전히 반대되는 위치에 있다. 심리적 응급조치의 토대는 생존자들이 경험에 대한 자기인식과 기존의 정서적 · 대인관계적 건강의 정도, 희망과 미래에 대한 인식에 기대어 복합적인 요인에 따라 반응한다는 것을 시사한다.

2. 8개의 핵심 행동, 목표, 관련 임상 축어록

8개의 핵심 행동은 심리적 응급조치의 토대가 된다. 각 핵심 행동은 해당 목표를 가지고 있다. 이 장에서는 핵심 행동 및 그에 대한 목표가 학교 폭력 장면에 기반을 둔 임상 축어록과 함께 자세히 제시하였다. 엔젤은 남서쪽 대도시에 있는 Cactus Bluff 중학교에 다니는 열세 살 7학년 학생이다. 그녀와 가장 친한 친구인 카트리나는 학교 7학년 여학생 농구팀에서 활동한다. 둘 모두 학교 농구 단체 팀복을 입고 학교에서 목요일 저녁 경기인 7학년 남학생 농구팀을 응원하였다. 게임에서 엔젤과 카트리나는 '욕을 하고' 상대편을 위협하는 표현을 쓰고, 상대팀 선수를 향해 나쁜 말을 하였다. 원정경기를 온 팀의 농구선수의 여동생과 그 친구인 두 명의 여학생들은 엔젤과 카트리나가 불쾌한 발언을 멈추지 않으면 '때리겠다'고 위협하였다.

엔젤과 카트리나는 상대팀 선수를 향한 언어 공격을 계속했고 그 여동생과 친구들을 비웃기 시작하였다. 중간 휴식시간에 상대편 농구팀 선수의 여동생이 엔젤을 밀쳤고, 엔젤은 관객석의 셋째 줄에서 떨어졌다. 이 신체 다툼은 학교 안전담당관이 상대팀 선수의 여동생과 친구들을 경기에서 쫓아낸 후에야 끝이 났다. 경기가 끝난 후, 엔젤과 카트리나는 학교 건물을 벗어나 집으로 걸어가고 있었다. 그런데 그들이 어두운 학교 주차장을 지나갈 때, 그 상대팀 선수의 여동생과 두 친구가 나타났다. 그 여동생은 칼을 가지고 있었고, 엔젤의 가슴, 목, 팔을 찔렀다. 카트리나는 그 여동생의 친구들로부터 도망쳐 학교 체육관으로 다시 뛰어가 도움을 구하였다. 학교 안전담당관, 교감, 몇몇의 교사는 즉시 주차장으로 달려갔고, 엔젤을 찾기 시작하였다. 상대팀 선수의 여동생과 친구들은 어른들이 오는 것을 보자마자 도망쳤다. 엔젤은 구급차를 타고 지역병원으로 옮겨졌고 외상과 찔린 상처에 몇 바늘을 꿰매었다. 카트리나는 감정이 격해져서 울어버렸다.

1) 핵심 행동 1: 연락과 약속잡기

첫 번째 핵심 행동은 연락과 약속잡기다. 이 핵심 행동의 목표는 폭력 생존자와 연락을 시작하거나 생존자의 연락에 대답하는 것이다. 이때 중요한 요소는 폭력을 경험한 사람들에게 존중과 동정심을 표현하고 차분하게 대하는 것을 중심으로 한다. 이러한 첫 번째 핵심 행동은 흔히 간단한 소개로 학교 상담사가 시작한다. 앞의 상황에서 학교 상담사는 농구 게임 장소에 함께 있었고, 주차장에서의 공격 이후 카트리나에게 처음으로 반응을 보인 사람이다.

> 상담사: 안녕, 카트리나. 나는 너희 학교 상담사인 밴더폴 선생님이야. 네가 지난주에 외출허가증이 필요할 때 너와 이야기한 것이 기억나는구나. 너도 내가 기억나니?
>
> 카트리나: 네, 선생님을 알고 있어요. 선생님이 제가 외출허가증을 받을 수 있게 도와주신 것을 기억해요.
>
> 상담사: 다행이다. 너는 괜찮니?
>
> 카트리나: 모르겠어요. 엔젤과 저는 주차장을 가로질러 걷고 있었는데, 우리를 공격했어요.
>
> 상담사: 네가 괜찮은지 한번 확인을 해야겠다는 생각이 드는구나.

카트리나: (오랜 침묵) 모르겠어요.

상담사: 지금 당장 너를 돕기 위해 내가 무엇을 할 수 있을까?

이런 상황에서 학교 폭력이 발생할 때 학교 상담사는 종종 학교에 있고, 학생들이 이미 이러한 상담사와 익숙하기 때문에 이러한 전문가들은 학교 폭력 생존자에게 '처음 만나는 사람'으로 특별하게 위치 지을 수 있다. 대개 학생들은 학교 상담사를 즉시 알아본다. 이러한 익숙함이 학교 폭력 생존자에게 안정감과 편안함을 주곤 한다. 이 마지막 임상 축어록에서 상담사는 카트리나를 알아보고 그녀에게 최근의 우호적 상호작용을 상기시킨다. 이것은 단지 학생을 비위협적이고 비침습적인 방식으로 연결하려는 것이다. 카트리나는 즉시 학교 상담사를 안다고 인정한다. 그 후 상담사는 간단히 카트리나의 말을 긍정하고 "괜찮니?"라고 물어본다.

이 말은 매우 중요하다. 상담사는 "아, 불쌍한 것. 나는 네가 죽을 만큼 무서웠을 것 같구나!"라고 표현하지 않는다. 그녀는 학생에게 약속을 잡을 기회를 주는 것이다. 달리 말하면, 상담사는 학생에게 상호작용을 요구하거나 학생이 폭력 사건의 결과로 힘든 심리적 고통을 겪었을 것이라고 말하지 않는다. 카트리나가 "전 괜찮아요."라고 대답했다면, 상담사는 단지 그녀가 필요한 것이 있는지(예: 집에 데려다 주기) 또는 대화하기를 원하는지 물어볼 수 있다. 약속할 기회는 학생에게 달려 있고, 학교 상담사는 절대 약속을 잡도록 강제해서는 안 된다. 상담사가 또한 카트리나가 당장 필요로 하는 것이 무엇인지 물어본 것에 주목하라. 이것 또한 중요하다. 학생은 대화할 필요나 폭력 사건에 대해 자신의 부모와 대화할 누군가가 필요하거나 수백 가지의 어떤 것이 필요할 수 있다. 중요한 것은 학교 상담사가 학생에게 관심을 가지고 행동하고 학생의 즉각적인 필요에 대해 물어보는 것이다. 학생이 요청한 것이 무엇이든지 간에 적어도 학생의 요청을 위한 노력이 따라야 한다. 예를 들어, 생존자가 심리적 응급조치를 제공받을 때, 그들은 단지 대화할 기회와 생수, 약간의 음식만을 요청할 것이다. 학생 생존자에게 생수를 제공하는 것은 그들이 편안하게 느끼고 심리병리학적이지 않은 방식으로 상담사와 대화하고 기본적인 필요에 반응할 기회를 준다. 이러한 안전한 경험은 즉시 정상적이라는 느낌을 주고 일어난 일, 학생이 하고 싶은 일, 필요한 것, 폭력 관련 느낌에 대한 대화에 참여할 기회를 더 한다.

임상 축어록에서는 학교 상담사가 학생과의 연락을 시작한다. 그러나 상담사가 학생 폭력 생존자의 연락에 대답해야 하는 경우도 있다. 예를 들어, 엔젤이 금요일 아침에 학교로 돌아올 때, 그녀는 밴더폴 선생님의 사무실로 올 수 있다. 이 경우 엔젤은 학교 상담사에게 도움을 요청하고 있는 것이다.

> 엔젤: 밴더폴 선생님, 잠시 이야기할 시간 있으세요?
>
> 상담사: 물론이지, 엔젤. 여기 사무실에 앉을래? 물 한 잔 어때?
>
> 엔젤: 아니요, 괜찮아요.
>
> 상담사: 어떻게 하는 게 너에게 가장 도움이 될까?

무슨 일이 일어났는지 다시 한 번 살펴보자. 학교 상담사인 밴더폴 씨는 학생을 즉시 상담실로 데려와 앉히고는 물을 권하였다. 그리고 엔젤을 돕는 최선의 방법이 무엇인지를 물었다. 이러한 상호작용은 엔젤에 대한 학교 상담사의 관심을 전달해 주며, 학교 상담사가 도움이 되고 싶어 한다는 것을 생생하게 드러낸다. 이는 안전감을 전달해 주는 동시에, 무슨 일이 벌어졌는지, 걱정되는 점이 무엇인지, 무엇이 필요한지 등을 학생이 직접 말할 수 있는 기회가 된다.

2) 핵심 행동 2: 안전과 위안

핵심 행동의 주요 목적은 "즉시적이면서도 계속적으로 제공되는 안전감을 증진시키는 동시에 신체적·정신적 위안을 제공하는 것"이다(NCTSN/ NCPTSD, 2006, p. 12). 특히 핵심 행동은 학생들에게 자신이 폭력 사건으로부터 살아남았고 즉각적인 위협으로부터 안심할 수 있는 '안전지대(Safe Zone)'에 들어와 있다는 사실을 알게끔 고안되었다. 부수적으로, 이러한 핵심 행동은 학생들이 학교폭력으로부터 받은 충격과 자신 또는 타인을 해할 위험(예: 자살 사고나 타인에 대한 보복 등)에 시달리고 있는지 학교 상담사가 평가할 수 있도록 해 준다. 만약 이러한 문제가 발견된다면 반드시 즉각적인 개입이 필요하다. 예를 들어, 학교 폭력을 당한 학생이 충격 때문에 불규칙적인 호흡, 어지러움, 대소변의 조절 곤란, 축축한 피부 등의 증상을 나타내는 것을 학교 상담사가 알아차렸다면, 그 학교 상담사는 즉시 응급처치를 할 수 있는 의료진에게 연락하여 학생이 적절한 의학적 처치를 받을 수 있도록 해야 한다. 만약 학교 폭력을 당한 학생이 자신에게 폭력을 저지른 사람에게 보복할 마음이 있다고 이야기한다면, 학교 상담사는 개입을 해야 한다. 예를 들어, 이 경우에 학교 상담사가 이러한 위협이 급박한 대처를 요할 정도로 위험하다고 판단되면 그 즉시 학교 관리자(supervisor)와 해당 학교 소속 변호사에게 이 문제를 상의해야 하며, 안전을 확보하기 위해 경찰 당국과도 접촉해야 한다.

카트리나의 사례에서, 이 핵심 행동에 속한 학교 상담사는 위험으로부터 벗어나 있는 안전지대를 즉시 만들 것이다. 예를 들어, 상담사는 학교 도서관이나 교사 휴게실에 안전지대를 만들고는 다른 사람들이 들어오지 못하게 출입통제를 할 수 (cordon off) 있다. 이는 학교 폭력의 피해자, 학교 상담사 그리고 의료진을 제외한 모든 사람을 안전지대와 피해자로부터 떨어뜨려 놓는 것이다. 이러한 임무를 달성하기 위해 상담사는 다른 사람들의 도움을 구해야 한다. 학교 안전담당관, 교감선생님, 간호사, 선생님, 운동부 코치 혹은 수위 등에게 안전지대를, 즉 경찰과 피해자의 가족이 도착할 때까지 피해자를 돕고자 하는 사람들에게 보호되어 공격당하는 느낌이 들지 않게끔 해 주는 안전지대를 만드는 것을 맡기는 일 등이 있다. 피해 학생의 가족(예를 들어 부모님)은 안전지대로 안내되어서 피해 학생과 만날 수 있다.

폭력 사건이나 피해 학생의 나이, 인기 등의 문제와 관련된 특별한 상황에서는 학교 상담사가 한두 명의 가까운 친구들이 안전지대로 들어오는 것을 허용할 수도 있다. 일단 안전지대에 들어오면, 친구들은 부모님이 도착할 때까지 피해 학생을 도와줄 수 있다. 다음은 카트리나의 예시를 통해 살펴본 상황이다.

상담사: 카트리나, 상담실로 가자. 학교 안전담당관인 리처드 씨가 상담실 문 바깥에 서 있을 테고 우리는 안전할 거야. 거기서 난 너희 부모님이 안전한 그곳, 상담실로 오시라고 말하려고 해. 괜찮겠니?

카트리나: 네⋯. 전 단지 안전한 곳에 있고 싶을 뿐이에요. 무얼 해야 할지 잘 모르
겠어요.

상담사: 카트리나, 내가 너희 부모님이 오실 때까지 옆에 있어 줄게. 부모님이 도착
하시기 전까지 나와 리처드 씨가 널 지켜줄 거야.

여기에서 학교 상담사는 지도 조치를 취하였다. 카트리나가 도움을 요청했고, 학
교 상담사는 부모님이 도착할 때까지 안전할 것이라고 확인해 주었다. 카트리나가
무얼 해야 할지 모르겠다고 했을 때, 다시 한 번 지도 조치로 부모님이 도착할 때까
지 함께 있을 것이라고 말해 주었다. 이 모든 순간에서 학교 상담사가 전하고자 하
는 요지는, "넌 안전하단다." "난 너와 함께 있어." 그리고 "부모님이 여기로 오시는
중이야."다.

앞서 지적했듯이, 학교 상담사는 농구 경기 당시 카트리나와 함께 있었던 한 명의
친구가 카트리나 곁에 '있는' 것이 치료적으로 도움이 될지를 판단해야 한다. 하지만
학교 상담사가 일방적으로 결정하기보다는 카트리나가 원하는 바를 물어보는 것이
좋다.

상담사: 이제 문 밖에서 네 안전을 지켜주고 있는 학교 안전담당관이 있고, 넌 이
상담실 안에서 안전하단다. 교장선생님이신 밸라데즈 씨가 너희 어머니와
통화를 했고, 어머니가 가능한 한 빨리 여기로 오시겠다고 하는 걸 확인했
단다. 그런데 난 궁금한 것이 있어. 오늘 저녁에 경기에서 네가 지나 곤잘
레스와 에린 존스와 함께 관람석에 있는 걸 봤어. 어머니가 도착하시길 기
다리는 동안, 그들 중에 누군가를 이 안전지대 안으로 들어오게 하고 싶니?

이것은 다음과 같은 세 가지 이유에서 중요한 상호작용이다.

① 학교 상담사가 카트리나의 안전에 대해 계속해서 이야기하고 있음에 주목하
라. 그녀는 "넌 안전하단다."라는 말을 전하는 것은 물론, 아무도 카트리나를

해칠 수 없도록 안전지대의 문 밖에서 학교 안전담당관이 지키고 있음을 강조함으로써 자신의 진술을 뒷받침하고 있다.

② 학교 상담사는 안전지대 바깥에서 무슨 일이 벌어지고 있는지를 카트리나에게 알리고 있다. 학교 상담사는 교장선생님이 카트리나의 어머니와 통화했으며, 어머니가 곧 도착할 것이라는 점을 알렸다.

③ 학교 상담사는 아마도 친구라고 생각되는 2명의 학생이 카트리나와 함께 관람석에 있는 것을 보았다. 하지만 카트리나의 동의 없이 그들이 안전지대로 들어오도록 하지 않고, 어머니가 도착할 때까지 카트리나를 지지하도록 그들 모두를 안전지대로 들이거나 혹은 둘 중 한 명만 들이거나, 아니면 둘 다 들어오지 못하게 하는 선택권을 카트리나에게 줌으로써 그녀에게 통제감을 주었다.

폭력 사건 다음 날 아침에 학교 상담사의 상담실을 찾아 왔던 엔젤의 사례에서, 핵심 행동은 안전과 위안의 문제를 계속해서 다루었다. 하지만 폭력 사건이 전날 밤에 일어났고 폭력 가해자가 엔젤의 학교에 다니고 있지 않기 때문에, 학교 상담사의 대응은 앞선 사례와는 다를 것이다. 엔젤을 안전지대로 재빨리 데려가는 대신에, 학교 상담사는 약간 다른 방법으로 안전과 위안을 보장할 것이다. 앞선 사례에서와 마찬가지로, 학교 상담사는 학교에서 엔젤의 안전을 확보할 수 있도록 학교 안전담당관 등의 다른 사람들에게 도움을 구할 것이다. 하지만 때로 이 작업은 학교 안전담당관, 교장선생님과 교직원, 엔젤의 선생님에게 어제 저녁에 발생한 폭력 사건을 알려야 하는 일이 될 수 있다.

변호사에게 조언을 구하고 교장선생님과 학교 안전담당관과 만난 후, 밴더폴 씨는 엔젤을 보호하기 위해 필요한 조치가 취해질 것임을 알렸다. 또 엔젤이 학교에서 위협받는다고 느끼거나 가해 학생들을 다른 곳(예를 들어 가게, 영화관, 콘서트장 등)에서 만났을 때 어떻게 해야 하는지 설명해 주고, 엔젤이 도움을 받을 수 있는 방법에 대해 논의하였다. 특히 학교 상담사는 엔젤과 그녀의 부모님을 만나서 어젯밤의 폭력 사건에서 무슨 일이 벌어졌는지 정보를 공유하고 가해 학생들을 만났을 때 대처방법을 설명하였다. 엔젤과 그녀의 부모님을 만나는 것은 엔젤과 같은 또래의 학생들이 폭력을 경험하고 나서 어떻게 반응하는지 설명할 수 있도록 해 준다.

상담사: 엔젤을 위해서 이렇게 와 주신 부모님께 감사드립니다. 이렇게 와 주신 것은 엔젤이 부모님께 매우 소중한 존재이기 때문이고, 그래서 엔젤의 안전을 보장하고 필요한 조치를 취하는 데 헌신적이신 것이죠.

어머니: 불러주셔서 감사합니다. 우린 정말 걱정스러워요.

상담사: 엔젤, 어제 저녁에 있었던 일을 부모님께 말씀드렸니?

엔젤: 네. 제가 응급실에서 다친 곳을 꿰매고 있을 때 찾아오셨고, 경찰관이 부모님께 무슨 일이 있었는지 말해 주었어요.

상담사: 어머님, 경찰관이 뭐라고 하던가요?

어머니: 경찰관은 친절했어요. 그는 언쟁이 있었다고 했어요. 엔젤과 그녀의 가장 친한 친구인 카트리나가 Smith 중학교의 학생들과 말다툼을 한 것 같다고 했어요. 농구 경기가 끝나고 나서, Smith 중학교 학생들이 엔젤과 카트리나를 칼로 공격했대요. 카트리나는 도망쳐 나왔지만, 엔젤은 칼에 찔렸고 13바늘 정도 꿰매야 했어요.

상담사: 경찰관이 다른 것에 대해서는 더 이야기한 바가 없나요?

아버지: 그들은 엔젤을 경찰서에 데리고 갔어요. 엔젤은 Smith 고등학교의 앨범(Yearbook)에서 자신을 공격한 학생 중 2명을 알아봤어요. 검사보(assistant distirct attorney)에게서 오늘 아침에 연락이 왔고, 그 학생들을 고소할 거라고 했어요. 이름은 페니 앤더슨과 베로니카 워렛이에요. 아직 세 번째 학생의 이름은 알지 못하지만 그들은 오늘 오후 중으로 알아낼 거라고 했어요.

상담사: 제가 이 정보를 우리 학교의 학교 안전담당관과 교장선생님께 알려도 괜찮을까요?

아버지: 부탁드립니다.

상담사: 이것이 우리가 Cactus Bluff에서 엔젤의 안전을 확실히 하는 것을 돕기 위해 하고 있는 것입니다. 우선, 학교 안전담당관, 교장, 교감, 엔젤의 선생님

이 그 상황에 대한 정보를 듣습니다. 구체적으로 말해, 가해자로 추정되는 학생에 대해 학교 안전담당관, 교장, 엔젤의 선생님에게 설명할 것입니다. 이 여학생들이 Cactus Bluff에 온다면, 학교 안전담당관이 학교 소유지에 무단으로 들어온 것이므로 그들을 체포할 것입니다. 둘째, 엔젤과 저는 행동 계획을 세웠습니다. 엔젤은 이 여학생들 중 누군가나, 자신에게 위협적이라고 느껴지는 누군가를 만났을 때 무엇을 해야 할지 알고 있습니다. 엔젤은 위험에 처했다고 느끼면 즉시 교사나 교직원, 학교 안전담당관, 행정관에게 알릴 것입니다. 또한 우리는 엔젤이 남은 학기 동안 함께할 단짝이 있는지 그리고 적어도 한 명의 친구가 늘 함께 있는지를 물어봤습니다. 학교를 오고 가는 시간을 포함해서 말입니다.

축어록의 일부를 다시 살펴보자. 학교 상담사가 능숙하게 해야 하는 첫 번째 일은 엔젤의 부모에게 회기에 참석해 준 것에 대해 감사를 표하는 것이다. 상담사는 또한 엔젤과 그녀의 어머니, 아버지에게 여러 가지 긍정적이고 좋은 말을 들려준다. 이것은 부모의 방문에 대해 엔젤이 긍정적으로 인식하게 만든다. 다시 말해, 엔젤은 어머니와 아버지가 자신을 '통제'하거나 '제재'를 가하기 위해 그곳에 왔다고 인지하지 않는다. 상담사는 부모의 참석이 그녀가 부모에게 중요하며 부모가 그녀의 안정을 확실히 보장받는 데 힘쓰고 있다는 것을 의미한다고 암시한다. 동시에, 학교 상담사는 어머니와 아버지에게 긍정적인 칭찬을 제공한다. 그러한 칭찬으로 요청된 학교 모임에 참석 '해야' 하는 것에 대해 가질 수 있는 방어를 줄일 수도 있다.

다음으로, 상담사는 의사 결정 권한을 공유함으로써 엔젤에게 권한을 줄 수 있다. 엔젤이 그 상황을 부모와 공유하고 싶은지 물어보는 것은 그녀가 이야기에 적극적으로 참여하도록 하고, 그녀가 대화의 일부라고 느낄 수 있도록 도와준다. 엔젤이 지난 저녁 사건에 관한 정보를 공유하지 않았다면, 이것은 그녀가 학교 상담사에 의해 통제되는 안전한 환경 속에서 사건을 설명할 기회가 된다.

예를 들어, 엔젤이 부모에게 상황에 대해 말하지 않았고 부모는 그녀가 그러한 정보를 제공하지 않아 화가 났다면, 학교 상담사는 엔젤이 정보를 제공하지 않은 행동에 대해 긍정적으로 재구성해 준다.

> 엔젤: 아니요. 저는 말씀드리지 않았어요.
>
> 아버지: 뭐라고? 학교에서 공격을 받았는데 너는 우리에게 말하지 않았구나!
>
> 어머니: 왜 우리에게 말하지 않았니? 우린 너의 부모잖아. 나는 믿을 수가 없⋯.
>
> 상담사: (부드럽게 어머니의 말을 끊으며) 실례합니다, 어머님. 말씀을 방해하려는 것은 아니지만, 괜찮으시다면 제가 여기서 제 전문가적 소견을 말씀드려도 될까요? 엔젤이 매우 힘든 사건을 경험한 것 같아요. 누군가가 몸에 엄청난 상처를 입힐 생각으로 칼로 그녀를 공격한 것이죠. 당연히 엔젤은 그 사건으로 인해 감정적인 혼란에 처해 있을 것이고, 대개의 12, 13세 학생들이 할 만한 반응을 했습니다. 엔젤은 모든 감정을 억눌렀습니다. 엔젤에게 너무나 무서운 상황이었고, 부모님이 걱정하는 것을 막고 싶었기 때문에 심리학 용어로 표현하면 상황을 '구분'하였습니다. 엔젤이 아마도 의식적이라기보다는 무의식적으로 이렇게 한 상황에서, 왜 자신이 이렇게 했는지 아마 완전히 기억하지 못할 겁니다. 엔젤이 아는 전부는 그 상황이 당시에 감정적으로 압도될 만했고, 자신의 반응할 만한 능력을 감소시켰다는 것입니다. 다시 말씀드리지만, 12, 13세 아이로서 이것은 흔하지 않거나 일반적이지 않은 것은 아닙니다. 여기서 중요한 것은 엔젤이 두 분 모두가 제 사무실에 와 주시기를 원했고, 그래서 아버님과 어머님이 안전하게 느낄 수 있고 엔젤이 괜찮다는 것을 알 수 있는 안전한 장소에서 이 사건에 대해 말하고 싶었다고 생각합니다.

여기에서 학교 상담사는 어머니의 말에 공손히 끼어들었고, 그에 대해 사과하면서, '전문가적 소견'을 추가하였다. 이러한 방해는 치료적으로 관련이 있다. 쉽게 말해 상담사는 나타나기 쉬운 갈등 사이에 끼어든 것이다. 학교 상담사는 엔젤이 경험했을 것으로 보이는 심각한 정신적 외상을 부모에게 상기시킴으로써 어머니의 부정적인 언어 표현을 전환시킨다. 부적절한 거친 대치 없이 학교 상담사는 능숙하게 엔젤의 부모에게 딸이 단지 열두 살 먹은 아이이고, 그녀의 행동이 생명의 위협을 주는 정신적 외상을 겪은 대부분의 열두 살 아이와 일치한다는 것을 상기시킨다. 학교 상담사는 또한 엔젤의 행동을 심리학 용어로 재구조화하고, 무의식적으로 엔젤이 부모를 '보호하려고' 했다는 것을 암시한다. 우리의 경험은 그러한 긍정적인 재구조화가 일어날 때, 논쟁이나 '공격'은 끝난다는 것을 시사한다. 상담사가 제시하는 그럴 듯한 설명으로도 부정적인 대화를 멈출 수 있으며, 부모와 학생이 그 설명을 신중하게 생각해 보는 충분한 시간을 준다.

논쟁 장면에서의 중단은 회기의 초점을 다시 잡고, 당면한 필요 사안으로 돌아가기에 충분하다. 엔젤이 전날 저녁에 있었던 외상적 사건에 대해 부모에게 설명하는 축약형 임상 장면으로 다시 돌아가 보면, 학교 상담사는 다시 엔젤과 부모에게 학교에서 엔젤을 보호하기 위해 수행되는 것을 요약해 줌으로써 안전과 편안의 핵심 행동을 촉진한다. 이것은 모두 엔젤이 가해자로 추정되는 사람을 만났을 때 어떻게 행동해야 하는지를 상기시키고, 자신의 안전을 확실히 하는 것을 돕기 위해 자기가 생각한 행동 계획을 기억하도록 해 준다.

두 번째 핵심 행동 단계에서 학교 상담사는 지속적으로 학생(과 학교에 도착하면 학부모)에게 보살핌을 받고 있고 안전하다는 것을 상기시킨다. 트라우마가 사라지고 긴급한 위험이 없다면, 생존자에게 안전하다는 것을 반복하는 것이 도움이 되곤 한다. 그렇게 하는 것은 즉각적인 위험이 지나갔다는 것을 암시한다. 학교 상담사는 이렇게 말할 수 있다. "엔젤, 너는 이제 안전해. 우리가 너를 위해 여기에 있단다. 모든 것이 괜찮아질 거야." 이러한 긍정적인 주문은 학생에게 편안함을 준다. 학생과 도착한 학부모에게 즉각적인 위험이 지나갔음을 상기시키는데, 이는 매우 중요하고 현재의 걱정스럽고 두려운 감정을 없애는 데 크게 일조한다.

또한 피해 학생의 나이나 부모의 정서적 안정감에 따라 전형적인 외상적 반응을 묘사하는 것이 도움이 된다. 외상적 사건을 경험한 학생과 작업할 때마다 각 학생이 종종 다르게 반응하고 행동한다는 것을 학부모에게 말한다. 같은 외상 사건을 경험하였더라도 학생들은 저마다 다른 임상적 모습을 나타내는 경우가 많다. 폭력 후 몇몇 학생들은 우울한 감정과 무망감, 슬픔을 보이고 피로하다거나 힘이 없다고 말한다(Perry, 2002). 어떤 학생들은 어머니나 주 양육자에게 과하게 달라붙으며 외상적 사건에 반응한다. 그들은 거절을 인식하면 과도하게 민감해질 수 있다. 대부분은 그들의 어머니나 주 양육자와 떨어지는 것에 어려움을 느낄 것이고, 과도하게 불평한 다고 인식될 수 있다. 몇몇은 퇴행하여 그들의 발달단계적 나이보다 더 어린 것처럼 보이거나 행동할 것이다. 학교 폭력 생존자는 야뇨증(오줌을 지리는 것)이나 유분(옷 에 대변을 보는 것)을 보이고(Krill, 2009), 극단적인 부모의 애정과 보살핌을 원한다. 또 어떤 학생들은 그 연속선상의 다른 극단을 보일 수 있다. 이전에 주의력 결핍 및 과잉 행동 장애 증상을 보이지 않은 학생들이 갑자기 굉장히 산만하고 충동적이고 공격적인 모습을 보일 수도 있다. 그러므로 학교 상담사가 잠재적인 증상에 대해 학 부모에게 말하는 것이 필수다. 우리는 학부모에게 정보를 제공하는 것이 학생들이 폭력 후 증상에 대해 벌을 받을 가능성을 줄일 수 있고, 부모가 증상에 주의를 기울 이고 증상이 심해질 때 즉각적인 정신건강 상담을 찾을 가능성을 높인다고 본다.

카트리나의 경우, 대화는 다음과 같이 진행될 수 있다.

상담사: 지난 몇 년 동안, 우리는 학생들이 매우 다양한 방식으로 폭력 사건에 반응 한다는 것을 발견하였습니다. 몇몇은 증상을 거의 경험하지 않습니다. 어 떤 학생들은 갑자기 슬퍼하거나 우울해하거나 두려움을 보일 것입니다. 몇 몇은 달라붙거나 불평을 할 것이고, 그들의 어머니나 가족과 떨어지는 것 을 원하지 않을 것입니다. 그러면서도 계속 학생들은 화를 내거나 반항적 이거나 충동적이거나 산만해질 것입니다. 이 모든 것이 정상적인 외상 반 응 행동입니다.

어머니: 그렇군요.

상담사: 이것은 제가 부모님께 향후 며칠이나 몇 주 동안 해 주시기를 요청하는 내 용입니다. 해 주시겠어요?

아버지: 네.

상담사: 좋습니다. 우선, 카트리나를 계속 지켜봐 주세요. 말씀드릴 필요가 없는 이 야기라는 것을 알고 있지만, 그럼에도 반복적으로 말씀드리고 있습니다.

몇몇 부모님들은 이러한 외상 후 증상을 보이기 시작하면 아이들에게 벌을 줍니다. 저는 두 분이 카트리나에게 그러지 않으실 것이라고 봅니다.

아버지: 우리가 벌을 줘서 카트리나가 트라우마를 느끼게 되는 일은 절대 없을 것입니다.

상담사: 그렇군요. 두 분을 만난 지 시간이 얼마 지나지 않았지만 카트리나를 사랑하는 마음이 아주 잘 느껴지네요.

어머니: 정말 그래요.

상담사: 두 분이 얼마나 훌륭한 부모인지 알기에, 저는 두 분이 카트리나를 위해 특별히 시간을 내서 무슨 일이든 함께하실 수 있을 것 같다는 생각이 들어요. 같이 산책을 하거나 보드 게임을 한다거나 말이죠. 아니면 가족끼리 근사한 식사를 한다거나 이야기를 써 보는 것 같은 다른 일을 할 수도 있을 거예요. 중요한 것은 카트리나가 회복될 때까지 함께 여가시간을 보내는 것입니다. 두 분이 이걸 해내실 수 있다고 믿어도 될까요?

어머니: 그 점에 대해선 걱정하지 않으셔도 됩니다.

상담사: 좋습니다. 하나만 더 이야기하도록 하죠. 만약 카트리나의 상태가 나빠지는 것처럼 보이면 저에게 전화해 주세요. 여기 제 번호가 있습니다(상담사는 어머니와 아버지에게 명함을 건네준다.). 그러니까 카트리나가 더 우울해진다거나, 화를 심하게 낸다거나, 집중하기 힘들어 보이면 만나서 상의할 수 있도록 전화를 주세요.

아버지: 물론입니다.

상담사: 카트리나, 이 부분은 너에게도 해당되는 이야기란다. 견딜 수 없을 것 같은 기분이 들면, 예를 들어 다른 사람이나 혹은 너 스스로 해칠 것 같은 기분이 들거나 너무 슬프고 우울한데 이유를 알 수 없을 때 내 사무실로 찾아오거나 이 번호로 연락하렴. (상담사는 카트리나에게 명함을 건네준다.)

여기에서 무슨 일이 일어났는지 살펴보도록 하자. 우선 학교 상담사는 카트리나에게 나타날 수 있는 증상의 유형을 이야기하고 있다. 이것은 어느 정도 심리교육적인 것이며, 외상적 사건 후에 카트리나에게 나타날 수 있는 증상을 카트리나의 부모에 게 설명하는 것이다. 다음으로 상담사는 치료적인 지시가 될 수 있는 말에 대해 카트 리나의 부모가 반응하도록 이끌고 있다. 하지만 단순히 카트리나의 부모가 무엇을 해야 한다고 이야기하는 대신에, 상담사는 그들이 이 지시를 따를 의향이 있는지를 묻는다. 비록 그 차이는 미묘하지만 그에 따른 결과의 차이는 상당하다. 카트리나의 부모는 이제 상담사의 지시에 따르는 것에 동의한다. 다시 말해서, 그들은 치료에 진심으로 참여하기로 한다. 흔히 상담사는 부모에게 무엇인가 하기를 요구하는 경 우가 많다. 대개의 경우에 부모는 자녀의 치료에 진심으로 마음을 쏟지 않은 채 이 런 말에 동의한다. 하지만 이 경우에는 부모에게 상담사의 지시를 거부할 수 있는 선택권이 주어졌다. 그리고 그들은 거절하지 않았고, 상담사의 지시에 헌신적으로 따를 것을 굳게 다짐하였다.

뒤이어, 상담사는 카트리나의 부모를 칭찬하면서 하나의 역설(paradox)을 제시한 다. 그 역설은 미숙한 부모는 외상 후 증상(post-traumatic symptom)에 시달리는 자녀 를 이해하지 못하고 더 힘들게 할 수 있다는 것을 암시한다. 나아가, 이러한 미숙한 부모와 카트리나의 부모를 차별화한다. 이에 대해 자녀를 보살피고자 하는 부모가 "아뇨, 난 미숙한 부모가 되고 싶고 자녀가 외상 후 증상을 보이면 그에 대해 벌을 줄 거예요."라고 말하는 것이 상상이나 되는가? 당연히 그렇지 않다! 카트리나의 부 모는 딸을 돕는 데 헌신적이다. 그들은 카트리나에게서 나타날 수 있는 증상들 때문 에 카트리나를 벌 주지 않겠다고 재빨리 말한다. 이런 대수롭지 않아 보이는 의사소 통의 뉘앙스가 사실은 매우 중요하다. 이는 카트리나의 부모가 적절한 반응을 하도 록 촉진한다.

학교 상담사는 자녀와 추가적으로 더 많은 시간을 보낼 수 있는 가능한 방법을 열 거해 준다. 다시 말해서, 카트리나의 부모가 할 수 있는 방법으로 네 가지 예를 제시 해 준다. 더 중요한 것은, 상담사가 카트리나의 부모가 '다른 일'을 생각해 낼 수 있 다는 암시를 대화 중에 슬쩍 끼워 넣은 것이다. 그렇게 함으로써 제시된 활동들은 하기로 정해져 있는 것이 아니라, 부모 스스로 더 많은 질문을 던져 볼 수 있는 성질 의 것으로 바뀐다. 이에 더해, 학교 상담사는 부모가 자녀와 함께하는 시간을 할애

하려고 할 것인지를 묻는다. 누가 여기에 '아니요'라고 대답할 수 있겠는가? 혹시라도 그런 사람이 있다면, 학교 상담사는 이런 식으로 간단하게 대답해 줄 수 있다.

> 상담사: 전 지금 약간 혼란스러워요. 부모님과 함께 보낼 수 있는 특별한 기회가 생기지 않으면 카트리나에게 어떻게 도움이 될 수 있을까요?

마지막으로 강력한 상호작용 두 가지를 언급하고자 한다.

① 상담사는 전화번호가 적힌 자신의 명함을 모두—아버지, 어머니 그리고 카트리나—에게 나누어 주었다. 이것은 중요하다. 여기에서 아무도 배제되지 않았다. 만약 상담사가 어머니와 아버지에게만 명함을 건네주고 카트리나에게는 주지 않았다면, 이는 카트리나가 문제해결을 위한 일원이 아니라는 사실을 암시하는 것이다. 더 나아가 카트리나의 부모님이 그녀의 회복에 관련된 통제권을 쥐고 있으며, 카트리나는 완전히 무력하다는 점을 암시할 수도 있다.

② 학교 상담사는 카트리나를 포함한 모두에게, 카트리나의 상태가 나빠지면 전화를 해 달라고 요청하였다. 첫 번째 경우와 마찬가지로 카트리나가 자신의 회복과정에 동참할 수 있는 기회를 주는 것은 그녀의 힘을 북돋아 주는 것이며, 치료의 성공에 긍정적인 영향을 끼칠 수 있음을 암시하는 것이다.

3) 핵심 행동 3: 안정화 작업(그럴 만한 근거가 있다면)

이 핵심 행동 단계의 주요 목표는 감정적으로 압도되고 혼란스러운 폭력 사고의 생존자(violence survivors)를 진정시키고 안정시키는 것이다. 이 핵심 행동은 학생들이 심각한 폭력 사건(예를 들어, 교내에서의 총기 사고나 가까운 친구를 죽음이나 중상으로 이끈 폭행 사고)을 겪었을 때 적합하다. 핵심 행동 안정화(Core Action Stabilization) 작업은 폭력 사고가 덜 심각하거나(예를 들어, 별로 위협적이지 않은 사람으로부터의 일회적이고 우회적인 위협) 그 결과가 심하지 않을 경우에는(예를 들어, 아무도 부상을 입지 않은 경우) 필요하지 않을 수도 있다. 만약 폭력 사고가 작고 어린 학생의 우회적인 위협에 대한 것이라면, 협박을 받은 학생은 별다른 위험을 느끼지 않을 수도 있다. 이 경우 안정화를 위한 조치는 취해지지 않을 수 있다.[4]

하지만 학생이 심각한 폭력 후유증을 나타낸다면, 학교 상담사는 학생을 안정시켜야 할 필요가 있으며, 안정화 작업을 위해 그들을 다른 정신건강 전문가에게 의뢰해야 한다. 다음과 같은 학생들이 이 경우에 해당된다.

- 언어적인 질문에 반응하지 않는 경우
- 태아와 같이 쪼그리고 눕는다거나, 몸을 앞뒤로 흔드는 행동을 무의미하게 반복한다거나, 손가락을 빤다거나 하는 등의 심한 퇴행적 행동을 보이는 경우
- 울거나 떨거나 스스로 통제할 수 없는 정도로 몸을 흔들어 대는 경우
- 고함을 치거나 스스로에게 터무니없이 큰 소리로 말하는 경우

카트리나에 대한 축어록을 떠올려 보자. 그녀는 학교 주차장에서 있었던 폭행 상황으로부터 도망쳐 나왔으며, 비록 감정적으로 동요되긴 했지만 사건을 보고하여 그녀의 친구 엔젤이 구출될 수 있도록 하였다. 이 축어록의 내용을 살짝 바꿔서 안정화작업 핵심 행동이 필요한 경우로 만들어 보자. 이번에는 카트리나가 도망쳤을 때 너무 흥분한 나머지 제정신이 아니어서 학교 주차장에 주차되어 있는 차들 사이로 숨어 버렸다고 해 보자. 그녀는 저녁 늦게 주차된 트럭에 등을 기대 앉아 있는 채로 발견되었다. 그녀는 정강이를 팔로 감싸 발목 즈음에서 손을 꽉 붙잡은 채 무릎을 몸에 바싹 붙이고 있었다. 무의미하게 몸을 앞뒤로 흔들고, 덜덜 떨었으며, 남들이 다 들을 수 있을 정도로 엉엉 울었다. 얼굴은 눈물로 젖었으며, 눈물을 흘려서 얼굴 화장이 다 번졌다. 카트리나는 발견한 학교 안전담당관의 질문에 반응을 보이지 않았다. 이는 안정화 작업 핵심 행동이 관련이 있으며 필요하다는 사실이 명백한 사례다.

---

[4] 위협이 그럴 듯하게 보이지 않는다거나 위협을 가한 사람의 키가 작았다거나 하는 것이 그 위협을 실제적으로든 잠재적으로든 위험하지 않게 만드는 것은 아니라는 점에 주목해야 한다.

이러한 상황과 주차장에서의 즉각적인 위험(통행하는 차량이나 폭행을 가한 사람 등)에서 가장 치료적인 안정화 개입은, 반응이 없는 학생을 학교 상담사의 사무실로 데려오는 것이 아니라 상담사가 학생에게 직접 가는 것이어야 한다. 예를 들어, 여기에서 상담사는 학생 주변에 안전지대를 만들어 줄 수 있도록 학교 안전담당관에게 다른 교직원이나 경찰을 불러 달라고 요구할 수 있다. 가능하다면, 해당 학생에게 그녀의 치료와 안전에 관련된 사람을 제외한 다른 사람은 들어올 수 없는, 반경 6피트 이상의 안전지대를 확보해 주어야 한다. 학생을 총체적인 시각으로 이해하면서, 학교 상담사는 조심스럽게 그리고 천천히 접근해야 한다. 상담사는 학생에게 옆에 앉아도 괜찮은지 물을 것이다. 자신이 학생을 도울 수 있는 상담사라는 사실을 확인시켜 줄 것이다. 상담사의 목소리는 부드럽고 온정적이다. 의사소통의 속도는 매우 느려서 천천히 말하면서 질문과 대답 사이에 침묵이 흐르는 것을 허용한다. 구체적으로 학교 상담사는 다음과 같이 말할 것이다.

상담사: 나는 밴더폴이야. (잠시 멈추고 학생이 말할 때까지 기다린다. 응답이 없으면 계속 말을 이어간다.) 난 Cactus Bluff의 상담사란다. (잠시 멈추고 학생의 말을 기다린다.) 내가 네 옆에 앉아서 너와 이야기를 해도 괜찮을까?

학 생: (답이 없다. 눈맞춤을 하지 않은 채 앞을 보고 있다. 계속해서 훌쩍인다.)

상담사: (약 1분 정도의 침묵 후에) 모두 다 괜찮을 거야. 넌 안전해. 내가 널 도와줄게. 이름을 말해 주지 않을래?

학 생: (답이 없다.)

상담사: 괜찮을 거야. 이름을 말해 줄 수 있겠니?

학 생: (답이 없다.)

상담사: 괜찮아. 난 널 돕기 위해 여기 와 있어. 넌 안전하단다. 난 네가 괜찮다는 걸 확인하기 전에는 널 떠나지 않을 거야. 무슨 일이 일어났는지 나에게 말해 줄 수 있겠니?

학 생: 아니요…. (카트리나는 미세하게 고개를 좌우로 천천히 흔들어서 싫다는 표시를 한다.)

상담사: 그래, 무슨 일이 일어났는지에 대해서는 이야기하지 말자. 이미 끝났어. 이젠 안전하단다. 그러고 보니 너 Cactus Bluff 중학교 티셔츠를 입었구나. Cactus Bluff에 다니니?

학 생: 네. (카트리나는 천천히 고개를 끄덕여서 그렇다는 표시를 한다.)

상담사: 네가 가장 좋아하는 선생님은 누구니?

학 생: (거의 들리지 않게) 제임스 선생님.

상담사: 제임스 선생님은 내가 가장 좋아하는 선생님이기도 한데. 정말 좋은 분이시지. 선생님을 찾을 수 있는지 한번 보자.

학 생: 네. (카트리나는 동의하는 뜻으로 고개를 끄덕인다.)

상담사: 제임스 선생님에게 어떤 수업을 듣니?

학 생: (반응 없이 앉아 있다.)

상담사: 지금 제임스 선생님을 찾아서 이쪽으로 오시라고 하든지 전화통화를 할 수 있게 할 거야. 다 괜찮을 거야. 나를 믿으렴.

학 생: (반응 없이 앉아 있다.)

상담사: 난 가끔 무서워질 때나 나쁜 일이 일어날 때면 엄마나 아빠랑 이야기하고 싶더라. 너희 엄마나 아빠한테 전화 한번 해 볼까?

학 생: 네…. 엄마랑 통화하고 싶어요.

상담사: 그래, 엄마한테 전화해 보자. 너의 이름을 알려 주겠니?

학 생: 카트리나. 카트리나 말버러.

상담사: 엄마 전화번호 기억하니?

학 생: 222-5000.

상담사: 그래, 지금 당장 엄마한테 전화하자.

이 짧은 축어록에서 Cactus Bluff 중학교의 상담사인 밴더폴 선생님은 학교 직원으로부터 신분이 확인되지 않은 학생이 학교 주차장에 정신이 없는 채 무반응 상태로 앉아 있다는 정보를 받았다. 학교 상담사는 안전을 위해 주차장이 안전한지 반드시 확인을 하고 다른 사람과 함께 학생에게 간다. 카트리나가 보이자 카트리나가 자신을 볼 수 있도록 천천히 앞으로 걸어간다. 이렇게 하는 데에는 두 가지 이유가 있다.

① 학생이 밴더폴 선생님이 자신을 향해 오고 있다는 것을 알아차려 놀라지 않도록 하기 위해서다.

② 만약 학생이 불안해하거나 적대적으로 나온다면 밴더폴 선생님은 학생에게서 신체적 혹은 정서적인 변화를 감지하고, 필요하다면 그 상황에서 빠져나올 수 있다.

그다음, 밴더폴 선생님은 자신의 이름과 직위를 밝힌다. 이것은 매우 중요한데, 카트리나에게 밴더폴 선생님이 또다시 자신을 괴롭히려는 낯선 사람이 아니라는 것을 알려 준다. 이러한 소개를 통해 학교에서 밴더폴 선생님을 보았거나 만났던 좋은 기억을 떠올릴 수 있기를 바란다. 학생이 밴더폴 선생님과 만난 적이 없다고 하더라도, 상담사의 소개는 긍정적인 안전감을 불러일으킬 수 있다. 대부분의 학생들은 학교 상담사에 대해 좋은 인상을 가지고 있고, 학생들을 도와주는 사람으로 인식하고 있다(E. Zambrano, 개인적인 대화 중, 2009년 12월 23일). 따라서 Cactus Bluff 중학교 소속이며 상담사라는 직위를 밝히는 것은 학생과 좀 더 연결된 느낌을 갖게 하여 학생의 관심을 끌고자 하는 노력인 것이다.

밴더폴 선생님은 카트리나의 곁에 가서 말을 해도 되는지 먼저 동의를 구한다. 그런 허락을 청하는 행동은 폭력 생존자에게 할 수 있는 바람직한 치료적 개입이다. 이것은 그들에게 통제감을 갖게 하고, 상담사가 자신의 공간으로 들어올 수 있는지 결정할 수 있는 권한을 갖고 있음을 간접적으로 전한다. 폭력 이후의 상황에서 이처럼 통제감을 느끼게 되는 것은 학생들에게 안전감으로 다가온다. 일반적으로 폭력 생존자들은 자신이나 다른 사람들이 속수무책으로 당할 때, 말 그대로 어떻게 할 수가 없었다. 그들이 현재 누가 자신과 소통할 수 있는지에 대한 '통제력'을 스스로 가지고 있음을 언어화한다는 것은 그들이 더 이상 무력하지 않으며 통제감을 되찾았음을 보여 준다.

여기에서 학생은 반응하지 않음으로 반응을 한다. 밴더폴은 바로 무언가 이야기하는 대신에 침묵의 시간을 준다. 이것 또한 매우 좋은 치료적 개입이다. 여기에서 침묵은 학생 자신이 상호작용에 대한 통제권을 갖고 있다는 것을 알려 줌으로써 학생에게 자율권을 부여한다. 다시 말해, 카트리나의 반응 여부는 어른이 아니라 카트리나에게 달려 있다. 따라서 카트리나는 누구와 대화를 할지 자신이 결정하고, 그 대화의 진행속도도 자신이 조절한다. 이것은 대화가 학교 상담사가 아닌 카트리나가 원하는 속도에 따라 진행이 되는 것을 뜻한다. 만약 질문이나 주제가 너무 당황스럽거나 위협적으로 느껴진다면 그녀는 반응을 멈추거나 더디게 할 수 있다. 이것은 결국 카트리나가 질문의 속도를 주관한다는 것이다. 따라서 학생은 힘을 회복하여 다음에 무슨 일이 일어날지 통제할 수 있게 된다.

이때 학생을 계속해서 응시하지 않는 것이 중요하다. 상담사는 경청하고 있다는 것을 보여 주는 동시에 가끔씩 눈이 마주치는 것을 멈추고 잠시 다른 곳을 바라본다. 우리는 주로 상담사에게 처음 질문을 할 때 계속 내담자와 눈을 마주칠 것을 가르친다. 하지만 학생이 계속 반응하지 않으면 잠시 고개를 숙여 태연하게 자신의 무릎 위에 놓인 손을 바라보도록 한다. 상담사는 자신의 손을 본 후, 자신의 엄지로 검지를 천천히 문지른 다음에 다시 천천히 학생의 눈을 쳐다보도록 교육받는다. 학생이 여전히 관심을 보이지 않는다면 상담사는 다시 '엄지 쳐다보고 문지르기(thumb-look-and-rub)' 기법을 반복한다. 상담사는 다른 말을 하기 전에 이 과정을 필요에 따라 두세 번 반복한다.

상담사는 어느 순간에도 학생에게서 눈길을 돌려서는 안 된다. 즉, 상담사는 멀리 있는 학교 건물이나 운동장을 바라봐서는 안 된다. 학생은 상담사가 멀리 다른 곳을 바라보면 자신에게서 벗어나고 싶다는 뜻으로 오해할 수 있다. 그러므로 상담사는 잠시 자신의 손을 천천히 봄으로써 자신이 학생과 같은 공간에 있다는 것을 알려 준다. 이런 행동은 "난 아직 너와 함께 여기 있어. 너에게 집중하고 있고 너의 곁에 계속 있을 거야."라는 메시지를 준다.

다음으로 학교 상담사는 카트리나에게 이제 안전하니 안심해도 된다고 알려 준다. 그리고 자신이 카트리나를 돌보아 줄 것을 알린다. 달리 말하면, 학교 상담사는 학생에게 "널 위해 내가 여기 있다. 내가 널 보호할게."라고 이야기하는 것이다. 이 것은 상담사가 옆에 있는 동안 카트리나에게 자신을 돕고 보호하기 위해 노력하는 사람이 있다는 점을 전달한다. 즉, 이런 상담사의 말은 학생의 안전감을 높이고 상 담사가 다음 질문("너의 이름을 얘기해 줄 수 있겠니?")을 할 수 있게 한다.

여기에서 카트리나는 반응이 없다. 그래서 상담사는 학생이 안전하다는 것을 다 시 이야기해 주고 또 이름을 묻는다. 똑같은 질문을 계속해서 하는 것이 아니라, 상 담사는 "너는 안전해."라는 메시지를 지속적으로 전달한 후, 질문을 바꾸어 "무슨 일이 일어났는지 말해 줄 수 있겠니?"라고 묻는다. 상담사는 절대로 폭력 생존자에 게 대답을 강요하지 않는다(예: "말해 봐. 답을 해 보란 말이야. 넌 누구니?"). 그 대신 밴 더폴 선생님은 "이제 너는 안전해."라는 메시지를 부드럽게 전달한다. 때로 몹시 충 격을 받은 생존자는 일어난 일을 다시 기억하고 싶지 않아 한다. 기억은 너무도 강 렬하고 무섭다. 카트리나가 실제로 머리를 흔들며 싫다고 할 때, 상담사가 지지적인 반응을 하는 것에 주목한다. 상담사는 "그래, 괜찮아. 무슨 일이 일어났는지 이야기 하지 말자. 이미 끝났어."라고 반응한다. 이런 반응은 매우 중요하며 충격적인 사건 은 이미 지나갔다는 것을 암시한다. 즉, "넌 일어난 일을 다시 겪지 않아도 돼."라는 메시지이며, 안전하다는 것을 다시 상기시키고 답을 강요하지 않을 것을 명확하게 전달한다. 다시 강조하자면, 학생에게 "그 강렬한 기억을 다시 경험하지 않아도 된 단다. 이야기 주제는 네가 결정하렴."이라고 말하는 것이다.

그다음, 상담사는 새로운 질문을 함으로써 학생이 계속 대화의 흐름에 대한 통제 권을 가지고 있음을 보여 준다. "그래, 폭행에 대해 말하고 싶지 않구나. 그렇다고 난 떠나지 않아. 난 계속 널 도울 거야. 좀 더 질문을 해서 네가 누군지 알아볼 거란 다. 넌 나에게 중요하니까."라고 말하는 것과 같다. 여기에서 상담사는 해롭지 않은 관찰을 하면서 다른 질문을 던진다("그러고 보니 너 Cactus Bluff 중학교 티셔츠를 입었 구나. Cactus Bluff에 다니니?"). 이 질문은 폭력과 아무런 관련이 없다. 또 밴더폴 선생 님은 학생에게 "네가 가장 좋아하는 선생님은 누구니?"라고 묻는다. 이 같은 질문은 완벽하게 안전하다. 학생이 경험한 트라우마와 아무런 관련이 없다. 더구나 이것은 예전에 학생을 돌보아 주었던 누군가(함께 있으면 학생이 편하고 안전하다고 느끼는 대상)에 대한 긍정적인 기억을 불러일으킨다. 이 질문은 카트리나가 드디어 언어적 반응을 하게끔 한다.

그 후, 상담사는 학생이 가장 좋아한다는 제임스 선생님에 대해 좋은 반응을 보인다. 제임스 선생님에 대한 긍정적인 말은 학생과 라포를 형성하고 대화에 관심을 유지시키려는 노력이다. 상담사가 제임스 선생님을 찾아낼 거라는 이야기는 "더욱 안전해질 거야. 네가 좋아하고 너를 아끼는 사람이 곧 올 거란다."라는 것을 암시한다. 또한 제임스 선생님에게 연락을 함으로써 학생이 다른 정보 제공을 하지 않더라도 학생의 신분에 대한 실마리를 찾는 셈이다.

이어서 상담사는 자신이 무서워질 때에는 부모님과 이야기를 나누고 싶어진다는 말을 학생에게 한다. 그리고 카트리나도 엄마나 아빠와 통화하고 싶은지 물어본다. 카트리나는 바로 반응을 하며 상담사가 엄마에게 전화할 수 있도록 자신의 이름과 엄마의 전화번호를 말해 준다.

4) 핵심 행동 4: 정보 수집 – 욕구와 현재의 걱정

핵심 행동의 이름에서 알 수 있듯이, 이 단계의 목표는 폭력 생존자에게 당장 필요한 것과 걱정되는 일을 확인하는 것이다(예를 들어, 이 학생이 지금 당장 필요로 하는 것이 무엇인가?). 특별히 학교 상담사는 학생 생존자가 인식한 폭력 경험의 강도를 알아보아야 한다. 기억할 것은, 죽음이나 폭력의 위험을 직접적으로 경험한 사람들은 매우 끔찍한 상황을 견뎌냈다는 점이다. 또한 가까운 친구나 동료의 죽음이나 외상적 사건을 목격한 것만으로도 감정적인 트라우마를 경험할 수 있다. 각각의 생존자에게 필요한 지원은 그 개인이 가지고 있는 회복력, 대처 기술, 자원에 따라 다르다.

학생으로부터 그들의 폭력 경험과 연관된 정보를 얻는 경우, 학교 상담사는 학생이 정보 제공을 주도할 수 있도록 해야 한다. 어떤 생존자는 말하기를 주저하고 소극적인 자세를 취한다. 이들은 질문에 대해 지나치게 간결하거나 피상적인 대답을 할 것이다. 반대로, 정보를 쏟아내고 지나치게 말을 많이 하는 사람들도 있다. 학교 상담사에게 요구되는 핵심적인 자세는 답변자인 학생에 대한 균형 잡힌 반응을 하는 것이다. 생존자가 주저하는 듯이 보이면 어느 정도 틈을 주어라. 이때에는 질문을 계속 하는 것 대신 그들이 추후에 연락할 수 있는 정보를 주거나(예를 들면, 학생과 부모를 위한 응급상담 전화번호나 지침을 담은 유인물) 근처에 있는 다른 생존자들과 어울린다. 이러한 방식을 통해 말을 잘 하지 않는 학생들은 학교 상담사의 존재를 경험할 수 있고, 필요한 경우 다가갈 수 있다. 신뢰할 수 있는 상담사와 같은 공간에 있다는 것 자체로 소극적인 학생들은 안전감과 편안함을 느낄 수 있을 것이다.

다음 사례에서 학교 상담사는 학교에서 친구의 총격 사건을 목격한, 말수가 적은 고등학교 학생을 만나고 있다.

> 상담사: 안녕? 좀 어떠니?
>
> 학　생: 괜찮아요.
>
> 상담사: 너 조니와 아는 사이였니?
>
> 학　생: 네. 우리는 함께 스트레칭을 하면서 이어달리기 경주에 호명되길 기다리고 있었어요.
>
> 상담사: 너는 그가 총격을 당한 것을 보았니?
>
> 학　생: 죄송하지만 지금은 이야기하고 싶지 않아요.
>
> 상담사: 그렇구나. 여기 나의 사무실 전화번호와 24시간 운영되는 학교 위기상담 전화가 적혀 있어(학생에게 학교 상담사의 명함을 건넨다.). 이야기하고 싶어지면 언제든 연락해.
>
> 학　생: 알겠어요.

여기서 학교 상담사는 단순히 학생의 안부를 물었고, 학생의 대답은 간결하였다. 이어서 상담사는 학생에게 폭력 사건의 희생자를 아는지 물었다. 생존자는 친구가 총격을 당할 때 함께 스트레칭을 하고 있었다고 말하였다. 이에 상담사는 학생이 친구가 총격을 당한 것을 보았는지 물었다. 생존자는 더 이상 대화하기를 원하지 않았다. 상담사는 생존자에게 그가 목격한 또는 그 사건을 경험한 것에 대해 더 자세한 정보를 얻으려고 압박하지 않고, "그렇구나."라고 말함으로써 학생의 반응을 타당화하면서, 이야기하고 싶지 않다는 의견을 따랐다. 그러나 대화를 마무리하면서 상담사는 자신의 연락처를 주었고 학생의 마음이 바뀌면 언제든지 연락을 취하라고 말해 주었다.

　학교 상담사가 "너의 상황을 이해한다."라고 이야기하지 않은 것에 주목하라. 이러한 진술은 학교 상담사가 생존자가 경험한 것을 정확하게 알고 있다는 뜻으로 잘못 전달될 수 있다. 또 그런 식의 반응은 생존자로 하여금 상담사에 대해 반감을 느끼게 할 수 있다. 대부분 생존자들은 사건의 현장에 있지 않았던 사람들이 그 경험에 대해 이해한다고 말하는 것에 분노를 느낀다. 또한 학교 상담사는 "친구가 총격당하는 것을 보았다는 것은 매우 끔찍한 일이었을 거야."라고 이야기하지 않는다. 이러한 이야기는 마치 생존자가 '끔찍함과 무서움'을 반드시 느껴야 한다는 것을 함축하고 있다.

　이와 반대로, 폭력 사건에 대해 말을 많이 하려고 하고 자신이 경험한 모든 면에 대해 이야기하기를 원하는 생존자 학생 또한 타당화되어야 한다. 그러나 이와 동시에 지금 시점에서는 생존자 학생의 긴급한 필요에 대한 '기초적인' 정보만 수집한다는 것을 알려 주어야 한다. 이 작업이 끝난 후에 그들의 경험에 대한 자세한 이야기를 할 수 있는 기회가 있다는 것을 부드럽게 알려 준다. 다음 제시된 예시를 통해 학교 상담사와 말을 많이 하고 싶어 하는 학생의 상호작용을 살펴보자.

상담사: 좀 어떠니?

학　생: 잘 모르겠어요. 조니와 저는 스트레칭을 하고 있었는데 어느 순간 총격이 있었다는 것을 알았어요. 조니는 땅바닥으로 쓰러졌어요. 피바다가 되었죠. 저는 무엇을 해야 할지 몰라서 벤치 뒤쪽으로 달려가서 숨었어요. 총격이 멈춘 후에 조니에게 달려갔는데 그는 이미 죽어 있었어요. 저는 이 일이 일어났다는 것을 믿을 수가 없어요. 영화에서나 나올 법한 일이잖아요! 정말 믿을 수가 없어요. 방금 전까지 저랑 스트레칭을 하고 있던 친구가 정신을 차려 보니 죽어 있었어요. 정말 무서웠어요. 아마 모두가 공포를 느꼈을 거예요.

상담사: 내가 지금 너를 위해 할 수 있는 게 있니?

학 생: 저는 충격을 받은 유일한 사람은 아니에요. 저는 진짜 괜찮지만 놀라고 무
       섭기는 했어요. 아, 정말 무서웠죠. 계속 '꿈을 꾸고 있는 걸 거야. 이건 마치
       영화 같은 장면이야.' 라고 생각했어요. 밴더폴 씨 당신이 여기에 있어서 기
       뻐요. 제 머릿속이 아주 복잡한데 이야기하면서 정리하고 싶어요.

상담사: 내가 지금 여기서 할 수 있는 것은 단지 살아남은 사람들이 필요로 하는 것
       이 무엇인지 이해하고 도와주는 것이야. 괜찮겠니?

학 생: 네, 괜찮아요. 저는 이러한 일이 여기 Jefferson 고등학교에서 있었다는 것
       을 믿을 수 없어요. 그러나 당신과 함께 생각을 정리할 수 있어서 좋아요.

상담사: 우선 지금 시점에서는 기본적인 정보만 수집하고 있어. 잘 이야기해 주어
       고맙다. 일단 상황이 좀 안정이 되고 다른 사람들이 기본적으로 필요로 하는
       것도 파악한 다음에 다시 돌아올게. 그때 좀 더 이야기하자꾸나. 괜찮겠니?

학 생: 네, 아주 좋아요.

 이전의 말이 적은 학생과의 상호작용 예시에서처럼, 이번 예시에서도 학교 상담
사는 단순하게 학생의 상태에 대해 물었다. 그러나 이번에는 학생이 횡설수설하면
서 자기가 보고 생각하고 느낀 것을 이야기하고 있다. 상담사는 말이 많은 학생이
잠시 동안 마음대로 이야기하도록 허용한다. 그가 잠시 쉬면서 속도가 느려졌을 때,
상담사는 처음의 질문을 조금 달리 표현하면서 학생의 장황한 설명을 줄였다. 이제
상담사는 학생을 위해 '지금 당장' 할 수 있는 일이 있는지 물었다. "지금 바로 필요
한 것이 있니?"라고 묻는 것이다. 학생은 학교 상담사와 이 사건에 대해 이야기를
나누고 싶다는 욕구를 명확하게 표현하였다. 그러나 지금 여기서 장황한 이야기를
허용하지 않고, 상담사는 지금은 생존자들이 즉각적으로 필요한 것이 무엇인지 알
아보고 있다는 점을 설명하였다. 그리고 상담사는 "괜찮니?"라고 재차 물었다. 이러
한 최종적이고 직접적인 그리고 폐쇄형의 질문은 횡설수설을 멈추게 하는 역할을
하였다. 학생은 '예' 또는 '아니요'라고 답할 수 있다. 즉, 학교 상담사는 학생의 장
황한 이야기를 부드럽게 마무리할 기회를 갖는다. 학생은 "네, 괜찮아요."라고 대답

한다. 상담사는 학생이 이미 상담사가 얻고자 했던 정보를 잘 제공해 주었다고 이야기함으로써 학생을 지지하였다. 나아가, 상담사는 모든 생존자가 지금 필요로 하는 것을 확인한 후에 다시 이야기할 기회가 있을 거라고 말하였다. 상담사는 "괜찮겠니?"라는 질문으로 마무리를 맺었다. 이러한 최종적인 질문은 학생에게 권한을 부여하는 것으로, 학생이 학교 상담사와의 면담을 그만할지 아닐지에 대한 결정권을 어느 정도 가지고 있다는 것을 나타낸다.

정보 수집 핵심 절차의 단계에서 공통적으로 다루는 질문은 생존자의 경험 또는 필요에 대한 것이다. 질문은 다음과 같은 내용이 있을 수 있다. "당신도 다쳤나요?" "총격당한 사람과 어떻게 아는 사이인가요?" 또는 "친구가 실종되었나요?" 생존자들은 무엇을 해야 할지 모르고 혼란스러워하기도 한다. 이때 상담사는 다음과 같이 말할 수 있다. "부모님께 전화를 드리는 건 어떨까?" 어떤 생존자들은 자신의 친구 대신 자기가 살아남은 것에 대한 죄책감이나 수치심으로 몹시 괴로워한다. 여기서 학교 상담사는 다음과 같이 말할 수 있다 "그 말은 총격을 당한 친구보다 당신이 총을 맞았어야 한다는 말로 들립니다." 이러한 각각의 질문과 진술은 단순히 생존자의 욕구와 관심에 대해 정보를 모으고자 하는 것임을 기억하라. 이 과정은 생존자를 대화치료로 이끌기 위해 사용되는 것이 아니다. 이를 통해 생존자가 자신의 필요, 염려 혹은 감정을 표현할 수 있도록 하여 그들의 구체적인 요구를 확인하려는 것이다.

5) 핵심 전략 5: 실제적인 지원

이 단계에서 학교 상담사는 실제적인 도움을 제공한다. 이러한 실제적인 도움은 지난 단계의 핵심 전략에서 수집한 정보와 관련된 내용이다. 학생 폭력 생존자들의 시급한 필요나 염려되는 부분에 대해 도움을 주는 것은 무엇보다 중요하다. 다음 4단계는 이러한 핵심 전략의 내용이다.

① 가장 시급한 필요나 우려사항을 확인하라.
② 욕구를 명확하게 하라.

③ 실천 계획을 논의하라.
④ 필요를 해결하기 위해 행동하라.

우선, 이전의 핵심 단계에서 확인된 필요목록을 살펴보고 그중 생존자에게 가장 시급한 사항을 확인해야 한다. 개인의 가장 긴급한 사안을 확인하는 것은 치료적으로 도움이 되는데, 생존자가 지금 이 시점에서 자신에게 가장 중요한 것을 결정하는 데 도움을 준다. 또한 그들이 원하는 것과 그것이 어떤 식으로 실현되기를 바라는지도 명확하게 할 수 있다.

다음 주제로 넘어가기 전에, 연령별 적절한 필요와 우려사항을 짚고 넘어가야 한다. 일반적으로 초등학교 단계의 아이들은 그저 자신의 양육자나 보호자가 사건 현장에 나타나기를 원할 것이다. 이 경우에, 일단 부모가 도착하면 학교 상담사는 심리적인 응급처치를 학생과 부모 모두에게 해야 한다. 이 과정에서는 학생에게 가장 시급한 필요를 함께 확인하고, 부모가 요구하는 도움에 대해 알아보아야 한다. 부모는 자신의 자녀가 이제는 안전하다는 점과 더 이상의 신체적·정신적 위해가 없을 것이라는 점을 확인하고 싶어 한다. 학교 상담사는 청소년과 그들의 부모에게 다음과 같이 말해 줄 수 있다.

> 상담사: 조니, 넌 지금 안전해. 어머니가 여기 계시잖아.
> 어머니: 존-존 엄마도 정말 걱정했단다.
> 조니: 엄마…, 정말 끔찍했어요.
> 어머니: 이런 일이 있어났다니, 믿을 수가 없구나. 다쳤니?
> 조니: 아니요.
> 상담사: 사무엘 부인, 여기에 와 주셔서 감사합니다. 당신이 여기에 와서 이제는 안전하고 모든 게 괜찮아질 거라고 말해 주고 조니와 함께 있어 주는 게 정말 필요했어요.
> 어머니: 존-존, 모두 다 괜찮아질 거야. 오… 난 정말 너를 걱정했단다.
> 상담사: 지금 당장 우리가 해야 할 것은 조니가 이제 안전하다는 것과 가능한 한 빨

리 평소와 같이 되돌아간다는 것을 알게 하는 거예요.

어머니: 애는 괜찮을까요? 내말은… 조니는 정신적으로 충격을 받았어요. 그 녀석
이 자기와 가장 친한 토미를 칼로 공격하는 것을 보았잖아요.

상담사: 어머니, 집중해 주시는 게 필요합니다. '존-존, 너는 지금 안전해.'라고 말
해 주세요. 그 공격 사건은 끝났어요. 토미는 병원으로 후송 중이고, 의사
들이 잘 돌볼 거예요. 존-존에게 필요한 것은 당신이 안아 주고, 눈을 맞춰
주고, 안전하다고 말해 주는 것, 여기에 당신이 존-존을 보호하기 위해 있
다는 것을 말해 주는 거예요. 그리고 토미는 병원에 갈 것이고 의사들이 토
미를 위해 최선을 다할 거예요.

어머니: 존-존, 엄마가 여기 있어. 이제 다 끝났어. 그 나쁜 자식은 없어. 경찰이 감옥
에 집어넣을 거야. 토미는 그 애 엄마가 병원에 데려갔고 다 괜찮아질 거야.

조니: 네. 알았어요. (조용히 흐느낀다.)

상담사: 잘했어요. 어머니.

어머니: 하지만 당신은 존-존이 괜찮을 거라고 약속할 수 있나요?

상담사: 응급대원이 존-존을 주의 깊게 살펴보았고 어떤 상처도 없었어요. 그렇지,
존-존?

조니: (고개를 끄덕인다.)

어머니: 나는 정신적인 것을 말하고 있어요. 당신은 존-존이 이 일 때문에 정신적
으로 문제가 없을 거라 장담할 수 있나요?

상담사: 존-존과 같은 어린아이들에 대해 저희가 아는 것은, 보통의 아이들은 회복
력이 강하다는 것입니다. 당신과 같은 부모로부터 사랑과 지지를 받으면
대개 아무런 문제가 없이 잘 지내게 돼요. 물론 이런 것을 약속할 수는 없
어요. 하지만 지금 가장 중요한 것은 안정을 찾는 것이고 집으로 돌아가 평
소처럼 모든 일을 하는 거예요. 제 말을 아시겠나요?

어머니: 좋아요. 전 그저 존-존을 집에 데려가고 싶어요.

상담사: 존-존, 너는 어떠니?

조니: (다시, 조니는 말을 하지 않고 고개만 끄덕인다.)

상담사: 좋아요. 그렇게 하지요. 어머니, 혹시 존-존이 어떤 어려움이 있을 때나 나중에 궁금한 게 떠오르실 때 연락할 수 있는 긴급 연락처와 관련된 몇 가지 유인물을 드릴 거예요. 이 자료는 이러한 상황을 겪은 아이들이 보이는 전형적인 행동이 설명되어 있어요. (상담사는 아이들이 보일 수 있는 정신적 트라우마 반응에 대해 설명한다.)

상담사: 자 이제 어머니, 가장 걱정되는 것이 무엇이죠?

어머니: 존-존을 집으로 데려가고 싶어요.

상담사: 좋아요. 그러세요. 그 전에 경찰서의 스미스 경관에게 가서 필요한 서류에 사인을 하시면 그가 당신이 차를 타는 것을 확인할 거예요.

상담사: 존-존, 가장 걱정되는 게 뭐니?

조니: 모르겠어요.

상담사: 그래. 지금 당장 필요한 게 있니?

조니: 아니요…. 없는 것 같아요.

상담사: 좋아. 무언가 필요한 게 있으면 어머니에게 말하거나 나한테 전화하면 돼. 알았지?

조니: 네.

이 축어록을 자세히 살펴보자. 학교 상담사는 계속해서 이 학생이 안전하다고 반복해서 이야기한다. 학교 상담사는 평소처럼 돌아갈 것과 어머니가 도착했기 때문에 안전하다는 것을 알려 준다. 이것은 어머니가 통제할 수 있고, 아들을 위해 무엇이 최선인지 알고 있다는 것을 의미한다. 그래서 학교 상담사가 통제하고 있다고 하는 대신에 상담사는 어머니를 현재 상황을 다루는 힘의 층위에서 가장 위에 올려놓았다. 구조적 가족치료 관점에서 이것은 어머니가 조니를 통제할 수 있는 권한을 갖게 되고 조니는 어머니의 말을 따르도록 만든다. 상담사는 또한 평소처럼 돌아갈 것을 제안하고 어머니는 그것을 받아들인다.

어머니와 조니의 간단한 상호작용에 뒤이어 학교 상담사는 어머니가 여기에 있어서 다행이라고 지목함으로써 어머니를 치료적으로 개입시킨다. 그리고 나서 상담사는 어머니가 해야 할 중요한 것을 말하도록 한다. 이것은 아들과 어머니가 대화하는데 근거가 된다. "어머니, 조니를 위해서 강해져야 합니다. 감정적으로 흔들리지 마세요. 조니에게 이제 안전하다고 말하세요. 그 애는 괜찮을 거예요. 그리고 당신은 그의 안전을 확신시켜야 합니다."라고 제안한다. 이 말은 어머니에게 조니의 건강한 회복을 위해 그녀의 역할이 핵심적이라는 것을 알려 준다.

어머니가 조니가 폭력적 트라우마의 충격으로 정신적인 악영향이나 역기능을 경험하지 않을까 질문했을 때, 또한 가해자를 어떻게 하고 싶은지 이야기함으로써 상황을 감정적으로 만들기 시작했을 때 상담사는 그녀가 해야 할 일에 다시 초점을 맞추었다. 상담사는 어머니가 말해야 할 것을 정확히 일러 주었고, 어떻게 행동해야 하는지 설명하였다. 어머니가 말할 것과 수행할 일을 직접적으로 알려 주는 것 이외에 상담사의 지시는 또 다른 중요한 목적이 있다. 상담사는 조니에게 무엇이 일어날지를 말한다. 무엇이 말해질 것인지, 행해질 것인지 알면 아이는 놀라지 않고 즉각적인 체제를 받아들일 수 있다. 덧붙여, 학교 상담사는 공격이 끝났고 토미가 병원에 후송 중임을 말하는데, 어머니가 이 말을 반복해서 함으로써 조니가 안전하고 토미를 위해 필요한 모든 일이 행해지고 있다는 것을 다시 확인해 준다.

여기서 잘 드러나지는 않지만 상담사가 활용한 가볍지만 중요한 관계 형성 기술을 알아볼 수 있었는가? 상담사는 초기에는 학생을 조니라고 불렀다. 하지만 어머니가 존-존이라고 부르자 자신도 똑같이 불렀다. 상담사가 이 말을 들었을 때 즉각적으로 존-존을 활용하여 어머니 그리고 학생과 상호작용한 것이다. 상담사가 학생과 부모와 함께 참여하고 그들의 가족 안으로 들어가기 위해 활용할 수 있는 방법이다.

또 하나 주목해야 할 것은 어머니가 조니가 정신적으로 문제가 없을 것이라는 것을 약속해 주기를 요구할 때 학교 상담사가 반응하는 모습이다. 상담사는 처음에는 아이들의 탄력성에 대해 설명하고, 이어서 어떻게 어머니의 사랑과 지지가 조니에게 영향을 줄 수 있는지 말한다. 마지막으로 상담사는 "약속할 수는 없다."라고 말한다. 이것은 중요하다. 부모는 자신의 아이가 폭력 트라우마 이전과 같을 것이라고 확인해 주기를 원한다. 안타깝게도 우리가 아무리 바란다 해도 전문가들은 이러한 약속을 할 수는 없다. 대신에 할 수 있는 최선은, 약속할 수 없다고 솔직하게 말하고 학생의 탄력성이 이겨낼 것이라는 희망과 기대를 제공하는 것이다.

이 핵심적 행동 단계는 어머니와 학생의 필요나 걱정에 대해 실제적인 도움을 제공하기 때문에 상담사는 다음으로 집으로 돌아가고 싶은 바람을 표현하도록 한다. 구체적으로 상담사는 어떤 일이 다음에 일어날 것인지 설명한다. 상담사는 단순히 이 핵심 행동 단계를 어머니의 재량에 내버려 두지는 않는다. 상담사는 조니 또한 참여하도록 한다. 이 아이가 자신의 필요나 걱정을 잘 모르는 경우라면 상담사의 격려와 계속 만날 수 있다는 약속이 걱정을 드러내게 할 것이다. 마지막으로 상담사는 필요할 때 또는 걱정이 떠오를 때 도움을 줄 것이라고 말함으로써 어머니와 학생 모두를 격려한다.

다음 단계의 핵심 행동으로 나가기 전에 현실적이고 비현실적인 긴급한 필요의 차이를 논의하는 것이 중요하다. 미인대회에서 세계평화의 바람을 이야기하는 것처럼 때론 학생과 부모는 비현실적인 긴급한 필요를 이야기한다. 확실히 부적합하고 비현실적인 필요가 제시되면(예: 우리는 학교에서 한달 동안 디즈니월드에 보내 주어 폭력 트라우마의 경험을 잊고 싶다) 논쟁은 그만둔 채 확대하지 않고 반응하는 것이 필요하다. 다음과 같이 말할 수 있다.

> 상담사: 아버님, 디즈니월드로 가는 것이 아들과 가족이 이러한 경험에서 회복될 것이라는 생각은 할 수 있을 것 같습니다. 안타깝게도, 저는 폭력 생존자를 디즈니월드로 보내 주는 학교 시스템은 들어본 적이 없고, 학교에서도 그러한 여행을 위한 돈을 가지고 있을 것 같지 않습니다. 그렇지만 저는 당신의 가족과 당신이 더 감당할 수 있는 방법으로 이 일을 지나갈 수 있게 하면서 아드님과 가족이 한숨 돌릴 수 있는 어떤 장소가 있는지 궁금해요.

이 대화의 의도는 드러나지 않은 요구(request)의 목적을 타당화하고, 동시에 부모가 있을 수 있는 다른 기회를 재고(redirect)하여 논의할 수 있는 방향으로 다시 보내는 것이다.

다음 단계는 필요를 구분하는 것이다. 학교 상담사는 특히 긴급한 필요(pressing

need)로 구분된 것을 명확히 하기 위해 생존자 및 부모님과 이야기해야 한다. 그러고 나서 상담사는 '드러나지 않은 핵심'을 이해하고 필요를 평가하여 그들을 현실적으로 도울 수 있다. 따라서 막연한 필요를 쫓는 대신(예: "기분이 나아지면 좋겠어요."), 학교 상담사는 필요의 가장 중요하고도 곤란한 부분을 이해하여 학생과 가족을 돕는 작업을 한다. 여기서 학생이 행동적으로 필요를 설명(예: "저는 엄마가 여기 계시면 좋겠어요." 혹은 "음료수를 좀 마시고 싶어요.")하는 것은 가장 중요한데, 이는 성공적인 결과를 찾고 구하는 가능성을 증가시키기 때문이다.

셋째로, 학교 상담사는 생존 학생(student survivors)과 그들의 가족과 함께 행동 계획을 논의해야 한다. 학교 상담사는 학생과 그 가족을 위해 할 수 있는 서비스를 알고 있어야 한다. 예를 들어, 학생은 구급차에 실려 간 희생자의 상태를 알고 싶어 할 수 있고, 혹은 폭력 사건에서 부상을 당한 사람의 치료상황을 궁금해할 수 있다. 이러한 특정 상황에 따라 학교 상담사는 정보를 알려 주는 데에 관하여 자신의 임상적 판단을 활용하고자 할 수 있다.

예를 들어, 엔젤과 카트리나의 상황에 대한 축어록에서, 카트리나에게 가장 긴급한 필요로 구분된 것은 엔젤이 어디에 있는지, 상태는 어떤지를 알고자 하는 것이었다. 만일 상담사가 엔젤이 살아 있고 근처 병원에 있다는 것을 알았다면, 이것은 치료적으로 카트리나에게 정보를 제공하는 것이 타당하다. 카트리나와 엔젤이 서로를 매우 친한 친구로 생각했고, 그것이 학교 상담사도 알고 있는 일반적인 사실이었다면, 엔젤이 육체적으로 안정을 찾은 경우 두 사람이 병원에서 다시 만나는 것이 치료적으로 적절하다.

반대로, 상담사가 엔젤이 유괴되어 살해된 채 발견된 것을 알았다면, 상담사는 친구의 죽음을 지금 카트리나에게 알리는 것과 나중에 알리는 것 중에서 치료적 이익의 경중을 따져야 하며, 이때에는 많은 요소가 고려되어야 한다. 예로는 학교 상담사와 카트리나의 어머니가 함께한 짧은 상호작용에 기초하여 상담사는 카트리나의 어머니가 카트리나의 현재 폭력 사건 이후의 외상에 대하여 충분히 인지적, 심리적, 육체적으로 자원을 가지고 반응할 수 있다고 믿고 그녀가 엔젤의 죽음에 대해 용기 있는 반응을 할 수 있다고 믿는가 등이 그것이다.

치료적인 측면에서, 이 장면에 만일 학교 상담사가 다른 정신건강 서비스를 제공하는 전문가를 알고 있다면 카트리나에 대한 즉각적인 지원을 할 수 있고, 학교 안 전담당관은 필요한 경우 가까운 병원으로 이송해 줄 수도 있다. 또한 병원이 심리적인 돌봄이 가능한 상황이라면 그때가 카트리나에게 엔젤의 죽음을 알리는 가장 적절한 순간일 것이다.

실제적인 도움의 핵심 행동의 마지막 단계는 필요를 다루는 것이다. 여기서 상담사는 가장 긴급하다고 구분된 필요에 대한 학생과 부모의 반응을 도울 수 있다. 따라서 학생이 다른 폭력 생존자의 행방을 알고 싶어 하면, 계획은 그에 따른 정보를 얻을 수 있도록 한다.

일반적으로 각각의 네 단계는 성공적으로 일어나고, 한 단계에서 다음 단계로 별 방해 없이 빠르게 움직인다. 이미 언급했던 바와 같이 학생이 막연하게 "나는 기분이 좋아졌으면 좋겠어요."라는 표현을 사용한다면, 상담사는 "기분이 나아지면 어떻게 될까?" 혹은 "만일 네 기분이 나아지면 무엇을 할까?"라고 물을 수 있다. 이러한 경우 다음과 같은 대화가 나타날 수 있다.

> 상담사: 기분이 나아지면 좋겠다고 했지. 나도 네 기분이 나아지면 좋겠어…. 기분이 나아진다는 건 너한테 어떤 거니?
>
> 학　생: 잘 모르겠어요.
>
> 상담사: 가끔은 네가 기분이 나아진다면 어떤 행동을 하는지 따져 보는 게 도움이 돼.
>
> 학　생: 음… 만일 제가 기분이 나아지면… 여기 없을 거 같아요.
>
> 상담사: 그럼, 만일 네가 기분이 나아지면 어디에 있을까?
>
> 학　생: 농구 코트요. 골대에 슛을 쏘면서요.
>
> 상담사: 나도 그렇게 생각되는구나. 그럼 네가 농구 코트에 가서 슛을 쏘게 되기까지 네가 해야 할 건 무엇이니?
>
> 학　생: 제가 생각하기에는 제 부모님이 "괜찮아."라고 말해 주면 오늘 일어난 모든 끔찍한 일을 지우고 슛을 쏠 수 있게 될 거 같아요.
>
> 상담사: 음… 네가 해야 할 일이 부모님께 가서 네가 속에 있는 생각을 지우기 위해

숏을 쏘러 갈 수 있을지 물어보는 것이라고 생각되는데….

학 생: 저도 그냥 부모님께 물어보면 된다고 생각해요.

상담사: 그게 혹시 네가 하고 싶은 일이니?

학 생: 맞는 거 같아요. 부모님께 여쭤봐야겠어요.

이 짧은 축어록을 보면, 학교 상담사가 학생이 언급한 막연한 필요를 다시 말했다는 것을 알 수 있다("너는 기분이 나아지면 좋겠다고 했지."). 이러한 언급은 상담사가 이 학생이 언급한 필요를 충족시키고 학생에게 상담사가 그의 필요를 지지해 준다는 것을 알림과 동시에 그것이 만족될 수 있도록 그와 함께 작업하고 싶어 한다는 것을 알 수 있다. 다음으로 상담사는 "기분이 좋아진다는 건 너한테 어떤 거니?"라고 물어본다. 다시 말하면, "어떤 행동을 하겠니?" "어디에 있을까?" "무엇을 하고 있을까?" 같은 질문이다. 만일 학생이 위에 언급된 믿음과 인식을 각각 구별하면, 상담사는 구별된 필요를 만족시킬 계획을 설계해 볼 수 있다. 학생은 그것에 대해 자신은 '여기'에 있지 않을 거라고 응답한다. 자기는 숏을 쏘면서 농구 코트에 있을 것이라고 이야기한다. 다시, 학교 상담사는 학생에게 동의해 주고, 원하는 대로 하는 자유를 허락받기 위해서는 어떻게 해야 하는지를 묻는다. 학생은 간단하게 부모님의 허락이 필요하다고 대답한다. 그러자 상담사는 학생이 부모에게 농구 코트에 가도 되는지 물을 의향에 대해서 질문한다. 이어서 학생이 부모님의 허락을 구하기 위해서는 그냥 물어볼 필요가 있다는 믿음과 학생에게는 농구 골대에 숏을 쏘는 것이 불안과 스트레스의 주요한 요소를 제거한다는 믿음을 확인한다.

6) 핵심 행동 6: 사회적 지지와 연결

이 단계의 목적은 학생 생존자와 그들의 가족에게 주요한 지지자와 잠재적으로 도움이 되는 자원에 접촉할 수 있도록 돕는 것이다. 접촉의 정도와 기간은 즉각적으로 표현되고 발달적 요구에 따라서 아마도 다양할 것이다. 여기는 전문적(예: 전문 상담사, 성직자, 의사)인 그리고 비전문적(예: 가족 구성원, 친구, 이웃)인 접촉이 모두 해당된다. 특별히 생존자와 그의 가족은 심리적으로, 육체적으로, 사회적으로, 정신적으로 지지를 제공할 수 있는 연결이 필요하다.

학교 폭력 생존자와 특히 관련성이 있는 것은 부모와 가족의 지지다. 어린 학생일수록 부모님은 핵심일 수 있다. 어떤 위협이나 지각된 폭력 사건 이후에 어린 아동은 즉시 부모와의 의미 있는 접촉을 바란다. 따라서 학교 상담사는 어떠한 폭력 사건 혹은 잠재적으로 폭력 외상이 될 수 있는 사건 이후에는 즉시 부모의 관여를 찾아야 한다. 그러나 일단 고등학생이 되고 나면, 이러한 부모의 지지 요구 수준은 크게 변할 수 있다. 몇몇 고등학교 학생들은 잠재적으로 의미 있는 또래(예: 남자친구, 여자친구, 동아리의 친한 친구 등)와 접촉하기를 바라기도 한다. 또한 부모 혹은 가족 구성원에 대해 제한된 접촉을 원하기도 한다. 부모의 지지를 구해야 하더라도, 부모는 나이가 좀 더 있는 학생이 또래로부터 그들의 지지를 찾는 경향이 있다는 것을 알아야 하며, 또한 이러한 또래 지지를 구하는 것이 해당 연령 학생에게 더 흔하다는 것도 알아야 한다. 이에 대하여 상담사가 제시한 글이 있다.

> 상담사: 어머님, 아버님. 아들을 향한 폭력이 위협적인 이번 상황에서는 학생, 부모님, 가족 그리고 친구들에게 특히나 도전적인 경우일 수 있어요. 제가 말하고 싶은 건… 고등학교 고학년의 경우 부모님의 지지보다 또래 친구들의 지지를 더 원한다는 거예요. 이게 가끔은 부모님한테는 어려운 일일 수도 있는데, 또래 지지를 구하는 건 흔히 조엘 나이의 학생들에게 발달적으로 정상입니다.

학교 상담사가 부모 지지보다는 또래 지지를 구하는 조엘의 요구가 그 나이에 맞고 정상적인 것이라는 의견을 표한 글이다.

7) 핵심 행동 7: 적응 기술(정보) 전달

이 핵심 행동의 주요 목적은 학생 생존자와 그의 가족에게 경험한 폭력 사건에 대해 발생 가능한 부정적 반응과 관련한 정보를 제공하는 것이다. 더하여, 상담사는 효과적인 적응 기술(coping strategy)을 발견하여 생존자를 도울 수 있도록 제안하는 것뿐 아니라, 가족은 어떤 적응 기술이 가장 도움이 된다고 믿고 있는지 알아낼 수 있도록 해야 한다. 이러한 단계는 심리교육적으로 현실적인 것이며 대개 학생 생존자와 부모가 수행한다. 이는 이전에 논의된 정보를 더 세부적으로 반복하고, 어떻게 학생이 폭력 경험에 반응하는지를 설명해 준다.

발생 가능한 부정적 폭력 후 증상과 관련된 모든 논의는 학생 생존자와 그의 가족에게 적절하게 표현되어야 한다. 즉, 폭력 사건의 생존자들이 초등학생이라면, 그들의 인지 · 사회 · 정서 발달에 걸맞은 새로운 제시를 해야 한다. 학년에 맞는 평범한 단어, 그리고 심리학 전문용어가 아닌 단어를 사용한다. 예를 들면, 폭력을 경험한 어린 학생이 가질 수 있는 부정적 반응에 대해 설명할 때 '야뇨증(enuresis)'이란 단어를 쓰는 것은 좋지 않다. 어린 학생들은 그 단어가 무엇인지 이해하지 못할 것이고, 그들의 부모에게도 이는 익숙하지 않은 용어다. 대신에, 학교 상담사는 다음과 같이 말할 수 있다.

> 상담사: (다섯 살 유치원생 멜라니의 앞에 있는 멜라니 엄마에게 하는 말) 멜라니 같이 어린아이들이 폭력을 경험하거나 목격하면, 때때로 바지나 침대에 지도를 그려요(pattern of wetting). 이건 비교적 흔한 일이에요. 만약 그런 일이 일어나도 너무 놀라지 마세요. 다섯 살배기 아이가 무언가 정말로 무서운 것을 본 후에 바지나 침대에 오줌을 싸는 것은(pee) 이상한 일이 아니에요. 물론, 모든 다섯 살배기 친구들이 그러는 것은 아니지요. 하지만 그런 일이 일어나도 절대로 벌을 주지 마세요. 그들은 단순히 이 불행한 신체적 반응을 어찌할 수 없을 뿐이고 어른들보다 훨씬 더 젖은 바지를 입고 싶지 않을 거예요.

여기서 학교 상담사는 폭력 후 야뇨증을 '비교적 흔한 일'이라는 표현을 써서 정상화하였다. 그다음 학교 상담사는 '만약 그런 일이 일어나도 너무 놀라지 말라.'고하였다. 이 말은 상당한 힘을 가진다. 여기서 학교 상담사가 '야뇨증이 생겼을 때'라고 말하지 않았음을 확인한다. 따라서 멜라니를 일생에 걸쳐 야뇨증 환자로 몰아가지 않았다. 그리고 부모는 그것이 학교 폭력을 경험한 증상으로 나타날 수 있음을 미리 알게 되었다. 그러므로 멜라니가 바지나 침대를 적셔도 그녀는 나쁜 것이 아니라 단지 폭력 사건 경험 후에 나타나는 증상으로 고통받고 있는 것이 된다. 다음에서 학교 상담사는 어른들처럼 아이도 젖은 바지를 좋아하지 않을 것이라고 말한다. 학교 상담사가 '오줌을 싼' 대신에 '젖은'이라는 단어를 사용했음을 주목한다. 이는 부모와 아이가 진심으로 그 증상을 이해할 수 있도록 해 준다.

분명, 몇몇 상담사는 이러한 대화가 멜라니가 있는 앞에서 부모와 함께 이루어졌다는 사실에 신경을 쓸 것이다. 그들은 멜라니의 앞에서 야뇨증에 대해 언급하는 것이 그녀가 일부러 오줌을 싸게 만드는 결과를 낳을 것이라고 염려할지도 모른다. 하지만 우리는 그렇게 생각하지 않는다. 발생 가능한 야뇨증에 대해 부모에게 미리 알리는 것은 부모와 학생으로 하여금 일어날 수 있는 일에 대해 준비하도록 한다. 따라서 야뇨증이 나타나더라도 이것은 아이가 일부러 나쁘게 행동한다는 것을 보여 주는 끔찍하고, 통제할 수 없으며, 예측하지 못한 일이 아닌 것이 된다.

폭력 후 나타날 수 있는 부정적인 증상에 대해 심리교육적인 측면에서 이야기할 때, 폭력 생존자의 나이 대에서 흔히 일어날 수 있는 증상을 명확하게 기술해야 한다. 다섯 살배기 아동과 그의 부모와 얘기할 때 청소년 폭력 생존자에게서 흔하게 나타나는 반응을 이야기하는 것은 바람직하지 않다. 또한 솔직히 얘기한다. 빈정거리는 말투나 암시적인 내용으로 말하지 않아야 한다.

또 다른 유용한 기법은 어린 학생들에게 그들에게 무엇이 일어났다고 생각하는지를 설명해 보도록 하는 것이다. 초등 저학년의 경우, 죽음의 영속성에 대해 이해하지 못할 수 있다. 따라서 학생이 어떻게 폭력 경험을 묘사하는지 들어보고, 되도록 간단하고 솔직하게 질문에 답한다.

만약 생존자가 매우 어리다면, 그림을 그리는 것이 그들이 보고 경험한 것을 이야기하는 데 보다 효과적이다. 반대로 폭력 생존자가 고등학생이라면, 그들의 특정 발달단계와 요구를 고려하여 제시해야 한다. 청소년들은 일반적으로 어른처럼 보이고 싶어 한다는 것을 기억해 둔다. 그러므로 그 나이 대에서 수용 가능한 의사소통을 하는 것이 중요하다. 다시 말해서, 개입을 할 때는 임상적 판단을 활용하라. 스스로가 독립적이고, 거칠며, 강하게 보이길 원하는 축구대표팀 선수는 자신을 표현하는 도구로 크레파스를 선택하지는 않을 것이다.

학교 폭력 경험이 어떠하든 발생 가능한 폭력 후 반응에 대해서는 학생 생존자와 그들의 부모 모두와 논의되어야 한다. 최소한 다음의 여섯 가지가 논의사항에 포함될 수 있다.

① 침습적 경험
② 회피와 위축
③ 신체적 각성 반응
④ 반복적인 재연과 사회적 상호작용
⑤ 슬픔과 애도 반응
⑥ 분노

침습적 경험과 회피와 위축, 신체적 각성 반응은 대개 외상 후 스트레스 장애와 연관된다. 침습적 경험은 전형적으로 폭력 경험이나 연관되는 이미지(예: 피 묻은 칼, 가해자의 얼굴, 생존자들의 비명)에 대한 괴로운 기억 등이다. 이러한 기억과 이미지는 의식 속으로 떠오르는 것을 막으려는 생존자들의 적극적인 시도에도 불구하고 계속해서 다시 떠오른다. 이것은 어린 학생들에게 매우 무서운 것이고, 무력한 것이다. 폭력 생존자는 이러한 기억이나 이미지가 다시 떠오르는 것을 도저히 멈추게 할 수 없을 것만 같은 무력한 느낌을 받곤 한다. 따라서 그들은 점차 이러한 외상 기억, 이미지와 연관된 감정에 취약해진다고 느낀다. 그러한 기억과 이미지가 지속적으로 떠오르는 것이 폭력 생존자들 사이에서는 흔한 일이라는 정보를 주는 것은 이러한 폭력 후 침습적 증상을 학생들이 이상하게 생각하지 않고 그들이 '미친' 것이 아님을 이해하도록 하는 데에 도움이 된다. 이에 더해, 생존자들이 자신의 침습적 기억과 생각을 잘 통제할 수 없는 취약성에 대해 어떻게 느끼는지 함께 이야기하는 것이 중요하다.

폭력 사건을 경험한 생존자가 효과적이었다고 보고한 하나의 기법은 'Hot Fudge Sundae[5] Memory'다. 학생의 정서적·인지적·사회적 상황, 나이, 급선무 사항에 따라 우리는 다음과 같이 말할 수 있다.

상담사: 나는 네가 최고 학년인 고등학교 3학년이자, 강인한 레슬링 챔피언이기에 네 마음에 떠오르는 생각을 멈춰야만 한다고 말했다고 들었어. 맞니?

조: 맞아요. 저는 제가 그럴 능력이 있다고 생각해요.

상담사: 나를 잠깐 도와주지 않으련?

조: 물론이죠. 제가 무엇을 하길 바라는데요?

상담사: 너 hot fudge sundaes 좋아하니?

조: 네. 근데 그게 무슨 상관이죠?

상담사: 나를 잠깐만 도와주렴. 너는 이제부터 그 아이스크림에 대해 생각하지 않겠다고 약속해 줄래?

조: 네. 그건 쉬운 일이에요.

상담사: 좋아. 시작할 준비가 되었니?

조: 넵. 저는 아이스크림에 대해 생각하지 않을 거예요.

상담사: 좋아. 나는 네가 아이스크림에 대해 생각하는 것을 원하지 않아. 나는 네가 아이스크림 통에 있는 바닐라 아이스크림에 대해 생각하는 것을 원치 않아. 나는 네가 바닐라 아이스크림 위에 올려진 따뜻한 퍼지시럽에 대해 생각하는 것을 원치 않아. 나는 네가 아이스크림 위에 있는 휘핑크림이나 땅콩, 체리에 대해 생각하는 것을 원치 않아. 자, 너 무슨 생각을 하고 있니?

조: 딱 걸렸네(you got me). 저 아이스크림에 대해 생각하고 있었어요.

상담사: 그래, 이것 봐 조. 방금의 시각화가 그 사건에 대해 자꾸만 너도 모르게 떠오르는 기억들과 어떻게 비슷하지?

---

5) 초코시럽, 체리, 견과류 등의 다양한 토핑이 올려진 푸짐한 아이스크림

조: 전혀 비슷하지 않은데요.

상담사: 그렇구나. 너 아이스크림에 대해 생각하지 않기로 했던 거 아니었니?

조: 그래요. 저는 아이스크림에 대해 생각하지 않으려고 노력했어요.

상담사: 네가 아이스크림에 대해 생각하지 않으려고 하면 할수록 어떤 일이 일어났
니?

조: 아, 알았어요. 제가 아이스크림에 대해 생각하지 않으려고 노력하면 할수록 마
음 속에 아이스크림이 더 많이 생각나요.

상담사: 맞단다. 그래서 너 무엇을 배운 것 같니?

조: 제가 그 사건에 대해 생각하지 않으려고 애쓰면 애쓸수록 그 사건에 대한 기억
이 더 많이 떠오르게 돼요.

　생존자들이 자신의 의식에 지속적으로 침입하는 기억과 이미지를 없애려고 시도
하는 것과 비슷하게, 어떤 생존자들은 폭력 사건, 폭력과 연관된 사람들, 그리고 그
들에게 폭력 경험에 대해 연상하게 하는 것이라면 무엇이든지 피한다. 다시 말해서,
생존자들은 그 경험에 대해 떠오르게 하는 것은 뭐든지 피함으로써 그 끔찍한 기억
으로부터 자신을 보호하고자 한다. 따라서 생존자들은 그 경험에 대해 같이 이야기
하고자 하는 친구들로부터 철수하며, 심지어 그 경험과 관련된 것이라고 생각되면
예전에 즐겁게 하던 취미나 활동도 하지 않는다. 예를 들면, 폭력 사건이 발생했을
때 학생이 합창대회에 참석 중이었다면, 그는 합창단에 참여하는 것을 그만둔다. 심
지어 노래를 하는 것도 폭력 사건에 대한 기억을 떠올리게 하기 때문에 더 이상 노
래를 하지 않기도 한다.

　심리교육적 과정을 통해, 학생과 그 가족에게 폭력 경험과 관련되어 발생 가능한
신체적 각성 반응에 대해서도 알려야 한다. 예를 들어, 학생들에게 과도한 각성
(hypervigilance)이 발생할 수도 있다고 설명해 준다. 이는 학생이 끊임없이 그들의 실
제 환경에 유심히 주의를 기울이거나 폭력 사건에 대해 상상할 때 일어날 수 있다.
다시 말하면, 몇몇 폭력 사건 후 생존 학생들은 지속적으로 (자기 주변에 있을 수 있
는) 또 다른 폭력 사건을 세심히 살피고 경계하는 것이다. 폭력 사건을 경험한 후 발

생할 수 있는 또 다른 신체적 각성 반응으로는, 점프를 할 때 생기는 소리 같은 것에 (지나칠 정도로) 심하게 놀라는 것이다. 또한 수면 장애도 발생할 수 있는데, 이는 학생이 안정을 취할 수 없는 상태라는 것을 보여 주는 대표적인 현상이다.

추가적으로, 몇몇 학생은 억눌려 있던 분노를 보일 수 있고, 부적절하게 과한 분노의 폭발을 보일 수도 있다. 어쩌면 아동들은 폭력 가해자를 제압하는 '영웅'의 역할을 연기하면서 반복적으로 그 폭력 사건에 대한 역할극을 할지도 모른다. 많은 경우 아동들은 자신이 경험하고 있는 감정에 대해 정확하게 묘사할 능력이 부족하다. 그들이 경험한 감정에 대해 물어보는 것보다는 경험한 신체적 감각에 대해, 그리고 개방형 질문보다는 폐쇄형 질문을 활용하는 것이 치료적으로 훨씬 더 유용하다. 상담사는 "어떤 감정을 경험하고 있니?"라고 묻는 대신에 다음과 같이 말할 수 있다.

> 상담사: 학생들이 총에 맞은 후에 어떤 느낌인지 나에게 말해 줄 때가 있는데, 그 애들의 심장이 정말 정말로 빨리 뛰고 덜덜 떨렸다고 하더구나. 어떤 때에는 머릿속에서 총성이 계속 울리는 것 같다고도 하던데 혹시 너도 심장이 정말 아주 빠르게 뛰거나 덜덜 떨리니?
>
> 조: 아니요. 하지만 저는 제가 악몽을 꾸고 있는 것 같고 숨을 쉴 수 없는, 그런 정말 이상한 느낌을 느끼긴 해요.
>
> 상담사: 그런 상황이 너에게 어떤 영향을 주니?
>
> 조: 이런 상황이 별로 좋지 않아요. 가끔은 너무 안 좋아져서 토할 것 같다는 생각이 들 때도 있어요.
>
> 상담사: 그런 상황이 벌어지면 너는 어떻게 하니?
>
> 조: 저는 일단 겁이 나고 여기저기에 다 토할지도 모르겠다는 생각이 들어요.
>
> 상담사: 만약 네가 토를 하면 무슨 일이 벌어질 것 같니?
>
> 조: 아마 담임선생님이 저를 학교 보건실에 보내겠죠.
>
> 상담사: 그래서 네가 보건실에 가면 무슨 일이 벌어질 것 같니?
>
> 조: 아마 보건선생님이 저를 좀 씻겨 주시고 다시 교실로 돌려보내실 것 같은데요.
>
> 상담사: 보건선생님이 너를 교실로 돌려보내고 나면?

조: 처음 제 자리로 돌아오겠죠. (그러고 나면) 저는 괜찮을 거예요.

상담사: 이해가 되는구나. 내가 아는 학생들 중에서 악몽을 꾸는 것 같고 숨을 쉴 수 없을 것 같아서 겁이 난다고 이야기했던 학생들은 10까지 세기, 노래하기, '나는 안전해.'라고 되뇌기 같은 방법이 도움이 되었다고 하더구나. 혹시 내가 말한 방법 중에 도움이 될 것 같은 것이 있니?

조: 음. 제가 어렸을 때 다치면 할아버지께서 'estoy bien.'이라고 말해 보라고 가르쳐 주셨어요.

상담사: 'estoy bien.'이 무슨 뜻이니?

조: '난 괜찮아. 난 다치지 않았어.'라는 말이에요.

상담사: 그 말이 도움이 되었니?

조: 네.

상담사: 네가 정말 심한 악몽을 꾸는 것 같고 숨을 쉴 수 없을 것 같은 이상한 느낌이 들 때 그 말을 하는 것이 너에게 도움이 될 거라고 생각하니?

조: 할아버지는 제가 'estoy bien.'이라고 말하면 제 모든 두려움이 사라질 거라고 하셨어요. 한번 시도해 볼래요.

방금 일어난 세 가지 일에 대해 다시 한 번 살펴보자.

① 학교 상담사는 조에게 모호하고 묘사하기 어려운 정서나 감정에 대해 말해 줄 것을 요청하는 대신에 경험한 신체적 감각에 대해 묘사해 달라고 하였다. 이것이 중요하다. 어린 학생이라 할지라도 그들이 경험하고 있는 신체적 감각에 대해서는 정확하게 묘사하는 것이 가능하다.

② 학생은 자신의 신체적 감각을 묘사하는 것에 대해 안전하게 느껴야 한다. 아무도 당신의 신체적 감각이 '정확하지 않다'고 이야기할 수는 없다. 학생은 자신의 감각에 대해 알고 있다. 신체적 감각이 실제로 학생의 손에 잡히는 것도 아니고 학교 상담사에게 실제적으로 전달되는 것은 아니지만 그 감각 자체는 분명히 '실재'하는 것이다. 즉, 감각은 가상, 허구가 아닌 실재하는 것이다. 그러

므로 학생이 보고하는 신체적 감각은 정확하지 않을 수 없다. 학생은 자신이 느끼는 것을 말할 수 있고, 그 느낌에 대해 의심받아서는 안 된다.

③ 사용된 말은 심리학적인 용어가 아니었다. 신체적 감각은 학생의 나이에 걸맞은 말로 묘사되었고 이해하기에 쉬웠다.

이 세 가지 사항은 학생에게 안전감을 주었다. 학생이 안전하다고 느끼면 상담과정에 좀 더 깊이 참여할 가능성이 높아진다.

다음으로, 학교 상담사는 같은 종류의 폭력(예: 총에 맞은)을 겪은 또 다른 학생들의 이야기를 통해 신체적 감각에 대해 묘사하였다. 학교 상담사가 차에 치이거나 지붕에서 떨어진 학생들이 겪는 신체적 감각에 대해 묘사하지 않은 것은 무척 중요하다. 달리 표현하면, 상담사는 비슷한 상황을 경험한 학생들의 신체적 감각에 대해 언급한 것이다. 그리고 상담사는 심장 박동 수의 급격한 증가(심계항진), 떨림, 침습적 기억의 세 가지 증상에 질문의 초점을 맞추었다. 이는 폐쇄형 질문에서 자주 사용하는 강제 선택형(forced-choice)의 반응이다. 경험이 적은 상담사는 이러한 강제 선택형이나 폐쇄형의 질문을 활용하는 것이 얼마나 중요한지 모를 수 있다. 하지만 어린 학생들이나 폭력에 노출된 사람들에 대한 치료를 할 때 개방형 질문만 사용하는 것은 오히려 치료적이지 않을 수 있다. 어린 학생들이나 폭력 경험에 압도된 사람들은 폐쇄형 질문에 따르는 구조와 안전감을 필요로 하는 경우가 많다. 반응을 세 가지로 제한하는 것은 학생에게 통제감을 주고, 많은 폭력 생존자에게서 나타날 수 있는 잠재적인 이슈를 더 효과적으로 다룰 수 있게 된다.

축어록에서 학생은 세 가지 선택지를 모두 부인하고 그 대신에 다른 신체적 감각—악몽을 꾸는 것 같은, 숨 쉬기 어려운, 이상한 느낌—에 대해 보고하였다.

상담사는 즉각적으로 학생에게 몰입하여 그러한 신체적 감각에 대해 좀 더 묘사하고 설명할 기회를 주었다. 학생은 그 느낌을 별로 좋아하지 않는다고 말하면서 구토에 대한 불안감을 보고하였다. 그러자 상담사는 불안의 '최종적인' 결과를 깨달을 수 있도록 '연결'이라는 중재를 사용하였다. 이 사례에서 학생은 '최종적인 결과(예: 구토)'가 발생하면 그다음에 어떤 일이 발생할지에 대해 생각해 볼 수 있도록 안내되었다.

　이 사례에서 학생은 그가 실제로 토하게 된다 하더라도 그렇게까지 압도되는 상황이 발생하지는 않을 것 같다고 하였다. 결과적으로 그는 안전하게 자기 교실로 돌아갈 수 있을 것이다. 받아들일 수 있을 만한 결과에 대해 학생 스스로 말하고 나서, 상담사는 이전 폭력 경험으로부터 학생이 느꼈던 유해한 감정과는 다른, 새로운 행동 원리에 대해 알려 주어야 한다. 이 사례에서 상담사는 10까지 세기, 노래하기 등의 방법과 '스스로 만들어 보는(You Create It)' 방법을 제안하였다. 학생은 세 번째 방법을 택하였다.

　학교 상담사는 이러한 학생의 반응을 반겼고, 학생이 존경하는 할아버지가 학생에게 말해 준 스페인어의 한 구절에 대해 알게 되었다. 학생의 이야기에 따르면, 그 구절(긍정적인 자기대화)의 사용은 과거에 무척 도움이 되었던 방법인 듯하였다. 학교 상담사가 학생에게 폭력 후의 증상과 관련하여 그 구절을 사용하는 것이 도움이 될지 물어보았을 때, 조는 그 적응 기술에 대해 수용하게 되었다. 제안될 수 있는 다른 적응 기술 중에는 신뢰할 수 있는 중요한 사람들(예: 부모님, 친구, 교사 등)에게 이야기하기, 일기 쓰기, 상담에 참여하기 등이 있다. 학교 상담사는 다음과 같이 말할 수 있다.

상담사: 네가 시도해 보고 싶은 다른 적응 행동이 있는지 궁금하구나.

조: 그건 무슨 뜻인가요?

상담사: 음, 폭력을 경험한 학생들은 'estoy bien.'이라는 말을 되뇌는 한 가지 적응 행동만을 할 때보다는 일기를 쓴다든지 네가 생각하고 경험하고 있는 것들에 대해 묘사한다든지 하는 두세 가지 적응 행동을 더 할 때 도움이 많이 되었다고 하더구나.

조: 저는 무언가 쓰는 걸 별로 좋아하지 않아요. 일기 쓰기는 저한테 좋은 방법이 아닐 것 같네요.

상담사: 그렇다면 너에게 도움이 될 만한 다른 방법은 무엇이 있는지 궁금하구나.

조: 저는 할아버지랑 캐치볼 하는 걸 좋아해요. 할아버지와 저는 서로 이야기도 많

이 나누고요. 저는 그렇게 하는 게 도움이 될 것 같아요.

상담사: 정말 좋은 생각이구나. 너의 생각에 대해 할아버지와 함께 이야기를 해 보고, 할아버지와 함께하지 못할 때에는 어떻게 할지에 대해서도 생각해 보자.

이 사례에서 볼 수 있듯이, 학교 상담사는 학생이 다양한 적응 행동을 고안할 수 있도록 시도하였다. 일기 쓰기가 가장 첫 번째로 제안되었다. 학생은 자신과 일기 쓰기는 잘 맞지 않는 것 같다고 말하였다. 상담사는 다른 가능한 적응 방안에 대해 계속 나열하지 않고 학생이 보기에 어떤 방법이 도움이 될 것 같은지를 먼저 물었다. 이것은 매우 효과적인 개입이었고, 학생은 자신이 생각한 최고의 적응 행동을 빨리 발견할 수 있었다. 어떤 학생들은 폭력 경험 이후 그것에 적응하는 방법을 발견하지 못할 수도 있다. 이러한 학생들과 그 부모는 가능한 선택지 목록을 원하는 경우가 많다. 또 다른 학생들은 제안되는 모든 아이디어를 거부하고 그들만의 적응 행동을 만들어 내는 것이 중요하다고 보는 입장에 있기도 하다. 누가 그 적응 행동을 제안했고 만들어 냈는지는 그리 중요한 것이 아니다. 여기서 중요한 점은, 학생과 그의 가족이 다양한 적응 행동을 활용할 수 있게 되고, 자기 스스로를 돕는 데에 제일 유용하다고 생각하는 방법을 실행해 보는 것이다.

8) 핵심 행동 8: 협력적 서비스 연계

이 핵심 행동의 가장 기본적인 목표는 학생 생존자와 그들의 부모를 기관, 프로그램, 협회와 연계시키는 것이다. 많은 경우 이러한 연계 서비스는 폭력적인 경험 때문에 생긴 신체적 상해를 치료하기 위한 의료적 서비스와 향정신성 약물 처방 등이다. 또한 폭력 후 증세나 폭력으로 이끄는 폭력 전 약물 복용과 관련된 개인이나 가족 구성원을 위한 상담 서비스, 법이나 청원(petition)과 관련된 법적 서비스가 있다. 그러한 청원은 폭력 사건에서 피해를 입은 사적 재산을 피해자에게 돌려 주는 것과 관련이 있다(예: 자전거, 보석류, 옷 등). 학교 상담사는 학생과 그들의 가족에게 미래에 필요할 만한 서비스(예: 미래에 있을 수 있는 법적 제재에 관한 법무 서비스)뿐만 아니라 즉각적으로 필요한 서비스를 연결해 주기를 원할 것이다(예: 폭력 사건에서 발생한 상해에 대한 의료 서비스).

이러한 핵심 행동 마지막 단계에서, 학교 상담사는 학생 생존자나 부모에게 디브리핑 시간에 참여할 기회에 대해 이야기할 수 있다. 그러나 이들에게 참여해야 한다는 압박을 주어서는 안 된다. 학교 상담사는 디브리핑이 진행되는 시간과 장소를 알리고, 모임의 목표와 관련된 안내를 하면 된다. 디브리핑에 참여하는 것은 디브리핑이 자신에게 어떠한 도움이 될지 인식하고 있는 것과 관련된다. 학교 상담사가 디브리핑에 참여하는 것이 자신을 위한 것이라기보다는, 그들 스스로가 주변 사람들이 폭력 사건을 경험했을 때 잘 이겨 나가도록 하는 데 도움이 될 것이라고 이야기하는 것이 더 효과적이다.

> 상담사: 디브리핑 경험이 여러분에게 도움이 될 수 있지만, 무슨 일이 일어났는지에 관해 처리할 필요가 있는 다른 사람들에게 종종 더 도움이 됩니다. 여러분이 디브리핑 시간에 참여해 주시는 것은 여러분 자신보다 다른 사람들에게 더 도움이 됩니다.

따라서 참석하는 것에 관한 낙인 효과는 가려진다. 생존자와 부모는 자신들이 폭력 사건에 관한 심리적 반응이나 경험에 대해 도움이 필요하다기보다 다른 사람들을 돕기 위해 참석한다고 말할 수 있다. 일반적으로, 학교 상담사는 디브리핑 참석에 관해 20-60-20 규칙을 스스로 상기하고자 한다. 디브리핑에 참석한 약 20%의 사람들이 도움을 거의 못 받는다고 한다. 약 60%의 사람들은 디브리핑에서 자신과 다른 사람들이 얼마나 지지적 상호작용을 했는지에 따라 경험이 도움이 되었는지의 여부를 판단한다. 나머지 20%의 사람들은 무엇을 경험했는지와 상관없이 디브리핑을 과도하게 긍정적으로 평가한다.

3. 요 약

이 장에서는 심리적 응급처치와 8개의 핵심 행동 및 목표 각각에 대해 설명하였다. 심리적 응급처치에서는 관련 학생과 학부모의 구체적인 요구에 따라 유용하게 활용할 수 있는 개입의 실행에 대해 비교적 간단하게 제시하였다. 특히 이 개입은 생존자의 필요를 다루기 위해 학교 상담사가 쉽게 변형할 수 있는 일반적인 틀을 제시한다. 제안된 개입은 다른 긴급 대응 개입 범주 내에 있는 개입과 마찬가지로 효과성에 관한 입증된 증거기반 논증이 부족하다. 국립아동외상스트레스네트워크와 PTSD를 위한 국립센터(2006, p. 1)에서는 이러한 연구기반 효과성에 관한 내용의 부족에 대해 다루는데, 개입은 '증거기반–지식을 제공'해야 한다고 언급하고 있다. 그러나 다른 모든 개입이 있는 사례가 그러하듯, 학교 상담사는 개입을 하는 데에 잠재적인 긍정적이고 부정적인 결과에 관해 숙고해야 하며, 개입이 생존자의 요구와 일치하는지를 확인하고 참여자에게 심각한 위험이나 위협을 주지 않아야 한다.

CHAPTER 09

해결 중심 생존자 – 부모 디브리핑 (수정)모델

폭력 사건을 경험하거나 목격한 직후에, 학생 생존자들과 그들이 속해 있는 체제 (예: 학교, 가족, 친구 등)는 신체적·심리적·인지적·대인관계적 요구가 매우 커진다. 그중 가장 중요한 것은 즉각적인 응급 의료치료를 통해 신체적인 상해를 입은 학생을 안정시키는 것이다. 그러나 의료적 치료가 어느 정도 진행되고 신체적 상태가 안정화되면 학생들과 부모에게 다음과 같은 개입이 있어야 한다. ① 폭력을 목격하였거나 경험한 사람들의 반응을 적절히 다루는 것 촉진하기, ② 폭력 후 증상 수준을 평가하고 심각한 심리적 스트레스를 겪어서 항정신성 약물이나 정신과 입원이 도움이 되는 사람에게는 즉각적인 의뢰 제공하기, ③ 이전의 기능적인 수준으로 회복시키기다.

내(Juhnke 박사)가 1980년대 후반에 폭력 생존자와 외상 생존자를 대상으로 상담을 시작했을 때, 외상 후 개입의 '특효약'을 찾고자 하였다. 처음에 나는 개인치료와 가족치료를 사용하였다. 이러한 상담치료는 대부분의 생존자가 경험하는 감정의 혼란 수준을 낮추어 주는 것처럼 보이지만, 실제로 다수의 생존자와 가족을 대할 때 효과가 없었다.

　나는 또한 많은 생존자가 같은 폭력 경험에서 살아남은 사람들과의 연결감과 상호작용을 원한다는 것을 알게 되었다. 생존자들은 자주 다른 생존자의 '요구'를 논하고, 같은 외상을 경험한 사람들이 '어떻게 지내는지'를 보기 위해 그들과의 상호작용을 원하였다. 시간이 지나면서, 나는 다른 외상 생존자들과의 만남이 외상치료의 중요한 회기로 포함되어야 함을 깨달았다. 나는 7장에 제시된 순환적 질문을 자주 사용하였다. 이것은 생존자가 그들 자신의 회복과정과 다른 사람들의 회복과정을 비교할 수 있게 하고, 생존자와 부모가 안전한 투사를 통해 걱정을 언어화하도록 해 준다. 다시 말해, 생존자들이 "이것 때문에 제가 힘들어요."나 "이것이 우리 가족에게 필요한 거예요."라고 말하는 대신, 다른 사람들이 필요로 한다고 믿는 것에 대해 이야기하며 간접적으로 자신의 걱정을 말하도록 한다. 이것은 "저는 우울증으로 고생하는 가까운 친구가 있어요. 그녀는 저와 동갑인데, 그녀의 남편도 제 남편과 동갑이에요. 우리 둘은 모두 교사예요. 사실 그녀는 저와 매우 비슷해요. 그렇지만 여러분이 그녀는 제가 아니라는 것을 알기 바라요."라고 말하는 내담자와 비슷하다.

　이에 더해, 어린 학생들은 개인 상담이나 가족 상담에서 치료 경과가 더 좋지만, 좀 더 나이가 있는 청소년은 또래 생존자와의 만남을 원하였다. 또래 생존자와 만남을 바란다는 사실에 가족들이 많이 놀라기는 하지만, 이들은 부모와의 상호작용보다 친구와의 상호작용을 훨씬 더 강하게 원한다. 물론, 이것이 발달적으로는 적절하지만 개인 상담이나 가족 상담에서는 효과적으로 다루기 어려운 것이기도 하다. 그러므로 시간이 지남에 따라, 나는 개인 상담과 가족 상담 생존자 회기를 다른 생존자나 가족들과 분리해 진행하는 것이 치료적 효과를 제한하고, 많은 도움이 필요한 동료와 가족 내의 도움을 제한하는 것이라고 본다.

　1990년대 초기에, 위기 사건 스트레스 디브리핑 (해소)모델(Critical Incidence Stress Debriefing, CISD)과 자연재해 생존자들을 위한 글을 읽었다. 그 후 선배 임상가에게 CISD 훈련을 받았고, CISD 개입에 참여하기 시작하였다. 내가 처음 CISD에 참여했을 때 그 팀은 약 50명의 폭력 생존자에게 디브리핑을 제공하였다. 많은 사람들이 슬픔, 공포, 분노에 휩싸여 있었다. 여기에서 나는 과거에 내가 생존자 치료와 가족 생존자 치료에서는 얻지 못했던 생존자들 간의 치료적 시너지를 관찰할 수 있었다.

나는 디브리핑에 지속적으로 참여했고, CISD 창립자와 전문가인 Jeffrey Mitchell (1994) 박사가 주관하는 CISD 훈련 세미나에 등록하였다. 시간이 지나면서 내가 내담자와 가족이 바랐다고 생각한 것과 도움이 되었다고 생각한 것의 많은 부분이 Mitchell이 설명한 CISD의 기본 핵심이었다는 것을 깨닫기 시작하였다.

이 장의 목적은 독자들이 폭력 후 개입으로서 해결 중심 생존자-부모 디브리핑 (수정)모델(Juhnke & Shoffner, 1999)을 이해하는 것이다. 독자들은 CISD에 관한 개괄적인 내용과 함께, 기본 CISD와 해결 중심 생존자-부모 디브리핑 (수정)모델의 명백한 차이를 알 수 있을 것이다. 어떻게 학생과 학부모를 대상으로 해결 중심 생존자-부모 디브리핑 (수정)모델을 사용하는지에 대해서도 알게 될 것이다. 세부적인 축어록을 포함하여 구체적인 모델의 단계가 어떻게 진행되는지 보여 주므로 이 모델의 사용에 관한 구체적인 지식을 얻을 수 있다.

1. 역사적 배경과 개관

해결 중심 생존자-부모 디브리핑 (수정)모델은 상담사가 학생 폭력 생존자를 상세하게 평가하고 개입하는 방법이 된다. 디브리핑 경험은 생존자와 부모에게 좀 더 협력할 기회를 준다. 또한 디브리핑은 상담사가 생존자의 즉각적인 심리적 필요와 가족 체제 속에서의 요구를 적극적으로 모니터링하게 해 준다. 그러므로 학생이나 가족 체제가 폭력 경험 직후 서로 보완해 주지 못한다면 상담사는 즉시 개입할 수 있다.

CISD의 소규모 집단과정은 1990년대 초기에 소름 끼치고 괴로운 위기 상황을 접하게 되는 위기 상황 서비스 종사자(예: 소방관, 응급실 의료사, 경찰관 등)를 위해 개발되었다(Mitchell & Everly, 1993). 소름 끼치는 위기 상황에서 오는 심리적 고통을 경감하고 그들이 심각한 외상 후 증상에서 벗어날 수 있도록 디브리핑 개입을 제공하려는 목적이었다. 그 후 CISD가 논쟁의 중심이 되었고, 전문가들은 CISD의 임상적인 효과에 관해 논의를 벌였다(Everly, Flannery, & Mitchell, 2000; Leis, 2003; Lewis, 2003; Robinson, 2004; Rose, Bisson, & Wessely, 2003; Tuckey, 2007; van Emmerik, Kamphuis,

Hulsbosch, & Emmelkamp, 2002). 지난 15년 동안, CISD는 CISM(위기 사건 스트레스 관리)으로 진화하였다. CISD와 비교했을 때 CISM은 훨씬 더 정교하고 철저한 개입인데, "이전의 한 가지 요소를 가진 위기 개입 모델에서 출발하여 새로운 세대… 통합된, 종합적인 다요소 위기 개입 프로그램으로, 위기 전과 응급 위기 단계에서부터 위기 후 단계까지 전체 위기 단계의 연속체를 다루고 있다(Everly et al., 2000, p. 23)."

처음으로 내가 외상 사건 생존자 아동과 청소년을 대상으로 CISD를 적용하였을 때, 이는 폭력이나 자살을 경험한 학령기 학생들에게 실행 가능한 중재로 보였다(O'Hara, Taylor, & Simpson, 1994; Thompson, 1990). 나는 CISD가 개인 심리치료와 가족치료로는 부족했던 외상 생존자들에게 치료적 시너지 효과를 줄 수 있다는 사실을 발견하였다. 하지만 동시에 CISD와 관련하여 많은 우려를 하게 되었다. 그중 특정한 다섯 가지 사항은 내가 아동과 청소년 상담에 적합한 수정된 디브리핑 모델을 고안하는 단서가 되었다(Juhnke, 1997).

① CISD는 위기 상황 서비스가 필요한 성인의 요구에 근거하여 고안되었다.
② CISD는 단일 상담으로 설계되었다.
③ 수정된 디브리핑 과정에서는 상담 전문가를 위기 상황 서비스 인원에 참여시켰다.
④ CISD는 기본적으로 정신병리학에 초점을 두고 있다.
⑤ CISD의 대상이 되는 사람들은 (남들은 잘 하지 않는) 모험 추구 행동을 하는 편이다.

첫째, CISD는 원래 위기 상황 서비스가 필요한 성인의 요구에 근거하여 고안되었다. 발달단계상 성인은 초등학교나 중학교 학생들과 크게 다르다. 그러므로 CISD는 아동의 인지적·신체적·사회적·심리적 기능을 적절히 다루는 데에 실패하였다. 솔직히 말하면, 초등학교나 중학교 1학년 학생들이 동그랗게 둘러앉아 자신이 위험에 빠졌다는 것을 깨달았을 때 처음으로 경험했던 것들에 대해 솔직히 이야기하는 디브리핑 활동에 참여하는 것을 상상하기란 어려운 일이다. 부모님 없이 그런 활동에 참여하는 학생을 마음속으로 그려보는 것 역시 어렵다. 그래서 수정된 디브리핑 과정은 부모 디브리핑과 부모-자녀 디브리핑 시간을 통해 부모를 과정 안에 포함시 키고 있다. 이와 더불어, 부모-자녀 디브리핑 과정은 그림 그리기, 스토리텔링, 재 연 등 나이에 적합한 중재 기술을 활용하고 있다.

둘째, CISD는 단일 상담으로 설계되었다. 솔직히 말하면, 트라우마에 노출된 어 린 학생들이 경험하는 심리적 고통과 그들의 걱정에 대해 언어적으로 명확히 표현 하지 못하는 점을 고려했을 때, 단일 상담은 초등학교 및 중학교 학생들에게 필요한 임상적인 효과를 얻지 못하는 경우가 많다. 그러한 점을 고려해서 수정된 디브리핑 에서는 지속적인 상담 진행을 제안하고 있다. 지속적인 상담은 단일 상담에 비해 한 회기의 시간은 더 짧을 수 있으나 어린 아동들에게 지속적인 주의를 기울여 줌으로 써 요구를 충족시킬 수 있다는 점에서는 더 낫다. 이렇게 지속적으로 진행되는 상담 은 아동이 표현하고 있는 것을 관찰하고 평가할 수 있는 훨씬 많은 기회를 제공한 다. 또한 추가 상담에서는 부모-자녀 상호작용을 관찰하고 평가할 수 있는 더 많은 시간이 있고, 그들에게 추가적인 심리교육적 기회를 줄 수 있다. 궁극적으로 수정 된 디브리핑 과정은 외상으로부터 생존한 아동의 부모들이 상호작용하고, 외상 후 악몽부터 '특별한 요리 비법(secret cooking recipes)'에 이르기까지 모든 것을 다루는 방법에 대해 서로서로 배울 수 있도록 집단 가족 경험(group family experience)을 제 공한다(Juhnke & Shoffner, 1999).

셋째, CISD는 상담 전문가를 위기 상황 서비스 인원으로 참여시킨다. 나는 아동 이 그들의 특정한 요구에 걸맞은 정식 교육과 임상적 경험을 가진 뛰어난 상담 전문 가로부터 디브리핑을 받아야 한다고 생각한다. 이와 더불어 학교 상담사가 디브리 핑 팀의 주요한 역할을 담당해야 한다고 생각한다. 학교 상담사는 폭력에 영향을 받 은 학생들에 대해 알고 있다. 더 중요한 것은, 그 학생들 또한 학교 상담사를 알고 있 고 그들과 이미 최소한의 라포가 형성되어 있다는 점이다. 학교 상담사는 또한 그들 학교 내에서, 그리고 학생들 사이에 존재하는 그들 특유의 문화적·환경적·언어적 분위기를 이해하고 있다. 그렇기 때문에 그들은 '학교 외부인'은 결코 할 수 없는 방 식으로 개입을 할 수 있는 것이다.

넷째, CISD는 기본적으로 정신병리학에 초점을 맞추었다. 생존자와 그들의 부모가 시간이 흐름에 따라 경험할 수 있는 치료적이고 건강한 변화에 대해서는 상대적으로 적게 강조되고 있다. 임상 슈퍼바이저이자 상담 교수로서 나는 그간 미숙한 상담사가 내담자에게 자신의 증상에만 관심을 두게 하는 방식으로 상담을 진행하는 것을 봐왔다. 다음과 같이 진행됐던 비효과적인 상담사−내담자 상호작용이 아직도 선명하게 기억이 난다.

상담사: 오늘 기분이 어때요?

내담자: 무척 우울했어요.

상담사: 우울한 것에 대해서는 어떻게 느껴요?

내담자: 제가 우울한 것에 대해 무척 우울해요.

상담사: 그러면 당신의 우울함에 대한 우울감이 어떻게 느껴져요?

내담자: 이봐요, 나 정말 기분이 개 같다고요. 그리고 내 기분이 얼마나 개 같은지 이야기한다고 해서 기분이 더 나아지는 것 같지도 않다고요. 그러니까 내가 어떤 느낌인지 그만 물어봐요!

일부 미숙한 상담사는 내담자로 하여금 현재 증상에만 과도하게 집중하게 하여 그들이 나아지고 있는 점을 인식하지 못하게 하고, 더 나아가서는 그들의 증상에만 초점을 둠으로써 절망에서 헤어 나오지 못하게 하는 경우가 있다. 그래서 나는 학생 생존자와 그들의 가족이 자신의 긍정적인 변화에 초점을 돌리고 집중할 수 있도록 하는 해결 중심적 개입을 시행하였다.

마지막으로, CISD의 대상이 되는 성인 위기 상황 서비스 종사자는 남들은 잘 하지 않는 모험 추구적 행동을 하는 편이다. 시간이 흐르면서, 그들은 생명을 위협하는 부상이나 죽음에 대해 세뇌당하는 것 같은 경험을 하기도 한다. 내가 아는 어떤 위기 상황 서비스 종사자는 비상 작업반이 되는 것을 선택하였다. 그들은 비상연락이 오는 것을 즐긴다. 끔찍한 부상으로 인한 혈흔에도 불구하고, 그들은 연쇄 차량 사고나 총기 사고와 같은 사건에 빠르게 반응하여 아드레날린이 분비되는 것을 즐긴다. 좀 더 구체적으로 말하면, 그들은 자신이 처음으로 대응(반응)하는 사람이 되길 원한다. 또한 자신이 살리고자 했던 사람들이 죽는 것도 직면한다.

내가 만나왔던 학생들과 그 가족은 모험 추구 성향을 가지고 있지 않았다. 그들은 또한 자신들이 경험한 트라우마 사건에 연루되기를 선택한 것도 아니었다. 게다가 텔레비전에서 그려지는 거의 정돈된 부상이나 죽음과는 달리, 내가 상담했던 아동과 그 가족은 그러한 부상과 죽음에 단련되어 있지 않았다. 이들은 CISD가 처음 개발될 때의 대상 집단이었던 위기 상황 서비스 종사자와는 다른 것이다.

1) 역할

디브리핑 모델에서 팀 구성원의 기본적인 역할은 리더, 코리더 그리고 문지기 (doorkeeper)가 있다. 이러한 역할은 CISD에서의 원래 역할과도 일치한다(Mitchell & Everly, 1993). 리더는 간단하게 디브리핑 절차에 대해 설명하고, 지지적인 환경을 제공하며, 구성원들이 경험하는 정서적 불편감의 정도를 확인하고, 심하게 흥분해서 제정신이 아닌 학생이나 부모에게 개입하기 위해 비언어적인 의사소통(예: 손짓, 고갯짓 등)을 통해 팀 구성원을 이끌어 나간다. 부가적으로, 리더는 학령기의 폭력 생존자가 경험하는 흔한 증상 군집(예: 외상 후 스트레스 증후군, 불안 정서로 인한 적응 장애 등)에 대해 이야기를 나눈다. 리더는 이러한 증상에 대해 괜찮다고 말해 주고, 부모에게 부가적인 상담이 필요할 수 있는 더 심각한 증상(예: 반복적으로 대변을 잘 가리지 못함, 지속적인 분노의 분출, 만성적인 과각성 상태 등)에 대해 인식시킨다.

코리더는 회기가 진행되는 동안 코멘트를 하거나 리더를 돕는다. 가장 중요한 점은 코리더는 정서적으로 심란한 학생들과 그 부모에게 즉각적인 도움과 지지를 제공한다는 점이다. 그들은 또한 집단 역동 속에 잠재하고 있을지도 모르는 분열을 방지하는 데 도움을 준다. 코리더는 학생의 주의를 다시 환기시키고, 학생이 집중력을 잃어갈 때 이를 리더가 인식할 수 있도록 도와준다. 이와 동시에, 코리더는 2명 이상의 부모나 학생들이 디브리핑과는 관계없는 논의를 시작하는 경우 그러한 행동을 줄이고 모든 참여자가 생존자의 필요와 디브리핑 과정에 초점을 맞출 수 있도록 한다.

세 번째 역할의 이름은 문지기다. 이 중요한 역할을 하는 사람은 비참여자(예: 기자, 다른 학생들 등)가 회기에 참석하지 못하도록 하는 것이다. 문지기들은 또한 심하게 흥분하여 혼란스러워하는 학생들과 그 부모가 회기에서 갑자기 뛰쳐나가는 것을 막고, 중간 휴식을 취한 학생과 부모가 다시 회기에 돌아올 수 있도록 안내하는 역할을 한다.

2) 디브리핑 전

디브리핑 전에 팀 구성원들은 해당 폭력 사건에 대해 자세하게 알려야 한다. 많은 질문에 대답하는 과정은 폭력 사건과 관련하여 보다 자세히 탐색할 수 있도록 한다. 예를 들어, 팀에서는 그 폭력이 무차별적(불특정적)인 것이었는지 혹은 특정 피해자를 겨냥한 것이었는지에 대해 알 필요가 있다. 이와 더불어 팀에서는 가해자가 체포되었는지 여부도 알아야 한다. 이러한 요소는 폭력 사건에 대한 참여자들의 인식과 감정에 영향을 줄 가능성이 크다. 만약 그 폭력 행동이 갱과 관련되어 있거나 회기 참석자들에게 보복을 할 것 같다는 의심이 든다면, 팀에서는 회기 중 디브리핑실 밖에 경찰이나 학교 보안관이 배치되어 있고 참여자들이 건물을 오갈 때 항상 보호되고 있다는 점을 명확히 안내해야 한다.

3) 개별 디브리핑

성인과 학생의 발달단계와 역할 차이 등을 고려해 보았을 때, 디브리핑에서 참여자들의 요구는 다양할 수밖에 없다. 각각의 디브리핑은 해당 구성원의 특정한 요구와 걱정에 대해 다루어야 한다. 또한 이러한 디브리핑 경험은 '생존자가 지니는 잠재적인 고통을 개선하는 것을 돕는다.'라는 하나의 목표를 최우선으로 해야 한다.

(1) 부모 디브리핑

부모와 학생들의 요구는 다를 수 있고, 그러다 보니 하나의 회기에서 적절히 다루어지는 것이 어려울 수 있다. 그렇기 때문에 첫 번째 회기는 폭력 사건을 직접 경험한 학생의 부모를 대상으로 진행된다. 아마도 다음 회기는 그 폭력 사건에 직접 포함되어 있지는 않았지만 그것을 목격한 학생의 부모를 대상으로 진행될 것이다. 이러한 회기에 참여하는 부모의 수를 적게(예: 8명 미만) 유지하는 것이 중요하다. 팀(team)은 학부모가 미래의 안전과 관련된 것이 아니라 '자녀가 당장 필요로 하는 것'에 초점을 맞추도록 해야 한다. 미래의 안전과 관련한 약속은 보장될 수 없는 것들이며 학생의 시급한 필요를 채우는 일을 방해한다. (우리는) 첫 부모 회기의 세 가지 주요 목적을 해당 부모에게 지속적으로 상기시켜야 한다.

① 자녀가 보일 수 있는 증상에 대해 교육한다.
② 다양한 서비스와 자원을 소개한다.
③ 부모가 자녀의 반응에 대하여 타당화해 주고 자녀가 걱정을 하는 것이 정상적인 반응이라는 것을 알려 주는 역할을 해야 함을 상기시킨다(이것은 아이의 근거 없는 염려를 타당화하는 것과는 다르다.).

(2) 부모-학생 디브리핑

폭력을 자주 목격하거나 경험한 학생은 그런 경험 후에 자신이 필요하다고 생각되는 것을 스스로 찾는 경향이 있다. 어린 학생들은 특히 정서적으로 취약하며 부모와 교사로부터 보호받기를 원한다. 이들은 위기 상황이 종료되었고 이제는 안전하다는 말로 안심을 시켜 주어야 한다. 그렇기 때문에 팀은 학생과 부모가 모두 모이는 자리에서 안전하고 침착한 분위기를 형성해 주는 것이 필요하다. 이를 위해 팀원들은 말하는 속도를 천천히 하거나 목소리 톤을 낮추는 방법을 활용할 수 있다. 가능하다면 시끄러울 수 있는 복도나 놀이터에서 떨어져 있는 조용한 장소에서 디브리핑을 진행하는 것이 좋다. 부모와 학생들에게 편안한 이동식 가구(movable furniture)를 활용하는 것도 도움이 된다.

부모와 학생이 함께하는 디브리핑에서는 2개의 원으로 자리 배치를 한다. 안쪽 원에는 폭력을 목격하거나 경험한 비슷한 연령대의 학생들을 앉히고, 이 학생들은

5~6명 이상이 되지 않도록 한다. 부모들은 자녀의 뒤에 앉는다. 이런 자리 배치는 부모가 뒤에 있다는 사실로 인해 학생들이 안정감, 통일감, 지지감을 느끼고 힘을 얻을 수 있도록 한다. 부모가 학생의 어깨에 손을 얹는 것 또한 지지와 격려를 표현하는 방법이 될 수 있다. 하지만 신체적 접촉은 학생이 불편해하지 않고 잘 받아들이는지 판단한 후에 진행해야 한다.

4) 추후 활동

사전 디브리핑 시간 후, 팀원들은 간단한 간식을 먹으며 부모와 학생들과 어울리는 시간을 가지는 것이 좋다. 이때 팀원들은 혹시 충격을 받은 듯 보이거나 괴로워 보이는 사람이 있는지 살펴보아야 한다. 그런 이들이 있다면 즉시 그 자리에 있는 상담사와 만나도록 하거나 다른 방법으로 상담을 받을 수 있도록 조치를 취해야 한다. 서로(학생과 부모 모두) 힘이 되어 주고 지원해 주는 것을 격려하는 것도 중요하다. 가까운 시일에 서로에게 연락하여 회복과정을 도와줄 수 있도록 한다.

5) 추가 디브리핑 회기

부모와 학생 참가자의 상호작용 수준을 토대로 임상적 판단을 하여 추가적인 디브리핑 회기를 마련할 수도 있다. 일반적으로 이런 회기는 이전에 참가했던 사람들로 제한하고 만나는 횟수 또한 미리 정해져 있다. 치료적으로 가장 적합한 방법은 2회기 정도의 추가 디브리핑을 진행하는 것이다. 즉, 사전 디브리핑을 마치면서 다시 12회기 디브리핑을 하겠다는 것은 치료적으로 부적절하다.

학교 폭력 사건 경험과 사전 디브리핑 후, 많은 부모가 좀 더 장기적인 디브리핑 과정에 참여하기를 원한다. 하지만 폭력 증상은 주로 첫 디브리핑 이후 사라지며, 많은 가정은 바쁜 일상으로 인해 요청된 추가 디브리핑에 불참하는 경우가 많다.

이러한 과정은 참가자의 수를 제한한다. 참여하려고 노력하는 사람들은 때때로 합의된 회기에 참여하지 않는 다른 사람들 때문에 '배신당한' 느낌을 받는다. 따라서 우리는 참가자의 수가 제한되는 경우에 오랜 기간 지속되는 디브리핑은 회피하고 싶을 수 있다는 것과 더불어 좋은 면보다 좋지 않은 영향을 줄 수 있다는 것을 믿어야 한다.

대신에, 추가적인 디브리핑 회기를 참가자 대다수가 원하고 디브리핑 팀이 임상적으로 적절하고 또한 사용되는 것이 금지되지 않는다면(예를 들어, 단지 한 부모만 참여 의사를 밝히고, 학생들은 디브리핑 과정에서 배제되는 등) 추가적으로 회기를 좀 더 진행한다. 만약 참가자의 대다수가 참여하고 그러한 두 회기에 참여하여 앞으로 회기가 더 진행되기를 원한다면 디브리핑 팀은 또다시 잠재적인 임상적 효과에 대해 고려할 필요가 있다. 앞으로 구성된 회기가 치료적으로 적절하다고 인식되면 추가적인 두 회기가 제공될 것이다. 이러한 과정은 디브리핑 팀이 임상적인 치료점이 적어졌다고 인식하는 시간까지 지속된다. 이번 사례에서는 한 명 또는 두 명의 구성원 또는 가족이 계속하기를 원했고, 디브리핑 팀은 그들을 개인 또는 가족 상담의 과정으로 의뢰하고자 했을 것이다.

한 명 또는 두 명의 학교 상담사들은 전형적으로 추가적인 디브리핑을 제공할 수 있다. 이러한 회기의 의도는 다음과 같다.

- 학생의 회복과 부모 자녀의 관계 개선에 접근하기 위한 추가적인 관찰 정보를 제공한다.
- 부모와 학생이 트라우마를 극복하는 데 관련한 추가적인 심리교육을 제공한다.
- 부모와 학생이 만들어 낸 향상과 건강한 트라우마 회복에 초점을 맞춘다.
- 어려움을 겪고 있는 학생과 부모 또는 가족에게 의뢰 정보를 제공한다.

따라서 이러한 회기는 참가자들의 참여에 감사를 표하고 "지난 마지막 회기 이후로 좋아진 부분에 대해 이야기해 주세요."와 같은 질문으로 시작된다. 특별히 학교 상담사들은 상호작용을 관찰하고 개인과 가족 구성원이 향상되었다는 이야기를 어떻게 하는지 알아보고자 할 것이다. 학교 폭력 사건의 심각성에 기초한다면 이러한 초기의 향상은 매우 작은 것일 수 있다. 다음 축어록을 살펴보자.

상담사: 오늘 다시 이 자리에 참석해 주신 모든 분들에게 감사드립니다. 여러분이 이 자리에 있다는 것은 여러분이 스스로에게, 여러분의 가족과 친구들에게 지난주의 사건을 잘 헤쳐 나갈 수 있는 데 도움을 주기 위해 투자했다는 것을 의미합니다. 추가적으로 질문을 한 가지 하고 싶습니다. 여러분은 지난주 이후로 당신과 당신의 가족 또는 친구들이 어떠한 방식을 통해 향상 또는 더 나아지는 경험을 했다는 것을 볼 수 있었나요?

카트리나: 저는 나아진 것 같지는 않아요…. 저는 엔젤이 지난주 칼에 찔린 것 때문에 여전히 매우 슬퍼요….

상담사: 어려운 시간을 보냈다는 이야기로 들리네요.

카트리나: 예, 맞아요. 저는 여전히 악몽을 꾸고 그 여자아이들이 저를 죽이려는 것 같아요.

상담사: 악몽은 매일 밤마다 꾸는 건가요?

카트리나: 아니요, 처음 며칠 밤에 그랬지만 최근 3일 동안은 악몽을 꾸지 않았어요.

상담사: 그렇군요. 그래도 악몽이 예전처럼 자주 나타나지는 않는군요. 이것이 의미하는 바가 무엇이라고 생각해요?

카트리나: 제가 좀 나아진다는 것을 의미한다고 생각해요. 하지만 아직 100%는 아니에요.

상담사: 더 잘 이해가 되네요, 카트리나. 다른 분들은 어떠세요? 악몽을 꾸는 것이나 다른 증상들이 감소된 것을 알게 되셨나요?

엔젤: 글쎄요. 저도 역시 악몽을 극복하지는 못했어요. 그러나 그 사건 직후 며칠간 겪었던 것만큼 힘들지는 않아요.

상담사: 그 부분에 대해서 이야기해 주세요.

엔젤: 처음 며칠 동안은 제 손이 너무 심하게 떨려서 코카콜라 한 잔조차 마실 수가 없었고, 펜으로 글씨를 쓰는 것도 힘들었어요. 이제는 전혀 손이 떨리지 않고 악몽도 그렇게 나쁘지 않아요.

상담사: 어머니, 저는 카트리나의 악몽이 줄었고, 엔젤의 악몽도 줄었으며, 더 이상 손이 떨리지 않는다는 것을 들었습니다. 당신이 부모로서 했던 어떤 일이

자녀를 더 잘 지내게 했는지, 그리고 이번 일을 경험하면서 당신의 가족들
이 사랑하게 된 것이 무엇인지에 대해 이해할 수 있도록 도와주세요.

이러한 짧은 임상 축어록에서 어떤 상황이 벌어졌는지 살펴보자. 첫째, 상담사는
모든 사람에게 디브리핑에 참여한 것에 감사를 표하고 참여하는 것이 그들 스스로
와 다른 사람들을 돕는 방법이라고 설명하였다. 회기의 시작 부분에 칭찬을 함으로
써 참여자들의 방어를 줄였다. 더하여 이것은 참석자들이 적극적으로 참여하는 것
을 격려한다.

다음으로 상담사는 질문을 한다. "여러분은 지난주 이후로 당신과 당신의 가족 또
는 친구들이 어떠한 방식을 통해 향상 또는 더 나아지는 경험을 했다는 것을 볼 수
있었나요?" 이 질문의 진술 방식은 중요한 추론을 만들어 낸다. 그것은 참가자들이
향상을 해 왔다는 것을 함축한다. 부수적으로 이러한 향상은 자기 자신과 개개인의
가족 구성원 그리고 친구들과 연관된 것이다. 바보같다고 생각하지 말아라. 이것은
말장난이 아니다. 이것은 향상이 일어나고 참가자들이 그들이 경험하거나 목격한
긍정적인 변화에 대해서 생각하도록 격려하는 제안이다.

카트리나는 좋아지는 것을 보지 못했다고 반응하였다. 상담사는 카트리나와 논쟁
하는 대신에 그녀에게 공감을 표현하고, 그녀의 증상을 귀 기울여 들은 후 그녀가
이야기한 악몽이 매일 밤 일어나는지 물었다. 이것은 매우 중요한 치료적 상호작용
이다. 이 과정은 카트리나와 관찰자들이 상담사가 그녀에게 귀 기울이고 있다는 것
을 증명하는 것이다. 카트리나가 악몽이 줄어들고 있다고 이야기했을 때, 학교 상담
사는 악몽의 횟수가 감소한 부분에 대해 화제를 유지하면서 투사적인 질문을 하였
다. 이러한 투사적인 질문은 카트리나에게 자신이 바라는 대로 악몽의 빈도가 줄었
다는 것에 대해 해석할 수 있는 자유를 주었다. 카트리나는 "아직 100% 좋아지지는
않았다."라고 반응하였다. 상담사는 악몽의 빈도가 줄어든 것이 향상을 의미한다는
것에 대해 논쟁하지 않았다. 대신에 그녀는 다른 사람들에게 악몽이 줄어드는 경험
을 했는지 물었다.

상담사가 '악몽 또는 다른 증상'이라고 이야기함으로써 어떻게 질문을 개방해 나

가는지에 주목하라. 달리 말하면, 학교 상담사는 악몽이 줄어드는 것에만 문을 열어 두지 않고 폭력 경험 이후 증상의 개선에 대해서도 관심을 기울였다. 엔젤은 더 이상 손을 떨지 않는다고 이야기하였다. 상담사는 엔젤에게 손이 떨린 것에 대해 더 자세하게 설명하도록 요청하고 엔젤이 이야기한 향상에 대해 정리해 주었다. 마지막으로, 상담사는 카트리나와 엔젤에게서 확인된 향상에 대해 확장하고 증상의 감소 또는 그들이 이야기한 향상을 기술하는 과정에서 함께한 어머니에게 질문을 하였다.

추가적인 디브리핑 회기는 관찰하고 트라우마 이후의 증상과 의뢰의 선택에 관련된 심리교육을 제공하기 위한 기회를 증가시킨다. 다음의 짧은 축어록에서는 어머니가 폭력 사건 이후 발생한 엔젤의 시비를 거는 행동과 가족에게 지장을 주는 행동에 대해 이야기하였다. 학교 상담사는 학교 폭력 이후의 증상과 관련하여 심리교육을 제공하고 의뢰의 가능성에 대해서 설명하였다.

어머니: 저는 엔젤에 대해 화가 났어요. (아이는, 엔젤은) 칼에 찔린 이후로 맥이 빠져 있고 아무것도 하지 않으려고 하면서 시비를 거는 것 같아요. 그래서 오랫동안 외출금지를 시켰어요.

상담사: 화가 많이 나신 것 같아요.

어머니: 그래요. 그 아이는 이번 사건의 책임을 모두 나와 형제들에게 돌리고 있는 것 같아요.

상담사: 우선, 저는 어머니에게 매우 인상적이었다고 말하고 싶어요. 제가 만약 당신이었다면 엔젤의 행동에 대해 무시하고 "알게 뭐야?"라고 말했을 거예요. 당신은 그녀에게 가장 좋은 것을 주기 원하고 집에서 부모로서의 권위를 인식하고 엔젤에게 당신이 자녀들을 위해 세워 둔 규율과 규칙을 지키는 방식으로 행동하라고 요구하고 있잖아요.

어머니: 감사합니다. 3명의 10대 아이들을 데리고 부모로 지내는 것만도 너무 어렵네요.

상담사: 네, 그래요. 그렇지만 당신은 포기하지 않았어요. 당신은 그 아이들이 선을

지키도록 했어요. 아이들에게 규칙을 지켜야 한다고 이야기했고요. 당신이 어머니로서 잘하고 계시는 것 같아요. 포기하지 마세요. 엄마가 되는 것은 어려운 일입니다. 엄마 혼자서 아이를 키운다는 것은 특히 더 어렵지요. 그 자리에 있어 주세요.

어머니: 네, 그럴게요.

상담사: 제가 첫 번째 디브리핑 회기에서 이야기했던 내용을 다시 이야기하고 싶어요. 청소년과 10대가 트라우마 이후에 보이는 증상들은 우울과 관련되어 있어요. 10대의 우울은 여러 가지 다른 방식으로 나타날 수 있어요…. 단지 슬픔으로만 나타나는 것이 아니라. 종종 10대는 해도 해도 너무할 정도로 아무것도 하지 않거나 시비를 걸기도 합니다. 그러나 우울하지 않거나 아무것도 하지 않는 상태를 경험하지 않고 시비를 걸지 않는 아이들도 역시 있어요. 어머니, 어머니가 시도해 볼 수 있는 변화가 있을까요?

어머니: 경우에 따라 다르죠.

상담사: 제가 우울한 청소년을 전문적으로 치료하는 정신과 의사를 알고 있어요. 이름과 전화번호를 드리면 연락해 보시겠어요? 구체적으로는 엔젤이 우울한 것인지 단지 침울한 것인지 아니면 청소년기의 발달적 특징으로 따지기를 좋아하는 것인지 먼저 이야기를 해 보시겠어요?

이 짧은 축어록에서 많은 것을 주목할 수 있다. 우선, 어머니는 청소년과 10대에게서 폭력 행동 이후에 지속적으로 나타나는 엔젤의 행동을 보고하고 있다. 폭력 경험 이후의 증상으로 엔젤의 이러한 행동을 인식해 주지 않고 어머니는 엔젤을 꾸짖었다고 말한다. 상담사는 어머니를 나무라지 않았다. 대신 "당신이 매우 화난 것처럼 들려요."라고 말함으로써 어머니를 타당화하였다. 어머니는 자신의 감정을 확인하고 엔젤의 행동을 자신이 원하는 것을 하기 위한 변명으로 보고 있다고 말한다.

더불어 즉시, 상담사는 어머니를 칭찬한다. 어머니의 행동을 딸의 상황에 개입하고자 하는 지표로서 행동을 새롭게 프레임한다. 그리고 나서 다시 어머니를 칭찬한다. 상담사로부터 행동이 지지받고 칭찬받는 것은 매우 중요하다. 만일 상담사가 어머니가 잘못된 것이라 보고 엔젤의 행동은 폭력 증상에 의해 나타나는 행동일 뿐이라고 언급한다면, 이는 어머니를 논쟁의 장으로 몰고 갈 것이다. 이러한 상황이 된다면 상담사와 어머니 모두 얻는 것이 없을 것이고 가장 큰 피해자는 엔젤이 된다. 그렇게 하지 않고, 상담사는 잠재적인 폭력 사후 증상을 언급한 다음 어머니에게 의뢰 자원을 제공하였다. 나아가 상담사는 어머니에게 심리교육을 제공하고 잠재적으로 엔젤을 위한 치료 자원에 대한 정보를 제공한다.

2. 수정된 7단계 디브리핑 모델

1) 도입 단계(Introduction Step)

도입 단계에서 팀리더는 팀원들과 디브리핑의 규칙을 소개한다. 참가자들은 이 방에서 함께 있는 것이 불편하다고 생각되는 사람(예: 사건 당시 그 자리에 없었던 교사, 변호사 혹은 학생)을 지명할 수 있고, 지목되는 사람은 방에서 나간다. 비밀보장과 비밀보장의 한계에 대한 설명 후 참가자들이 이 회기에서 나오는 이야기들을 디브리핑 방 밖에서는 언급하지 않도록 주의시킨다. 모두 디브리핑을 끝까지 참여할 것을 부탁한 후 리더는 디브리핑의 주된 목적은 학교 폭력 생존자들이 그 경험으로부터 최대한 빨리 회복될 수 있도록 돕는 것임을 알려 준다.

2) 정보 수집 단계(Fact- Gathering Step)

디브리핑 과정의 두 번째 단계는 정보 수집이다. 일반적으로 리더는 팀이 폭력 사건 당시 그 자리에 없었고 학생들로부터 그 사건에 대해 듣고 싶다는 말로 시작을 한다. 말을 할 때에는 먼저 이름을 말하고 폭력 사건 당시 어디에 있었고 무엇을 하였는지 이야기해 줄 것을 부탁한다. 이 단계에서는 각 학생들이 실제로 경험한 것의 사실(facts) 규명에 초점이 있다는 것을 강조한다. 팀원들은 사건에 대한 느낌을 이야기하는 것을 학생에게 강요하지 않도록 한다. 만약 학생이 자신의 감정에 대해 말하기 시작하였다면, 팀리더와 코리더는 학생이 표현한 감정을 인정해 주고 그런 느낌이 정상이라는 것을 알려 준다.

3) 사고 단계(Thought Step)

세 번째 단계는 사고 단계다. 이 단계는 전환 단계로서 학생들이 인지 영역에서 정서 영역으로 갈 수 있도록 도와준다. 리더는 폭력이 있던 때 떠올랐던 생각과 관련된 질문(예: "엔젤이 칼에 맞았을 때 제일 먼저 든 생각은 무엇이었니?")을 학생들에게 한다. 이 단계에서는 학생이 보고하는 사고와 지각을 타당화하고 정상화하는 것이 중요하다.

4) 반응 단계(Reaction Step)

사고 단계는 감정이 고조된 반응 단계로 빠르게 넘어갈 수 있다. 이 단계에서는 폭력 경험에 대한 참가자들의 반응을 나누는 데에 초점을 둔다. 리더는 "엔젤이 칼에 맞는 것을 보았을 때 가장 힘들었던 점이 뭐였니?"와 같은 질문으로 시작할 수 있다.

5) 증상 단계(Symptom Step)

증상 단계에서 리더는 집단이 정서 영역에서 다시 인지 영역으로 돌아올 수 있도록 만든다. 감정이 고조된 반응이 점차 가라앉으면, 리더는 사건 이후 학생들이 경험한 신체적, 인지적 혹은 정서적인 증상에 대해 묻는다. 만약 학생들이 답을 하지 않거나, 증상에 대한 이야기가 활발하게 진행되지 않으면 부모가 관찰한 자녀의 증상을 물어볼 수 있다. 여기에서 주의할 점은 부모가 자녀의 증상에 대해 이야기하는 것이 어린 초등학생일 경우 학생과 특히 다른 부모들에게 도움이 되지만, 중ㆍ고등

학생에게는 오히려 창피함을 유발하여 학생의 참여를 방해할 수 있다. 따라서 리더는 자신의 임상적 판단과 학생에 대한 사전 지식을 활용하여 증상에 대해 이야기할 때 부모를 참여시키는 것이 좋을지 결정해야 한다. 주로 논의되는 증상은 메스꺼움, 손떨림, 집중력 저하, 불안감 등이다. 일반적으로 리더는 이런 증상을 경험하고 있는 사람은 손을 들어 보라고 한다. 이런 방식은 언급된 증상이 정상적이라는 것을 확인하도록 도와 학생들이 자신이 '이상하거나 미친' 것이 아님을 알고 안심하게 해 준다.

6) 교육 단계(Teaching Step)

교육 단계에서는 증상 단계에서 논의된 증상이 정상이며 예상되는 것이라고 알려준다. 앞으로 나타날 수 있는 증상(예: 누군가로부터 공격당하는 꿈, 제한된 정서 경험, 침습적 기억 등)에 대해 간략하게 설명하기도 한다. 이것은 부모와 학생이 앞으로 겪을 수 있는 증상을 이해하여, 혹시 경험하게 될 경우 부모 혹은 친구들과 증상에 대해 이야기할 수 있도록 한다. 이 단계에서 리더는 "너희가 이 상황을 이렇게 잘 넘길 수 있도록 한 것이 뭐가 있을까? 너희가 스스로 한 것일 수도 있고, 아니면 친구, 선생님, 부모님이 한 것일 수도 있겠네."라고 하여 학생들이 잘하고 있다는 것을 알려 주고, 학생들이 계속 폭력 사건에 집중하기보다 회복되고 있다는 신호를 찾아 나설 수 있도록 돕는다. 좀 더 큰 학생들은 친구들과 선생님 그리고 부모님에게서 지지받는 느낌을 종종 표현하기도 한다. 어린 학생들은 자신의 두려움이나 걱정을 다루기 위해서 공상을 활발하게 동원하기도 한다. 예를 들어, 어떤 학생은 자신이 공격자를 막아 다른 아이들을 보호하는 영웅인 척할 수 있다.

7) 재진입 단계(Reentry Step)

재진입 단계는 경험을 어느 정도 마무리 지을 수 있도록 생존자와 부모의 다른 염려나 생각을 이야기하게끔 하는 단계다. 리더는 학생과 부모에게 디브리핑 과정이 좀 더 성공적으로 끝맺을 수 있도록 긴급한 문제들을 다시 논의하거나 새로운 주제 혹은 생각을 이야기할 기회를 줄 수 있다. 이렇게 해서 나온 주제를 다룬 후, 디브리핑 팀은 집단에서 나타난 향상이나 지지의 힘과 관련하여 몇 가지 마무리 멘트를 한다. 흔히 나타날 수 있는 반응 증상을 아이들과 어른의 수준에 맞게 각각 적어 놓은 유인물을 준비하는 것도 도움이 된다. 읽기 능력이 아직 부족한 어린 학생들에게는 자신이 현재 느끼는 감정(예: 불안, 슬픔, 두려움)을 나타내는 얼굴을 그리는 것으로 대체할 수 있다. 부모는 나중에 아이가 그린 그 그림을 가지고 집에서 대화를 시작하는 데에 사용할 수 있다. 유인물에는 24시간 전화상담 서비스 번호와 학교 상담실 번호를 적어 두는 것이 좋다. 디브리핑 시간에 학교 상담사를 직접 소개하는 것도 좋은 방법이다.

3. 요 약

이 장에서는 학교 상담사가 Juhnke의 해결 중심 디브리핑 (수정)모델을 폭력 노출 학생과 부모에게 활용하는 방법을 소개하고 있다.

독자들은 CISD와 CISM의 역사와 개발과정에 대한 전체적인 이해, Juhnke가 CISD에서 구체화한 관심사, 그리고 어떻게 그가 해결 중심 디브리핑 (수정)모델을 통해서 이러한 관심사를 나타냈는지 알 수 있을 것이다.

짧은 축어록은 독자가 디브리핑 (수정)모델을 이해할 수 있도록 돕고 어떻게 개입이 실행될지 선택하게 할 것이다. 또한 CISD, CISM 그리고 제안된 위기 개입 모델과 마찬가지로 Juhnke의 해결 중심 디브리핑 (수정)모델은 임상적 효과를 보여 주는 증거기반의 연구결과가 없다. 게다가 이 개입은 오로지 학교 상담사의 판단하에 도움을 필요로 하는 대상에 임상적으로 활용될 수 있는 경우에만 사용해야 한다. 학생들의 특수한 필요성은 이 개입 방법을 선택할 때 논외의 사항이다. 우리는 가장 훌륭한 개입은 Juhnke의 해결 중심 디브리핑 (수정)모델이 포함된 '다양한 평가와 개입으로 구성된 치료' 체계라고 확신한다.

윤리적 및 법적인 문제와 위기 대응

PART

3

CHAPTER **10** 윤리적 및 법적인 문제

최근에 나는 미카엘 브루어와 그의 어머니가 인터뷰하는 모습을 텔레비전을 통해 보았다. 미카엘은 15세의 Florida 중학교에 다니는 학생이다. 다른 학생들이 소독용 알코올을 그에게 뿌리고 불을 질렀다. 이 사건은 비디오 게임에 대하여 미카엘과 친구들의 논쟁, 그리고 미카엘이 친구들의 돈을 빌린 것과 연관이 있다. 미카엘의 어머니에 따르면, 미카엘은 이 사건 이전에 학교에 가는 것에 대해 극도로 겁에 질려 있었다. 미카엘은 그를 공격한 학생들이 의도적으로 (미카엘에게) 위해를 가하고자 했다는 것을 잘 알고 있었다. 심지어 경찰관들조차도 이 가해자들의 극악함에 대해서 끔찍해하였다.

지금까지 당신은 학교 자살 문제, 폭력 평가, 개입 주제들에 대해 읽었다. 하지만 이러한 경우는 우리에게 두 가지 중요한 점을 알려 준다. 첫째, 아무리 폭력을 사전 평가하고, 자살과 폭력이 일어나기 전에 개입을 하려고 해도 자살과 폭력은 항상 일어날 수 있다. 둘째, 따라서 전문적인 판단을 위해서 윤리 및 법적 문제에 대해서 잘 알고 있어야 한다.

만약 당신이 미카엘의 학교 상담사라면 무엇을 할 것인가? 당신에게 자신의 걱정을 털어놓았다면? 당신의 반응은 미카엘과 학교, 당신 자신에게 상당한 영향을 미칠 것이다. 미카엘의 사건은 학교 밖에서 일어났다. 하지만 미카엘이 안전할 것이라고 여겨졌던 학교 안에서 일어났다면 윤리적·법적 책임에 대한 조사가 있을 수 있다는 것을 예측할 수 있다. 조사결과에 따라서 학교 상담사와 충분하게 대처하지 못한 것으로 판단되는 사람에 대한 강력한 조치가 있을 것이다. 이러한 중요한 주제에 대한 필수적인 기초 자료를 제공하기 위해서 우리는 전문적 윤리와 법에 대한 일반적인 논의로 시작할 것이다.

1. 전문적 윤리 강령과 상담 관련 법

전문적인 윤리 강령은 상담사가 학교 폭력을 경험하거나 잠재적인 폭력 위험에 있는 학생들을 돕는 데 중요하다. 이러한 전문적인 윤리 강령은 개입을 하는 데에 필수적인 범위와 보살핌의 한계를 이해하기 위한 기본적인 지침이 된다. 강령은 상담사가 학생들이 적합한 보살핌을 받고 있다는 것을 확인할 수 있는 범위와 행동을 도표화하는 데에 도움이 된다.

1) 전문적 윤리 강령

모든 전문적인 상담조직이 자신의 전문 윤리 강령을 가지고 있을 것이다. 어떤 강령은 전문상담사 및 학교 상담사와 특히 관련된 것처럼 보인다. 예를 들어, 4만 5,000명의 회원이 있는 ACA(American Counseling Association), 2만 6,000명의 회원이 있는 ASCA(American School Counselor Association), 4만 2,000명의 회원이 있는 NBCC (National Board of Certified Counselor)와 같은 기관은 고유의 윤리 강령이 있다. ACA 윤리 강령은 다섯 가지 중요한 목적이 있는데 다음과 같다.

① 이 윤리 강령은 현재 회원, 미래의 회원, 우리 협회 회원의 서비스를 받는 사람

에게 우리 회원들의 윤리적 책임의 본질을 명확하게 할 수 있다.

② 이 윤리 강령은 협회의 임무를 지지한다.

③ 이 윤리 강령은 윤리적 행동과 회원들의 최상의 수행을 정의하는 기본 원칙의 바탕이 된다.

④ 이 윤리 강령은 윤리 지침으로 사용될 것이다. 회원들이 전문적으로 행동하게 하고 상담 서비스를 활성화하도록 돕고 상담 전문가의 가치를 증진시킨다.

⑤ 이 윤리 강령은 윤리적 이의사항과 협회 회원을 대상으로 제기된 논의 처리과 정에 근거가 된다.

다양한 윤리 강령을 살펴보다 보면 이러한 윤리 강령이 학생과 상담사 양측을 보호하기 위해서 구체적으로 쓰인 것이 확실해 보인다. 이러한 생각은 Koocher와 Keith-Spiegel(2008)의 정신건강 서비스 제공자 윤리 강령 검토에서 뒷받침된다. Koocher와 Keith-Spiegel은 정신건강 윤리 강령과 관련하여 반복적으로 자주 나타나는 주제가 있다는 것을 발견하였다.

- 학생들에게 무해한 일을 하여라.
- 전문적이고 윤리적으로 행동하여라.
- 전문적인 훈련을 받고, 역량이 갖추어진 영역 내에서 상담하여라.
- 비윤리적인 수행에서 학생들을 보호하여라.
- 착취로부터 학생들을 보호하여라.
- 학생들의 비밀보장을 하여라.

상담 관련 윤리 강령은 자세한 질문보다는 흔히 일반적인 예로 제시된다. 다른 말로 '상담사는 이러한 상황에서는 이렇게 해야 한다.'는 것을 말하기보다는 비밀보장이나 무해의 원칙과 같은 광범위한 주제에 대한 일반적인 지침을 제공한다. 따라서 상담사들은 자신의 전문 분야에 특화된 윤리 강령에 익숙해져야 하며 일반적인 예를 상담할 때 일어날지 모르는 상황에 잘 적용시켜야 한다. 우리는 학교 상담사들이 자신에게 특화된 전문상담협회의 윤리 강령에 익숙해져야 하고 의사 결정 과정에 자주 이 윤리 강령을 활용해야 한다고 생각한다. 이렇게 사용하는 것이 적합한 윤리적 행동을 증진시키고 주 상담 법에 위반되지 않을 가능성을 높인다. 그래서 전문적인 윤리 강령에 대한 지식과 활용에 익숙해지는 것은 윤리적·법적 위반의 빈도를 줄여 주는 것이다.

2) 상담 관련 법

전문적인 윤리 강령과 비슷하게 상담 관련 법은 해로움, 불이익, 편견으로부터 개인을 보호하기 위해서 만들어졌다. 각 주에서는 전문 상담사와 학교 상담사가 필수적으로 갖추어야 하는 교육, 훈련, 임상 슈퍼비전의 조건을 제시하는 면허제도를 가지고 있다. 따라서 해당 주 안에서 학교 상담을 하고자 희망한다면 해당 학교 상담법을 따라야 한다.

대부분의 주에서는 Council for Accreditation of Counseling and Related Educational Programs Common Core Areas(CACREP, 2009)의 8개 분과의 핵심 요구 사항을 반영하지만, 어떤 주에서는 좀 다른 면허 조건을 갖추고 있기도 한다.

몇몇 주에서는 시민의 안전과 상담 수련의 중요성을 생각하여 몇 가지 특정 과정을 이수한 특별한 상담사 자격증을 요구할지도 모른다. 예로, 플로리다에서는 성적 정체성, 약물남용, 에이즈(HIV) 과정을 이수하기를 요구하는 반면, 노스캐롤라이나에서는 이러한 특정 과정을 요구하지 않는다. 이와 같은 대학원 과정에서 요구하는 규준은 각 행정구역에 따라 결정되며, 해당 행정구역의 상담 자격 법령 내에서 권한을 가진다.

이와 비슷하게, 행정구역 간에는 대학원 졸업 이후에 요구되는 임상 사례에 대한 수련감독 시간에 차이가 있기도 하다. 몇몇의 행정구역에서는 다른 행정구역에 비해 더 많은 임상 사례 수련 시간을 요구한다. 그 예시로 오하이오에서는 3,000시간의 수련감독을 받을 것을 요구하는 반면, 미네소타에서는 2,000시간을 요구한다. 더하여, 몇몇 행정구역은 대학원 이후에 임상 사례에 대한 수련감독을 일정 기간(5년) 내에 이수해야만 한다는 명령 권한도 있다. 그러므로 일반적인 규준으로 제공되는 윤리법과 다르게 행정구역의 자격 요구는 매우 독특하다. 행정구역의 자격 요구 조건은 상담사가 상담 수련 요건을 해당 행정구역 내에서 정확하게 달성해야 하며, 해당 행정구역에서 효력을 가지는 자격 요건에 따라 행동해야 할 것을 이야기한다.

2. 윤리적 의사 결정

우리는 직업윤리와 행정구역의 직업 상담에 관한 법률에 대해서 모두 이해하는 것이 중요하다고 생각한다. 그러나 특정 상황 중, 행정구역의 법률이 문제를 다루기 어려운 상황에서는 윤리적 의사 결정의 방법을 아는 것이 윤리적으로 적절한 의사 결정을 할 수 있는 가능성을 증가시킨다. 윤리적으로 가장 나은 결정을 하거나 혹은 제안함으로써 학생들의 보호, 사회적 이득을 주고 상담사가 법적 책임을 질 위험으로부터 멀어질 가능성이 크다.

특히나 생명과학의료윤리는 정신 및 신체 건강과 관련된 윤리적 의사 결정 모델의 수련과 지도에 매우 중요한 위치를 차지하고 있다(Michal Sunich, personal communication, 1. 28. 2010). Beauchamp와 Childress(2009)는 오늘날 윤리적 의사 결정 모델과 관련하여 가장 널리 읽히고 있는 책의 저자다. 책은 현재 6판이 나왔으며, 생명과학의료윤리 연구물에 자주 인용된다. 특히 Beauchamp와 Childress는 생명과학의료윤리에서 흔히 4원칙 접근으로 언급되는 부분을 지지하고 있다(Gillon & Lloyd, 1994). 이 윤리적 의사 결정 접근은 다음의 네 가지 원칙을 골자로 한다.

① 자율성 존중(Respect for autonomy)
② 덕행(Beneficence)
③ 무해성의 원칙(Nonmaleficence)
④ 공정성(Justice)

1) 자율성 존중

자율성 존중의 원칙은 Beauchamp와 Childress(2009)가 논의한 생명윤리의 원리 중 첫 번째 원칙이다. 그러나 Beauchamp와 Childress(2009)는 "우리가 생명과학의 료윤리 원칙의 논의를 자율성 존중을 가지고 시작했지만, 우리의 제시순서가 도덕적으로 다른 원칙보다 우위에 있다는 걸 뜻하지는 않는다."라고 언급하였다. 명백히, 이전의 학자들은 자율성 존중(의 원칙)이 가장 위에 있었던 것을 Beauchamp와 Childress가 생명과학의료윤리에서 본 원칙을 4원칙 접근의 가장 중요한 원칙이라고 의도한 것으로 잘못 해석한 듯하다. 사실 각 원칙은 모델 내에서 동등한 무게를 가지고 자살이나 폭력의 위험을 가진 학생들의 윤리 평가와 중재를 고려할 때 검토되어야 한다.

특히 자율성 존중은 누군가의 삶을 지배하는 능력과 개인적인 결정을 내리는 것을 지시한다. Beauchamp와 Childress(2009)에 따르면, "자율적인 개인은 스스로 선택한 계획에 따라서 자유롭게 행동하며, 정부가 영토나 정책을 관리하고 수립하는 것과 유사한 방법으로 행동한다."(p. 99) 자율성 존중을 보이는 상담사는 학생이 올바른 자신의 규칙을 가졌는지 혹은 개인의 선택을 기저로 하여 결정을 내리는지를 인지한다. 자율성 존중(의 원칙)은 또한 학생이 자신의 입장을 고수하고 개인적인 가치와 신념에 따른 행동을 취할 수 있도록 여유를 준다(p. 102).

상담사와 학생은 자율성 존중의 원칙이 윤리적인 의사 결정 과정에서 지극히 중요하다고 이야기한다. 과연 우리 중 몇 명이 무언가를 성취할 수 있는 힘이 있는 학생이 더 나은 과정(더 나은 결과를 낼 주요한 가능성을 가진 과정)을 취하기 위해 우리의 독려를 무시하는 경험을 가진 적이 없겠는가? 대부분 겪어 보았을 것이다. 대학원 학생이 굉장히 유명한 대학으로부터의 재정적인 지원을 거절한 적이 있는가? 예를 들어, 학생이 2년 간의 학위과정에서 수업료, 지원 비용, 도서 구입 등의 모든 재정적인 지원을 제안받았다고 하자. 그리고 이 학생에게 주어진 단 하나의 조건은 어떤 프로그램에 등록하고 지원 패키지를 완성하는 것이었다고 하자. 학생을 독려하려는 최선의 노력에도 그녀는 어떤 것도 하지 않았다. 어느 누구도 그녀에게 참석하라고 강요할 수 없었다. 우리는 가장 존중할 수 있는 방법으로 선택사항을 제안하는 윤리적인 책임을 졌다. 그 이후 자율성 존중에 따라, 우리는 그녀가 스스로 선택을 하도록 하였다. 우리가 그녀의 선택에 만족하였는지 물어본다면, 솔직히 우리는 그녀의 선택에 좌절하였다. 우리는 그녀의 선택이 최대의 관심사였다고 믿지 않는다. 그렇지만 결정은 우리가 내리는 것이 아니었고 그녀의 것이었다. 그녀는 몇 가지 선택사항에 대해서 경중을 따지고 자신이 치러야 할 비용과 얻을 수 있는 이득을 고려해서 자신에게 가장 좋은 선택을 하였다. 이것이 자율성 존중(의 원칙)에서 가장 기본적인 원칙이다.

상담사로서, 그리고 우리는 스스로에게 물어보아야 한다. 과연 나는 학생 자신을 최우선으로 여기고 학생 스스로 선택할 수 있는 학생의 권리를 인식하고 있는가? 더 중요하게는, 그들이 선택한 것이 무엇이든 존중할 수 있겠는가? 몇 년 전에 나는 (Juhnke 박사) 이혼한 아버지와 아들을 대상으로 상담한 적이 있다. 내방 사유는 아들의 품행 장애와 알코올 남용이었다. 그 두 사람은 상담사의 자율성 존중(의 원칙)에 대해 강연할 때면 떠오르는 경험을 이야기해 주었는데, 그들이 일박 캠프에 참가하기로 결정했던 경험이었다. 아버지는 비록 낮 시간에는 날이 따뜻했지만 해가 지면 밤에는 기온이 다소 쌀쌀해질 것을 알고 있었다. 따라서 아버지는 아들에게 겉옷을 가져가라고 말하였다. 아들은 겉옷을 가져갈지 놓고 갈지에 대해 아버지와 논쟁하였다. 아들은 의도적으로 집에 겉옷을 놓고 갔고, 아버지에게 나는 겉옷을 '안' 가져왔다고 이야기했다. 아버지는 아들에게 겉옷을 가져갈지 놓고 갈지에 대한 최종적인 선택은 아들에게 달렸다고 이야기하였다.

그날 저녁, 밤공기가 찰 때 아들은 숲을 탐험하고 싶었지만 불행히 겉옷이 없었다. 캠프파이어나 텐트에서 떨어져 멀리 탐험하기에는 너무 추워서 아버지가 겉옷을 넣으라고 한 지시를 떠올렸으나 아버지가 "내가 말했지?"라고 얘기하게 하고 싶지는 않았다. 그러나 너무도 추워져서 자존심을 굽히고 아버지에게 겉옷을 빌려달라고 말하였다. 그러나 아버지는 요청을 거절하고 대신에 침낭에 들어가서 따뜻하게 있으면서, 숲을 탐험하거나 별을 보는 대신에 일찍 자라고 이야기하였다. 아들이 추위 때문에 죽음의 위험에 처하지는 않았지만, 이 경험이 그에게 즐거운 것은 아니었다. 그리고 아들은 아버지의 겉옷이 필요하다는 지혜로운 말을 듣지 않은 것을 후회하였다.

다음 주에 이루어진 상담 회기에서 나는 캠핑 경험에 대해서 물어보았고, 아버지는 이 경험이 그의 아들에게 매우 도움이 되었다고 보고하였다. "아들이 이제야 남자가 되었고, 드디어 책임을 질 수 있게 되었어요." 그리고 내가 그의 반응에 대해 더 물었을 때, 그는 캠핑에서 있었던 사건을 이야기해 주었다. 아들이 아버지의 지시에 대해 집에서 싸우는 일 없이 더 솔선수범한다고 이야기하였다. 내가 아버지가 이야기한 것에 대해서 더 잘 이해하기 위해 아들에게 묻자, 아들은 이렇게 대답하였다. "저는 (캠프 동안) 많이 배웠어요. 저는 아버지가 저한테 무언가 하라고 할 때 그것이 제게 제일 좋은 것이라는 걸 알았어요. 또한 아버지는 제가 하기 싫다면 억지로 하도록 하지 않는다는 것을 알았어요. 만약 제가 아버지 지시에 따르지 않으면 저는 그 결과를 기꺼이 감수해야겠지요. 아버지는 저를 어른처럼 대했고, 저는 그게 좋았어요. 비록 제가 제 실수와 함께 살아야 한다고 해도 말이죠."

상담 회기의 시작에서 나는 아버지가 아들을 지지하는 데에 매우 실패했다고 생각하였다. 트렁크에 겉옷을 그냥 넣는 것이 더 쉽지 않았을까? 결국 아버지는 아들이 겉옷이 없이는 추울 걸 알았지만 두 사람의 경험을 들었을 때, 아들로 하여금 캠프에 겉옷을 가져가는 것을 선택하게 한 것에 대한 치료적 잠재력은 충격적이었다. 의도적인 것은 아니었으나 아버지는 자율성 존중(의 원칙)에 의한 윤리적 의사 결정 모델의 부분을 이용하였다. 비록 아버지가 겉옷을 집에 두고 오는 아들의 결정을 좋아하지 않았더라도, 아버지는 아들이 겉옷을 가져갈지 말지를 결정하도록 하였다. 더 중요하게도, 아버지는 겉옷을 집에 놓고 오는 아들의 결정에도 불구하고 아들을 존중하였다.

다양한 상황과 때가 있어도 윤리적 의사 결정 과정의 첫 번째 골자는 지켜져야 한다. 특히 학생이 급박한 위험 상황에 처했거나(예: 자살) 혹은 다른 사람에게 급박한 위험을 줄 상황으로(예: 공격) 인식되고 있다면, 상담사는 위험으로부터 보호해야 한다. Beauchamp와 Childress(2009, p. 105)는 다음과 같이 언급하였다.

자율성 존중(의 원칙)을 위한 우리의 의무는 충분히 자율적인 태도를 가지고 행동할 수 없는 사람에게 내밀지 않는 것이다(그리고 자율적으로 될 수 없는 사람들도 포함된다.). 왜냐하면 그들은 미성숙하고, 부적절하며, 압박감을 느끼거나 학대를 받고 있기 때문이다. 유아, 자살충동을 느끼는 사람들, 약물에 의존하는 부모가 그 예다.

이러한 경우, 상담사들은 무엇보다도 안전을 보장하기 위한 개입을 해야 한다. 이러한 일이 발생하였을 때 윤리 강령에 따라 전문적으로 행동하고, 특정 상황에 대한 법을 잘 숙지하고 있어야 한다.

2) 덕행

덕행은 나 자신보다도 다른 사람들의 이익을 위해 행동하는 것이다. Beauchamp와 Childress(2009)에 따르면, 덕행의 기본 원칙은 '다른 사람의 이익을 위한 행동의 도덕적 의무'다. 그들은 바람직한 덕행의 기본 원칙과 관련하여 다섯 가지의 일반적인 규칙을 다음과 같이 제시하였다.

① 타인의 권리를 보호하고 옹호하라.
② 다른 사람에게 해가 되는 일을 하지 마라.
③ 다른 사람에게 해가 될 수 있는 일의 가능성을 제거하라.
④ 장애가 있는 사람들을 도와라.
⑤ 위험에 처한 사람을 구조하라.

명백히, 이러한 도덕적 규칙과 선행의 원칙, 그리고 미국상담협회의 윤리 강령 사이에는 강한 상관이 존재한다. 각각의 경우, 근본적인 핵심은 도덕적인 책임을 실천하는 자세다. 따라서 학교 상담사들은 상담의 다양한 측면 중 학생들의 필요를 가장 최우선으로 놓아야 한다.

Carter(2002)는 이러한 덕행에 대해 약간 다른 입장을 나타냈다. 그녀는 이 두 번째 주제와 관련하여 윤리적 의사 결정 모델을 분석할 때 필요한 우선적인 질문에 대해 언급하였다. '내 행동으로 인해 누가 이익을 보고 어떤 방식으로 그들이 이익을 얻지?' 다른 말로 하면, 학교 내 자살이나 폭력과 관련하여, 상담사는 학교 공동체 전체 뿐 아니라 위험에 처한 학생의 이익까지 사려 깊게 생각하고 행동해야 한다. 1986년 이후로 생명 위협 행동에 대해 교육과 수련을 받은 상담사들이 있기에, 나는 학교 상담사들이 지나치게 심할 정도로 학생의 안전을 보호하려는 것을 보아 왔다. 때때로 이러한 학교 상담사들은 조롱이나 학교 관리자들의 압력을 견뎌냈으며, 학생의 안전을 보장하기 위한 행동을 하느라 자신의 안전을 위협받기도 하였다. 취약한 학생들은 이러한 상담사의 헌신을 통해 이익을 얻어 왔다. 그리고 지금 압도적으로 많은 의견은, 이러한 학교 상담사들이 모두에게 이익이 될 수 있도록 사려 깊은 개입을 해야 한다는 것이다.

3) 무해성의 원칙

간단히 말해, 무해성의 원칙의 의미는 첫째로 그리고 가장 우선적으로 해를 입히지 말아야 한다는 것이다(American Medica Association, 2008). 학교 상담사의 윤리적 의사 결정과 관련한 이러한 네 가지 원칙에 대한 논의하에서, 우리는 학교 내 자살이나 폭력 등으로 인해 위험에 처한 사람들을 도우려 할 때, 우리의 개입(혹은 개입하지 않음)이 그 어떤 해를 만들어 내서도 안 되며, 득보다 실이 더 많은 일을 하지 않아야 한다. 우리는 (앞으로 나타날) 잠재적 해에 대해서 어느 정도는 쉽게 판별할 수 있다. 하지만 그렇지 못한 경우도 있다. 그리고 이는 학교 상담사들에게 특히 그러하다. 대개의 경우, 학교 상담사들은 (사건이 생긴 이후) 재빨리 어떻게 행동할지 정해야 하는 불안정한 위치에 있다.

예를 들어, 학교 상담사가 한 중학생이 명백한 자살 사고와 자살의도, 구체적이고 세세한 자살 계획을 가지고 있다는 것을 우연히 들었는데 상담사가 아무 개입도 하지 않았고 그 학생은 자살을 시도했다면 이는 명백히 그 상담사가 '해'를 입힌 것이다. 명백한 자살의 징후에도 아무런 조치를 취하지 않은 것이 학생의 방해받지 않은 자살을 야기했기 때문이다.

예측을 더욱 어렵게 하는 것은 우리의 최상의 전문적인 개입에도 잠재적 해가 일어난다는 것이다. 만약 학교 상담사가 한 학생이 자살 위기에 있을지도 모른다고 생각하고 이에 대한 검사를 하였으나 이 학생의 자살 위험에 대해 확신하지 못하여 부모로 하여금 그 학생의 안전과 관찰을 위해 학생을 입원시키도록 할 수도 있다. 그러나 이러한 비자발적인 입원이 그 학생에게 의도하지 않은 해를 가져온다면 어떤가? 학생의 정신과 입원이 친구들로부터 그 학생을 배척하게 하고, 반 친구들의 부모는 정신병자 친구와 놀지 말라며 그들의 친구관계를 갈라놓으려 할 수 있다. 이에 수반하여 그 학생은 친구들에게 놀림을 당할 수도 있다. 따라서 학생이 계속해서 삶을 좋게 이어나가도록 하려던 시도가 결과적으로는 학생에게 의도치 못한 피해로 작용할 수 있는 것이다.

몇몇은 그래도 학생이 (그렇게 해서) 살아있는 것이 죽는 것보다 나은 것이라고 주장할 것이다. 다시 말해, 어떤 학생이 잠재적인 자살 위험을 보일 때—그것의 심각도에 상관없이—그 학생을 입원시켜야 한다는 것이다. 그러나 숙련된 학교 상담사라면, 중·고등학교 여학생들 사이에서 친구들과의 우정과 사회적 관계가 얼마나 중요한지에 대해 이해하고 있어야 한다. 이러한 사회적 상호작용은 중·고등학교 학생들에게 무척이나 중요하다. 만약에 학생이 비자발적으로 입원을 하고, 후에 이것 때문에 또래에게 배척을 당한다면 이 학생은 아마도 비자발적인 입원이 득보다 실이 많다고 믿을 것이다. 따라서 우리의 최상의 개입 노력에도 그 학생은 고통을 받을 것이다. 우리 상담사들이 학생들에게 득보다 실을 일으키도록 만들지는 않는가? 학교 상담사들은 자신의 개입이 가져올 수 있는 부정적인 결과에 대해서 반드시 고려해야 한다. 우리는 가능한 개입 이전에 이 개입으로 발생할 수 있는 잠재적이고 의도하지 않은 해나 부작용을 확인하고 이를 경감시킬 수 있도록 노력해야 한다.

4) 공정성

생명과학의료윤리에 대한 네 가지 원칙 중 마지막은 공정성이다. 공정성은 모든 사람들이 그들의 현재 필요(needs)에 따라 평등하고 동등하게 대접받아야 한다 (Beauchamp & Childress, 2009)는 것이다. '공정성'이라는 용어는 더 나아가 누군가가 부당하게 차별당하거나 착취당하지 않아야 한다는 것을 의미하는데, 특히 취약한 계층(예: 빈곤계층, 영유아나 노인 등)에서 이러한 일이 일어나면 안 된다. 학교 상담사에게 공정성은 덜 부유하고, 어리며, 신체적·정신적으로 어려움이 있고, 혹은 학업에서 어려움을 보이는 학생들도 똑같은 상담 서비스를 받도록 보장하는 것이다. 다르게 말하면, 우리는 그들이 누구든, 현재 무엇을 필요로 하든 간에 상관없이 모든 학생에게 공정하게 상담 서비스를 제공해야 한다.

확실히, 생명윤리에 대한 네 가지 기본 원칙은 자살이나 폭력같이 학교 상담사들이 당면한 문제에 매우 유용성이 있다. 네 가지 측면을 이해하고 개입에 대한 의사결정 이전에 이를 세심하게 고려하는 것은 학생과 상담사 그 자신을 보호하는 논리적인 방법인 듯하다. 이러한 것에 대한 고려에 실패하면, 비계획적이고 충동적이며 매끄럽지 못한 개입을 하게 될 위험이 있고, 이는 학생들에게 득보다 실로 작용할 것이다.

3. 동료로부터의 컨설팅

동료로부터의 컨설팅(5명 중 4명의 동의 구하기)은 학교 상담사들에게 자신의 동료로부터 즉각적인 피드백을 가능하게 하고, 학교 내 자살과 폭력과 관련한 효과적인 개입을 할 수 있도록 돕는다. 또한 잠재적으로 학교 상담사들에게 법적 책임으로부터 자유롭게 한다. 왜냐하면 이러한 개입의 시행이 관련 전문가로부터 도출된 일반적인 보살핌의 기준을 제시하기 때문이다. 학교 상담사는 대략 비슷한 학력(예: 학교 상담 분야 석사), 현장 경험(예: 중학교에서 8년간 학교 상담사로 일함), 그리고 전문가 자격증을 가지고 있는 5명의 학교 상담 전문가를 찾아서 연락을 취한다. 일단 컨설턴트에게 연락을 하면, 현재 사례에 대해 설명한 다음, 제안된 개입이 가장 효과적인지 의견을 교환하고 제안을 받을 것이다. 또한 컨설턴트의 연락처를 받아 나중에 필요한 경우 연락할 수 있도록 한다. 다음에, 학교 상담사는 필요한 모든 세부 정보를 포함하여 그 상황에 대한 개관을 한다. 상황에 대해 가능한 한 상세하고 모든 것을 이야기할 필요가 있지만, 학생의 비밀보장 또한 중요하다. 학교 상담사는 컨설턴트의 질문에 추가적으로 응답한다. 컨설턴트가 질문하지 않으면, 학교 상담사는 혹시 추가적으로 필요한 정보가 있는지 묻는다. 그 후, 모든 컨설턴트의 질문에 대한 응답이 끝나면 학교 상담사는 자신이 생각하고 있는 개입에 대해 설명하고 그것이 적절한지, 적합한 개입이 되려면 어느 부분이 수정되어야 하는지를 묻는다. 적절하고 도움이 되는 제안을 통해 만들어진 효과적인 개입은 학교 상담사와 컨설턴트 모두에게 임상적으로 가장 효과적으로 보일 때까지 계속 통합시키고 발전시켜 간다.

두 사람이 일단 최상의 개입이라고 생각하는 것이 도출되면, 학교 상담사는 다음 컨설턴트에게 연락을 취한다. 이 과정은 5명의 컨설턴트 모두가 그 사례에 대한 설명과 계획하고 있는 개입에 대한 이야기를 들을 때까지 반복된다. 학교 상담사는 각각의 학교 상담 컨설턴트에게 또다시 연락을 하고, (이전에) 컨설턴트들로부터 얻은 조언을 포함하여 계획하고 있는 개입에 대해 설명한 다음 추가적인 질문에 답한다. 더 나은 제안이 제시되면, 학교 상담사는 5명 중 4명이 이 개입이 임상적으로 적절하고, 윤리적 · 법적으로 문제가 없으며, 학생의 신체적 · 감정적 · 심리적 · 사회적 안전을 보장한다고 판단될 때까지 이 과정을 다시금 반복한다. 만약 컨설턴트가 도출된 개입이 충분한 보살핌의 기준에 도달하지 못했다고 생각하면, 그 개입은 실행되지 못하고 새로운 개입을 결정해야 한다.

4. 임상 슈퍼비전

40년 이상의 임상 슈퍼비전 경험을 지닌 상담 교육자이자 슈퍼바이저로서 우리는 흔치 않은 슈퍼바이지-학생 상황을 마주치게 된다. 우리는 슈퍼비전 과정을 통해 슈퍼바이지가 그들의 슈퍼바이저의 지시에 잘 따르고 슈퍼바이저가 모든 사례의 동향을 잘 파악할 수 있도록 해야 한다. 이는 자살이나 폭력의 위험이 잠재적으로 존재하는 사례에서 특히 그러하다. 학교 상담사에게 윤리적으로 쟁점이 되는 상황이 발생했을 때 임상 슈퍼바이저에게 즉시 알리는 것은 무척 중요하다. 임상 슈퍼바이저는 어떻게 하면 모든 윤리적·법적·임상적 이슈가 가장 적절하게 처리될 수 있는지 이해하고 있는 중요한 방어선(insulating line of defense)이 된다.

슈퍼바이저들은 국립상담전문가위원회(National Board of Certified Counselors)에서 공인하는 임상 슈퍼바이저 자격증이나 주(州)에서 인증하는 슈퍼비전 자격증과 같은 해당 증명서를 가지고 있어야 한다. 또한 상담 슈퍼바이저들은 상담학 박사학위를 소지하고 있을 수 있는데, 이는 그들이 자살이나 폭력 등의 어려운 임상적 주제와 관련한 슈퍼비전, 윤리 과목을 듣거나 세부 전공을 하는 등 성공적으로 고급 대학원 과정을 끝마쳤다는 것을 의미한다. 그러므로 이러한 자격증을 가지고 학위를 지닌 슈퍼바이저들은 그들이 지도하는 학교 상담사들이 다루게 될 잠재적인 윤리적·법적 문제에 대해 속속들이 알고 있어야 한다.

슈퍼바이저가 요즘 학생들의 동향에 대해 잘 아는 것과 더불어, 학교 상담사 슈퍼바이지가 학생 사례와 관련된 슈퍼바이저의 지시와 조언에 잘 따르는 것도 중요하다. 대부분의 사례에서 슈퍼바이저들은 현재 학교 상담사들이 학교에서 경험하는 것과 비슷한 상황을 겪은 적이 있고, 슈퍼바이지들이 어떻게 반응해야 하는지도 정확히 알고 있다. 만약 슈퍼바이저가 비슷한 상황을 겪어 보지 않았거나 유난히 어렵고 힘든 사례에 대해 구체적인 임상적 개입 방법을 잘 모르는 경우, 그 슈퍼바이저는 학교 상담사가 잠재적으로 자살 위기에 있거나 폭력적인 학생들에 대해 최선의 방식으로 개입하는 것과 관련된 정보를 얻을 수 있는 방법을 알고 있어야 할 것이다.

슈퍼바이지들은 가급적이면 슈퍼바이저의 지시와 조언을 신중하고 철저하게 따를 필요가 있다. 만일 슈퍼바이저의 지시나 조언이 부적절하거나 옳지 않다고 생각된다면, 이는 그동안 슈퍼바이저와 슈퍼바이지 간의 의사소통에 문제가 있었을 가능성이 있다. 슈퍼바이지가 슈퍼바이저의 지시를 좀 더 명확하게 이해하기 위해서는 함께 파트너로서 작업을 해야 한다. 슈퍼바이지는 개입의 의도된 목적과 슈퍼바이저가 지시한 개입이 과거에 어떻게 진행되었는지 이해하기 위해 슈퍼바이저에게 도움을 요청해야 한다. 다르게 말하면, 슈퍼바이지는 이러한 기회를 임상 슈퍼바이저로부터 배울 수 있는 시간으로 삼아야 한다는 것이다. 우리는 슈퍼바이지가 지시를 명확하게 이해하고 지시된 개입의 이유에 대해 알게 되면 그들이 가지는 걱정이 사라지고 개입이 효과가 있을 것이라는 점을 발견할 수 있다.

만일 슈퍼바이저로부터의 조언이 주 상담 관련 법률이나 상담 윤리 강령에 확연히 어긋난다고 여겨진다면 슈퍼바이지는 다른 선택지를 고려할 수도 있다. 우선적으로 슈퍼바이지는 언제나 임상 슈퍼바이저에게 도움을 요청해야 한다. 윤리 강령이나 상담 법률 조항을 슈퍼비전 시간에 가지고 가서 슈퍼바이저에게 그 지시가 윤리 강령이나 상담 법률 조항을 어떻게 따르고 있는지 설명을 요구한다. 만일 슈퍼바이저가 그 지시가 윤리 강령이나 상담 법률 조항을 잘 따르고 있다는 점을 충분히 설명하지 못한다면, 학교 상담사가 그 강령이나 법을 어길 것이 아니라 다른 방법을 찾아보아야 할 것이다. 고려할 수 있는 다른 방법으로는 좀 더 경력이 있는 임상 슈퍼바이저에게 슈퍼비전을 받거나 국가 혹은 주의 상담 전문기관에 연락을 취해 보고, 상담 윤리 전문가와 이야기를 나누어 보는 경우가 있다. 좀 더 경력이 있는 임상 슈퍼바이저나 상담 윤리 전문가와 이야기를 나눈 후에도 여전히 윤리적 혹은 법적으로 조항을 위반하고 있다고 여겨지면 반드시 그에 대한 걱정을 문서화하고 슈퍼바이저의 반응을 기록해야 한다. 만일 그 걱정이 슈퍼바이저에 의해 무시되거나 슈퍼바이저가 학교 상담사에게 상담 윤리 강령이나 법을 어기라고 계속해서 종용한다면, 슈퍼바이지는 주나 전문가 협의회에 연락해서 민원을 제기할 수 있는 가장 적합한 절차에 대해 결정할 수 있도록 해야 한다. 다행인 것은 우리의 경험상 이러한 경우는 극히 드물다는 것이다. 우리가 친숙하게 여기는 대부분의 임상 슈퍼바이저들은 슈퍼바이지와 내담자 모두에게 가장 좋은 선택을 진심으로 원하고 있고, 상담 윤리와 법에 대해 충분히 이해하고 있다.

5. 학교 법률 상담

얼마 전에 나의(Juhnke 박사) 열네 살짜리 아들이 믿을 수 없을 정도로 맛있는 딸기 럼주 핫케이크 수플레로 유명한 어느 조찬 식당에서 생선튀김 샌드위치를 주문하였다. 그가 그 생선을 좋아했을 것 같은가? 정확하게 말하면… 그 요리는 정말 끔찍하였다. 왜 그랬을까? 그 이유는 그 식당의 요리사들은 조찬 요리 전문가였기 때문이다. 그들은 정말 맛있어 보이는 딸기 럼주 수플레와 장식이 많고 화려한 오믈렛 요리, 그리고 휘핑크림과 달콤한 과일이 올라간 아침 패스트리를 잘 만드는 사람들이었다. 물론, 그들은 요청 받은 피넛 버터 젤리 샌드위치를 만드는 것처럼 생선 샌드위치 또한 만들 수 있을 것이다. 하지만 이는 그들의 전문 분야가 아닌 것이다.

이제 당신이 학생 생존자들과 그들의 가족뿐만 아니라 자살 혹은 폭력 가능성이 있는 학생들에게 효과적인 임상적 개입을 제공하는 것에 관심이 있는 학교 상담사(혹은 정신건강 상담사)라고 가정해 보자. 아마 당신의 관심과 초점은 학교 법보다는 효과적인 예방, 개입, 사후 중재에 가 있을 것이다. 물론, 당신은 윤리 강령이나 법적 문제에 대해 많은 것을 알고 있을 것이다. 하지만 최고의 학교 상담사가 되는 것에 더 초점을 두지, 최고의 법 관련 상담사가 되는 것에는 별 관심이 없을 것이다. 그렇지 않은가?

만일 우리가 학교와 관련하여 윤리적 혹은 법적인 상담을 필요로 한다면, 우리에게 필요한 사람은 학교 관련 법을 전공하고 법학 학위를 소지하고 있는 훈련된 법률 전문가일 것이다. 우리는 우리가 임상 사례에 매진하듯 법적 사례에 매진하는 전문가를 원한다. 소송을 일삼는 우리 사회와 빠르게 바뀌는 판례를 고려하였을 때, 우리가 돕는 학생과 우리의 학교, 우리의 소속 커뮤니티 그리고 우리 자신을 지키기 위한 가장 좋은 방법이 무엇인지 정확히, 즉각적으로 말해 줄 수 있는 법률 전문가가 필요한 것이다. 만약 당신이 교육청에서 근무한다면 아마 교육청의 법무 부서를 통해 이러한 전문가와 자유롭게 접촉할 수 있을 것이다. 그들을 활용하라. 어떤 개입을 시행하기 전에 그 개입에서 발생 가능한 소송과 관련된 이슈를 잘 처리할 수 있을지에 대해 법적인 자문을 구하라.

나는 Greensboro에 있는 North Carolina 대학의 상담교육 및 연구전문상담소의 관리자로 있을 때, 대학의 법무부서로부터 자문을 얻었다. 그들은 내가 아는 가장 훌륭한 법률 전문가 중 일부였다. 그들이 비록 학교 상담 전문가는 아니었지만, 윤리적이고 법적인 이슈를 고려하면서 학생의 임상적 요구를 처리할 수 있는 가장 좋은 개입을 함께 만들어 냈다. 나는 그들과의 상호작용이 무척 즐거웠고, 그들이 학생들에게 굉장히 큰 도움이 되었다고 생각한다.

솔직히 말해, 당신이 만약 상담을 하고 있는 사람이라면 법률 전문가를 활용하는 것뿐만 아니라 좋은 전문가 책임보험을 드는 것이 매우 중요하다고 생각한다. 학교에서 자살이나 폭력 사건이 발생하면, 누군가는 소송에 휘말리게 될 가능성이 높고 비난이 퍼부어질 것이다. 그리고 당신은 엄청난 감정의 롤러코스터에 오르게 될 수도 있다. 최고의 법적 자문을 가지고 있다는 것은 당신에게 필요한 보호를 받을 수 있다는 것을 보장해 준다.

6. 위기관리 상담

흥미롭게도, 내(Juhnke 박사)가 알고 있는 대부분의 전문가 보험회사는 위기관리 프로그램 및 협의 업무를 수행하고 있다. 위기관리 프로그램은 종종 소송과 관련된 주제(예: 비밀보장, 폭로, 상담기록 등)를 다루는 과정으로 되어 있다. 이러한 프로그램의 목적은 갈등이 발생하기 이전에 가능성이 높은 상황을 미리 제시하여 전문가 책임과 관련된 항의를 감소시키는 것이다. 훈련은 DVD나 온라인 프로그램을 통해 이루어지기도 한다.

이러한 전문가 보험회사는 보통 무료 상담 전화를 제공하고 있다. 이를 통해 잠재적으로 고위험인 사례(예: 자살하는 학생)가 발생하는 경우 그들은 위험 부담을 최소화할 수 있는 방법에 대한 직접적인 지시를 할 수 있다. 물론 그들의 관심이 처리될 필요가 있는 임상적 요구에 제한되어 있는 것은 아니다. 하지만 그들은 잠재적으로 발생할 수 있는 소송이나 항의를 겪을 가능성이 있는 학교 상담사에게 중요한 정보를 제공할 수 있다.

7. 요 약

이 장에서는 학교 상담사들이 알고 싶어 하는 윤리적·법적 이슈들에 대한 전반적인 개관을 제공하였다. 우리는 상담 윤리 강령, 주 상담 법 그리고 윤리적 의사 결정 모델의 네 가지 주요 원칙 등이 가지는 중요성에 대해서도 논의하였다. 독자들은 윤리적으로나 법적으로 건전한 임상적 개입을 하기 위해 다섯 가지의 협의 모형에서 네 가지 원칙을 어떻게 활용할지, 그리고 임상 슈퍼비전과 교육청에서의 법률 상담, 위기관리를 어떻게 활용하면 좋을지에 대해서도 배웠을 것이다. 무엇보다도 학교 상담사는 법률 자문을 포함하여 다른 전문가와의 논의 없이는 절대로 개입을 시행해서는 안 된다는 점을 지지하였다. 상담사는 론 레인저[6]가 아니다. 그는 가상의 인물이다. 론 레인저조차도 계획을 시행하기 전에 이를 공유할 수 있는 믿을 만한 자문가가 곁에 있었다. 오직 이 세상에서 유일한 학교 상담사가 되려고 하지 마라. 언제나 전문가 동료, 슈퍼바이저, 법률 전문가와 상의하라.

---

6) 미국의 라디오와 텔레비전 프로그램·책·영화·코미디 등에 등장하는 가상의 인물. 서부에서 법의 테두리 밖에서 보안관과 같은 역할을 한 사람이다. 그는 죽은 형의 조끼로 만든 검은 복면을 하고 종마 '실버'를 몰고 서부를 누비면서 곤경에 처한 사람들을 돕고, 악과 싸우며 정의를 지킨다. 이 인물의 이름을 따서 '론 레인저 증후군'이라는 용어가 생겼는데, 이는 주로 '독단으로 일을 처리하는 태도'를 일컫는다(브리태니커 사전 참조).

CHAPTER **11** 위기 대응과 효과적인 개입 방안

학생들이 배우고 친구들과 교제할 수 있는 환경을 만들어 줄 필요가 있고, 학생 자살과 폭력적인 행동의 빈도를 감안하였을 때 교육청 관계자, 교장, 상담사, 교사, 직원, 학부모는 학교가 잠재적인 위기와 외상 사건에 효과적으로 대응하기 위해 철저히 준비하는 것을 확실히 하도록 협력적으로 작업하기를 틀림없이 바랄 것이다. 명백히, 준비성을 점검하는 시기는 자살이나 폭력 사건이 발생하기 전이다. 그러므로 이 장의 의도는 그러한 준비성을 갖추는 방법과, 독자들이 그러한 위기 상황이 발생하기 전에 이러한 준비성을 보장하기 위한 일반적인 틀의 개발을 돕는 방법 모두를 논의하기 위함이다.

안타깝게도, 어떠한 자살이나 폭력에 대비해서 잠재적으로 필요한 위기 대응 시나리오를 예측할 수는 없다. 학교 폭력이나 자살의 대응에 필요한 잠재적인 모든 유형을 위한 훈련이나 반복연습을 할 수는 없다. 그래서 이 장은 학교 상담사가 일어날 가능성이 높은 자살의 일반적인 유형과 특정한 학교 장소에서 발생할 가능성이 높은 폭력 사건을 신중하게 생각하여 그들 학교의 특정 요구에 가장 적합한 실제적인 틀을 만들어 내는 것을 돕기 위해 마련되었다. 의심의 여지없이 각 학교는 그러한 틀을 만들 때에 고려되어야 할 개별적인 요소가 있을 것이다. 그 틀은 개별 학교 요인에 맞도록 조절하거나 수정할 수 있다.

1. 위기 계획

Jimerson, Brock 그리고 Pletcher(2005)에 따르면, 위기에 대응하는 학교는 "준비성에 대한 공유된 토대"(p. 275)가 필요하다. 교직원들의 전문성이 다양하고(예: 학교 상담사, 심리학자, 사회복지사 등), 전문가적 철학과 훈련 내용이 다른 상황에서 Jimerson과 동료들의 말은 특히 옳은 듯하다. 자살과 폭력에 성공적인 학교 개입을 기대하기 위해, 독자들은 서비스의 기반이 되는 상호적으로 동의된 토대를 공유해야 한다.

미국 교육부는 『위기 계획에 관한 실제적인 정보: 학교와 공동체를 위한 안내서』를 출판하여 그러한 공유된 토대에 관한 안내(2007)를 하고 있다. 이 안내서는 그 자체로 일반적이고 학교 전문가들이 자연재해부터 학교 폭력까지 학교가 모든 것에 대응한 준비를 하도록 만들어졌는데, 이 장과 구체적인 관련성을 가지고 있다. 이 안내서에 따르면, 네 가지 연결된 학교 위기관리 단계가 있는데, ① 최소화/예방, ② 준비, ③ 대응, ④ 회복이다. 우리는 앞의 여러 장에서 학교가 관련된 자살과 폭력에 대해 어떻게 대응하고 회복할지에 대한 큰 틀을 잡았다. 그러나 아직 매우 중요한 두 단계에 관해 논의하지 않았다. 최소화/예방 단계와 준비 단계로 이 두 가지는 이 장과 특히 관련이 있다.

1) 최소화/예방 단계

최소화/예방 단계는 근본적으로 학교 행정관, 교사, 직원, 경찰, 학교 안전담당관, 의료담당, 학부모, 학생 사이에 학교에서의 자살과 폭력이 특정한 교내 장소에서 일어날 수 있다는 생각과 논의를 불러일으키기 위해 만들어졌다. 미국 교육부 모델에 따르면, 이러한 위기의 가능성을 알고 있는 것은 이 단계에서 중요하다. 요점은 학교에서의 자살과 폭력이 학교 상담사, 교사, 직원, 응급상황 대응 직원, 학생, 부모에 의해 논의되기만 하면, 생명과 재산에의 위험 부담을 줄이거나 제거하는 방법에 관한 이야기가 결과적으로 이어진다는 것이다.

(1) 미국 교육부 모델

미국 교육부 모델은 위기 대응 계획이 최고위 직책의 사람들(예: 지역 교육감, 교장, 기관장, 시장, 경찰서장 등) 사이에서 시작되어야 하고, 기관 간의 계획, 지역 간의 계획을 위한 시간, 자원, 권위의 배분을 보장해야 한다고 주장한다. 설득력 있는 개입과 임상적으로 적절한 대응은 일반적인 위기 대응 언어뿐만 아니라 교류를 통한 생각과 논의의 생산을 필요로 한다. 특히 각 기관이 어떻게 다른 사람들에게 반응하고 지지할지를 기술하고 있는 이러한 논의는 각 기관이 학교와 관련된 자살이나 폭력을 경험한 학생들의 필요에 부합하기 때문에, 병원을 포함한 응급의료 서비스, 법 집행, 정신건강, 지역사회 모임 간의 새로운 합동 위기 대응 파트너십을 촉진해야 한다.

(2) 위기 대응 파트너십 조성 및 명확한 대응 권한 구축 실패

지금까지 내(Juhnke 박사)가 전문적으로 참여해 온 가장 큰 규모의 위기 개입은 허리케인 카트리나와 관련되어 있다. 2005년 가을, 약 1만 4,000여 명의 카트리나 생존자가 Texas의 San Antonio로 실려 왔다. 대부분은 이전의 Kelly 공군기지를 통해 비행기나 버스로 수송되었다. 혼돈으로 가득 차 있고, 아이들은 부모와 떨어졌다. 가족들은 절박하게 사랑하는 사람들을 찾았다. 동료 상담 교직원, 상담 석·박사 학생들과 나는 유입되는 생존자들을 위한 들것과 숙소를 준비하는 것부터 사랑하는 사람들의 죽음을 목격해서 괴로워하는 아이들을 상담하는 것까지 모든 일을 하였다. 나는 이 경험이 미국 교육부 모델의 중요성을 완벽하게 반영하고 있기 때문에 이것을 언급한다.

많은 사람들의 헌신적인 노력에도 고위직에 있는 몇몇 사람들은 San Antonio에 도착한 대규모의 피난민을 고려하는 것에 실패한 듯하였다. 동시에, 그러한 대규모

364 CHAPTER 11 위기 대응과 효과적인 개입 방안

서비스 요구에 대해 매우 적은 합동 위기 대응 파트너십이 구축되었고, 곤궁한 상황에 처한 대부분의 사람들을 위한 서비스가 제대로 이루어지지 않았다. 내가 임시 환자 분류구역에서 상담하고 있던 어떤 시점에 행정 조정 지시에서 변화가 일어났다. 서비스 제공자와 자원봉사자들이 즉시 상담 서비스를 중단하고 건물을 비우라는 명령이 떨어졌다. 그러한 경험은 상담을 받고 있던 사람과 하고 있던 사람들에게 대단히 실망스러운 것이었다.

2시간 내에 새로운 지시로 되돌아가거나 다시 바뀌었다. 나는 무슨 일이 일어났는지 정확히 알지 못한다. 하지만 나는 떠나라고 명령을 받았던 건물에서 다시 상담을 하게 되었다. 안타깝지만 많은 노력에도 나는 내가 상담을 하고 있던 사람을 찾지 못하였다. 내 바람은 그들이 다른 상담사라도 상담을 시작하는 것이지만 나는 상황을 알지는 못할 것이다. 어떤 쪽이든 불필요한 행정 지시가 진행 중이던 상담의 효력을 크게 떨어뜨렸다. 아무리 좋게 생각하여도, 그 경험은 내담자를 좌절하게 하였다. 그러한 경험은 학교와 관련된 자살과 폭력 대응 계획을 세우는 데에 학교 구역, 지역사회, 학교의 고위직 사람들이 시간과 자원을 배분해야 한다는 것을 강조한다. 대책반은 특정한 기관이 무엇을 하고, 누가 최종 권한을 가지고 있으며, 어떻게 서비스가 협동적으로 제공될 수 있는지를 이해하고 있어야 한다. 명확한 동의와 구체적인 서비스 경계 설정이 없다면, 학생과 가족은 다시 외상을 경험하게 될 것이다. 학교 상담사 그리고 학생과 가족에게 평가와 상담 서비스를 제공할 준비가 된 사람들은 에너지와 귀중한 치료시간을 낭비하게 될 것이다. 그리고 모든 사람들의 물리적인 안전이 위태로워질 수 있다.

(3) 개별 학교와 학생의 요구 충족

어떤 위기 대책이 최고위 행정관들 사이에서 동의되었다고 하더라도, 그 계획은 개별 학교의 독특한 필요와 개별 학교 내에서 서비스를 받는 모든 학생의 필요 모두를 충족시켜야 한다. 다시 말해, 초·중·고등학교라는 학생들 간의 중요한 차이가 있는 상황에서 그들의 일반적인 나이와 관련된 언어와 필요가 고려된 계획이 고안되어야 한다. 구체적으로, 모든 배부되는 자료는 나이에 적합한 방식으로 기술되어

야 한다.

또한 모국어가 영어가 아닌 학생들이 있는 학교는 위기 계획을 그들의 모국어로 말하거나 쓰인 지시사항으로 정보를 제공해야 한다. 동시에, 학교에 신체적·정서적·정신적으로 장애가 있는 학생이 있다면, 개입 계획은 그들과 그들의 개별적인 요구에 부합하기 위해 명확하고 간결한 방법으로 되어야 한다. 나는 전체 지역과 체계를 관리할 책임이 있는 '최고위 행정관'이나 심지어 각 학교의 개별 교장보다 오히려 이처럼 학생과 일하는 사람들이 더 개별 학생의 필요를 인지하고 알아차릴 것이라고 믿는다. 그러므로 최고위 행정관은 중요한 지원, 자원, 시간을 이러한 특별한 사람들에게 서비스를 제공하는 인원에게 투자할 필요가 있다. 각각이 개별 학교의 모든 학생의 필요를 충족시키는 진정으로 효과가 있는 위기 대응 계획의 제작과 개발을 보장하기 위해 필요하다.

(4) 위기 대응 계획 접근성

추가적으로, 그러한 위기 대응 계획은 행정관, 교사, 직원, 학생, 대책반이 쉽게 접근할 수 있어야 한다. 위기 대응 계획에 접근할 수 없는 것보다 나쁜 것은 없다.

사건이 발생하기 전에 위기 대응 시간에 대해 이해하고 있는 것이 중요하다. 유감스럽게도 나의 경험상 많은 사람들이 자신이 속한 학교의 위기 대응 계획을 상세하게 알지 못하였다. 이들은 위기 대응 계획을 **충분히** 숙지하고 있다고 생각하며, 필요할 경우에는 이러한 계획에 따라 행동할 수 있다고 생각한다. 위기 대응 계획에 따른 행동이 방해받거나 이러한 계획을 따르는 것이 지연된다면, 이들 및 이들의 학생은 위험에 취약한 상태에 놓이게 될 것이다.

비행기를 탔을 때 위기 상황에서의 대처법을 설명하는 승무원들을 무시하는 주변 승객을 얼마나 많이 보았는가? 물론, 나(Juhnke 박사)는 이 글을 읽고 있는 우리가 이러한 짓을 할 것이라고는 결코 생각하지 않는다. 하지만 나는 당신이 다른 사람들이—적어도 한 번이라도—이러한 지시에 충분한 주의를 기울이지 않는 것을 목격했으리라는 강한 추측을 해 본다. 내가 생각하기에 2009년 1월 15일 허드슨 강에서 있었던 US Airways Flight 1549의 Captain 'Sully' Sullenberger의 불시착(crash-landed) 사고가 난 바로 다음 날에는 사람들이 승무원의 지시에 엄청난 주의를 기울였을 것이다.

그렇다면 승객들은 왜 이러한 지시에 귀 기울이지 않는 것인가? 이는 그들이 탄 비행기가 불시착할 것이라고 믿지 않기 때문이다. 만약 그랬다면, 그들은 애초에 비행기에 타지도 않았을 것이다. 이러한 이야기가 무슨 상관이냐고 묻고 싶은가? 물론 그렇지는 않을 것이다! 연관성은 명백하다. 비행기를 이용하는 승객들처럼, 우리들 중 대다수는 자살과 학교 폭력에 대응해야 하는 날이 오늘일 것이라고는 생각하지 않는다. 만약 우리가 이렇게 믿었다면, 학교의 위기 대응 계획을 전날 밤 다시 살펴봄은 물론, 희생자, 교장, 위기 대응팀, 경찰에게 연락을 할 것이다. 즉, 우리는 위기가 발생하기 전에 개입할 것이라는 뜻이다.

불행히도, 현실은 다르다. 대개 사건이 발생하는 날은 다른 날과 별 다를 바 없이 시작된다. 우리는 아침을 먹으며 가까운 사람들과 이야기를 나눈다. 그리고 모두가 일을 하러 나가거나 학교에 간다. 늘 가던 그 길을 따라 학교에 가고, 도중에 늘 가던 곳에 들러서 커피를 사고, 늘 차를 대던 곳에 주차를 한다. 우리가 위기상황에 휩쓸리기 전까지 이 날은 평범하고 평소와 다를 것 없는 날인 것처럼 보인다. 우리가 위기를 알아차리게 되는 순간, 우리는 더 이상 준비할 수 없는 처지에 놓인다. 사건은 진행이다. 우리 학생들의 정서적 · 신체적 안전은 여러 가지 복합적인 요소에 달려 있다. 어떤 요소는 우리가 통제할 수 있는 범위를 완전히 벗어나 있다. 또 어떤 요소는 준비와 훈련, 위기 대응 계획에의 접근성, 신속하고 합리적으로 대응할 수 있는 우리의 능력에 달려 있다.

(5) 절차, 방침 그리고 프로그램

그렇기 때문에 최소화 및 예방 단계(Mitigation and Prevention Phase)는 학교 상담사에게 특히 중요하다. 이러한 단계에 투자하는 것은 참사(예를 들어, 애인에게 차인 후 애인을 죽이고 자신도 죽는 고등학교 2학년 학생의 경우)가 발생할 가능성을 줄여 준다. 연방위기관리국(The Federal Emergency Management Agency, 2003)은 다음과 같이 말하고 있다. "최소화는 위험한 사건으로부터 생명과 재산의 장기적인 손해를 입을 확률을 줄이거나 없애기 위해 취해지는 모든 지속적인 행동이다. 최소화는 … 위험에 대한 취약성을 장기적으로 줄이는 데에 기여한다."(p. 20) 이 단계는 자살이나 학교 폭력이 일어나는 것을 막거나 중재해 주는 학교의 절차, 방침, 프로그램을 교직원들이 사려 깊게 적용하는 것을 요구한다. 접근 통제와 금지물품에 대한 통제 절차가 이에 대한 중요한 예다. 여기에서 학교 행정가, 교사, 교직원, 학생증을 소지한 학생들, 선별된 방문자 등의 사람들만 교내에 들어올 수 있다. 접근이 제한되므로 어느 누구에게도 교내를 마음대로 돌아다닐 수 있는 무제한적인 자유가 주어져서는 안 된다. 접근이 허가되는 경우, 일반적인 공간에의 접근으로 제한되거나, 다른 사람과의 동행하에 특정한 공간으로 갈 수 있는 허가를 얻는 것으로 제한된다.

두 번째 영역인 금지 물품에 대한 통제 역시 마찬가지로 중요하다. 총, 칼 그리고 무기로 사용될 수 있는 물건은 금지물품으로 간주되고 즉시 압수한다. 그러므로 교내에 들어올 수 있는 사람이 누구인지, 교내에 들고 들어올 수 있는 것은 무엇인지를 정하는 것은 중요하다. 이러한 절차, 방침, 프로그램의 목적은 학생들이 상처받을 가능성과 정도를 줄이기 위해 가능한 요인을 최대한 통제하는 데에 있다. 어떤 이들은 나에게 이러한 절차, 방침, 프로그램을 도입하는 것이 안전을 보장해 주고 학교 내에서의 모든 자살 사고와 폭력 사고를 없애 주는지 질문하기도 하였다. 유감스럽게도 대답은 '아니다'이다. 하지만 이러한 접근 통제와 금지물품에 대한 통제를 도입하지 않는 것은 학생들을 더 큰 위험에 놓이게 만드는 일이며, 이는 상담 전문가 스스로에게 비양심적인 일이다.

이 같은 질문을 하는 사람들은 대개 자유를 제한받기를 원하지 않는 사람들이다. 그들은 이러한 절차, 방침, 프로그램들이 자신을 부담스럽게 하고 불편하게 만든다고 느낀다. 하지만 학생들을 더 큰 위험에 놓이도록 하는 것이 비양심적인 것은 아니라 할지라도 이는 불법적인 일이다. 학생과 교직원들을 잠재적인 위험으로부터 보호하기 위해 그들이 할 수 있는 것을 다하지 않는 학교 행정가와 전문가는 태만하다고 할 수 있다. 그러므로 이러한 절차, 방침, 프로그램의 진정한 목적은 자살 사고와 폭력 사고가 일어날 위험성을 줄이는 데에 있으며, 이러한 사고가 발생할 경우 그 심각성을 감소시키는 데에 있다.

최소화 및 예방 단계는 교직원들이 접근 통제나 금지물품에 대한 통제와 같은 절차, 방침, 프로그램에 더해 추가적인 조치를 취하도록 요구한다. 교직원들은 정기적으로 교내와 각 건물을 순찰해야 한다. 특히 교직원들은 사고가 발생할 가능성이 높은 곳이 어디인지, 이러한 가능성을 줄이기 위해 무엇을 할 수 있는지 등의 문제를 이해하고 있어야 한다. 예를 들어, 멀리 떨어져 있고 사람들이 잘 지나다니지 않는 복도는 위험성이 높은 지역으로 분류될 수 있다. 이러한 곳을 다니는 학생들과 교직원들은 절도와 폭행의 위험에 노출되어 있다고 할 수 있다. 따라서 위험을 줄이기 위해서는 이 복도의 출입을 통제하거나 혹은 CCTV와 조명을 좀 더 설치하는 등의 방안이 고려되어야 할 것이다. 다시 한 번 말하자면, 이러한 절차, 방침, 프로그램의 목적은 교내의 상황을 파악하고 사고가 발생하기에 앞서(proactively) 잠재적인 위험을 줄이거나 없애는 데에 있다.

2) 준비 단계

자살 사고와 폭력 사고의 위험을 최소화하고 예방하려는 최선의 노력에도 불구하고, 이러한 사고가 발생할 가능성은 여전히 있다. 준비는 두 번째 단계에 해당한다. 최소화와 예방 단계와는 달리, 준비 단계는 자살 사고와 폭력 사고가 발생했을 때 학교 상담사와 교직원들이 최악의 상황(worst-case Scenario)에 대처할 수 있도록 준비가 되어 있어야 함을 말한다. 달리 말하자면, 준비 단계는 자살 사고나 폭력 사고가 발생한 이후에 우리가 해야 하는 일에 해당한다. 그러므로 학교 상담사들이 이러한 최악의 상황에 대처할 수 있을 만한 만반의 준비가 되어 있다면, 그들은 실제 사고가 발생했을 때에 올바른 대응을 할 수 있을 것이다.

(1) 최악의 상황

최근에 나(Juhnke 박사)는 유난히 덥고, 길고, 격렬했던 경기를 끝마친 한 텍사스 고등학교 미식축구 선수와 이야기할 기회가 있었다. 나는 내리쬐는 텍사스의 태양으로부터 나를 가려주는 거대한 양산 아래에 앉아 있었다. 그는 중간에 거의 쉬지도 않은 채 경기에 참여하였다. 경기가 끝나고 나서 나는 별 생각 없이 이렇게 내리쬐는 열기 속에서 경기를 하는 것은 정말 고생스럽겠다며 말을 건넸다. 이에 대한 그 선수의 대답은 나를 놀라게 하였다. "아뇨, 저희는 여름 내내 내리쬐는 열기 속에서 매일 두 번의 연습을 하기 때문에, 경기 하는 날은 식은 죽 먹기(cinch)나 마찬가지에요. 경기는 고작 한 시간 정도면 끝나요. 연습은 끝날 줄을 모르죠!" 다시 말해서, 경기를 하는 날은 그나 다른 선수들이 해 왔던 가혹한 연습에 비하면 누워서 떡 먹기(cakewalk)였던 것이다.

물론 학교에서 발생하는 자살 사고나 폭력 사고에 대응하는 일은 누워서 떡 먹기는 아닐 것이다. 나는 이러한 사고들보다 더 나쁜 일은 별로 없다고 생각한다. 하지만 최악의 상황을 준비하는 것은 우리가 겪을 수도 있는 덜 심각한 종류의 자살 사고와 폭력 사고에 대응할 수 있도록 해 준다.

(2) 준비 일정 계획

준비 단계에 대해 더 논의하기 전에, 현실적인 준비 일정 계획을 수립하는 것과 관련하여 추가적으로 언급할 것이 있다. 잠재적인 사고 위험에 대처하기 위해 조직된 위원회에서 근무해 본 결과, 나(Juhnke 박사)는 가장 유능하고 똑똑한 사람조차도 갑자기 움츠러드는 것을 목격한 바 있다. 이처럼 대단한 사람도 자신이 근무하는 기관이 거대한 규모의 사고나 교내에서 발생하는 좀 더 사소한 위기에 대응할 준비가 얼마나 부실한지를 깨닫고 나면 그 자리에서 얼어버린다. 솔직히 말해서, 이러한 경우를 접할 때면 은퇴 설계사(retirement advisor)를 처음 만났던 때가 기억난다. 나는 그때 스무 살 남짓 되었고, 은퇴에 대해 생각해 본 바가 없었다. 하지만 나는 잘 알지도 못했던 그 사람의 상술에 이끌려 말려들게 되었다. 간단히 말하자면, 그는 내가 은퇴 후에 유지하고 싶은 생활 수준이 어느 정도인지 확인하였다. 그리고 이를 위해 내가 매주 얼마나 투자해야 하는지를 계산하였다. 그것은 내 은퇴 후 삶의 수준을 내가 원하는 바만큼 끌어올려 줄 것이었다.

말할 것도 없이, 내가 원했던 생활 수준은 당시 내 수입으로는 감당할 수 없는 수준이었다. 그가 내 은퇴 계획을 위해 내가 얼마만큼의 금액을 투자해야 하는지 계산한 결과, 한 달치 월급에 해당하는 액수가 나왔다. 그래서 결국 어떻게 되었느냐고? 정확히, 난 아무것도 하지 않았다. 아무것도 먹지 않고서 길거리에 나와 앉아 있는 것 말고는, 은퇴를 준비하기 위해 요구되는 막대한 액수의 금액을 충당할 방법이 없었다. 게다가 난 내 자신이 실패자인 것처럼 느껴졌다. 도대체 난 왜 스무 살이 되어서야 은퇴에 대해 고민하기 시작한 것일까? 은퇴 설계사가 말해 준 바에 따르면, 나는 열세 살에 혹은 태어나자마자 은퇴 계획을 세우기 시작했어야 했다!

　그래서 내가 무슨 말을 하려고 하느냐고? 학교에서 발생하는 자살 사고와 폭력 사고에 대한 계획을 세울 때에는 현실적으로 접근하는 것이 중요하다는 것이다. 아직 되어 있지 않은 것들에 집중하느라 너무 흥분하지 마라. 대신, 대응 계획을 세우기 위해 현실적인 일정을 만들어라. 당연히 계획과 관련된 모든 것은 어제 다 이루어졌어야 한다. 하지만 현실은 그렇지 않다. 과거를 바꿀 수는 없다. 대신 미래에 필요한 것이 무엇인지에 집중하여라. 현실적인 일정을 수립하는 것은 계획을 제대로 실행할 수 있게 해 준다.

　충고 하나를 더 하자면, 위기대책 계획(preparedness planning)을 위한 자원(예: 돈, 시간, 모임 장소 등)을 관리자에게 요청할 때 그들이 흔쾌히 반응할 것이라고 기대하지 않는 것이 좋다. 관리자는 쉽지 않은 업무를 감당해야 한다. 대부분 그들의 마음과 예산은 자유롭지 못하다. 제한된 자원으로 여러 긴급한 필요를 채워야 한다. 아직 일어나지도 않은 일을 준비하는 것은 그들의 우선순위에서 밀려 있을 것이다. 하지만 계속적으로 위기대책을 갖추기 위한 요청을 해야 하고, 이런 노력을 기록해 두는 것이 중요하다. 만약 충분한 자금을 제공받지 못한다 하더라도 주어진 지원이나 자금으로 어떻게든 위기대책 계획을 수립해야 한다. 우리의 대응 수준에 학생들의 삶이 좌우된다. 학교와 관련된 자살이나 폭력이 발생하면 상담 서비스를 제공할 책임이 있는 사람들에게 가장 많은 비난이 집중될 것이다. 바로 당신일 것이다. 그렇기 때문에 당신이 꾸준히 요청을 해 온 노력을 증명해 줄 기록을 갖고 있는 것이 매우 중요하다. 이와 동시에, 주어진 자원으로 가능했던 대책과 관련된 해당 문서도 만들어 두어야 한다. 즉, 준비성 계획 회의록과 실행계획서, 다른 기관(예: 경찰서, 소방서, 병원 등)의 협조를 구한 교신 자료를 만들어 보관해야 한다.

(3) 간단하고 저렴하고 쉬운 것부터 먼저 하기

위기대책 추진일정의 가장 큰 수확은 학생들의 안전에 즉시 기여할 가능성이 높은 가장 간단하고 저렴한 활동을 찾아 이행한 것이다. 예를 들어, 부근 경찰서장이나, 소방서장 그리고 학부모회 회장과 함께 만나 커피타임을 갖고 위기대책 추진일정에 대해 논의하는 것은 쉽고 저렴하게 진행할 수 있는 활동이지만 매우 유익하다. 이 쉬운 첫 단계의 관건은 당신이 첫 모임에 누구를 초대할지에 대한 결정이다. 당신의 학교 교장선생님과 학부모회 회장이 지지적이고 서로 잘 지내는 사이라면 그들을 초대하라. 그렇지 않다면 모임의 책임자에게 그 사실을 알리고 교장선생님을 초대하지 않기로 결정할 수도 있다. 어떤 결정을 하든 현명하게 하는 것이 중요하다. 서로 완전히 뜻이 맞지 않는 사람들을 모아놓고 정치적인 싸움의 가능성을 높이지 않도록 하라. 그리고 결정을 할 때 당신의 의도를 윗사람들에게 알리는 것이 좋다. 현명하게 결정하지 못하면 곤란한 상황이 발생되어 궁극적으로 일정을 추진하는 것을 방해할 수 있다. 그러한 결과는 학생들에게 피해를, 당신에게는 두통을 줄 것이다.

학부모 중 의사, 병원 관리자, 경찰, 소방관, 구급요원, 간호사, 시장, 시군구 의원, 혹은 도움이 될 만한 정계 인사를 알고 있는 사람이 있다면 위기대책 추진일정을 계획할 때 초대하여 도움을 청한다. 아무것도 없는 상태에서 이런 추진일정을 계획할 수는 없는 일이고, 다른 사람들을 참여시키지 않고서는 좋은 결과를 얻기 힘들다. 당신의 열정과 이러한 위기대책 추진일정을 도와주는 모임을 구성하는 것이 결국 모든 부담이 당신에게 주어지는 것을 방지하며 현실적인 추진일정을 성공적으로 계획하고 시행할 수 있도록 할 것이다.

만약 당신의 학교에 전문직 학부모가 흔치 않다면 다른 지역 학교의 학부모회에 도움을 청하라. 내가 알고 있는 몇몇 자원이 풍부한 지역의 학교들은 '자매 학교'나 '학교 입양' 캠페인을 하고 있다. 즉, 그런 학교의 학부모회는 자원이 부족한 부근 학교에 도움을 줄 수 있다. 지역 방송사나 신문사에서 일하는 사람들도 도움이 된다. 이들은 시장, 군정(郡政) 위원, 부유한 사업가 등 위기대책 추진일정에 도움을 줄 수 있는 유명인사를 많이 알고 있다. 또한 부근 대학 관리자와 교수진에게 연락을 취하는 것을 잊지 않도록 한다. 대학 총장, 교무처장, 학과장들은 종종 부근 학교와 좋은 협력관계를 맺고 싶어 한다. 또 교육행정, 상담, 심리학, 사회복지, 형사 행정학, 간호학과 같은 분야의 교수들을 위기대책 추진일정을 계획할 때 참여시킬 수도 있다. 추후에 그들의 전문 분야와 관련된 대책을 개발하는 데에도 참여를 부탁할 수 있다.

(4) 추진일정을 넘어서는 작업

위기대책 추진일정을 계획할 때 흥미로운 일이 발생한다. 얼마나 많은 국방부 직할부대 및 기관들과 사람들이 함께 일을 해야 학교 관련 자살이나 폭력 사건에 성공적으로 대응할 수 있는지 곧 명확해질 것이다. 정말 도움이 되는 대책 방안을 위해서는 경찰에서부터 교장선생님, 상담사 그리고 성직자까지 포함하여 다양한 사람들 간의 협력관계가 미리 약속되어 있어야 한다. 구체적으로는 협력할 수 있는 개인(예: 학교 상담사)과 단체(예: 소방관들)의 범위가 명확하고 빈틈없이 확정되어야 한다. 하나의 대응집단이 모든 것을 다 해낼 수는 없다. 하나의 축구팀처럼 각 대응집단은 전체적인 그림 속에서 자신의 구체적인 역할과 책임을 이해하고 있어야 한다.

대부분의 학교와 지원 단체(예: 경찰서, 소방서 등)는 이미 어떠한 위기 상황에 대한 프로토콜을 갖고 있을 것이고, 우선 그 프로토콜을 검토하여 참여하도록 되어 있는 사람들과 그들의 역할을 파악하는 것이 합리적일 것이다. 예를 들어, 어떤 학교에 화재나 폭파 협박에 대한 프로토콜이 있다면, 소방서와 학교 관계자들은 현존하는 위기 상황 프로토콜을 토대로 수정 보완할 수 있다. 참여해야 할 사람들이 모두 참석한 자리에서 현존하는 프로토콜을 다시 검토하는 작업은 학교 관련 자살과 폭력에 대한 대책을 명확하게 하고 발전시킬 수 있는 좋은 기회가 된다. 구체적으로, 기존의 역할과 새로 주어질 역할을 분명하게 정하여 지휘계통(chain of command)을 확정지어서 자살이나 폭력 사건이 발생할 경우 각자 누가 어떤 역할과 책임을 갖고 있는지 이해하도록 한다.

3) 의사소통

(1) 학교, 대응팀(responders), 학생, 교직원 그리고 가족

추가적으로 학교와 대응팀은 의사소통 방식을 명확하게 정해 놓아야 한다. 학교 라커룸에서 학생이 자살을 했을 때에 학교 상담사는 구급의료진과 어떻게 연락을 하는 것이 좋을까? 학교에서 총기 사건이 일어나고 있을 때 학교 상담사는 경찰과 어떻게 연락하는 것이 좋을까? 이런 의사소통 관련 질문에 대한 명확한 답을 사전에 생각해 두지 않는다면 매우 큰 혼란이 발생할 것이다. 따라서 학교 상담사와 대응팀은 서로 의사소통이 어떻게, 누구와 이루어지는 것이 좋을지 미리 합의를 하고, 직통 전화번호를 알고 있어야 한다.

교직원, 학생, 가족 그리고 언론 관계자들과의 의사소통도 고려해야 한다. 특히 정보가 어떤 경로로 전달이 되는 것이 좋을지(예: 학교 폭력 사건을 경험한 학생들의 가족에게 전화로 연락하기), 누가 전달하는 것이 좋을지(예: 학교 책임상담사, 교장 등), 언제 하는 것이 좋을지(예: 사건에 대해 아는 즉시, 위급 상황이 해결된 후, 학생의 안전이 확보된 후 등)에 대한 계획을 수립해야 한다. 또한 언론에 발표할 보도 자료와 학부모에게 보낼 편지 양식은 위기 상황이 발생하기 전에 이미 다 준비되어 있는 것이 바람직하다. 즉, 사건 후 실제로 보도 자료와 편지를 쓰는 사람은 아무것도 없는 상태에서 쓰는 것이 아니라 사전에 준비된 양식에 실제 사건에 대한 정보를 입력한다.

(2) 보도 자료와 가정통신문

보도 자료와 가정통신문은 다음 네 가지 요소를 갖추고 있어야 한다.

① 전반적인 사실을 보고한다.
② 사건이 종료되었음을 명확히 한다.
③ 사건에 관여된 사람들을 미화하지 않는다.
④ 학생들의 수업 장소를 공지한다.

보도 자료와 가정통신문은 사건에 대한 전반적인 사실을 충분히 제공하되 기밀을 발설하거나 지나치게 상세한 점을 기재하지 않아야 한다. 제공되는 정보는 사건에 대한 간략한 설명(예: 학교 총기난사, 자살 등)과 함께 언제(예: 오늘 오전 9시 45분), 어디에서(예: 교내 식당) 사건이 발생되었는지, 그리고 누가 연루되었는지(예: 중학교 3학년 학생) 등이다.

보도 자료와 가정통신문은 사건이 종료되었음을 보고해야 한다. 안전이 회복되었다면 그렇게 이야기해 주는 것이 좋다. 다시 학교로 돌아오는 학생들이 더 이상 위험 상황은 없을 것이라는 점을 알고 안심하도록 해야 한다. 하지만 그 누구도 학생의 안전을 보장할 수 없다는 점을 기억해야 한다. 자살이나 폭력 사건이 없거나 적고 안전하기로 소문난 학교라도 학생의 안전은 약속될 수 없다. 그 대신, 보도 자료와 가정통신문에는 학교가 위험 상황을 최소화하려고 시행하고 있는 노력(예: 상담실 연장 운영, 자살 전화상담 운영, 학교 안전담당관 배치)에 대해 언급해 주는 것이 필요하다.

자살 학생이나 총기 사건의 가해자를 절대로 미화하거나 영웅시해서는 안 된다. 모방 자살이나 폭력 행위가 발생할 수 있기 때문이다. 자살 학생의 뛰어난 장점(예: "샘은 사랑이 많고 따뜻한 학생이었고 우리는 그를 절대 잊지 않을 것이다." 등)이나 친구들로부터 따돌림을 받아왔다는 인식(예: "마리는 우리와 친해지려고 노력했으나 우리는 그녀의 노력에 호응해 주지 않았다.")을 부각시키는 것은 절대 하지 않아야 한다. 또한 폭력 가해자를 극찬하는 식의 글(예: "교활하고 똑똑한 가해자 학생은 여러 무기를 수집하여 능숙한 실력으로 학생들과 경찰관을 다치게 하였다.")은 쓰지 않는다.

결론적으로, 학부모 공지사항에는 학생에게 앞으로 있을 수업이 언제, 어디서 있을지 알려 주는 내용을 포함해야 한다. 예를 들어, "수업은 정상적으로 오전 8시에 시작할 것이다."라는 내용을 넣을 수 있다. 다시 한 번 말하지만 내용은 단순해야 한다. 공지사항에는 학교가 정상적으로 운영될 것이라는 내용을 반드시 포함해야 한다.

4) 학교 출입금지, 학교 봉쇄, 외부 대피, 내부 대피

위기가 다르면 그에 대한 대응도 달라져야 한다. 위협이 학교 캠퍼스와 건물에까지 확대될 수 있다면(예를 들어, 폭력의 가능성이 있는 사람이 캠퍼스나 학교 건물로 들어와서 학생들을 해할 가능성이 있다면) 학교 출입을 막아야 한다. 학교 출입금지의 의도는 폭력의 가능성이 있는 사람이 학생과 교직원, 방문객에게 접근하는 것을 막고자 함이다. 이러한 상황에서 모든 캠퍼스와 빌딩에서 외부와 접촉할 수 있는 지점(예를 들어, 문과 창문 등)은 폐쇄되어야 한다. 어떤 사람도 건물이나 캠퍼스를 들어오거나 나가지 못하도록 해야 한다. 추가적으로 학생들이 있는 방은 문과 창문을 잠그도록 한다. 내부와 외부 창문뿐만 아니라 출입문의 창문도 커버를 해서 침입자가 학생들이 있는 방의 내부를 보지 못하도록 해야 한다. 출입금지의 의도와 예상되는 폐쇄 기간에 따라 복도, 화장실, 기타 다른 지역(교사 휴게실, 카페 등)이 폐쇄되고, 학생에게 접근하지 못하도록 장해물을 만들 수도 있다(예를 들어, 문에 체인 감기, 밀폐식 방). 전체 캠퍼스를 보호하는 것은 개별 건물을 보호하는 것보다 더 어려운 일이다. 하지만 주요한 외부 출입 지점, 즉 건물로 접근할 수 있는 문과 도로를 경비하고 보호하도록 해야 한다.

출입금지가 잠재적으로 폭력의 위협이 있는 사람을 막거나 위협이 건물 안으로 들어와서 학생에게 확대되지 않도록 하는 데 있다면, 학교 봉쇄는 위협이 이미 건물 내부에 있을 경우에 사용한다. 이러한 경우는 문제를 일으킨 사람이 건물을 벗어나려고 애쓰고 있거나 극도로 혼란을 야기하면서 건물을 탈출하려고 하는 경우다. 예를 들어, 학교 봉쇄는 한 학생이 다른 학생을 폭행하고 건물을 탈출하려고 시도하는 경우에 적합하다. 절차는 출입금지와 비슷하다(예를 들어, 학생들을 문과 창문이 잠기고 창문이 커버된 방에 있도록 하는 것). 하지만 주 출입문으로 향하는 복도와 외부로 향하는 문은 넓게 열려 있어야 한다. 그래서 탈출하고자 하는 학생이 즉각적으로 열린 문을 볼 수 있고 추가적인 피해 없이 건물을 빠져나갈 수 있도록 한다.

외부 대피는 학생, 교직원, 방문객에게 건물 안보다 외부가 안전하다고 생각될 때 사용된다. 따라서 외부 대피의 목적은 폭탄이나 불과 같은 내부 위험이 발생할 때 건물을 재빠르게 비우도록 하는 것이다. 외부 대피를 실시하는 때는 학교 당국이 폭력 당사자가 학교 안에 불을 지르거나 폭발물을 학교 내부에 설치했다고 생각했을 경우다. 따라서 학생들과 교직원은 대피 경로를 정확하게 알고 있어야 한다. 또한 대피한 사람들은 대피 후에 모일 수 있는 안전한 장소를 알고 있어야 한다.

내부 대피는 외부 위협 때문에 안전한 건물 안으로 학생들을 들어오게 하는 데 그 목적이 있다. 예를 들어, 점심을 먹으러 밖에 있거나 쉬고 있는 학생들은 내부 대피를 공지받으면 건물 안으로 빠르게 들어와야 한다. 학생들이 안전하게 들어오고 적합한 학교 폐쇄 절차가 실행되어 외부 위협이 학교 안으로 들어오지 않게 막는다. 외부 대피와 마찬가지로 학생과 교직원이 일단 학교 건물로 안전하게 들어오면 어디로 가야 할지 알아야 하고 소재를 확인해야 한다.

잠재적인 위험으로부터 학생들을 보호하기 위해 어떤 방법을 사용하든지 간에 소재 확인과 사후 위기 디브리핑 방법이 개발되고 실행되어야 한다. 행방불명된 학생과 교직원을 확인해야 하고, 현재 있는 학생도 재빨리 점검해야 한다. 이 책에서 논의된 사후 폭력 디브리핑은 폐쇄를 경험하는 학생에게 필요할 수 있으며, 이들은 소개된 7단계의 과정을 따른다. 학생들은 학교 폐쇄에 대한 자신의 생각과 감정을 구체적으로 묘사하고 학교 상담사는 연령에 적합한 잔여 효과를 설명해야 한다.

5) 연습, 연습, 또 연습: 안전의 습관화

아주 오래전 재즈 트럼펫 연주자로서 나와 내 친구는 한 행사의 연주를 위해 초대를 받았다. 요청곡은 쉬웠는데, 우리는 이 요청곡을 몇 번 연주해 본 적이 있다. 우리는 이 일이 아주 쉬울 것이라고 확신하였다. 연주 시간이 다가왔을 때 우리는 모두 웃고 있었다. 걱정은 없었다. 나빠질 게 뭐가 있겠는가?

하지만 결과는 참담하였다. 우리가 무대에 오르고 수백의 사람들이 우리를 바라보고 있자 불안은 최고조로 치달았다. 손가락이 얼어붙고 입술이 말랐다. 우리 트럼펫에서는 죽어가는 코끼리 소리가 났고 청중은 웃었다. 무엇이 잘못되었다. 우리는 연주에서 실패하였다. 분명히 우리가 이전에 쉽게 연주했던 곡이다. 하지만 우리는 최

고의 수준까지, 즉 그 곡이 우리의 습관이 될 정도까지는 연습하지 않았다. 아리스토
텔레스는 약간 다르게 이것을 말하였다. "탁월함은 일시적 행동이 아니라 습관이
다." 우리는 곡을 습관이 되도록 연습하지 않고 단순히 일시적으로 흉내만 내었다.

이 책과 관련하여 연습의 시사점은 엄청나다. 학교 상담사와 응급 대응자는 최고
의 계획과 학교 자살과 폭력에 대처하는 구체적인 개입 방법을 가질 수 있다. 하지
만 이러한 계획과 개입은 충분하고 빈번한 연습없이는 아무런 소용이 없다. 계획과
개입은 습관이 되어야 한다. Roger Federe와 Serena Williams는 유명한 테니스 챔피
언이다. 그들은 테니스 볼을 일시적으로 치고 US Open을 준비하지는 않았을 것이
다. 완벽한 게임을 위해 수년간을 연습했기 때문에 그들의 테니스 기술은 완벽한 습
관이 되었다.

트럼펫 연주에서 나의 친구와 내가 발견했듯이, 실제 상황에 닥쳐보지 않았을 때
우리는 어리석게도 잘 준비했다고 믿었다. 학교 상담사, 응급 대응자, 직원, 학생은
행동이 습관으로 박힐 때까지 개입과 반응을 연습해야 한다. 정확하게 무엇을 해야
하는지 알고 있어야 하고, 어디로 가야 할지 이해하는 것이 필요하다. 계획과 개입에
서의 실수가 확인되고 수정되어야 한다. 이런 일들이 가능해지면, 습관이 자리를 잡
게 되고, 학생, 교직원, 응급 대응자들이 필요시에 대처할 수 있도록 준비될 것이다.

2. 예방 계획과 대응방침의 틀

다음에 제시한 일반적인 형식은 구체적 계획, 대응방침, 미래의 방침을 설명하는
데 학교에 도움이 될 것이다.

1) 계획

학교 자살 폭력 방지 행동 계획과 방침은 위험 요소를 설명하고 사전에 학교 내
자살과 폭력을 줄이는 수단으로 기능한다. 강조점은 학생들의 자살과 폭력이 일어

나기 전에 효과적인 사전 개입을 하는 데 있다. 따라서 다음의 다섯까지 예방 행동과 계획이 실행되어야 한다. 덧붙여 이러한 내용은 웹사이트, 이메일, 우편으로 학교 행정가, 교사, 상담사, 학생, 교직원, 최초 대응자가 될지도 모르는 사람에게 보내져야 한다.

(1) 자살과 폭력 예방 위원회

매달 모이는 자살 폭력 예방 위원회는 홍보가 잘 되어야 하고 대중에게 열려 있어야 한다. 이 모임은 관심있는 학부모, 학생, 교사, 학교 행정가, 경찰, 정신건강 전문가, 지역 내 유력인사들로 구성되어 운영되어야 한다. 모임의 내용은 다음과 같다.

- 학생들 사이의 자살과 폭력 위협을 줄일 수 있는 창의적인 방법 찾기
- 자살 위험 요인과 의뢰할 수 있는 곳에 대한 인식 높이기
- 학교 안전의식을 높이고 학교를 안전하게 만들기
- 자살과 안전을 위한 고려사항 확인하기(예를 들어, 반복적으로 무기력한 감정과 자살 생각을 나타내는 학생 보고하기, 염려가 되는 장소 보고하기)
- 안전을 위한 가능한 예방책 제안하기

이 위원회는 규칙이나 방침을 만드는 것보다는 학교 행정가들에게 자문기능 역할을 할 수 있을 것이다. 지방법 입안에 함께 참여할 수 있고 학교 내 자살과 폭력 문제를 다루기 위해 정신건강 전문가를 배치하는 일을 함께 해 볼 수 있다.

(2) 인적 · 환경적 탐색

학교행정가, 교직원, 학생, 학부모, 경찰, 학교 상담사들은 무기, 약물, 훔친 물건들, 밀수품을 찾아서 어떻게 처리할 것인지 알고 있어야 한다. 다음 사항에 대한 설명이 필요하다.

- 언제 이러한 검문을 수행할 것인가(예: 불규칙적 검문, 익명의 제보로 인한 검문 등)

- 그러한 탐색과정에 누가 참여할 것인가
- 그 사람들이 갖게 되는 권리는 무엇인가
- 학교 또는 학생들이 함께하는 캠퍼스에 소지 금지된 품목은 무엇인가(예: 총, 무면허 약물 등)
- 수색을 당하거나 소지품을 압수당한 사람들이 이용 가능한 지원 절차는 무엇인가

더욱이 이러한 방침에는 검색이 이루어지는 학교에 언제 그리고 어떻게 교통수단이 들어올 수 있는지에 대해서도 기술해야 한다.

(3) 행위와 행동 기대

관리자, 교사, 교직원, 학생 그리고 부모는 적절한 행동과 수용 불가능한 행동을 모두 인식할 필요가 있다. 이러한 방침은 적절한 행동에 대한 기대를 설명하고, 수용할 수 없는 행동에 어떻게 대처할 것인지 그리고 어떤 지원 절차가 있는지에 대해 기술해야 한다. 자살과 관련해서 행위와 행동 기대는, 만약 학생이 자살 시도를 하거나 자살을 고려하고 있는 것으로 의심된다면 학생, 교사, 교직원 그리고 부모가 취해야 하는 것들을 기술하고 있다.

(4) 개인, 집단 그리고 가족 상담의 보호 체계

학생들이 자살 또는 폭력의 잠재적인 위험에 노출되어 있다고 판단되는 경우에는 예방적인 상담 서비스가 필요하다. 그들은 또한 항우울제 약물과 같은 항정신성 약품을 보장받거나 또는 갈등 해결 훈련과 같은 사회적 학습이 필요하다. 이러한 기대와 요구에 관련된 방침들은 잠재적으로 자살 위험이 있거나 폭력적인 학생과 그 가족에게 상담에 참여하는 것을 통해 자살 또는 폭력적인 행동의 가능성을 줄이도록 할 수 있다.

부수적으로, 치료 회기는 상담사에게 추가적인 평가의 기회를 제공하고 학생의 안전과 발전에 대한 기초선을 제공한다. 시간이 흐름에 따라, 그러한 평가는 예를

들어 약물남용 치료와 같이 관련된 서비스에 대한 상담을 고려할 때 정보를 제공할 수 있다. 게다가, 평가는 학교 상담사들이 위험군에 속하는 학생들이 심장 기능에 이상을 보이거나 자살 또는 폭력적인 것을 생각하거나 행동하는 것을 증가시키는 것에 대한 경각심을 일으킬 수 있다. 이에 따라, 학생들이 자살이나 폭력적인 시도를 하기 전에 성공적인 중재의 가능성이 증가될 수 있다.

(5) 교수와 학생들

자살이나 학교 폭력과 관련된 전문성을 가진 교수는 가까운 거리에 있는 학교에서 발생하는 자살이나 폭력 사건을 마주하게 된다. 흔히 이러한 교수들은 훈련된 자원과 박사과정 수준의 학생들과 함께하기 때문에 예방, 중재 그리고 관련 사건에서 살아남은 학생들을 대하는 방법에 도움이 될 수 있다. 이들 교수 그리고 학생들과 연락을 유지하고 함께 일하는 방침은 서로에게 도움이 된다. 이 방침의 주요한 장점 중 하나는 상담, 사회복지, 심리학, 가족치료, 교육적 리더십, 형사행정학과 같은 영역의 전문가인 교수들은 빠른 시간 안에 어떤 방식으로 요구가 있든지 도움을 줄 수 있는 대학원생 집단을 지원해 준다. 이러한 점은 친구의 자살을 경험한 학생들과 자리를 함께해 주는 것과 이야기를 나누어 주는 것에서부터 생존자와 그들의 부모와 디브리핑을 함께하는 것까지 모든 범위를 포괄한다. 게다가, 예술, 춤 또는 여가 관리 전공 교수와 학생들은 학교에서의 자살과 폭력 사건에 대해 다양하고 창조적인 작업을 할 수 있다. 그러한 경험은 학생들의 치료 과정을 도울 수 있다. 예를 들어, 예술치료자는 어린 학생들에게 경험에 대해 그림을 그리게 하거나, 여가 관리를 전공한 학생들은 학교 운동장에 로프로 만들 수 있는 코스를 만들어 낼 수 있다. 학생들과 교수는 다양한 중재의 효과성에 대해 연구할 수 있고, 연구를 통해 발견한 지식을 학생들의 자살 및 폭력 사건을 예방하는 데 적용할 수 있으며, 서로에게 부정적인 영향을 미쳐 온 학생들을 회복시키는 데에도 도움을 줄 수 있다.

2) 대응방침

다음의 다섯 가지 방침은 학교의 웹사이트에 공지되고 매 학기의 시작 시점에 배부되어야 한다(가을, 겨울, 여름 학기). 대응방침은 학교의 자살 또는 폭력 사건이 발생했을 때 도움이 되는 행동을 고안하는 데 사용된다.

(1) 자살과 폭력 예방 훈련(Drills)

매 학기의 시작 즈음 사전에 지정된 날에 학생과 관리자, 정신건강 전문가, 소방관, 경찰은 각 학교의 캠퍼스에 대해 서로 다른 시뮬레이션에 따른 학생의 자살과 폭력의 상황을 만들고 이에 따라 훈련을 한다. 이러한 시뮬레이션의 의도는 모든 사람이 대응 양식과 절차에 익숙해지는 것을 확인하려는 것이다(예를 들어, 어떤 교실이 폭력 이후의 디브리핑에 사용될 것인지 확인하기, 정신건강 전문가들이 그들의 다양한 위치를 폭력 사건 이후의 중재과정에서 어떻게 이동할 것인지 등). 부수적으로, 매월 학교 출입금지, 학교 봉쇄, 외부 대피, 내부 대피 훈련이 이루어진다. 이러한 훈련에 참여하는 것을 통해 교수, 교직원, 관리자뿐만 아니라 학생들도 사건이 발생했을 때 어떻게 실시하고 빠르게 반응할지에 대해 확실히 할 수 있다.

(2) 자살과 폭력 대응 훈련

관리자, 교장, 상담사, 교사 그리고 행정직원은 현재 진행되고 있는 자살과 폭력에 대한 평가와 대응 훈련을 받아야 한다. 여기서 학교 정신건강 전문가들과 폭력 안전 전문가들은 다양한 학교의 자살 및 폭력 상황에 대해 효과적으로 평가하고 대응하기 위해 세미나를 이수해야 한다(예를 들어, 학생이 자신을 자해하겠다고 위협하는 경우, 학교의 복도에서 총소리가 들린 경우 등). 그리고 어떤 구성원이 자살 또는 폭력 등의 상황에 따라 대응할 것인지를 논의해야 한다. 예를 들어, 세미나를 마친 후 참가자들은 다음과 같은 질문을 받을 것이다. "만약 어떤 학생이 가방에 총을 가지고 있고 예전 남자친구, 담임 선생님 그리고 자기 자신을 죽이려고 위협한다고 또 다른 어떤 학생이 이야기한다면 어떻게 할 것인가?" 이러한 훈련의 의도는 교수, 직원,

그리고 학생들이 학교에서 자살 또는 폭력이 발생할 가능성을 줄이고, 관련된 사람들의 안전을 보장할 수 있도록 하는 데에 있다.

(3) 언론 매체 대응부서 구성(Media Response Unit)

내(Juhnke 박사)가 그 대응에 참여했던 1990년대 후반의 교내 총격 및 자살 사고가 발생했을 때, 지역 텔레비전 뉴스 기자들은 캠퍼스로 와서 무작위로 학생과 학부모, 교사들을 인터뷰하기 시작하였다. 감정적으로 동요되어 있는 부모들과 트라우마 상태에 있던 학생들은 유도심문이 섞인 기자들의 질문에 그들이 할 수 있는 한 최선을 다해 대답하였다. 인터뷰를 실시했던 몇몇은 총격이 일어났다거나 총격과 관련된다고 믿었던 부정확한 정보를 제시하였다. 어떤 사람들은 실수로 다른 사람들을 부적절한 방식으로 설명하는 실수를 하였다. 관리자와 교사, 직원 그리고 학생들이 개인적으로 미디어에 이야기하는 것은 막는 것이 좋다. 대신에, 학교 관리자들은 학교의 언론 매체 담당자를 선정하고, 뉴스 미디어는 실제 응급 상황에서 이 담당자를 어떻게 만날 수 있는지 알 수 있어야 한다. 언론 매체에 개인적으로 응답하는 것을 금지하는 것은 학교의 권리를 보호하고 관리자와 교사, 직원 그리고 학생들이 유도 인터뷰를 당하지 않도록 해 준다(즉, 담당자보다 다른 모든 사람에게 행하는 것). 학교 관리자, 교직원, 학생들은 이러한 책무성에 대해 매 학기 확인해야 한다.

(4) 폭력 대응 의사 결정 흐름도(Violence Response Decision Trees)

명백하게 정리되고 지속적으로 업데이트 되는 자살과 폭력 대응 지침은 매우 중요하다. 의사 결정의 흐름도에 따른 지침이 중요한데, 그것은 명확하게 누가 수행하고 구체적인 조건하에 어떤 것이 작동할 것인지를 분명하게 기술하고 있다(예를 들어, 사람들로 가득찬 식당에서 자살을 시도한 경우, 캠퍼스에서 폭력 집단과 관련된 총격이 있는 경우, 캠퍼스 내에서 학생 인질이 있는 경우, 캠퍼스에서 교수를 인질로 잡고 있는 경우 등). 이때 지침은 관리자, 교사, 경찰 그리고 정신건강 전문가가 쉽게 접근 할 수 있어야 한다. [그림 11-1]과 [그림 11-2]는 특정한 학교 현안과 관련하여 적용 가능한 의사 결정의 흐름을 보여 주는 예시다.

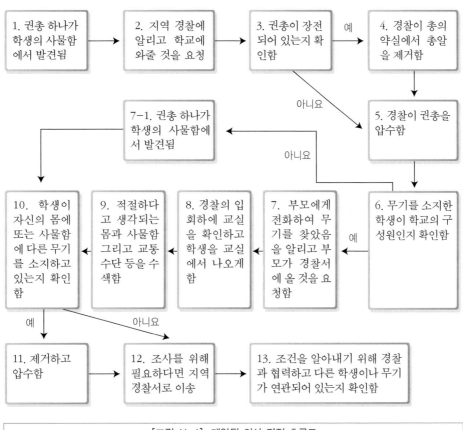

[그림 11-1] 제안된 의사 결정 흐름도

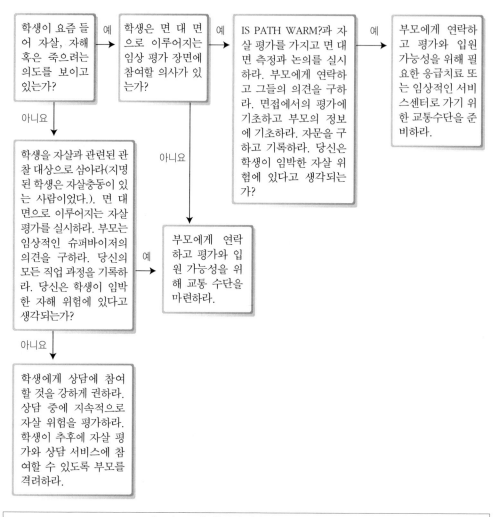

[그림 11-2] 학생의 자살생각에 대한 대응

(5) 병원/응급 의료 서비스/내과 의사/정신건강 전문가

학교에서 자살이나 폭력 사고가 발생했을 때 어떠한 기관 및 전문가들에게 도움을 요청해야 하는지를 명시해 놓은 방침을 수립하는 것은 중요하다.

특히 어떤 병원으로 학생이 이송되어야 할지, 그 병원이 얼마나 많은 학생을 이송할 수 있는지와 지역 정신건강 전문가가 제공할 수 있는 여러 종류의 서비스를 구체적으로 명시하는 방침이 필요하다.

3. 유용한 추수 개입

분명히 학교에서 일어난 자살과 폭력에 따른 피해는 학교를 혼란스럽게 한다. 학교 관리자, 교사, 상담사, 학생 그리고 부모는 학교가 자살과 폭력으로부터 자유로운 곳이라는 것을 보증하기 위해 애쓴다. 그러나 아직은 학교에서 일어나는 자살과 폭력이 가까운 미래에 사라질 것 같지는 않다. 따라서 지역사회-전체를 기반으로 예방과 중재가 일어날 수 있도록 새로운 프로젝트를 약속하는 것이 필요하다. 다음에서 우리는 잠재적인 약속을 보여 주는 새로운 계획을 설명할 것이다. 우리는 학교와 관련된 자살 및 폭력으로부터 학생과 우리 자신을 보호하는 이차적인 변화(second-order changes)를 위한 기회를 믿는다. 학교에서 일어나는 자살과 폭력에 관한 근본적인 믿음을 대체할 수 있는 데에 이런 변화가 기능할 수 있게 하는 것이 우리의 희망이다.

1) 학교 상담사를 위한 자살 및 폭력 예방과 중재 훈련

많은 학교 상담사가 일선의 최전선에 있다. 그들은 자신의 학생을, 그리고 학생이 사용하는 말을(jargon), 학생들이 직면한 스트레스 원을 안다. 몇몇 전문가만이 이런 상담사로서 학생에게 믿음을 주고는 한다. 그러나 학교 상담사 교육(training)은 지난 15~20년간 거의 달라지지 않았다. 새로운 학교 상담사를 위한 대학원 교육과정은 반드시 자살과 폭력에 관한 평가, 예방 그리고 중재 교육을 포함해야만 한다. 특별히 필요한 과정에 관하여 기술하면 다음과 같다.

- 보호 체계에 근거한 중재
- 잠재적으로 자살 및 폭력 혹은 약물남용의 가능성이 있는 학생에 대하여 평가

- 폭력 중재
- 가족 상담
- 사회 학습 모델과 연계한 인지 혹은 인지행동적 중재

경력 상담사가 이러한 주제에 대해서 다루는 임상 세미나 프로그램에 참여하는 것에 대해서 충분히 칭찬받아야 하며, 격려받아야 한다.

2) 자살 및 폭력 예방 담당관

학교에서 일어나는 자살과 폭력 사건에 대한 연구에 대하여 재정적인 지원을 제공하는 지원기관(funding agencies)의 수를 고려하면, 학교 교직원과 관리자는 각 학교마다 존재하는 자살 폭력 예방 담당관 훈련을 위한 기금을 마련하기 위해 병원, 법조계(law enforcement), 대학, 사회적 서비스 기관 그리고 지역 돌봄기관(parenting group)과 함께 협력적으로 작업하는 것을 고려해야 한다. 자살과 폭력 상담, 아동 · 청소년 발달, 그리고 평가의 특수 부분에서 훈련된 전문가는 이런 위치에 적합할 것이다. 이러한 전문가가 제공하는 상담 서비스로는 사고 위기에 처한 학생(at-risk student) 개인 간, 집단 간 그리고 가족 상담 서비스가 있다.

3) 학생을 위한 방과 후(Extended-Day) 프로그램

긍정적인 또래관계는 자살 사고는 물론, 폭력 조직이 연관된 폭력 사건(non-gang-related violence)의 가능성을 줄이는 데에도 중요한 역할을 하는 것으로 보인다. 따라서 학생을 위해 방과 후 프로그램을 개설하는 것은 아주 중요하다. 즉, 학생들에게 운동 팀이나 혹은 (정규 교육과정이 아닌) 또래 활동에 참여하도록 독려하는 것이다 (예: 스페인어, 밴드 등). 더 많은 시간을 학생들이 감독되고 구조화된 환경에서 마약이나 술 없이 보낸다면, 자살 혹은 폭력 행동을 저지를 시간이 줄어들 것이다. 부수적으로, 조직화된 환경은 더 정확한 평가를 할 수 있는 가능성을 키워 학교 상담사가

자살 혹은 폭력 가능성이 크거나 부진한 학생(decompensating)을 정확하게 평가할 시간이 증가한다.

4) 부모, 조부모 그리고 대가족(Extended-Family) 프로그램

부모, 조부모 그리고 대가족은 학생이 자살과 폭력으로부터 자유로운 데에 필수적인 역할을 한다. 이전의 중재는 종종 유년기의 유의한 영향의 역할에 대해 평가 절하하고, 힘을 약하게 하여 슈퍼비전의 효과성도 감소한다. 학생과 또래의 삶에서 능동적으로 이런 주요한 사람들에게 포함되는 것은 보다 큰 지역사회에 대한 감각을 창조하고 친사회적 행동을 증가시킬 수 있다.

정기적 가족모임(ritual)을 가지도록 가족을 교육시키는 것 또한 필수적이다. Gurian(1999)은 "모든 소년들의 삶은 가족의식에 의해서 고양된다."(p. 140)라고 하였다. 의식은 매일의 가족 상호작용(예: 전체 가족이 저녁을 모여서 먹는다)에 더하여 매주의 의식(예: 부모님이 교대로 토요일 아침은 맥도날드에서 아이들과 함께 먹는다)이 포함되고, 지지받는 기회를 증가시키며 부모-자녀 간 상호작용을 촉진한다. 따라서 이는 학교 단계가 아닌 가족 단계에서 자살이나 폭력의 가능성을 감소시키고, 자녀가 걱정하는 것들이 다시 구조화될 가능성을 증가시킨다.

5) 비징벌적, 임의적, 종교적 그리고 영적 참여

학생들에게 더 자유롭게 지지적이고, 처벌적이지 않게 종교적이고 영적인 경험에 참여하도록 하는 것은 추가적으로 또 하나의 중재가 될 수 있다. Garbarino(1999)에 따르면 "영성과 사랑은 소년의 삶의 이야기에 남겨진 구멍을 메꿀 수 있고, 그를 더 강하고 긍정적인 자기로 혹은 더 건강한 한계를 가진 사람으로 발전되도록 도우며, 따라서 성마름이나 혹은 거만함에 대해 배상할 필요를 미연에 방지한다."(p. 155) Garbarino는 '영성과 사랑이 기저에 깔린' 종교를 제안하며, 이것이 매일의 경험에서 맥락을 제공하고 삶의 목적을 준다고 언급하였다.

6) 남학생에게 특화된 학교 프로그램

남자 아동·청소년은 자살에 사용하는 도구를 더 치명적인 것을 활용할 수 있으며, 더 폭력적인 가해자가 될 주요한 가능성이 있다.—총기 사고 청소년 중 총을 쏜 학생은 모두 남학생이었다. 이를 통해 확인할 때에 남성을 위한 프로그램의 설립이 중요해 보인다. Murray(1999)는 "학교는 '남학생에게 비친화적인' 집단이다. 초등학교에서는 여학생보다 읽기 발달이 더디고, 더 활동적인 남학생에게 읽기를 강조하고 활동을 금지한다. 교사는 남학생을 여학생보다 가혹하게 훈육하곤 한다. 민감성은 남학생에게 모델링되지 않아서 남학생은 그것을 배울 수가 없다."(p. 1) Garbarino (1999)와 Gurian(1999)은 또한 비슷한 남자아동이나 남자 청소년이 전형적으로 경험하는 스트레스와 문제를 언급하였다(예: 주의결손 장애의 빈도는 남학생이 여학생에 비해 증가한다. 그리고 사회적 기대도 고통이나 상처와 같은 감정에 대해 용인하지 않는다 등). 이러한 주요 쟁점들을 구조화하는 프로그램이 중요하다.

더하여, Bowen과 Bowen(1999)에 따르면 다른 연구(Berman, Kurtines, Silverman, & Serafini, 1996; Jenkins & Bell, 1994; Richters & Maxtinez, 1993)에서도 발견되듯, 재개발 지역에 사는 유럽계 미국인이 아닌 남자아이와 남자 청소년은 훨씬 더 많은 폭력 사건에 노출되며, 폭력과 희생에 노출된 것과 같은 이런 이웃의 위험은 구조화된 프로그램으로부터 도움을 받고 있을 것이다.

7) 지역사회 청소년 활동에의 활발한 참여

지역사회 서비스 사업에서 학생 참여를 독려하는 프로그램(예: 보이스카우트, 걸스카우트, 사랑의 집짓기 등)은 학생을 그 활동에 몰입하도록 한다. 이런 프로그램은 집중적으로 진행되기 때문에 종종 다른 이들로부터 고립될 시간 자체의 양을 줄이며, 자살 사고나 폭력 계획에 관하여 반추할 시간이 적어진다. 학생들이 참여하기 원하는 지역사회 서비스 프로그램의 선택의 자유를 학생들에게 독려하는 것은 지역사회 서비스와 학생들 모두에게 도움이 되는 방법인 듯하다. 사랑의 집짓기를 예로 들면,

학생들에게 삶의 가치와 섬김을 배울 수 있도록 한다. 우리는 학생들이 다른 사람의 가치를 배우고, 활동적으로 다른 사람의 안녕에 기여함으로써, 자살 혹은 폭력의 발생 가능성이 감소할 것이라고 믿는다.

8) 동물 보호 활동 참여

지역의 동물보호소나 혹은 지역동물협회(예: Save the Greyhounds 등)와 연계하는 것은 학생들에게 생명에 대한 돌봄과 이해를 얻도록 하는 논리적인 방법이 될 수 있다. 게다가 청소년의 양육을 통한 상호작용 효과와 자살과 폭력 행동 간의 상관관계는 이미 명확하게 밝혀냈다.

9) 단위학교 중심의 훈육 체계

Walker(1995)는 학교를 벗어난 규율 계획이 연속성을 갖는 것은 안정감을 주고, 학생들의 친사회적 행동이 드러나 관찰 가능해지도록 학생들을 강화하는 학생 돌봄 문화를 촉진한다고 언급하였다. 규율 계획은 학생, 부모, 교사, 행정가가 학교 규칙 및 상벌 시스템(corresponding sanctions)을 알 수 있도록 한다. 따라서 학교를 벗어난 규율 계획은 폭력 행동을 감소시키거나 혹은 친사회적 상호작용을 독려하는 방법으로 만들어질 수 있을 것이다.

10) 처벌기반 방침의 지양

학생들에게는 처벌 방침보다 재활(rehabilitative) 서비스가 필요하며, 이는 명백한 사실이다(Fitzsimmonds, 1998). 이렇듯 이미 정해진 규율에 따르기보다는 친사회적으로 전환되어야 한다. 교육받지 않고 미취업 상태에서 성인 사회에 바로 들어가기에 아직 미성숙한 사람을 거리로 내모는 것, 즉 학생을 퇴학시키는 것은 바람직하지 않다.

Fitzsimmonds에 따르면, 처벌을 위한 정책은 도움이 될 것이 없다. 프로그램과 정책은 또래 그리고 어른들과의 건강한 사회적 상호작용을 강화하기 위해 구성되어야 하며, 성공적인 결과를 가져오기 위한 교육적 계획의 성공을 보장해야 한다.

11) 학교 상담사용 위협 가능성 평가
(School counselor personal threat assessment)

위협과 관련하여 수년간 도외시된 문제 중 하나는 학생들이 학교 교수진, 직원, 상담사에게 위협을 가하는 것이다. Juhnke는 'Danger to Me(위협 가능성)' 평가 척도를 개발하였고 현재 이 척도의 활용 가능성에 대해 연구하고 있다. VIOLENT STUdent 척도와 같이, 'Danger to Me' 평가 척도는 10개의 위험 요소로 구성되어 있고 기억하기 쉽게 'danger to me'라는 머리글자를 따서 만들었다. 학교 상담사들은 학생들로부터의 잠재적 위협을 수량화하고 평가하는 데 이 척도를 활용할 수 있다([그림 11-3] 참조).

D	망상의(Delusional), 환각, 편집, 한정된, 멍한 현실 검증
A	총이나 무기에 대한 접근(Access)
N	체포나 투옥을 포함하여 이전의 폭력 행동 기록 확인(Note)
G	범죄조직의 관여(Gang involvement)
E	폭력의도를 가지고 있는 편지, 시, 영상물, 노래 등 해를 가할 의도의 표현(Expressions)
R	이전의 잔인한 폭력에 대한 뉘우침이 없음, 무자비함(Remorselessness)
T	배신자 혹은 말썽꾼(Traitor-Troublemaker): 학교 상담사는 학생들의 믿음을 배신할 것이고 그들에게 해가 될 것이며, 학생들이 가진 문제의 주요 원인이라는 믿음
O	'나는 학교 상담사를 죽여 버릴 거야.'와 같이 학교 상담사에 대한 직접적이거나 (Overt) 공공연한 혹은 가려진 위협
M	협소한(Myopic) 혹은 계속 커져가는 타인에 대한 해 혹은 공정성의 강조
E	사회적 고립, 친구나 가족 구성원과의 결별 등 타인으로부터의 배제(Exclusion)

[그림 11-3] 개인 위협 평가 척도

4. 요약

학교 내 자살과 폭력의 빈발은 학내 모든 구성원의 안전과 보호의 가능성을 높일 수 있는 예방과 대응책 및 과정을 필요하게 만든다. 유감스럽게도, 아무리 훌륭한 정책일지라도 학교 내 자살과 폭력을 끝낼 수는 없다. 미리 준비된 계획과, 모형 그리고 가능한 추후 개입에 대한 설명이 학교 상담사로 하여금 일을 시작할 수 있도록 한다. 이러한 것은 개별 학교의 특성에 맞게 수정되어야 하고, 대부분의 학교에서 기초로 하는 기본 토대로 검토되어야 한다. 이 책에서 설명된 평가와 개입을 결합하여 사용하면, 학생의 안전을 보장하고 협력 체계를 구축하며 자살과 폭력 없는 학교를 만들 수 있다. 마지막으로, 제안된 프로젝트는 이제 시작일 뿐이다. 행동해야 할 시기는 바로 지금이다. 우리의 청소년, 그리고 아메리카의 미래를 위해서는 새로운 학제 간 접근법을 구축하도록 하고 자살에 대한 개입과 비폭력 프로그램의 협력이 필요하다. 이러한 대응이 없다면 고통은 계속될 것이고 무고한 사람들을 잃을 것이며, 자살과 폭력의 비용은 지속적으로 우리의 자녀들과 우리가 살아가는 사회에 큰 피해를 입힐 것이다.

윤리적 의사 결정 모델

부록

학교 내 자살 혹은 폭력 개입에 대한 제안

_____

_____

_____

_____

A. 네 가지 기본적 접근

1. 자율성이 충분히 다루어졌는가? (만약 그렇다면, a~e항목을 어떻게 다룰 수 있었는지 서술하라. 그렇지 않다면 언제 그리고 어떻게 a~e항목을 다룰 수 있을지 서술하라.)

_____

_____

_____

_____

   a. 대상 학생과 부모, 또래 등 영향을 받는 주변인(PIOs)에게 적용 가능한 전문적으로 받아들여지고, 안전한 선택에 대해 서술하라.

      i. _____

      ii. _____

      iii. _____

      iv. _____

   b. 대상 학생과 영향을 받는 주변인이 언제, 어떻게 이 개입을 선택하도록 허용되었는가?

      날짜: ____ / ____ / ____

_____

_____

_____

c. 대상 학생과 영향을 받는 주변인이 언제, 어떻게 다른 대안적 개입으로 변경하거나, 전문적으로 받아들여지고 안전한 새로운 개입을 발전시키거나, 혹은 이 둘 모두를 거부할 수 있도록 허용되었는가?

날짜: ____ / ___ / ____

_____

_____

_____

d. 다음 상황에서 학교 상담사가 언제 그리고 어떻게 대상 학생과 영향을 받는 주변인을 존중하였는지 서술하라.

i. 전문적으로 받아들여지고 안전한 새로운 개입을 선택하거나 발전시켰을 때

ii. 급박한 위험 혹은 안전과 관련한 충분한 대처에 실패한 개입을 선택하였을 때

날짜: ____ / ___ / ____

_____

_____

_____

e. 대상 학생과 영향을 받는 주변인이 모두의 안전을 위하고 잠재적인 위험을 뛰어넘기 위한 개입에 참여하는 것에 합의하였는가?

예: _____

아니요: _____ (만약 그렇지 않다면, 대상 학생과 영향을 받는 주변인의 걱정에 대처하기 위한 상담사의 노력과 어찌하여 그 개입이 다른 것으로 변경되지 않았는지 그 이유에 대해 설명하라.)

날짜: ____ / ___ / ____

_____

_____

_____

2. 덕행의 원칙이 충분히 다루어졌는가?

(만약 그렇다면, 예상되는 개입의 이익과 이의 수혜자에 대해 써 보라.

만약 그렇지 않다면, 언제 선행의 원칙이 충분히 다루어질 것이며, 예상되는 개입의 이익과 그 이익의 수혜자는 누가 될지에 대해 써 보라.)

(선행이 충분히 고려될 날짜: ___/___/___)

a. 대상 학생을 위한 예상되는 개입의 이득

    i. _____

    ii. _____

    iii. _____

    iv. _____

b. 주된 상담사를 위한 것

    i. _____

    ii. _____

    iii. _____

    iv. _____

c. 영향을 받는 주변인을 위한 것

    i. _____

    ii. _____

    iii. _____

    iv. _____

학생들에게 제공되는 개입의 이익이 주된 상담사의 잠재적 이익에 비해 명백히 더 큰가?

예: _____

아니요: _____ (만약 그렇지 않다면, 의도된 개입을 통해 학생들이 받을 이익이 주된 상담사가 받을 이익보다 명백히 클 때까지 제안된 개입을 다시 수정하라.)

제안된 개입을 통해서 대상 학생보다 더 많은 이익을 얻는 사람이 존재하는가?

예: _____(만약 그렇다면, 다음과 같을 때까지 개입을 수정하라 (1) 대상

학생과 영향을 받는 주변인이 급박한 위험 상황에 있지 않음 (2) 이전의 개입을 통해 가장 많은 이익을 얻는 사람보다 대상 학생이 더 많은 이익을 얻음)

아니요: ＿＿＿＿＿＿＿ (무해성의 원칙 적용)

3. 무해성의 원칙이 충분히 다루어졌는가? (만약 그렇다면, 제안된 개입의 결과로 나타날 수 있는 의도되지 않은 잠재적 결과에 대해 서술하라. 만약 그렇지 않다면, 제안된 개입의 결과로 나타날 수 있는 잠재적인 의도되지 않은 결과에 대해 아래와 같이 보고하라.

 a. 제안된 개입이 실행되었을 때, 발생 가능한 의도하지 않은 부정적 결과의 목록

  i. 대상 학생에게 물리적인 부분에서 발생 가능한 의도하지 않은 결과와 발생 확률 및 그 심각성을 감소시킬 수 있는 방법

   (a) ＿＿＿＿＿＿＿＿＿＿＿＿＿＿＿＿＿＿＿

   발생 확률 및 그 심각성을 감소시킬 수 있는 방법: ＿＿＿＿＿＿＿＿＿

   (b) ＿＿＿＿＿＿＿＿＿＿＿＿＿＿＿＿＿＿＿

   발생 확률 및 그 심각성을 감소시킬 수 있는 방법: ＿＿＿＿＿＿＿＿＿

   (c) ＿＿＿＿＿＿＿＿＿＿＿＿＿＿＿＿＿＿＿

   발생 확률 및 그 심각성을 감소시킬 수 있는 방법: ＿＿＿＿＿＿＿＿＿

   (d) ＿＿＿＿＿＿＿＿＿＿＿＿＿＿＿＿＿＿＿

   발생 확률 및 그 심각성을 감소시킬 수 있는 방법: ＿＿＿＿＿＿＿＿＿

  ii. 의도하지 않았음에도 대상 학생에게 잠재적으로 발생 가능한 부정적인 정서적 또는 심리적 결과와 발생 확률 및 그 심각성을 감소시킬 수 있는 방법에는 무엇이 있는지 적어 보자.

   (a) ＿＿＿＿＿＿＿＿＿＿＿＿＿＿＿＿＿＿＿

   발생 확률 및 그 심각성을 감소시킬 수 있는 방법: ＿＿＿＿＿＿＿＿＿

   (b) ＿＿＿＿＿＿＿＿＿＿＿＿＿＿＿＿＿＿＿

   발생 확률 및 그 심각성을 감소시킬 수 있는 방법: ＿＿＿＿＿＿＿＿＿

   (c) ＿＿＿＿＿＿＿＿＿＿＿＿＿＿＿＿＿＿＿

   발생 확률 및 그 심각성을 감소시킬 수 있는 방법: ＿＿＿＿＿＿＿＿＿

(d) _____

발생 확률 및 그 심각성을 감소시킬 수 있는 방법: _____

iii. 의도하지 않았음에도 대상 학생에게 잠재적으로 발생 가능한 부정적인 사회적
또는 대인관계 관련 결과와 발생 확률 및 그 심각성을 감소시킬 수 있는 방법에
는 무엇이 있는지 적어 보자.

(a) _____

발생 확률 및 그 심각성을 감소시킬 수 있는 방법 : _____

(b) _____

발생 확률 및 그 심각성을 감소시킬 수 있는 방법 : _____

(c) _____

발생 확률 및 그 심각성을 감소시킬 수 있는 방법 : _____

(d) _____

발생 확률 및 그 심각성을 감소시킬 수 있는 방법 : _____

iv. 의도하지 않았음에도 대상 학생에게 잠재적으로 발생 가능한 부정적인 학업적
결과와 발생 확률 및 그 심각성을 감소시킬 수 있는 방법에는 무엇이 있는지 적
어 보자.

(a) _____

발생 확률 및 그 심각성을 감소시킬 수 있는 방법 : _____

(b) _____

발생 확률 및 그 심각성을 감소시킬 수 있는 방법 : _____

(c) _____

발생 확률 및 그 심각성을 감소시킬 수 있는 방법 : _____

(d) _____

발생 확률 및 그 심각성을 감소시킬 수 있는 방법 : _____

v. 이 밖에 의도하지 않았음에도 대상 학생에게 잠재적으로 발생 가능한 부정적인
결과와 발생 확률 및 그 심각성을 감소시킬 수 있는 방법에는 무엇이 있는지 적
어 보자.

(a) _____

발생 확률 및 그 심각성을 감소시킬 수 있는 방법 :_____

(b) _____

발생 확률 및 그 심각성을 감소시킬 수 있는 방법 :_____

(c) _____

발생 확률 및 그 심각성을 감소시킬 수 있는 방법 :_____

(d) _____

발생 확률 및 그 심각성을 감소시킬 수 있는 방법 :_____

vi. 의도하지 않았음에도 영향을 받는 주변인들에게 잠재적으로 발생 가능한 부정적인 신체적 결과와 발생 확률 및 그 심각성을 감소시킬 수 있는 방법에는 무엇이 있는지 적어 보자.

(a) _____

발생 확률 및 그 심각성을 감소시킬 수 있는 방법 :_____

(b) _____

발생 확률 및 그 심각성을 감소시킬 수 있는 방법 :_____

(c) _____

발생 확률 및 그 심각성을 감소시킬 수 있는 방법 :_____

(d) _____

발생 확률 및 그 심각성을 감소시킬 수 있는 방법 :_____

vii. 의도하지 않았음에도 영향을 받는 주변인들에게 잠재적으로 발생 가능한 부정적인 정서적 또는 심리적 결과와 발생 확률 및 그 심각성을 감소시킬 수 있는 방법에는 무엇이 있는지 적어 보자.

(a) _____

발생 확률 및 그 심각성을 감소시킬 수 있는 방법 :_____

(b) _____

발생 확률 및 그 심각성을 감소시킬 수 있는 방법 :_____

(c) _____

발생 확률 및 그 심각성을 감소시킬 수 있는 방법 :＿＿＿＿＿＿＿＿＿

(d) ＿＿＿＿＿＿＿＿＿＿＿＿＿＿＿＿＿＿＿＿＿＿

발생 확률 및 그 심각성을 감소시킬 수 있는 방법 :＿＿＿＿＿＿＿＿＿

viii. 의도하지 않았음에도 영향을 받는 주변인들에게 잠재적으로 발생 가능한 부정적인 사회적 또는 대인관계 관련 결과와 발생 확률 및 그 심각성을 감소시킬 수 있는 방법에는 무엇이 있는지 적어 보자.

(a) ＿＿＿＿＿＿＿＿＿＿＿＿＿＿＿＿＿＿＿＿＿＿

발생 확률 및 그 심각성을 감소시킬 수 있는 방법 :＿＿＿＿＿＿＿＿＿

(b) ＿＿＿＿＿＿＿＿＿＿＿＿＿＿＿＿＿＿＿＿＿＿

발생 확률 및 그 심각성을 감소시킬 수 있는 방법 :＿＿＿＿＿＿＿＿＿

(c) ＿＿＿＿＿＿＿＿＿＿＿＿＿＿＿＿＿＿＿＿＿＿

발생 확률 및 그 심각성을 감소시킬 수 있는 방법 :＿＿＿＿＿＿＿＿＿

(d) ＿＿＿＿＿＿＿＿＿＿＿＿＿＿＿＿＿＿＿＿＿＿

발생 확률 및 그 심각성을 감소시킬 수 있는 방법 :＿＿＿＿＿＿＿＿＿

ix. 의도하지 않았음에도 영향을 받는 주변인들에게 잠재적으로 발생 가능한 부정적인 학업적 결과와 발생 확률 및 그 심각성을 감소시킬 수 있는 방법에는 무엇이 있는지 적어 보자.

(a) ＿＿＿＿＿＿＿＿＿＿＿＿＿＿＿＿＿＿＿＿＿＿

발생 확률 및 그 심각성을 감소시킬 수 있는 방법 :＿＿＿＿＿＿＿＿＿

(b) ＿＿＿＿＿＿＿＿＿＿＿＿＿＿＿＿＿＿＿＿＿＿

발생 확률 및 그 심각성을 감소시킬 수 있는 방법 :＿＿＿＿＿＿＿＿＿

(c) ＿＿＿＿＿＿＿＿＿＿＿＿＿＿＿＿＿＿＿＿＿＿

발생 확률 및 그 심각성을 감소시킬 수 있는 방법 :＿＿＿＿＿＿＿＿＿

(d) ＿＿＿＿＿＿＿＿＿＿＿＿＿＿＿＿＿＿＿＿＿＿

발생 확률 및 그 심각성을 감소시킬 수 있는 방법 :＿＿＿＿＿＿＿＿＿

x. 이 밖에 의도하지 않았음에도 영향을 받는 주변인들에게 잠재적으로 발생 가능한 부정적인 결과와 발생 확률 및 그 심각성을 감소시킬 수 있는 방법에는 무엇

이 있는지 적어 보자.

(a) _____

발생 확률 및 그 심각성을 감소시킬 수 있는 방법 :_____

(b) _____

발생 확률 및 그 심각성을 감소시킬 수 있는 방법 :_____

(c) _____

발생 확률 및 그 심각성을 감소시킬 수 있는 방법 :_____

(d) _____

발생 확률 및 그 심각성을 감소시킬 수 있는 방법 :_____

4. 충분히 공정하게 처리되었는가? (만일 '예'라면, 아래에 언제 그리고 어떻게 처리되었는지 쓰시오. 만일 '아니요'라면, 언제 그리고 어떻게 처리할 예정인지에 대해 쓰시오.)

처리 날짜: ____/____/____

어떻게 처리하였는지 서술하시오.

_____

_____

_____

만일 '아니요'라면, 언제 이 문제를 처리할 예정인가?

날짜: ____/____/____

어떻게 처리할 것인지 서술하시오.

_____

_____

a. 제안된 중재를 통해 어떠한 방식으로 대상 학생과 영향을 받는 주변인들을 부당한 대우나 차별 없이 공정하게 대할 것인지에 대해 작성하고 날짜도 함께 표기하라.

날짜: ____/____/____

_____

_____

b. 제안된 중재를 통해 어떠한 방식으로 대상 학생 및 영향을 받는 주변인들과 관련된 가난, 사회적 스트레스 요인, 신체적·정신적 어려움, 가족 내 스트레스 요인 등의 이슈를 다룰 것인지에 대해 작성하고 날짜도 함께 표기하라.

날짜: ____ / ____ / ____

_____

_____

_____

B. 동료로부터 컨설팅 받기(5명 중 4명의 동의 구하기)

1. 동료로부터 컨설팅을 받는(5명 중 4명의 동의 구하기) 작업이 완료되었는가? (만일 '예'라면, 아래에 정보를 기입하시오. 만일 '아니요'라면, 당신이 언제 그리고 누구에게 연락을 취할 것인지에 대해 작성하시오. 일단 동료로부터 컨설팅을 받는 작업이 완료되었다면 아래에 정보를 기입하시오.) (추후 연락 날짜: ____ / ____ / ____)

a. 연락을 취한 컨설턴트의 이름, 직함, 위치, 학위, 자격증, 증명서

  i. _____

  ii. _____

  iii. _____

  iv. _____

  v. _____

b1. 위에 기입한 i에 해당하는 컨설턴트가 기존의 중재안에 대해 제시한 수정안에 대해 상세하게 서술하시오.

  날짜와 시간: _____

  컨설테이션과 관련된 추가 연락을 취한 날짜와 시간: _____

  제안된 수정안: _____

_____

_____

b2. 위에 기입한 ii 에 해당하는 컨설턴트가 기존의 중재안에 대해 제시한 수정안에 대해 상세하게 서술하시오.

날짜와 시간: _____

컨설테이션과 관련된 추가 연락을 취한 날짜와 시간: _____

제안된 수정안: _____

_____

_____

b3. 위에 기입한 iii에 해당하는 컨설턴트가 기존의 중재안에 대해 제시한 수정안에 대해 상세하게 서술하시오.

날짜와 시간: _____

컨설테이션과 관련된 추가 연락을 취한 날짜와 시간: _____

제안된 수정안: _____

_____

_____

b4. 위에 기입한 iv에 해당하는 컨설턴트가 기존의 중재안에 대해 제시한 수정안에 대해 상세하게 서술하시오.

날짜와 시간: _____

컨설테이션과 관련된 추가 연락을 취한 날짜와 시간: _____

제안된 수정안: _____

_____

_____

b5. 위에 기입한 V에 해당하는 컨설턴트가 기존의 중재안에 대해 제시한 수정안에 대해 상세하게 서술하시오.

날짜와 시간: _____

컨설테이션과 관련된 추가 연락을 취한 날짜와 시간: _____

　제안된 수정안: _____

　_____

　_____

c. 최종적으로 컨설턴트와 합의된 개입

	이 름	개입에 대한 합의?	
		예	아니요
i.	_____	_____	_____
ii.	_____	_____	_____
iii.	_____	_____	_____
iv.	_____	_____	_____
v.	_____	_____	_____

d. 컨설턴트의 최종적인 추천

_____

_____

_____

_____

C. 슈퍼바이저, 학교 변호사(School district legal department), 위기관리 컨설테이션

1. 학교 상담사는 슈퍼바이저에게 구체적인 고민사항에 대해 알리고, 어떻게 그 문제를 다룰 것인지에 대한 지침을 얻었는가? (만약 그렇다면, 아래의 정보를 채우시오. 만약 그렇지 않다면, 언제 그리고 누구에게 연락할 것인지 서술하시오. 그리고 나서 아래의 정보를 채우시오(슈퍼바이저 컨설턴트와 연락할 날짜: ____/____/____)

   a. 구체적으로 슈퍼바이저의 지침에 대해 적으시오.

   　날짜와 시간: _____

   　상세한 지침사항: _____

   b. 당신이 어떻게 정확히 슈퍼바이저의 지침을 따랐는지에 대해 쓰고, 문제나 염려되는 점이 있다면 함께 구체적으로 서술하시오.

날짜와 시간: _____

슈퍼바이저의 지시에 따라 수행한 개입에 대한 서술: _____

_____

c. 슈퍼바이저와 추수 논의에 대한 보고

날짜와 시간: _____

무엇이 발생했는지, 혹은 발생 가능한 염려사항에 대해 상세히 서술하시오.

_____

_____

당신이 이 사례를 다루는 데 도움이 되는 슈퍼바이저에 의해 제안된 추가적인 방향성:

_____

_____

2. 학교 상담사는 변호사와 연락하기 위해 슈퍼바이저의 허락을 구했는가? 그리고 학교 상담사는 변호사와 정확히 무엇을 할지 협의하였는가? (만약 그렇다면, 아래의 정보를 채우시오. 만약 그렇지 않다면, 슈퍼바이저의 허락과 지원을 구한 뒤 구체적인 지침을 위해 장학사와 연락하시오. (지역 교육청과 협의할 날짜: ___/___/___)

a. 슈퍼바이저에게 지역 교육청과 연락하기 위한 허락과 지원을 구한 날짜와 시간:

_____

_____

b. 구체적으로 변호사의 지침을 서술하시오.

날짜, 시간, 변호사 이름: _____

구체적인 지침: _____

_____

c. 구체적으로 당신이 어떻게 정확히 지역 교육청의 지침을 따랐는지에 대해 쓰고, 문제나 염려되는 점이 있다면 함께 서술하시오.

날짜와 시간: _____

학교 법률 담당부서의 지시에 따라 수행한 개입에 대한 서술: _____

_____

d. 슈퍼바이저와 지역 교육청 담당자와의 추수 논의에 대한 보고

　　날짜와 시간: _____

　　무엇이 발생했는지, 혹은 발생 가능한 염려사항에 대해 상세히 서술하시오.

　　_____

　　당신이 이 사례를 다루는 데 도움이 되는 지역 교육청에 의해 제안된 추가적인 방
　　향성:

　　_____

　　_____

3. 학교 상담사의 전문적 책임과 관련한 위기관리 컨설테이션

　　학교 상담사는 전문적 책임과 관련하여 위기관리 부서의 직원과 협의하였는가? (만약
　　그렇다면, 아래의 정보를 채우시오. 만약 그렇지 않다면, 언제 그리고 누구에게 당신이
　　연락할 것인지에 대해 서술하시오. 또한 아래의 정보를 채우시오.

　　(연락할 날짜: ___/___/___)

　　a. 위기 담당자와 이야기한 날짜, 시간:

　　_____

　　_____

　　b. 구체적으로 위기관리 담당자의 지침을 서술하시오.

　　　구체적인 지침: _____

　　c. 구체적으로 당신이 어떻게 정확히 위기관리 담당자의 지침을 따랐는지에 대해 쓰
　　　고, 문제나 염려되는 점이 있다면 함께 서술하시오.

　　　날짜와 시간: _____

　　　위기관리 담당자의 지시에 따라 수행한 개입에 대한 서술: _____

　　　_____

　　d. 위기관리 담당자와의 추수 논의에 대한 보고

　　　날짜와 시간: _____

　　　무엇이 발생했는지, 혹은 발생 가능한 염려사항에 대해 상세히 서술하시오.

　　　_____

　　　_____

당신이 이 사례를 다루는 데 도움이 되는 위기관리 담당자에 의해 제안된 추가적인 방향성:

_____

_____

4. 추가적인 정보를 위해 상담사협회 윤리위원회에 문의해 보기

위의 윤리적 의사 결정 모델에 따라 슈퍼바이저와 담당부서와 협의하였으나, 여전히 해결되지 않은 문제를 가지고 있는 학교 상담사는 추가적인 조언을 얻기 위해 공공 및 민간상담사협회 윤리위원회에 연락하는 것을 고려해 볼 수 있다.

a. 공공 및 민간상담사협회 윤리위원회와 협의한 날짜, 시간:

_____

b. 구체적으로 윤리위원회가 제시한 지침을 서술하시오.

구체적인 지침: _____

_____

c. 당신이 어떻게 정확히 윤리위원회의 지침을 따랐는지에 대해 서술하고, 문제나 염려되는 점이 있다면 함께 서술하시오.

날짜와 시간: _____

윤리위원회의 지시에 따라 수행한 개입에 대한 서술: _____

_____

d. 윤리위원회 담당자와의 추수 논의에 대한 보고

날짜와 시간: _____

무엇이 발생했는지, 혹은 발생 가능한 염려사항에 대해 상세히 서술하시오.

_____

당신이 이 사례를 다루는 데 도움이 되는 윤리위원회에 의해 제안된 추가적인 방향성:

_____

_____

출처: Beauchamp, T. L., & Childress, J. F. (2009). *Principles of biomedical ethics* (6th ed.). New York: Oxford University Press; Gillon, R., & Lloyd, A. (1994). *Principle of health care ethics*. Chichester, UK: John Wiley & Sons.

참고문헌

Adams, J. R., & Juhnke, G. A. (2001). Using the Systems of Care philosophy to promote human potential. *Journal of Humanistic Counseling, Education & Development, 40,* 225-232.

Adams, J., & Juhnke, G. A. (1998, November). *Wraparound services with school children and their parents.* Presented at the North Carolina School Counselors Association Conference. Winston-Salem, NC.

American Academy of Child & Adolescent Psychiatry. (2005). http://www.aacap.org

American Association of Suicidology. (1998). School suicide postvention guidelines. Washington, DC: Author.

American Association of Suicidology. (2006). Warning signs for suicide. Retrieved from http://www.suicidology.org/web/guest/stats-and-tools/warning-signs

American Counseling Association. (2005). *Codes of ethics.* Retrieved from http://www.counseling.org/Resources/CodeOfEthics/TP/Home/CT2.aspx

American Foundation for Suicide Prevention, American Association of Suicidology, and Annenberg Public Policy Center. (n.d.). Reporting on suicide, recommendations for the media. Retrieved from www.afsp.org

American Medical Association. (2008). Code of medical ethics: Current opinions with annotations 2008-2009. Chicago: American Medical Association.

American Psychiatric Association. (2000). *Diagnostic and statistical manual of mental disorders.* Arlington, VA: Author.

American School Counselor Association. (2004, June 26). *Ethical standards for school counselors.* Retrieved from http://www.schoolcounselor.org/files/ethical%20 standards.pdf

Ang, R. P., Chia, B. H., & Fung, D. S. S. (2006). Gender differences in life stressors associated with child and adolescent suicides in Singapore from 1995 to 2003. *International Journal of Social Psychiatry, 52*(6), 561-570.

Aseltine, R. H., Jr., & DeMartino, R. (2004). An outcome evaluation of the SOS Suicide Prevention Program. *American Journal of Public Health, 94,* 446-451.

Askew, M., & Byrne, M. W. (2009). *Biopsychosocial approach to treating self-*injurious behaviors: An adolescent case study. *Journal of Child and Adolescent Psychiatric Nursing, 22,* 115-119.

Austin, L., & Kortum, J. (2004). Self-injury: The secret language of pain for teenagers. *Education, 124,* 517-527.

Bailley, S. E., Kral, M. J., & Dunham, K. (1999). Survivors of suicide do grieve differently: Empirical support for a common sense proposition. *Suicide and Life Threatening Behavior, 29,* 256-271.

Beauchamp, T. L., & Childress, J. F. (2009). *Principles of Biomedical Ethics* (6th ed.). New York: Oxford University Press.

Becker, K., & Schmidt, M. H. (2005). When kids seek help on-line: Internet chat rooms and suicide. *Reclaiming Children and Youth, 13,* 229-230.

Berman, S. L., Kurtines, W. M., Silverman, W. K., & Serafini, L. T. (1996). The impact of exposure to crime and violence on urban youth. *American Journal of Orthopsychiatry, 66,* 329-336.

Bongar, B. (2002). Risk management: Prevention and postvention (pp. 213-261). In B. Bongar (Ed.), *The suicidal patient: Clinical and legal standards of care* (2nd ed.). Washington, DC: American Psychological Association.

Bowen, N. K., & Bowen, G. L. (1999). Effects of crime and violence in neighborhoods and schools on the school behavior and performance of adolescents. *Journal of Adolescent Research, 14,* 319-324.

Braddock III, C. H., Edwards, K. A., Hasenberg, N. M., Laidley, T. L., & Levinson, W. (1999). Informed decision making in outpatient practice. *JAMA, 282,* 2313-2320.

Brausch, A. M., & Gutierrez, P. M. (2010). Differences in non-suicidal self-injury and suicide attempts in adolescents. *Journal of Youth & Adolescence, 39,* 233-242.

Brock, S. E. (2003). Suicide postvention. In S. E. Brock, P. J. Lazarus, & S. R. Jimerson (Eds.). *Best practices in school crisis prevention and intervention* (pp. 553-576). Bethesda, MD: National Association of School Psychologists.

Brown, S. A. (2009). Personality and non-suicidal deliberate self-harm: Trait differences among a non-clinical population. *Psychiatry Research, 169,* 28-32.

Cable News Network. (2009). Conviction in MySpace suicide case tentatively overturned. Retrieved from http://www.cnn.com/2009/CRIME/07/02/myspace.suicide/index.html

CACREP (2009). The 2009 CACREP standards. Retrieved from http://67.199.126.156/doc/2009%20Standards.pdf

Campfield, D. C. (2009). Cyber bullying and victimization: Psychosocial characteristics of bullies, victims, and bully/victims. ProQuest Information & Learning, US. *Dissertation Abstracts International: Section B: The Sciences and Engineering, 69*(9), 57-69.

Capuzzi, D. (1994). *Suicide prevention in the schools: Guidelines for middle and high school settings.* Alexandria, VA: American Counseling Association.

Capuzzi, D., & Gross, D. R. (2004). The adolescent at risk for suicidal behavior (pp. 275-303). In D. Capuzzi, & D. R. Gross (Eds.), *Youth at risk: A prevention resource for counselors, teachers and parents.* Alexandria, VA: Pearson Education.

Carter, L. (2002). A primer to ethical analysis. Office of Public Policy and Ethics, Institute for Molecular Bioscience, University of Queensland, Australia. Retrieved from http://www.uq.edu.au/oppe

Cassidy, W., Jackson, M., & Brown, K. N. (2009). Sticks and stones can break my bones, but how can pixels hurt me? Students' experiences with cyber-bullying. *School Psychology International, 30*(4), 383-402.

Centers for Disease Control and Prevention. (2010). Choking game awareness and participation among 8th graders-Oregon, 2008. *Morbidity and Mortality Weekly Report.* Retrieved from http://www.cdc.gov/mmwr/preview/mmwrhtml/mm5901al.htm

Centers for Disease Control and Prevention. (2008). Youth risk behavior surveillance-United States, 2007. Retrieved from http://www.cdc.gov/mmwr/preview/mmwrhtml/ss5704a1.htm#tab21

Centers for Disease Control and Prevention. (2007). *Web-based Injury Statistics Query and Reporting System (WISQARS).* Retrieved from www.cdc.gov/injury/wisqars/index.html.

Centers for Disease Control and Prevention, Department of Health and Human Services (2000). *School Health Policies and Programs Study.* Retrieved December 14, 2005, from http://www.cdc.gov/HealthyYouth/SHPPS

Children's Mental Health Screening and Prevention Act, H.R. 2063, 108th Cong. (2003).

Chiles, J. A., & Strosahl, K. D. (2005). *Clinical manual for assessment and treatment of suicidal patients.* Washington, DC: APA.

Cho, H., Guo, G., Iritani, B. J., & Hallfors, D. D. (2006). Genetic contribution to suicidal behaviors and associated risk factors among adolescents in the U.S. *Prevention Science, 7*(3), 303-311.

Doll, B., & Cummings, J. A. (2008). *Transforming school mental health services: Population-based approaches to promoting the competency and wellness of children.* Thousand Oaks: CA: Corwin Press and jointly published by the National Association of School Psychologists.

Dougherty, D. M., Mathias, C. W., Marsh-Richard, D., Prevette, K. N., Dawes, M. A., Hatzis, E. S., Palmes, G., & Nouvion, S. 0. (2009). Impulsivity and clinical symptoms among adolescents with non-suicidal self-injury with or without attempted suicide. *Psychiatry Research, 169,* 22-27.

Downs, M. (2005). The highest price for pleasure. MedicineNet.com. Retrieved from http://www.medicinenet.com/script/main/art.asp?articlekey=51776 Dwyer, K, Osher,

D., & Warger, C. (1998). *Early warning, timely response: A guide to safe schools.* Bethesda, MD: National Association of School Psychologists.

Emanuel, E. J., Wendler, D., & Grady, C. (2000). What makes clinical research ethical? *JAMA, 283*, 2701-2711.

Etzersdorfer, E., & Sonneck, G. (1998). Preventing suicide by influencing mass-media reporting. The Viennese experience 1980-1996. *Archives of Suicide Research, 4*, 67-74.

Everly, G. S., Jr., Flannery, R. B., Jr., & Mitchell, J. T. (2000). Critical Incident Stress Management (CISM): A review of the literature. *Aggression and Violent Behavior, 5*(1), 23-40.

Federal Emergency Management Agency. (2003). *Integrating manmade hazards into mitigation planning.* Web release 10. Washington, DC: Author. Retrieved November 11, 2009, from http://www.fema.gov/library/viewRecord.do?id=1915

Fitzsimmonds, M. K. (1998). *Violence and aggression in children and youth.* ERIC Digest. (ERIC Document Reproduction Service no. ED429419.)

Florida Department of Health. (2009, December 12). Licensure requirements. Retrieved from http://www.doh.state.fl.us/mqa/491/soc_lic_req.html#Mental%20Health%20 Counseling

Franklin, C., Harris, M. B., & Allen-Meares, P. (2006). *The school services source -book: A guide for school-based professionals.* New York: Oxford University Press.

Friedman, R. M., & Drews, D. A. (2005, February). Evidenced-based practices, Systems of Care, and individual care. Tampa, FL: Research and Training Center for Children's Mental Health.

Garbarino, J. (1999). *Lost boys: Why our sons turn violent and how we can save them.* New York: Free Press.

Gillon, R., & Lloyd, A. (1994). *Principles of health care ethics.* Chichester, UK: John Wiley & Sons.

Gould, M. S., Marracco, F. A., Kleinman, M., Thomas, J. G., Mostkoff, K., Cote, J., & Davies, M. (2005). Evaluating iatrogenic risk of youth suicide screening programs: A randomized controlled trial. *Journal of the American Medical Association, 293*(13),

1635-1643.

Granello, D. H. (2010). A suicide crisis intervention model with 25 practical strategies for implementation. *Journal of Mental Health Counseling, 32*(3), 218-235.

Granello, D. H. (2010). The process of suicide risk assessment: Twelve core principles. *Journal of Counseling and Development, 88,* 363-371.

Granello, D. H., & Granello, P. F. (2007). *Suicide: An essential guide for helping professionals and educators.* Boston: Pearson/Allyn & Bacon.

Gurian, M. (1999). *A fine young man: What parents, mentors, and educators can do to shape adolescent boys into exceptional men.* New York: Jeremy P. Tarcher/ Putnam.

Harris, K. M., McLean, J. P., & Sheffield, J. (2009). Examining suicide-risk individuals who go on-line for suicide-related purposes. *Archives of Suicide Research, 13,* 264-276.

Heath, N. L., Toste, J. R., & Beettam, E. L. (2006). "I am not well-equipped" : High school teachers' perceptions of self-injury. *Canadian Journal of School Psychology, 21,* 73-92.

Helms, J. F. (2003). Barriers to help-seeking among 12th graders. *Journal of Educational and Psychological* Consultation, *14*(1), 27-40.

Hinawi, S. S. (2005). A model screening program for youth. *Behavioral Health Management, 25,* 38-44.

Jacobson, C. M., & Gould, M. (2007). The epidemiology and phenomenology of non-suicidal self-injurious behavior among adolescents: A critical review of the literature. *Archives of Suicide Research, 11,* 129-147.

Jacobson, N., & Gottman, J. (1998). *When men batter women: New insights into ending abusive relationships.* New York: Simon and Schuster.

Jenkins, E. J., & Bell, C. C. (1994). Violence among inner city high school students and posttraumatic stress disorder (pp. 76-88). In S. Friedman (Ed.), *Anxiety disorders in African Americans.* New York: Springer.

Jimerson, S., Brock, S., & Pletcher, S. (2005). An integrated model of school crisis preparedness and intervention: a shared foundation to facilitate international crisis intervention. *School Psychology International, 26*(3), 275-296.

Joe, S., & Bryant, H. (2007). Evidence-based suicide prevention screening in schools.

Children & Schools, 29, 219-227.

Juhnke, G. A. (1997). After school violence: An adapted Critical Incident Stress Debriefing model for student survivors and their parents. *Elementary School Guidance & Counseling, 31,* 163-170.

Juhnke, G. A., & Liles, R. G. (2000). Treating adolescents presenting with comorbid violent and addictive behaviors: A behavioral family therapy model (pp. 319-333). In D. S. Sandu & C. B. Aspy (Eds.), *Violence in American schools: A practical guide for counselors.* Alexandria, VA: American Counseling Association.

Juhnke, G. A., & Shoffner, M. E. (1999). The family debriefing model: An adapted Critical Incident Stress Debriefing for parents and older sibling suicide survivors. *Family Journal: Counseling and Therapy for Couples and Families, 7,* 342-348.

Kadushin, A. (1983). *The social work interview* (2nd ed.). New York: Columbia University Press.

Kaffenberger, C. (2006). School reentry for students with chronic illness: A role for professional school counselors. *Professional School Counseling, 9,* 223-230.

Kalafat, J. (2003). School approaches to youth suicide prevention. *American Behavioral Scientist, 46,* 1211-1223.

Kalafat, J., & Underwood, M. (1989). *Lifelines: A school-based adolescent suicide response program.* Dubuque, IA: Kendall & Hunt.

Katzer, C., Fetchenhauer, D., & Belschak, F. (2009). Cyberbullying: Who are the victims? A comparison of victimization in internet chatrooms and victimization in school. *Journal of Media Psychology: Theories, Methods, and Applications, 21*(1), 25-36.

Kelson vs. the City of Springfield, Illinois, 767, F.2d 651 26 Ed. Law Rep. 182 No. 844403. United States Court of Appeals, Ninth Circuit. Argued and Submitted July 9, 1985. Decided Aug. 2, 1985.

Kim, Y. S., & Leventhal, B. (2008). Bullying and suicide. A review. *International Journal of Adolescent Medicine and Health, 20*(2), 133-154.

Kim, Y. S., Leventhal, B. L., Koh, Y., & Boyce, W. T. (2009). Bullying increased suicide risk: Prospective study of Korean adolescents. *Archives of Suicide Research, 13*(1), 15-30.

Kiriakidis, S. P. (2008). Bullying and suicide attempts among adolescents kept in custody. *Crisis: The Journal of Crisis Intervention and Suicide Prevention, 29*(4), 216-218.

Klonsky, E. D. (2007). The functions of deliberate self-injury: A review of the evidence. *Clinical Psychology Review, 27, 236-239.*

Klonsky, E. D., & Muehlenkamp, J. J. (2007). Self-injury: A research review for the practitioner. *Journal of Clinical Psychology, 63, 1045-1056.*

Koocher, G. R, & Keith-Spiegel, P. (2008). *Ethics in psychology and the mental health professions: Standards and cases* (3rd ed.). New York: Oxford University Press.

Kress, V., & Hoffman, R. M. (2008). Non-suicidal self-injury and motivational interviewing: Enhancing readiness for change. *Journal of Mental Health Counseling, 30,* 311-329.

Krill, W. E., Jr. (2009). Encopresis and enuresis in stress disordered children. Retrieved November 13, 2009, from http://hubpages.com/hub/Encopresis-and-Enuresis-in-Stress-Disordered-Children

Lazear, K., Roggenbaum, S., & Blase, K. (2003). Youth suicide prevention school based guide. Retrieved from http://theguide.fmhi.usf.edu/pdf/Overview.pdf

Leis, S. J. (2003). Do one-shot preventive interventions for PTSD work? A systematic research synthesis of psychological debriefings. *Aggression & Violent Behavior, 8*(3), 329-337.

Maine Youth Suicide Prevention Program. (2009). Maine youth suicide prevention, intervention, and postvention guidelines. Retrieved from http://www.maine.gov/suicide/

McEvoy, M. L., & McEvoy, A. W. (1994). *Preventing youth suicide: A handbook for educators and human service professionals.* Holmes Beach, FL: Learning Publications.

McWhirter, J. J., McWhirter, B. T., McWhirter, E. H., & McWhirter, R. J. (2007). *At risk youth: A comprehensive response for counselors, teachers, psychologists, and human services professionals* (4th ed.). Belmont, CA: Thomson Higher Education.

Miller, D. N., & DuPaul, G. J. (1996). School-based prevention of adolescent suicide: Issues, obstacles and recommendations for practice. *Journal of Emotional and Behavioral Disorders, 4,* 221-230.

Minnesota Board of Behavioral Health. (2009, December 12). LPC applications. Retrieved from http://www.bbht.state.mn.us/Default.aspx?tabid=1149.

Mishna, F., Saini, M., & Solomon, S. (2009). Ongoing and online: Children's perceptions of cyber bullying. *Children and Youth Services Review, 31,* 1222-1228.

Mitchell, J. T. (1994, February 24-25). *Basic Critical Incident Stress Debriefing.* University of North Carolina at Chapel Hill. Chapel Hill, NC.

Mitchell, J. T., & Everly, G. S. (1993). *Critical Incident Stress Debriefing (CISD): An operations manual for the prevention of traumatic stress among emergency services and disaster workers.* Ellicott City, MD: Chevron Press.

Muehlenkamp, J. J. (2006). Empirically supported treatments and general therapy guidelines for non-suicidal self-injury. *Journal of Mental Health Counseling, 28,* 166-185.

Muehlenkamp, J. J., & Gutierrez, P. M. (2007). Risk for suicide attempts among adolescents who engage in non-suicidal self-injury. *Archives of Suicide Research, 11,* 69-82.

Muehlenkamp, J. J., & Gutierrez, P. M. (2004). An investigation of differences between self-injurious behavior and suicide attempts in a sample of adolescents. *Suicide and Life-Threatening Behavior, 34,* 12-23.

Muehlenkamp, J. J., & Kerr, P. L. (2009). Untangling a complex web: How non-suicidal self injury and suicide attempts differ. *Prevention Researcher, 17,* 8-10.

Muehlenkamp, J. J., Walsh, B. W., & McDade, M. (2010). Preventing non-suicidal self-injury in adolescents: The Signs of Self Injury program. *Journal of Youth & Adolescence, 39,* 306-314.

Murray, B. (1999, July/August). Boys to men: Emotional miseducation. *American Psychological Association Monitor, 1,* 38-39.

National Association of School Psychologists. (2006). *Supporting student success: Remedying the shortage of school psychologists.* Retrieved from http://www.nasponline.org/advocacy/personnelshortages.pdf

National Association of School Psychologists. (n.d.). *Preventing youth suicide: Tips for parents and educators.* Retrieved from http://www.nasponline.org/resources/crisis_safety/suicideprevention.aspx

National Board of Certified Counselors. (2005). Code of ethics. Retrieved from http://www.nbcc.org/AssetManagerFiles/ethics/nbcc-codeofethics.pdf

National Center for Education Statistics. (2009). *Documentation to the common core of data state nonfiscal survey of public elementary/secondary education school year 2007-2008.* Retrieved from http://nces.ed.gov/ccd/stnfis.asp

National Center for Injury Prevention and Control, Division of Violence Prevention. (2008, August 4). *Suicide prevention: Youth suicide.* Retrieved October 12, 2009, from http://www.cdc.gov/ncipc/dvp/suicide/youthsuicide.htm

National Child Traumatic Stress Network and National Center for PTSD. (2006, July). *Psychological first aid: Field operations guide* (2nd ed.). Retrieved June 6, 2009, from www.nctsn.org

National Crime Prevention Council. (2007). *Teens and cyberbullying: Executive summary of a report on research.* Retrieved from http://www.ncpc.org/resources/files/pdf/bullying/Teens%20and%20Cyberbullying%20Research%20Study.pdf

National Institutes of Health. (2001). *Bullying widespread in U.S. schools, survey finds.* Retrieved from http://www.nichd.nih.gov/news/releases/bullying.cfm

National Strategy for Suicide Prevention: Goals and Objectives for Action. (2001). U.S. Dept of Health and Human Services, Pub No. 02NLM: HV 6548.A1. Rockville, MD.

Nixon, M. K., & Heath, N. L. (2009). *Self-injury in youth: The essential guide to assessment and intervention.* New York: Routledge.

No Child Left Behind (NCLB) Act of 2001, Pub. L. No. 107-110 115, Stat. 1425 (2002).

Nock, M. K. (2009). Suicidal behavior among adolescents: Correlates, confounds, and (the search for) causal mechanisms. *Journal of the American Academy of Child & Adolescent Psychiatry, 48,* 237-239.

Nock, M. K., Prinstein, M. J., & Sterba, S. K. (2009). Revealing the form and function of self-injurious thoughts and behaviors: A real-time ecological assessment study among adolescents and young adults. *Journal of Abnormal Psychology, 118,* 816-827.

North Carolina Board of Licensed Professional Counselors (2009, December 12). Licensed professional counselor. Retrieved from http://ncblpc.org/LPC.html

Northouse, P. G. (2006). *Leadership: Theory and practice.* Thousand Oaks, CA: SAGE.

O'Donnell, I., Farmer, R., & Catalan, J. (1996). Explaining suicide: The views of survivors of serious suicide attempts. *British Journal of Psychiatry, 168,* 780-786.

O'Hara, D. M., Taylor, R., & Simpson, K. (1994). Critical Incident Stress Debriefing: Bereavement support in schools developing a role for an LEA education psychology service. *Educational Psychology in Practice, 10,* 27-33.

Ohio.gov. (2009, December 12). Counselor licensing. Retrieved from http://cswmft.ohio. gov/clicen.stm

Pellegrino, E. D., & Thomasma, D. C. (1993). The virtues in medical practice. New York: Oxford University Press.

Perry, B. D. (2002). Stress, trauma, and Post-traumatic Stress Disorders in children: An introduction. Online booklet from the Child Trauma Academy. Retrieved from www.childtrauma.org on November 11, 2009.

Peterson, J., Freedenthal, S., Sheldon, C., & Andersen, R. (2008). Nonsuicidal self injury in adolescents. *Psychiatry, 5*(11), 20-24.

President's New Freedom Commission on Mental Health. (2003). *Achieving the promise: Transforming mental health care in America* (Pub. No. SMA 03-3832). Rockville, MD: Author. Retrieved from http://www.mentalhealthcommission .gov/reports/reports.htm

Reis, C., & Cornell, D. (2008). An evaluation of suicide gatekeeper training for school counselors and teachers. *Professional School Counseling, 11,* 386-394.

Richters, J., & Maxtinez, P. (1993). The NIMH community violence project: I. Children as victims of and witnesses to violence. *Psychiatry, 56,* 7-21.

Roberts-Dobie, S., & Donatelle, R. J. (2007). School counselors and student self-injury. *Journal of School Health, 77,* 257-264.

Robinson, R. (2004). Counterbalancing misrepresentations of Critical Incident Stress Debriefing and Critical Incident Stress Management. *Australian Psychologist, 39*(1), 20-34.

Rose, S., Bisson, J., & Wessely, S. (2003). A systematic review of single-session psychological interventions ("Debriefing") following trauma. *Psychotherapy & Psychosomatics, 72*(4), 176-184.

Scott, M. A., Wilcox, H. C., Schonfeld, I. S., Davies, M., Hicks, R. C., Turner, J. B., & Shaffer, D. (2009). School-based screening to identify at-risk students not already known to school professionals: The Columbia Suicide Screen. *American Journal of Public Health, 99,* 224-339.

Shaffer, D., Scott, M., Wilcox, H., Maslow, C., Hicks, R., Lucas, C. P., Garfinkel, R., & Greenwald, S. (2004). The Columbia Suicide Screen: Validity and reliability of a screen for youth suicide and depression. *Journal of the American Academy of Child & Adolescent Psychiatry, 43,* 71-79.

Sharaf, A. Y., Thompson, E. A., & Walsh, E. (2009). Protective effects of self-esteem and family support on suicide risk behaviors among at-risk adolescents. *Journal of Child & Adolescent Psychiatric Nursing, 22,* 160-168.

Shields, L. B. E., Hunsaker, J. C., & Stewart, D. M. (2008). Russian roulette and risk-taking behavior: A medical examiner study. *American Journal of Forensic Medicine and Pathology, 29,* 32-39.

Shneidman, E. S. (2005). How I read. *Suicide and Life-Threatening Behavior, 35*(2), 117-120.

Silverman, E., Range, L., & Overholser, J. (1994-1995). Bereavement from suicide as compared to other forms of bereavement. *Omega, 30,* 41-51.

Simon, T. R., Swann, A. C., Powell, K. E., Potter, L. B., Kresnow, M., & O'Carroll, P. W. (2001). Characteristics of impulsive suicide attempts and attempters. *Suicide and Life-Threatening Behavior, 32*(Suppl.), 49-59.

Stephan, S. H., Weist, M., Kataoka, S., Adelsheim, S., & Mills, C. (2007). Transformation of children's mental health services: The role of school mental health. *Psychiatric Services, 58,* 1330-1338.

Stillion, J. M., & McDowell, E. E. (1996). *Suicide across the lifespan: Premature exits* (2nd ed.). Washington, DC: Taylor & Francis.

Texas Department of State Health Services. (2009, December 12). Texas State Board of Examiners of Professional Counselors apply for a new license-requirements. Retrieved from http://www.dshs.state.tx.us/counselor/Ipc_apply.shtm

Thompson, R. (1990). *Post-traumatic loss debriefing: Providing immediate support for survivors of suicide or sudden loss.* Greensboro, NC: ERIC Clearinghouse on Counseling and Student Services. (ERIC Document Reproduction Services No. ED 315 708).

Toste, M. A., & Heath, N. L. (2009). School response to non-suicidal self-injury. *Prevention Researcher, 17,* 14-17.

Tuckey, M. R. (2007). Issues in the debriefing debate for the emergency services: Moving research outcomes forward. *Clinical Psychology: Science and Practice 14*(2), 106-116.

U.S. Department of Education. (2007). Office of Safe and Drug-Free Schools. Practical information on crisis planning: A guide for schools and communities. Washington, DC.

U.S. Department of Health and Human Services. (2001). *National Strategy for Suicide Prevention.* Rockville, MD: Public Health Service.

Vacc, N. A., & Juhnke, G. A. (1997). The use of structured clinical interviews for assessment in counseling. *Journal of Counseling & Development, 75,* 470-486.

van Emmerik, A. P., Kamphuis, J. H, Hulsbosch, A. M., & Emmelkamp, P. M. (2002). Single session debriefing after psychological trauma: A meta-analysis. *Lancet, 360,* 766-771.

VanDenBerg, J. E., & Grealish, E. M. (1996). Individualized services and supports through the wraparound process: Philosophy and procedures. *Journal of Child and Family Studies, 5,* 7-21.

Walker, D. (1995). *School violence prevention.* Ann Arbor, MI: ERIC/CAPS. (ERIC Document Reproduction Service No. ED 379 786).

Walsh, B. W. (2006). *Treating self-injury: A practical guide.* New York: Guilford Press.

Warner, J. (2009). Some docs in the dark about choking game. *WebMD.* Retrieved from http://www.webmd.coin/parenting/news/20091214/some-docs-in-the-dark-about-choking-game

Washington County Department of Public Health & Environment. (2001). *Adolescent depression and suicide opinion survey.* Retrieved from http://www.co.washington.mn.us/client_files/documents/FHL-teensurv.pdf

Weekley, N., & Brock, S. E. (2004.) Suicide: Postvention strategies for school personnel.

Helping children at home and school: Handouts for educators, S-9, 45-47. Retrieved from http://www.aamentalhealth.org/SCHOOLPERSONNEL_000.pdf

Weist, M. D. (1999). Challenges and opportunities in expanded school mental health. *Clinical Psychology Review, 19,* 131-135.

Whalen L. G., Grunbaum J. A., Kinchen S., et al. (2005). *Middle School Youth Risk Behavior Survey 2003.* U.S. Department of Health and Human Services. Retrieved from http://www.cdc.gov/healthyyouth/yrbs/middleschool2003/pdf/fullreport.pdf

Whitlock, J., Lader, W., & Conterio, K. (2007). The Internet and self-injury: What psychotherapists should know. *Journal of Clinical Psychology, 63,* 1135-1143.

Whitlock, J. L., Powers, J. L., & Eckenrode, J. (2006). The virtual cutting edge: The Internet and adolescent self-injury. *Developmental Psychology, 42,* 407-417.

Willard, N. (2007). Cyberbullying and cyberthreats: Responding to the challenge of online social aggression, threats, and distress. Champaign, IL: Research Press.

Williams, J. M. G., Duggan, D. S., Crane, C., & Fennell, M. J. V. (2006). Mindfulness-based cognitive therapy for prevention of recurrence of suicidal behaviors. *Journal of Clinical Psychology: In Session, 62,* 201-210.

Wyke v. Polk County School *Board,* United States Court of Appeals, Eleventh Circuit. Nos. 95-2799, 95-3653., Nov. 19, 1997.

Wyman, P. A., Brown, C. H., Inman, J., Cross, W., Schmeelk-Cone, K., Guo, J., & Pena, J. B. (2008). Randomized trial of a gatekeeper program for suicide prevention: 1-year impact on secondary school staff. *Journal of Consulting and Clinical Psychology, 76*(1), 104-115.

Young, R., Van Beinum, M., Sweeting, H., & West, P. (2007). Young people who self-harm. *British Journal of Psychiatry, 191,* 44-49.

Zenere, F. J. (2009, October 1). Suicide clusters and contagion. *Principal Leadership Magazine.*

찾아보기

내 용

저자 소개

Gerald A. Juhnke(Ed.D., LPC, NCC, MAC, ACS, CCAS)

텍사스 주립대학 샌안토니오 캠퍼스(University of Texas, San Antonio) 교수이자 박사 프로그램 주임교수다. Jerry는 UTSA 재직 전에 Nicholas A. Vacc 상담센터와 University of North Carolina at Greensboro's Department of Counselor Education(UNCG)의 교수이자 임상 주임교수였다. Jerry는 6권의 책과 40편 이상의 학술지 논문의 저자 및 공저자, 공동 편집자로서, 1986년부터 자살, 자해 행동, 가족 중독을 전공하고 있다. 미국상담학회 펠로우 회원(American Counseling Association Fellow)이며, 2개 학회(International Association of Addictions, Offender Counselors and the Association for Assesment in Counseling)의 회장을 역임하였다. 또한 *Journal of Addictions and Offender Counseling*의 편집장과 American Counseling Association의 *Council of Journal Editors*의 공동의장도 맡았었다. Jerry는 American Counseling Association의 Ralph E. Berdie Research Award, International Association of Addictions and Offender Counselors의 *Journal of Addictions and Offender Counseling* Research Award, International Association of Addictions and Offender Counselors의 Addictions Educator Excellence Award 등을 포함한 수많은 전문 상담관련 상을 수상하였다. 그는 상담 서비스와 개인 상담, 지역 정신건강, 교정 및 대학 등 다양한 상황에서 슈퍼비전을 제공하였다. Jerry는 또한 미 육군(U.S. Army)의 Soldier and Family Support Branch와 University of Texas의 Health Science Center Division of Community Pediatrics, 지역 교육청, 정신병원, 법원, 지방 자치제에서 강연자이자 컨설턴트로 활동하였다. 그는 North Carolina Governor의 Institute Faculty Fellow, UNCG의 Center for the Study of Social Issues, Division on Youth Aggression and Violence의 Fellow를 역임하였다.

Darcy Haag Granello(Ph.D., LPCC-S)

오하이오 주립대학(Ohio State University, OSU)의 상담자 교육 전공(Counselor Education Program) 교수이자 전공주임이다. Darcy는 3권의 책과 70편 이상의 학술지 논문의 공저자로서, 150회 이상의 국제적·전국적·지역 학회에서 발표를 하였으며, 75만 달러 이상의 연구비를 확보하였다. Darcy는 상담과 상담가 교육의 다양한 분야에서 연구를 진행했는데, 이에는 상담가의 인지적 발달, 상담 슈퍼비전, 다문화 상담, 정신질환을 지닌 사람을 향한 태도 등이 포함된다. 그녀는 2002년부터 자살 방지 영역에서 활동을 시작했고, 2006년과 2009년에는 OSU 캠퍼스에 종합적인 자살 방지 프로그램을 개발하기 위한 보조금을 Substance

Abuse Mental Health Services Administration으로부터 지원받았다. Darcy의 상담에 대한 전문적 활동으로는 3권의 학술지 편집위원회 위원도 포함되며, *Counselor Education and Supervision*, *Journal of College Counseling*, *Counseling Outcome Research and Evaluation*, 두 학기 동안 *Journal of Counselor Education and Supervision*의 양적 연구의 편집장으로도 활동하였다. 그리고 그녀는 Ohio Association for Counselor Education and Supervision의 전 회장이며, 전국 상담 학생의 리스트서브인 COUNSGRADS의 창시자다. Darcy는 2003년 Ohio Counseling Association의 Research Award를 수상하였고, 2002년에는 Ohio Counseling Association으로부터 Research & Writing Award를, 1999년에는 Association for Counselor Education and Supervision으로부터 Research Award를, 2001년에는 OSU College of Education으로부터 Senior Faculty Research Award를 수상하였다.

Paul F. Granello(Ph.D., LPCC-S)

오하이오 주립대학(Ohio State University, OSU)의 상담자 교육 전공(Counselor Education Program) 부교수이자 임상실습 코디네이터다. Paul은 오하이오 정신건강국(Ohio Department of Mental Health)과 함께 오하이오 자살예방재단(Ohio Suicide Prevention Foundation)의 공동 설립자다. 그는 자살 방지 연구를 위해 230만 달러 이상의 연방 및 주 연구비를 지원받고 있다. Paul은 3권의 책의 공동 저자이며, 자살 관련 주제로 100개 이상의 국내 및 국제 워크숍을 진행하였다. 그는 30편 이상의 학술지 논문을 출판했으며, 여러 책을 집필하였다. 그는 Question-Persuade-Refer(QPR)와 자살예방자원센터(Suicide Prevention Resource Center, SPRC)의 자살 문지기(gatekeeper) 훈련을 위한 공인 강사이며, 자살 임상 평가의 SPRC 트레이너이기도 하다. 또한 미 적십자사 공인 정신건강 상담자다. Paul은 자살, 심리치료 결과, 개인 웰빙의 심리적·사회적 특성에 대한 연구를 진행하였다. 또한 상담 기술에 관심이 있으며, 상담 관련 DVD도 두 편 출시하였다. 그는 지역사회에 헌신하며, 건강과 관련된 여러 워크숍을 Ohio 주와 Columbus 지역에서 진행하였다. 현재 Ohio State University Campus Wellness Collaborative의 멤버이며, Ohio State University를 위한 건강백서와 기획서를 집필하였다. 그는 2002년 Ohio Counseling Association으로부터 David Brooks Award for Meritorious Service를 수상했으며, 2006년에는 전문 상담 서비스와 관련하여 Ohio Association for Counselor Education Award를, 2007년에는 Ohio University 자랑스러운 동문(Distinguished Alumni Award) 상을 수상하였다.

역자 소개

김동일(Kim Dong-il)

서울대학교 사범대학 교육학과 교육상담 전공 교수 및 대학원 특수교육 전공 주임교수로 재직하고 있다. 서울대학교 교육학과를 졸업하고 교육부 국비유학생으로 도미하여 미네소타대학 교육심리학과에서 석사학위 및 박사학위를 취득하였다. Developmental Studies Center Research Associate, 한국청소년상담원 상담교수, 경인교육대학교 교육학과 교수, 한국학습장애학회 회장, 한국교육심리학회 부회장, (사)한국상담학회 법인이사, 한국청소년상담(복지개발)원 법인이사, (사)한국교육심리학회 법인이사를 역임하였다. 2002년부터 국가수준의 인터넷중독 척도와 개입연구를 진행하여 정보화역기능예방사업에 대한 공로로 행정안전부 장관 표창(2009년)과 한국상담학회 공인학술지 『상담학연구』 게재 우수논문으로 2014년 한국상담학회 학술상(등록번호 제21호, 2014-2) 등을 수상하였다. 현재 BK21Plus 미래교육디자인 연구사업단 단장, 서울대 다중지능창의성연구센터(SNU MIMC Center) 소장, 서울대 특수교육연구소(SNU SERI) 소장 및 한국아동청소년상담학회 회장, 한국인터넷중독학회 부회장, 여성가족부 청소년보호위원회 위원 등으로 봉직하고 있다. 『학습장애아동의 이해와 교육』, 『학습상담』, 『학교상담과 생활지도』, 『학교기반 위기대응개입 매뉴얼』, 『특수아동상담』을 비롯하여 30여 권의 (공)저서가 있으며, 200여 편의 국제ㆍ국내 전문 학술논문과 10여 개 표준화 심리검사를 개발했고, 20여 편의 상담사례 논문을 발표하였다.

학교기반 자살 · 폭력위기 예방과 개입
Suicide, Self-Injury and Violence in the Schools

2015년 2월 25일 1판 1쇄 인쇄
2015년 3월 10일 1판 1쇄 발행

지은이 • Gerald A. Juhnke, Darcy Haag Granello, Paul F. Granello
옮긴이 • 김동일
펴낸이 • 김진환
펴낸곳 • (주) **학지사**

         121-838 서울특별시 마포구 양화로 15길 20 마인드월드빌딩
대표전화 • 02-330-5114   팩스 • 02-324-2345
등록번호 • 제313-2006-000265호

홈페이지 • http://www.hakjisa.co.kr
커뮤니티 • http://cafe.naver.com/hakjisa

ISBN 978-89-997-0607-3 93370

Korean Translation Copyright © 2015 by Hakjisa Publisher, Inc.

정가 19,000원

인터넷 학술논문 원문 서비스 뉴논문 www.newnonmun.com

이 도서의 국립중앙도서관 출판시도서목록(CIP)은 서지정보유통지원
시스템 홈페이지(http://seoji.nl.go.kr)와 국가자료공동목록시스템
(http://www.nl.go.kr/kolisnet)에서 이용하실 수 있습니다.
(CIP 제어번호: CIP2015004263)